MARTIN WALSER

Leben und Schreiben

TAGEBÜCHER
1974–1978

ROWOHLT

1. Auflage März 2010
Copyright © 2010 by Rowohlt Verlag GmbH,
Reinbek bei Hamburg
Alle Rechte vorbehalten
Buchinnengestaltung Joachim Düster
Satz aus der Bembo BQCB, PageOne,
von Dörlemann Satz, Lemförde
Druck und Bindung CPI – Clausen & Bosse, Leck
Printed in Germany
ISBN 978 3 498 07369 5

INHALT

Tagebücher 1974–1978

7

Anmerkungen
zusammengestellt von Jörg Magenau

537

Namenregister

583

1974

7. 1. 1974

Den ganzen Abend, das heißt ca. drei Stunden, saß ich und trank langsam 1 Fl. Mâcon 1970 und stellte das Glas nicht ein einziges Mal auf den Tisch, weil ich es in der Hand behalten und gleich an die Wand werfen wollte. Zirka drei Stunden lang hielt ich das Glas und beherrschte mich. Das heißt, ich warf es nicht an die Wand, obwohl das die einzige Möglichkeit gewesen wäre. Nach diesem Tag. Nach dieser Woche. Nach diesem Monat. Nach diesem Jahr.

Der Anpasser beschließt, sich jetzt endlich nicht mehr anzupassen. Er will endlich er selber sein und nicht nur das, was die Umgebung von ihm wünscht. Er tut also das Gegenteil von dem, was man von ihm erwartet. Und er stellt allmählich fest, dass er genauso wenig das tut, was er will, sondern immer nur das Gegenteil von dem, was man von ihm erwartet. Und das ist eben genauso wenig, was er selber will, wie damals, als er direkt tat, was man von ihm erwartete. Ja, jaaa! Zuletzt brüllt er, dreht sich mit senkrecht hochgestreckten Händen im Kreis und brüllt, bis man ihn abholt. Da brüllt er zuerst weiter, weil man ihm sagt, er soll ruhig sein. Dann gibt man ihm eine Spritze. Dann beruhigt er sich und lässt sich widerstandslos abführen.

Wer die Scham erfunden hat, sollte sich schämen.

Ein Vogel pfeift einem Hund.
Eine Elster trägt Botschaften an mir vorbei.
Ich möchte, dass mein Mund aufginge
und ich hörte zu dem Lied

das mir unbekannt wäre, aber verständlich
und wohltuend und hilfreich.
Ich möchte nicht übrig bleiben, laut und auffällig
ich möchte eingehen wie von selbst.

8. 1. 1974
Wer anderen keine Freude macht, hat keine.

Woher das Gefühl, dass ich für mich kompetent sei und dass mir das andauernd bestritten werde? Und was lässt sich aus dieser Kompetenz (eingebildet oder nicht) ableiten.

Nur der Diener ist unglücklich nach Don Juans Tod: Mein Lohn, mein Lohn, mein Lohn.

Warum bin ich so laut.
Es wäre, wenn ich nicht wäre, stiller.
Der Mensch ist das Geräusch
das sich auf die Nerven geht

12. 1. 1974
Gallistl's Verbrechen. Ich liebe das Vermummte, Mulmige, Michnichtbetreffende; weder den Oberton, noch den Unterton, sondern das Verhältnis: das Ästhetische bzw. das Schöne. Das Schöne ist ja nichts als das Fürchterliche in Hemd und Hosen.

So leicht an der Decke zu hängen, zu gehen.
Entwürfe erträglicher Handlungen.
Was und was nicht.
Es muss etwas bevorstehen, was man nicht zu ertragen fürchtet,
dann entwirft man von selbst das Erträgliche.

Angenehm ist es bei den Verzweifelten, sie sind ungerecht.

Linke Position
Man hat da nicht nur die Reihe der glänzendsten Geistestaten
von Rousseau, Hegel, Marx, Rosa Luxemburg hinter sich, man
darf sich nicht nur angenehm solidarisch empfinden mit den Be-
freiungsbewegungen der letzten 30 Jahre, sondern man hat den
Stalinismus und seine Folgen mitzutragen. Alle undemokratischen
Entwicklungen des Sozialismus.
    Sie erwarten von uns, dass wir unter der Last der Solschenizyn-
Anklagen den Sozialismus fahrenlassen, während die Millionen
von Toten in Indochina sie nicht am Kapitalismus zweifeln machen müssen.

Einer möchte sich sowohl nähern als auch fliehen, beides zusammen führt zur Tanzbewegung.

Ziemlich viel Energie entsteht durch Nichtzurückschlagenkön-
nen. Das Stauseeprinzip. So wird man noch dankbar für Schläge.

    13. 1. 1974
Jeder Tod – Szondi (Selbstmord)
        Eich (Alter)
        Bachmann (verbrannt) –
hat unmittelbar eine Verlagsaktivität zur Folge: Offenbar schafft
der Tod, vor allem der vorzeitige, ein verkaufsförderndes Klima.
Das ist verständlich. Und der Verlag MUSS das nützen. Das ist klar.

Der Größere: wie er erstarrt, wenn jemand von sich spricht anstatt von ihm.

Im Innersten des Hauses klingt ein Klavier.

In dem Ehestück das Leistungsprinzip auf die Frau anwenden, die zuerst immer für das Leistungsprinzip war. Jetzt sagt der Mann, dass eine andere eben viel besser sei. Da hat es doch keinen Sinn. Ein solcher Mann wie Siegfried Unseld, kann man von dem Treue verlangen? Liebe gar? Zu einer so und so viel unvollkommeneren Frau? Auch die Umgebung ist ganz auf seiner Seite. Die Frau hat einfach zu viele Nachteile für einen solchen Mann. Das müsste sie eigentlich einsehen. Sie liebt ihn aber. Vielleicht kann sie sich umbringen? Ja, das könnte sie. Das wäre die Lösung. Also bringt man ihr große Opfertaten nahe. Sie selber weiß ja nichts davon, ist zu ungebildet. Aber dann tut sie's. Aber ohne Vorbild. Und alles ist gut. Am Ende alle happy wie bei einem Jagdfest. Eine schöne Komödie.

Als sich meine Zehen in den Sand von Texas bohrten, der Kopf mir im Himmelblau ertrank und der Tankwart lachte, sagte ich, nichts sei so wenig repräsentativ für ein Land wie seine Repräsentanten.

An einem sogenannten Kunstwerk dürfte nichts frei erscheinen. Das Notwendige macht den wirklichsten Eindruck.

15. 1. 1974
Gallistl's Verbrechen. Wenn einer glaubt, er kann es sich ersparen. Er wird mit immer neuen Schein-Erklärungen kommen. Und sie werden ihm alle aus den Händen geschlagen werden (müssen). Er wird sich also aufreiben. Und das wird das einzige Ehrliche sein, das ihm, man kann nicht sagen gelungen, sondern passiert ist.

Nimm doch wenigstens die Schläge, die du kriegst, ernst, rufen mir Leute zu, die sich mir als Freunde verbunden fühlen. Ich merke, dass mir die Luft wegbleiben könnte unter diesen Schlägen, aber ich kann sie deswegen nicht ernst nehmen.

16. 1. 1974
Wenn ich durch die Nase atme, glaub ich, es läute das Telefon.

Traum heute Nacht: Dr. Beckermann von Kommunisten gefangen, es gelingt mir, ihn zu befreien. Im Fernsehen werden Villen am See gezeigt. Unsere nicht. Aber wir werden einmal im Text erwähnt. Ich weiß nur noch, dass wir dann den ganzen Film über gewartet haben, ängstlich gewartet. Dann zog die Mozartkarawane vorbei. Tief ins Gebirge hinein. Ich schaute ihr nach, konnte mich nicht rühren. Ein Bedürfnis nach etwas Direktem. Es könnte von mir aus Rasiermesser schneien. Ich ginge hinaus mit bloßen Armen und sänge laut. Flattern wir, schneiden eine Grimasse, die Mozartkarawane ist davon.

3. 2. 1974
Auf dem Fensterbrett im Abort liegen zwei Schrauben, die liegen dort, bis ich sterbe, dann kommt einer, nimmt sie und wirft sie weg.

Von der Sucht zu leben muss man sich entwöhnen wie von einer anderen Sucht auch.
Ich bleibe übrig wie eine Bananenschale auf dem Bahnsteig. Das ist nicht so schlimm. Das ist eine begeisternde Aussicht.

4. 2. 1974
11 Uhr 30 Friedrichshafen, 18 Uhr 40 Saarbrücken. Hotel am Staden.
Dass es mir inzwischen gelingt, den Schmerz zu meiden, führt dazu, dass alles, was der Schmerz eingenommen hatte, jetzt leer

ist. Auf jeden Fall ist das Gefühl, dass Platz entstanden ist, unabweisbar.

5. 2. 1974, Saarlouis. Lesung im Landratsamt.
Wenn alle den «Dialog» mit den 4 von Günter Grass bezeichneten Schriftstellern abbrechen würden, wenn sie wie Grass «nichts mehr mit denen gemein» haben, dann wären diese 4 Schriftsteller hier so isoliert wie Solschenizyn in der Sowjetunion. Da ich zu den 4 Bezeichneten gehöre, bin ich natürlich froh, dass dieser Vorschlag bis jetzt nur ein Vorschlag ist.

Ich bin uncharakteristisch
ich schau euch zu, wie ihr fühlt
ich will, dass du willst, ich
will nichts. Lass mich doch
ich bin niemand oder noch niemand.
Das Kapital ist schreckhaft
wie das vor dem Wald grasende Reh.

6. 2. 1974, Saarbrücken. 16 Uhr Lesung in der Uni.

Selbstkritik
Und wie mir das leidtut. Ja, so ein Missverständnis. Da ich im Augenblick durch das Saarland und durch die Pfalz reise, habe ich natürlich nicht alle Hilfsmittel zur Hand, die man braucht, um einen guten Vorschlag auszuarbeiten. Es müsste ein Vorschlag sein, der Günter Grass beweisen würde, dass ich alles tun möchte, um aus dem von ihm geäußerten schrecklichen Verdacht herauszukommen. Es müsste ein Vorschlag sein, der zeigt, dass ich es, auch wenn ich immer wieder Fehler mache, doch ernst meine mit der Demokratie. Ich möchte durch Selbstkritik und positive Mitarbeit erreichen, dass Günter Grass noch einmal überlegt, ob er mich nicht herausnehmen könnte aus der Reihe der Schriftsteller, mit

denen er, wie er sagt, nichts mehr gemein habe und mit denen es, wie er sagt, keinen Dialog mehr gebe. Ich hoffe zutiefst, dass auch meine Kollegen Peter Weiss, Franz Xaver Kroetz und Günter Herburger in diesem Augenblick an einer Selbstkritik arbeiten und darüber nachdenken, durch welche Art von öffentlicher Äußerung sie das Vertrauen von Günter Grass zurückgewinnen können.

Mein Vorschlag wäre: Wir lassen Tafeln herstellen, die das Bild Solschenizyns zeigen. Solche Tafeln stellen wir auf möglichst vielen öffentlichen Plätzen auf. Vielleicht können wir auch Windlichter darum herum postieren. Aber Vorsicht, dass wir nicht in die Nähe sentimentalen Kerzenkitsches kommen. Das wäre der ernsthaften Sache nicht angemessen. Des Weiteren schlagen wir vor, dass jeder, der vorbeigeht, den Hut bzw. die Kopfbedeckung abnimmt. Wer keine Kopfbedeckung trägt, kann seine Gesinnung durch ein leichtes Neigen seines Kopfes beweisen. Selbstverständlich soll kein Zwang ausgeübt werden. Wir sind schließlich eine Demokratie. Günter Grass selbst hat schon vor Jahren, als er einen Preis entgegennahm, eine Rede über Toleranz gehalten und gesagt, dass sie die höchste Tugend der Demokratie sei. Also bitte: kein Zwang zum Hutabnehmen und Kopfneigen. Die bei uns herrschende Meinungsfreiheit erlaubt es jedem, an den Solschenizyn-Tafeln ungerührt vorüberzugehen. Wer das tut, hat es mit sich selbst abzumachen. Die Solschenizyn-Tafel soll uns ja nicht zum Geßler-Hut werden. Wir sind ja eine Demokratie.

Ich hoffe, dass Günter Grass diesen meinen Vorschlag wohlwollend aufnimmt. Über Einzelheiten könnte man reden. Zum Beispiel könnte man auch buttons herstellen lassen, wie damals mit «Enteignet Springer», nur dass jetzt draufstünde: «I like Solschenizyn». Wäre das gut? Vielleicht für Leute, die keine Kopfbedeckung tragen, bzw. Frauen. Und wer ein button trägt, dem wird das Kopfneigen erlassen. Also, man sieht, es gibt da Möglichkeiten.

Mir liegt viel daran, Günter Grass aus seiner großen Enttäuschung zu befreien. Ich habe schon seit längerem bemerkt, dass er mit uns nicht mehr zufrieden ist. Mit «uns» meine ich jetzt die Süddeutschen ganz allgemein. Nicht von ungefähr sind 3 von den 4 Bezeichneten extremst Süddeutsche. Wie sehr Grass unter Süddeutschen zu leiden hat, wurde mir gerade in Paris wieder klar, als ich im Goethe-Institut ein Interview an die schwarze Tafel geheftet sah, in dem Günter Grass einem Magazin z. B. gesagt hatte:

J'ai pu constater par moi-même combien il est difficile, dans les regions comme le nord de la Suabe ou la Bavière qui n'ont pas encore été effleurées par le Siècle des Lumières, d'éveiller, ne serait-ce qu'un début de prise de conscience.

(Ich habe selbst feststellen können, wie schwierig es ist, in Gegenden wie Nordschwaben oder Bayern, wo das Jahrhundert der Aufklärung noch nicht aufgeblüht ist, auch nur eine Spur von Bewusstsein zu wecken.)

Ich will jetzt nicht scherzhaft werden und sagen: Das ist ja klar, dass die Süddeutschen die Fehler machen, wenn sie noch nicht einmal von der Aufklärung erreicht worden sind. (Für Süddeutsche angemerkt: Die «Aufklärung» war im 18. Jahrhundert und hat, wie ich auch nicht immer gewusst habe, offenbar in Danzig mehr Bewusstsein gezündet als in Schwaben.)

Ich glaube wirklich, wir Süddeutschen, besonders die 4 Bezeichneten, sollten jetzt durch Aktivität beweisen, dass Süddeutschland, wenn auch verspätet, an der Aufklärung und an der Demokratie mitarbeiten kann. Die von Grass bezeichneten Schriftsteller müssen das dringendste Interesse haben, sich zu bewähren. Wenn nämlich der von Grass verhängte Bann auf ihnen sitzenbleibt, dann will ja niemand mehr mit ihnen etwas gemein haben und jeder wird nach dem Vorbild des großen Grass sagen: Keinen Dialog mehr mit denen. Und dann wären die 4 Bezeichneten hier genau so isoliert, wie es Solschenizyn in Moskau ist. Und das ist ja genau das, was Grass nicht will, versteht ihr! Wir sind doch eine Demokratie.

Ich reise zurzeit durch das Saarland und durch die Pfalz. Im Schnellzug trifft mich die Nachricht: Günter Grass hat mit 4 Schriftstellern (zu denen ich gehöre) nichts mehr gemein. Der Dialog mit uns vieren ist aus. Da ich aber in der *FAZ* lese, Grass habe das «gut» gemeint, habe ich den Mut, mich einsichtig zu zeigen. Ich will mich nicht damit herausreden, dass ich ein schönes halbes Jahr lang in den USA war und deswegen vielleicht nicht allen Pflichten ganz pünktlich nachkommen konnte. Ein praktizierender Demokrat weiß natürlich auch im herrlichen Texas, was er zu tun hat. Ich habe es sicher fehlen lassen. Aber jetzt will ich …

7. 2. 1974, Kaiserslautern.
Lesung für Schüler. Dann nach Pirmasens. VHS.

8. 2. 1974, Neustadt.
Das sich aufschaukelnde Verhalten zweier Opportunisten.

9. 2. 1974
0 Uhr 27 ab Neustadt, 4 Uhr 24 Ulm, 6 Uhr ab Ulm, 7 Uhr 16 Friedrichshafen.
Auf der niederen Mauer der Gepäckausgabe ein Penner, von innen klopft einer, der will nicht, dass vor seinem geschlossenen Glas ein Penner liegt, der Penner brummelt in seinen schmutzigen Bart: Es kann der Beste net im Frieden leben, wenn es dem Nachbarn nicht gefällt. Am linken Fuß eine Sandale, rechts ein Stiefel.

14. 2. 1974
Die Tendenz ist älter als das Bewusstsein von ihr.

Toleranz

Von etwas zu viel. Das bringt selber die Aufhebung. Wenn dabei etwas zu verkaufen ist, kommt es zu einer Verstärkung des Gegentrends. Und des Gegengegentrends auch, wenn an dem ein Geschäft zu machen ist. Sobald eine Stimmung wirtschaftlich nutzbar ist – und die Fachleute beobachten mit überscharfen Geräten, um auch das winzigste Zeichen der Nutzbarmachungsmöglichkeit zu entdecken –, wird diese Stimmung bis zur Entfremdung ihrer selbst, also bis zur Ingangsetzung des Gegenteils ausgebeutet. Und mit dem Gegenteil macht man es wieder so. So hält sich die reiche weiße kapitalistische Welt, um nicht dorthin sehen zu müssen, wo die Leute vor Hunger sterben oder hinvegetieren oder von unseren Auslandsabteilungen bis zur Erschöpfung ausgebeutet werden. Wenn der Gewinn, den unsere Konzerne denen abpressen, auf unseren Markt kommt, tritt er in Gestalt von avantgardistischen Fotomodellen auf oder als ein Werbeslogan, der vor Trockenheit knistert, oder als Wittgenstein-Renaissance oder als der schickste Wahnsinn so far.

Wir rühmen uns, dass wir Pragmatiker geworden seien, ich sage Ihnen, allzu viele von uns sind Opportunisten geworden, nicht Pragmatiker. B. Hirsch, FDP.

Sozialamt in Hamburg
Beamtin: Und weswegen kommen Sie denn jetzt, Frau Müller?
Die Frau: Scholz.
Beamtin: Frau Scholz, weswegen denn?

21. 2. 1974

24327. Zukunftsroman. Die 1. Person. Ein Essay aus dem Jahre 2927. Rückblick auf Verschiedenes: z. B., wie es in einer 112-jährigen Umerziehung gelang, die natürliche Ausdünstung des Menschen wieder als reizvoll und schön zu empfinden.

Für die endgültige Abschaffung dieses Fürworts und dann auch das der 2. Person: nur im Singular natürlich. Es gibt ja immer wieder Wörter, die nur von Menschen gemacht werden und denen nichts entspricht als das menschliche Bedürfnis, die spezielle Not: Seele, Unsterblichkeit, Gott usw. Man hat diese Wörter aussterben lassen, man hat sie nicht abgeschafft. Aber die 1. Person muss abgeschafft werden, weil sie hindert. Wir zeichnen Bücher nicht mehr mit den Namen der Verfasser. Viele von uns, die in der Buchschreiberei arbeiten, sind froh darüber, dass die Aufmerksamkeit des Lesers auf die Sache und nicht auf die Person gelenkt ist. Die Krankheiten der Vergangenheit kamen hauptsächlich von der 1. Person. Es ging nicht mehr um etwas, sondern jeweils um den und den Einzelnen. Natürlich hatte das sexuelle Gründe. Aber da wir nicht mehr in diesen krankmachenden Isolationen leben, was sollen uns die Wörter von damals, das ist doch lächerlich.

Wir haben den Irrtum hinter uns, dass Geschichtsschreibung darin besteht, Namen zu überliefern. Wer die alten Bücher aus dem 19., 20., 21., 22. Jahrhundert anschaut, wird sehen, dass alles Geschichtliche an einzelne Namen gebunden war. Das führte dazu, dass die Geschichte nur Fachleuten verständlich war. Die napoleonische Zeit, das heißt nichts, das gab es nie. Es gab damals ja noch keine Bedingungsmesszahlen, an denen zweifelsfrei festgestellt werden kann, wie viel sich während einer bestimmten Zeit die Bedingungen für wie viele Menschen verbessert oder verschlechtert haben. Und nichts anderes ist messenswert, ist geschichtsbildend. Erst nach dem Großkrieg hat ja die Überwindung der Fehlentwicklung der ersten zwei Jahrtausende einsetzen können.

28. 2. 1974

1923: O Donna Clara, ich hab dich tanzen geseh'n, ich hab im Traume dich dann ganz gesehen, dein Körper bei jedem Schritte bog sich ab ganz in der Mitte …

Das Wasser fließt aus dem Haus auf Nimmerwiedersehen.

Genscher: Freitlich-dekratsche Grundordnung.

11. 3. 1974

Ich hätte nichts dagegen, wenn wir die Weltherrschaft nicht übernommen hätten und in Höhlen lägen, die die Nager für uns erbaut hätten mit ihren Zähnen, und sie holten uns dann, einen nach dem anderen, um uns Tieren zu füttern, die auch in ihrem Dienst ständen, denn sie selbst sind ja Vegetarier. Vier Männer sind in Baden-Württemberg ununterbrochen mit Bisam-Tötung beschäftigt. Und das, heißt es, seien noch nicht einmal Ratten, sondern eine Wühlmausart. Wenn es Ratten wären, wäre also alles einfacher.

12. 3. 1974

Sauspiel. Ein Vorspiel im Albrecht-Dürer-Atelier, vor den vier Aposteln, Dürer entwickelt seine Theorie der Bauernsäule. Sein schlechtes Gewissen gegenüber den niedergeschlagenen Bauern. Ein Nachspiel, Dr. Faust und Dürer. Dürer entwickelt seine Befestigungstheorie und zeigt die Pläne für eine von keinem Aufstand mehr bedrohbare Stadt. In beiden Szenen gehen die Verantwortlichen = die Täter immer, bevor Dürer fertig ist, sie müssen morgen arbeiten. Die Intellektuellen bleiben, sie müssen morgen nicht arbeiten.

15. 3. 1974, Zürich. Hôtel du Théâtre.

Lesung in Zürich-Maur. Mit Dorfmusik à la Glenn Miller. Im Vorraum einer, stark schielend, mit 16-jährigem süßen Sohn: Aber Sie werden doch nicht vorlesen! Das gibt's doch nicht, dass Sie so ein' Scheiß machen. Martin Walser von der DKP liest in Zürich-Maur ein' Belletristik-Scheiß vor, das gibt's doch nicht ... Als ich endlich zu Wort komme, sage ich, ich sei kein DKP-Mitglied und werde vorlesen aus einem Roman. Er: Aha, Sie sind gar keins, ja so was, ja wie komm ich jetzt auf die Idee? Hat nicht Günter Grass gesagt, Sie seien eins? Ich: Fragen Sie ihn selber. Er: Das ist ja gut, ich wollte Sie nämlich provozieren, dazu bin ich gekommen, der Martin Walser in der stalinistischen DKP, hab ich mir gedacht. Nach der Lesung, er: Die Diskussion sei interessanter gewesen als die Lesung. Beim Hinausgehen: Ich sei ihm der sympathischste von den Schriftstellern, die in Frage kämen. Er werde mich weiter beobachten. Er hoffe, ich komme über dieses belletristische Zeug hinaus. Auf der Heimfahrt, der Veranstalter: Das sei Max Schmied gewesen, ein Kaufmann, der immer mit riskanten Projekten beschäftigt sei, zurzeit sei er als Physiotherapeut tätig. Im Zug liest ein Seminarist: Unterschiede zwischen Seligkeit und Erhöhung.

1. 4. 1974, München.

Beim Essen im Thoma-Bräu, eine DKP-Lehrerin: Ist dir das egal, dass du dich durch deine DKP-Mitgliedschaft ganz schön raus katapultiert hast aus dem Kreis der großen Deutschen?

Ich bin freundlich und glaube immer, ich sei's nur vorerst.

2. 4. 1974

Wirtschaftsdebatte: Die CDU wirft der SPD Arbeitnehmerfeindlichkeit vor. Die SPD-Regierung (Brandt) wirft der CDU vor, dirigistische Maßnahmen gegen die Marktwirtschaft zu verlangen.

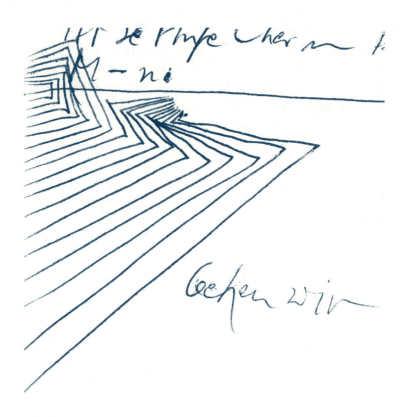

3. 4. 1974
Wenn de Gaulle stirbt, spür ich nicht mehr, als wenn ein Kalenderblatt fällt. Traurig macht mich der Tod Pompidous, des Bauernsohns aus der Auvergne. Pompidou: Ich hätte nicht gedacht, dass ich so leiden könnte.

Man merkt, dass der, der für einen anderen Hilfe bei mir sucht, nicht entsetzt ist, wenn er keine findet. Er sagt: Ja, ja, ich versteh das schon, ich habe ja nur mal angerufen.

Wir würden nicht quälen, wenn wir nicht gequält werden würden.

Siegfried fliegt nach Hamburg und spielt dort Tennis mit Petra Kipphoff.

Gallistl's Verbrechen. Kein Wort, das er sagt, ist so, wie er es denkt oder empfindet.

13. 4. 1974, Ostern.
Süddeutsche Zeitung: Joachim Kaiser rühmt in Bessons *Johanna*-Inszenierung «etwas Aufgelichtetes, Heiteres, Unverschwitztes». Wenn ich das lese, spüre ich sofort, dass ich finster, unheiter und verschwitzt bin.

Am Gründonnerstag rief Siegfried an: Nur so, die Erfüllung einer freundlichen Pflicht. Am Freitag rief ich zurück wegen *Grund zur Freude.* Er: Ja, das könne man machen, in der edition suhrkamp, da erreichst du ja deine Zielgruppe, du schreibst ja für Linke, da hast du genau dein Publikum. Ich: Zielgruppe ist ein entsetzliches Wort, ich will veröffentlichen, etwas anbieten, und die Leute sollen es nehmen oder nicht nehmen. Er: Ja, aber du hast doch gewählt, und da hat eben ein Teil der MW-Leser gesagt: Da machen wir nicht mehr mit. Und das sind ja jetzt immer mehr Leute, die da nicht mehr mitmachen. Seit 1970 sagen immer mehr, damit wollen wir nichts zu tun haben. Ich wende ein, dass er natürlich mit der Welle rechnen müsse, dass man aber ein Bewusstsein als Intellektueller nicht wie eine Frisur behandeln könne. Das Gespräch wurde immer kühler. Und ich hatte warmherzig, heftig, eifrig angerufen. Und von sich aus erwähnte er Brecht, der doch nie den Marxismus für sich als ganz verbindlich akzeptiert habe. Ja, gut, in den Lehrstücken vielleicht. Aber sonst? Außer in ein paar theoretischen Arbeiten nie. Er bringt mir, ohne das direkt zu sagen, die Meinung bei, dass einer umso anfälliger für Marxismus oder gar Sozialismus sei, je weniger Substanz er selber habe.

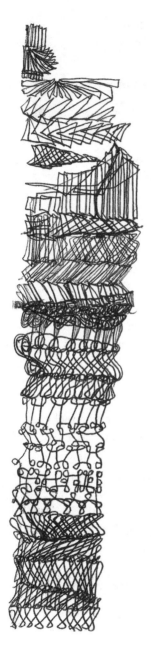

Ich kämpfe mit dem Lottoschein um meine Freiheit. Solange die Dramaturgen die übersetzten Stücke noch nicht einmal lesen.

Die Frau, die im Wartezimmer gierig liest: «Erfolg in der Schule – Sache der Eltern». Ein Buch. Und das arme Kind neben ihr, das sie nicht stören darf. Wenn es das versucht, kriegt's eins drauf. Ja, für wen liest sie denn da! Doch nur für das Kind, alles tut man nur für die Kinder.

Wer Kinder hat, kann sich vielleicht nicht entwickeln. Er entwickelt sich lediglich zum Vater, dann zum Großvater. Und Schluss.

24. 4. 1974
Ich tu gern, was meine Freunde von mir erwarten. Da ich nicht alles tun kann, kann ich nur befreundet sein mit solchen, die von mir erwarten, was ich tun kann.

1. 5. 1974
Sauspiel. Das Ensemble macht die Musik: zumindest, dass sie was zu tun haben in den Arenareihen.

Ein Glöckchen läuten
Ein Signal blasen
Auf eine Trommel schlagen
Einen Schrei ausstoßen oder viele Schreie ausstoßen
Scheinwerfer bedienen
Fahnen hissen
Ein Pferd striegeln
Haare kämmen einer Frau
Eine Schranke herauf- oder herunterdrehen
Einen Teppich rollen: abwärts
Natur vermissen, Teppichklopfen
Vergangenheit vermissen
Seide tragen
Jemandem etwas ins Ohr flüstern
Mit den Händen einen Schalltrichter bilden
Sich auf dem Kopf kratzen
Überhaupt verlegen sein
In die Ferne schauen
Auf den Tisch hauen
Selbstgefällig eine Treppe heruntergehen
An eine Tür klopfen

3. 5. 1974
Eine 28-jähr. Sekretärin von Gaus hat intime Beziehungen zu Guillaume. Wird aber nicht verfolgt. Kommt nur nicht nach O-Berlin
mit Gaus (dt.-dt.).

Die Uhr, die rückwärtsgeht, plötzlich
Schreien können, das wär's.

7. 5. 1974. Brandt-Rücktritt
Wehner: Ich werde mich an seine Seite stellen und mich für ihn zerhacken lassen.
Das Gegenteil hat er gemacht.
Willy Brandt vor der Fraktion: Er wolle sich seine persönliche Integrität nicht zerstören lassen.
Kreisky: Das ist eine echte Tragödie. Wir leben ja davon, dass wir Vertrauen zu unseren Mitarbeitern haben. Dass ohne Willy Brandt die Entspannung in Europa überhaupt nicht denkbar gewesen ist.

19. 5. 1974
Hyänen haben eine so lang herabhängende Klitoris, dass Weibchen und Männchen oft verwechselt werden.

Prof. Grosser: Wenn die Regierung ihr Wort gehalten hätte und das Wahlalter auf 19 festgesetzt, wäre Mitterrand gewählt worden.

Gallistl's Verbrechen. Wie weit darf ein Wirklichkeitskrimi gehen?
Frieder Hitzer: Alles von Genscher produziert. Die Leute, die den Sender Gleiwitz überfielen, was den 2. Weltkrieg auslöste, waren verkleidete SS-Leute, die in Berlin produziert worden waren: Und nur acht Leute wussten davon. Und das gefälschte Emser Telegramm, ich geb dir mal das Buch *Bismarcks Prätorianergarde*, nichts erfunden, reine Dokumentation. Und der Reichstagsbrand, von den Nazis erfunden. Also, das sind doch kleine Fische für die, einen Offizier der Nationalen Volksarmee zu erfinden oder zu finden sogar, der genau in dem rechten Augenblick gefunden werden kann, dass man Willy Brandt loswird, weil der es nicht geschafft hat, die Jusos rauszuwerfen, weil die DDR-BRD-Beziehungen vor einer wirklichen Konsolidierung stehen usw. Das geht ja schon seit Monaten, die wollen den weghaben. Bilder von Brandts Liebesleben waren der Grund.

24

Als man zu Guillaume sagte: Abgeschoben werden Sie nicht, sagte Guillaume: Wetten, dass ich werde. Er wisse etwas. Also ging man zu Willy Brandt und fragte, ob man seinen Sicherheitsoffizier verhören dürfe. Ja, sagte der und trat zurück. Also, der Sicherheitsoffizier wusste, was Guillaume wissen konnte. Und welche Fotos der haben konnte. Das würde die Unverhältnismäßigkeit dieses Rücktritts erklären. Nein. Das ersetzt eine Groteske durch eine andere. Aber vielleicht kommt die der Sache schon näher.

Sauspiel
Rosi: Ich habe hier eine Tochter zu geben, die einen Vater hat,
  der's gut meint.
Ich renn am liebsten durch die Stadt
auch eine schräge Wiese ist nicht zu verachten
ein verrückter Rutsch nachts über Klippen
in Gedankenschnelle
entlang den gläsernen Rippen
eines verbogenen Traums
in die Tiefe des Lebensbaums, den wir nicht finden, in dem wir
  verschwinden.
Zigarette.
Danke.
Bitte, bitte schön.

Rosi: Lass mich aus dem Spiel.
Ich möchte selber was …
Ich will das und das, ich weiß noch nicht was
Aber es ist eher etwas als nichts
Und selbst dass es nichts wär
wär das Ergebnis eines Verzichts.
Mir tun die Lippen weh.
Geh.
Ich genier mich, immer mit meinem Vater aufzutreten.

Könnten wir nicht sagen, dass du mein Onkel bist
oder ein Bruder, der erblindet ist.
Es muss doch nichts sein, wie es ist
im Gegenteil: Je weniger es stimmt
desto eher ergibt sich ein Sinn.

Rohlinger: Wenn Mitterrand gesiegt hätte, hätte morgen früh die
Kapitalflucht begonnen aus Frankreich. Alfred Grosser: Zwei Fragen bisher unfein: Was verdienen Sie, und was wählen Sie. Diesmal hat jeder gesagt, was er wählt. *Le Monde* für Mitterrand, *Le Figaro* für Giscard.

Das Konservendosenhafte Liz Taylors oder
das Liz-Taylorhafte Romy Schneiders
immunisiert mich vollkommen gegen
den Gestütsnaturalismus Brigitte Bardots

Das Showbiz, das alle Funktionen der Religion und der Literatur
übernommen hat.

27. 5. 1974
Zürich ab 13 Uhr 40, Dublin 16 Uhr 55. *Kinderspiel* und drei Lesungen.

28. 5. 1974
Beim Frühstück, Amerikaner am Nebentisch: I never have seen so
many bicycles. I was surprised that all the old women ride bicycle.

Children's Game. Probe. King's Street. Edgar Selge als Asti.
   Dass Asti ein noch besserer Gerold wird, später: Das soll der
2. Akt bringen. Bille wird vernichtet: Sie schießt, Gerold spielt den
Ermordeten, Bille stürzt hinaus, weil sie glaubt, den Vater ermordet zu haben, Asti und Gerold lachen.

Ich bin jetzt erst ein wenig erwacht aus dem Mitgerissenwerden, aus der bereitwilligen Täuschung, aus dem Fortschritts-Opportunismus. Ich habe geglaubt, ich müsse glauben. Und dann glaubte ich länger als andere. Sie sind längst wieder übergegangen zur normalen Tätigkeit. Es spricht nicht für mich, dass ich mir nicht eingestanden habe, dass alles gar nicht so gemeint war.

29. 5. 1974
Wenig Leute waren in der Lesung. Professor Succer vom Trinity College, der Hippie mit den drei Zahnlücken und den paar sehr langen Haaren, der mich einlud, zu ihm aufs Land zu kommen mit Edgar Selge, der nicht konnte, wohl aber eine Elke-Sibylle Frensch vom University College of Galway, 120 Meilen, dort singen sie im Winter oft die ganze Nacht, in den Bergen übt die IRA. Arm und ein wenig freier sollen die Leute sein dort. Ich würde gerne hinfahren, um an der Küste die Nähe Amerikas zu haben oder doch eine größere Distanz von zu Hause, also von meinen Feinden. Es würde mir entsprechen, an den Rand Europas verdrängt zu sein.
Heute Premiere.
Die vollkommen runde, allumfassende Süße eines Irish Whiskey strömt durch meinen Mund und verschwindet im Gaumen. Und wieder einmal bedauerte ich, dass ich am Gaumen aufhöre.
Self. Selfer. Selfest. My part is recklessness. Indulgence. Secrecy. Irish soil. Baptized by your whisky. Pius people. Around. Some rubbish. It's a language. Have a success, please. And let me. Pleasure. First night nerves.
Es soll gut gegangen sein. Ich frage einen Einheimischen, wie Edgars pronunciation gewesen sei. Der: Er klingt wie aus Belfast.
Einer sagt zu Edgar Selge: Wir können heute nicht, wir kommen am Samstag. Edgar: Ja, gut, wir brauchen am Samstag auch Leute.

31. 5. 1974
Beim Anflug auf Heathrow links unter uns das Windsor Castle:
das runde Kernschloss und die sie umgebenden Bauten.

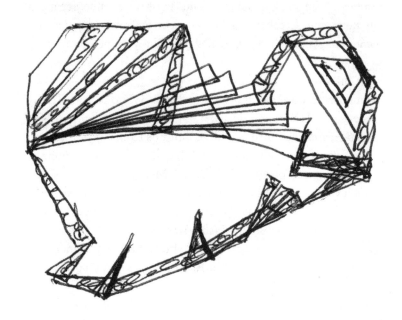

18. 6. 1974
BRD gegen Australien: aus Hamburg.
Die Geräusche besser als die beste Krimi-Musik. Beim 3:0 schalte ich ein: nach einer Stunde Beckenbauers Musterpass. Nr. 12 der Australier wird mit einem Krampf vom Feld getragen. Wenn ich jemandem noch ein Tor gönnen würde, dann Hoeneß, dass er nicht an sich selbst verzweifelt. Beckenbauer wird ausgepfiffen, weil er nicht mehr tun will als nötig: Profi.

20. 6. 1974.
Gallistl's Verbrechen. In meiner Nachbarschaft ganz nah, fast intim, ja geradezu auf meiner Haut ist da einer, das muss ich jetzt schon mal

sagen, der gebärdet sich, ein kleiner Bürgersohn, der will alle unter sich. Er will in 20 Jahren eine Dignität hinlegen wie die, die 200 Jahre vorbei sein könnten. Also wenn der ein französisches Wort ausspricht, das ist ganz … Und wie der den Weißwein probiert, also diese Lippen, man hat das Gefühl: Kultur. Ich sage freiraus: Das heißt weniger gegen den als gegen die, die immer noch verführerisch sind. Ach was, es heißt auch gegen den was. Schluss. Nicht immer diese Nachsicht. Wegrennen. Streichquartette besuchen und mit geschmerzten Ohren dasitzen und dann den Weißweinmund machen. Leck mich doch am Arsch. Auch ich kann mir ungeheuer werden. Ich finde, ihr seid schon längst ungeheuer. Ich sage nicht, ihr seid Ungeheuer. Ich sage nur, ihr seid mir ungeheuer. Also bitte. Überall sonst seid ihr fein heraus. Seid Millionär, Professor und Ehrendoktor und für jedes Verdienstkreuz parat. Bravo. Der für euch in Stalingrad verreckte, wird's euch lohnen. Ihr Überläufer. Euch paar meine ich. Euch besonders Verantwortliche. Deren Eltern elend dran waren. Ihr habt eine Erfahrung geerbt. Ihr hättet NEIN sagen müssen. Wenn ihr euch nur zu 15 oder 16 Bonzenweibern gelegt hättet, bitte, das hätte ich verstanden. Aber ihr habt durch die Folge eurer Kapitulationen klar zugegeben, dass es nicht mehr um die Aufwiegung eurer kleinbürgerlichen Minderwertigkeitskomplexe sexueller Provenienz ging, sondern um eure absolute allgemein menschliche Erhöhung. Also bitte. Damit seid ihr aufgetreten, glaubt ihr. Ich sage, endlich. Sie lachen über euch. Über jeden von euch. Ihr hochgekommenen, ihr willkürlich ausgeweiteten Arschlöcher. Vor euch haben sie nicht einmal mehr Angst. Vor Verrätern hat man keine Angst. Stehen bleiben auf der Schwelle mit dem Messer in der Hand und nie dem Feind in die Augen schauen, immer nur auf seine Schlagader. Das ist es, was ich von euch erwartet hätte, ihr mehligen Bäckergesellen. O weh. Ihr, meine Brüder. O weh.

Der See mit Grün drum rum.

Die den Kopf ausfüllende Schwere. Ein massiver Druck vom Kopfinneren, vor allem gegen das Gesicht. Druck in den Augen, in der Nase, in den Kiefern, in den Schläfen. Eine Weinbereitschaft. So fühlt es sich an.

Ein Grund ist mehr als Gründe.

Ich darf kein Messer anschauen. Das ist, glaube ich, mein Interesse, den Anblick des Messers meiden. Vor allem den dieses spitzen, scharfen, gebogenen Briefmessers. Jetzt habe ich schon drei davon. Mein Büroartikellieferant schenkt mir zu jedem Weihnachten ein neues. Als wolle er mich immer wieder an etwas erinnern. Stundenlang, eigentlich schon den ganzen Tag von Mordgedanken, völlig ungerichteten, umhergetrieben. Dieser Druck kann sich gegen jeden richten, auch gegen mich selbst.

2. 7. 1974
In Memmingen, altes Schlachthaus, eine halbierte Kuh hing da in der offenen Halle. Der Hof davor voller lieber brauner Allgäu-Kühe, die nicht so aussahen, als würden sie in der nächsten halben Stunde totgeschlagen werden. Oje.
Dass wir sterben werden, sollte uns furchtlos machen. Was kann uns schon passieren, wir sterben doch.

Gallistl's Verbrechen. Einerseits ist an der Notwendigkeit, die Gesellschaft zum Sozialismus zu entwickeln, überhaupt nicht zu zweifeln; andererseits sieht es für G. so aus, als sei er der Einzige, den sie noch kriegen könnten, denn ringsum haben alle ein gutes Gewissen beim Konservativ-Sein. G. kann seine Lagen noch mit den Augen von früher sehen. Da sieht er sich als einen Intellektuellen in den Händen einer Partei, die Erfahrung hat mit dem Hinbiegen von Intellektuellen. Er wird mit denen nicht fertig. Aber die mit ihm. So sieht er sich, wenn er sich mit den Augen von früher sieht.

Wenn er sich mit den Augen von heute sieht, sieht er einen Intellektuellen, der der Partei andauernd vorsagt, dass sie nichts erreiche, wenn sie hinter die bürgerlichen Errungenschaften zurückgehe. Ihm gefällt am wenigsten die Zweifellosigkeit vieler Genossen. Dass sie immer alles gleich sicher wissen.

Warum könnte ich anweinen gegen Festes
Unverrückbares, was habe ich
weil alles voraus ist
zu sagen.

8. 7. 1974
Gallistl's Verbrechen. Der Freund hat jahrelang mitgeschrieben, was G. gesagt hat, und er fasst es jetzt für ihn zu einer Mahnung zusammen. G. ist nicht im Stande, Inhalte aufzunehmen, ihn erschüttert, dass der dauernd mitgeschrieben hat: am Telefon usw. Dann rührt es ihn. Aber er ist jetzt doch gehemmt.

Der Vermieter und seine Frau bei ihrem Mieter Herrn X, Vertreter, weil der sehr krank ist, sie haben davon gehört und müssen nach dem Rechten sehen. Sie rufen einen von der Krankenkasse an. Ja, der hat noch 6 Wochen, von denen 3 um sind, noch 80 Pfund. Das sehen sie. Muss den ganzen Vormittag Medikamente nehmen, dass er dann ein paar Stunden leben kann. Seine Frau sagt nichts, die ist sehr nett. Er ist zwischen 35 und 40. Er raucht den ganzen Abend mit Genuss. Sie haben natürlich nichts von der Mieterhöhung gesagt angesichts seines Zustandes.

Unsicherheitsphilosophie. Immer eine neue, in der KWU (zwischen AEG und Siemens): Was passiert in den ersten 10 Sekunden nach einem Kesselriss? In Zehntel- und Hundertstelsekunden aufgeteilt. Kommt das Reservekühlwasser überhaupt noch an die Brennstäbe? Die Absorberstäbe können die Reaktion bis auf 3, vielleicht bis 2½% herunterdrücken, wenn sie nicht sich gleich einschmelzen in der ersten Zehntelsekunde, in der das Kühlwasser fehlt: 4 Rohre von je 75 cm Durchmesser mit einer Durchlaufgeschwindigkeit von 12 m pro Sekunde. Und auch 3% sind ja von 4 Mill. kW noch 120000 kW, auch das ist noch eine Wärmemenge, die den Außenbehälter mit einem Schub in die Höhe heben und je nach Windrichtung und Stärke irgendwohin eine 2 km breite und 15 km lange Todesschneise ziehen kann. Da überlebt nichts.

12. 7. 1974, München.
Lesung im vollen Theater an der Leopoldstraße.

13. 7. 1974
Gestern Nacht im Mykonos mit Herbert Achternbusch und Peter Hamm. So gemein wie möglich behauptete Achternbusch, dass Peter Hamms Drehbücher schlecht seien, vollkommen schlecht. Das behauptete er mit dem Hinweis, dass es Peter Hamm egal sei, wenn er schlechte Drehbücher mache, Hauptsache Geld, während er, Achternbusch, Künstler sei, der so was nicht über sich brächte, darum arm. Peter Hamm gab ihm recht. Achternbusch fand das noch schlimmer. Nicht einmal wehren tut er sich, der Zyniker. Peter Hamm: Sein Pech, dass er recht und Geld haben möchte und nur recht hat. Volker Schlöndorff greift nicht ein, obwohl er diese Drehbücher verfilmt hat. Seine Frau auch nicht. Also muss ich. Peter Hamm hatte noch gesagt: Achternbusch macht mir einen Vorwurf daraus, dass ich nur reproduktiv bin und er produktiv. Diese dumme Einteilung gibt mir eine Möglichkeit, Peter Hamm zu helfen. Es gelingt nicht überzeugend. Auch weil ich so helfen wollte und musste, dass niemand das Gefühl haben konnte, ich müsste Peter Hamm zu Hilfe kommen. Und, bedauernswert, Thomas Thieringer, der einem jeden Satz aus dem Mund nimmt und ihn so negativ wie möglich gegen sich selber

beendet. Z. B.: Ich: Ich gehe nicht mehr mit ins Mykonos, weil ...
Thieringer: ... es sich nicht lohnt, mit so einem wie mir zu diskutieren. Ich hatte aber sagen wollen: Weil um ½ 9 mein Zug fährt.

Platon, Apologie. 1. Zugleich merkte ich, dass sie glaubten, um ihrer Dichtung willen auch in allem Übrigen sehr weise Männer zu sein, worin sie es nicht waren. 2. Seine innere Stimme hat ihm noch nie zu etwas geraten, immer nur abgeraten. 3. Er übernimmt keine Verantwortung, ob einer durch ihn besser wird oder nicht.

28. 7. 1974, Salzburg
Ironie-Seminar im Haus der Gewerkschaftsjugend in der Auersbergstraße. Vis-à-vis vom Kurhaus Paracelsus und dem Mirabell-Park.
Wir wohnen bei Frau Gradner, Ehregottstraße Ecke Liutfredstraße.
Der Herr Doktor vom Funk sagt, die Szene der Jugend sei viel interessanter als die repräsentativen Festspiele, wo einfach Erfolge veranstaltet würden. Klingt wie ein Trost für mich, der nur irgendwo vor 23 Jüngeren über Ironie spricht. Wieder einmal fühle ich mich Nixon nahe. Das wäre das Schönste, ein Spaziergang mit Nixon im Abendlicht in der Prärie.

Der Zusammenhang. Wenn es ihn gäbe. Ich höre mich ab. Diese schöne Stadt ist ein Produktionsmittel. Mittagshitze. Die Pferdewagen sind leise. Wo komme ich hin? Ohne Verrat? Die kleine Form. Atemarmut. Transzendentale Meditation. Das Bild eines

Guru. Wahrscheinlich im gleichen Saal wie mein Seminar: Ironie als ein Verhältnis zur Geschichte. Der Nachtstrom für die Tiefkühltruhe vor den Zimmern. Ein Vorschlag zur Güte: Man setze alle Prominente in offene Wagen und fahre sie ununterbrochen durch Salzburg. Die Leute schauen aus Cafés und Gaststätten zu. Salzburg ist schön. Jetzt produziert die Schönheit auch noch Kunstschönheit. Ich gehöre zu den winzigsten Produzenten des Programms 1974. Abteilung Problemproduktion. Das hat mit Schönheit fast nichts mehr zu tun. Die Verabredung für diese Problemproduktion wurde tief im Winter getroffen. Zum Glück stellt man sich immer alles falsch vor. Sonst würde man nichts planen. Am meisten beneide ich hier die Japaner. Für sie scheint alles interessant zu sein. Ich wage nicht mehr, meinen Fotoapparat auf etwas Einzelnes zu richten. Ich fürchte immer, wenn ich einen solchen Gassen- oder Gebäudeausschnitt anvisiere, dass das Wichtigste fehlt. Da habe ich dann etwas Mauer, etwas Form und kein bisschen Karajan. Ich spüre, dass die anstrengendste Einstellung zur Welt die kritische ist. Im Augenblick kommt es mir vor, dass ich lieber als Skispringer bei der nächsten Vierschanzentournee mitmache, als dass ich kritisch denken möchte. Karajan steht tatsächlich vor meinem Fotoapparat und ist ein bisschen nervös, weil ich so lange brauche mit Licht- und Entfernungsmessung. Aber man will ja, wenn man Karajan schon mal vor dem Apparat hat, nichts durch Nachlässigkeit verderben. An der Glastür des Hauses der Österreichischen Gewerkschaft in der Auersbergstraße, wo ich meine kleine Problemproduktion betreibe, hängt ein hellblaues Plakat, das einen Guru zeigt, der aussieht, wie Karl Marx aussehen würde, wenn er statt dem Marxismus die Eurythmie oder die biologische Düngung erfunden hätte. Das Plakat sagt, dass dieser indische Mensch in diesem Gebäude Transzendentale Meditation vormachen oder lehren werde. Auf dem kleineren Ankündigungszettel daneben steht, dass ich da ein Seminar betreibe über Ironie als ein Verhältnis zur Geschichte. Es genügt schon, im Café zu sitzen und zuzuhören, wie die Leute sich über die Kritiken unterhalten, Vorstellungen betreffend, die wir, die Leute und ich, nicht gesehen und nicht gehört haben. Eine Tochter, die einem anderen Tisch zuhört, erzählt nachher, dass am anderen Tisch eine Frau mitgeteilt habe, in der vergangenen Nacht habe sie geträumt, sie sei in der Ost-Zone verhaftet worden. Ich träume in der nächsten Nacht, dass meine Tochter mir aus eigener Erfahrung erzählt, wie schlecht die Verpflegung in der russischen Gefangenschaft gewesen sei. Das Glockenspiel hämmert solche Traumreste auf das schönste weg. Man kann nicht verlangen, dass die Salzburg-Schönheit einem allein gehöre. Man muss zufrieden sein, dass man nicht aus Salzburg vertrieben wird wie Paracelsus. Andererseits heißt heute eine Gesundheitsanlage nach ihm. Vielleicht sollte man doch vertrieben werden. Durch eine Tür höre ich Schauspieler probieren. Wenn sie miteinander sprechen, spricht jeder seine österreichische Dialektversion. Sobald wieder Text dran ist, herrscht eine möglichst schnöde Qualtinger-Tonart vor. Das ist eine Tonart, die den Eindruck erweckt, als gebe es jetzt nichts mehr außer dem Sprechenden, womit der Sprechende zufrieden sein könne. Ein Teil der Schönheitsproduzenten muss auch etwas gegen die Schönheit produzieren. Am liebsten sind uns ja die Verletzungen. Jetzt ist mir Karajan weggelaufen. Er hat die Zigarette, die ihm im Mundwinkel hing, weggespuckt und ist abgehauen. Jetzt habe ich Bedenken, ob ich es überhaupt mit Karajan zu tun hatte. Andererseits, die Nervosität, die Ungeduld, das Abhauen sprächen sehr dafür, dass er es war. Ich glaube an Musik. Aber wie jeder Glaube produziert er den Unglauben. So entsteht jenes flaue Verhältnis, das Christus gar nicht mochte. Was man bei einem Glaubensstifter verstehen kann. Karajan ist in dieser Hinsicht noch strenger als Christus. Was man bei seinem Zeitmangel auch verstehen kann. Mit Gläubigen klappt alles sofort. Mit Ungläubigen auch. Bei den Flauen gibt's so ein aufhaltsames Hin und Her. Ich habe selbst das Gefühl, dass ich das alles zu wenig ernst nehme. Die Ausgewogenheit, mit der in dieser idealen Stadt die Schönheit und die Kritik der Schönheit produziert werden, sollte man ernster nehmen.

Abends, wenn ich irgendwo sitze und daran denke, dass jetzt viele Leute in den Vorstellungen sitzen und entweder Schönheit oder Kritik der Schönheit konsumieren, spüre ich, dass auch ich etwas von dieser nach null tendierenden Ausgewogenheit zu spüren bekomme. Es wird nicht gelebt. Nur das Personal lebt. Und Frau Gradner, bei der wir wohnen. Und die Kühltruhe vor unserer Schlafzimmertür lebt auch. Die ganze Nacht hindurch. Weil der Nachtstrom billiger ist. Da liege ich dann und denke: Es lebe das Leben, es lebe der Nachtstrom. Der Nachtstrom ist noch das Einzige, was mich wach hält. Damit schlaf ich ein.

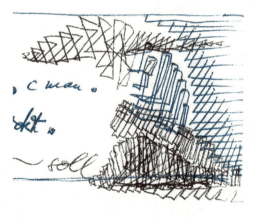

3. 8. 1974
Der junge Sch. gibt mir die Hand, sie ist nass. Dann die Mutter. Sie wischt sich, da meine Hand durch ihren Sohn auch nass wurde, ihre Hand angeekelt ab.

8. 8. 1974
Über Stuttgart, Hamburg nach Kiel, in Hamburg *Stern*-Gespräch.
In Kiel Literatur-Diskussion mit Hans Mayer, Professor Korlén, Max von der Grün. Hans Mayer wieder der Liebenswürdigste, der

Netteste. Jeder glaubt ihm seine Nettigkeit. Das ist seine große Begabung. In mir haben Sie einen Gallistl-Leser, sagt er wieder. Immer in einem Ton, so positiv, dass ich das Gefühl hatte, ich sei unhöflich, weil ich es nicht über mich brachte, mich für eine so selbstlose Freundlichkeit zu bedanken. Hans Mayer hat gesagt, Jurek Becker sei nett. Ich: Ja, ja. Er: Finden Sie das nicht? Ich: Doch, doch. Er unnachgiebig: Also wirklich, der Jurek Becker ist einer der Nettesten überhaupt, vielleicht kennen Sie ihn zu wenig. Ich: Doch, doch, natürlich, aber ich bin ihm eben bis jetzt nur 2-mal in meinem Leben begegnet. Einmal auf der Gruppe 47 und einmal in Zürich. Er jetzt milder: Aber er ist wirklich sehr nett.

Und erzählt wieder, dass er als Gutachter für die Nobelstiftung Böll vorgeschlagen habe. Böll erfuhr das und hat ihm eine Kiste Elsässer Riesling geschickt. In diesem Jahr hat Hans Mayer Marcuse vorgeschlagen. Er wusste, der würde es nicht kriegen, aber er findet, Marcuse musste einmal vorgeschlagen werden. Herr Korlén schwärmt für Wallraff. 30 000 Erstauflage in Schweden und sofort weg. Und noch kühner: Ohne die Gruppe 47 wäre Brandt nicht Bundeskanzler geworden. Wer möchte da noch widersprechen? Leider kann ich den Herrn Professor nicht fragen, warum ich weinen möchte.

Gallistl's Verbrechen. Die Welt ein Betonplatz im Flutlicht und in zwei Hälften eingeteilt, und es gibt nur die oder die Hälfte und jeden Tag noch lauter die Forderung, sich nach da oder da zu begeben. Eine Forderung, unter der man sich biegt bis zum Zerbrechen. Von einem Atemzug zum anderen erbittet man Aufschub. Um mehr als einen Atemzug Aufschub wagt man nicht zu bitten. Man hat doch selber eingesehen, dass nur der Entschiedene leben darf. Ein Tanz. Ein Irrsinn.

11. 9. 1974
Noch bis zur roten Boje geschwommen.

Ultraschall-Alarmanlage. 7 × 5 m Überwachungsfläche. Ein Laut-
sprecherartiges sendet Strahlen. Sogar wenn sich eine Fliege vor-
beibewegt, kann der Ton kommen. Und dazu noch die Licht-
schranke in jedem Raum für ca. 1200.–.
Ich rutsche einen Sandberg hinunter. Ich mache Schritte. Aber
was ich da zurücklege, ist lächerlich, verglichen mit dem Abwärtsgeschiebe der Sandmassen. Ich mache die Schritte nur, um
das Gefühl zu haben, es gehe mit mir nicht gegen meinen Willen
abwärts. Gerade jetzt will ich glauben, ich unterstützte die Notwendigkeit. Für *Jenseits der Liebe*.

15. 9. 1974
Bis zu Lang/Weckers Birke geschwommen.

16. 9. 1974
Im Zug. Der Programmierer: Gleich schlafen gehen mag man
auch nicht, und ein vernünftiges Buch mitnehmen ist man zu ab-
gespannt für, dann Schlafwagen, nachts rauf und nachts wieder
runter, in der Sommerhitze, dass man keine Zeit verliert, das ist
nicht das Echte, aber jetzt ist bei mir Schluss, Projektende.
(Liest: *Auf dem Dach der Welt*)
Die Wörter hängen nicht mehr in Trauben herum. Ich stoß
nicht Tag und Nacht mit dem Gesicht gegen Wörter, wohin ich
auch geh. Es pfeift etwas wie Wind über etwas wie Leere. Zahnlos
kau ich den Vergleich aus WIE und WAS und bestreu ihn mit
Asche, dass niemand ausrutscht auf ihm, falls es jetzt friert.

Der Herbst sagt Halt
die Welt gehört den Enten
in allen Augen wächst das Moos
ich sage zur Sonne: Hör auf.

Der im Süden des Nordens gelegene See …
Gestern noch bis zum Grundstück der Alten.

18. 9. 1974

Trio. Frau und Geliebte: Von EINER Schauspielerin, und zwar
eindeutig. Als Mordgeschichte: die Eine bringt die Andere um.
Das muss hier einmal sein. Der Zweikampf.

Ein konkretes Stück über den Geschlechtsverkehr: Der Mann
versucht, die Frau zur Zulassung der Geliebten zu bewegen. Da
aber die Frau und die Geliebte von 1 Schauspielerin gespielt werden, ist das von vornherein sinnlos. Aber dadurch ist es genauso
unwirklich wie in Wirklichkeit. Die Frau muss schon fast zustimmen. Aber dann bricht sie doch lieber in ihren unverbrauchbaren
Entsetzensschrei aus. Und das Hauptleid des Mannes: wenn seine
Frau die Eigenschaften der Geliebten hätte. Und die Geliebte die
Eigenschaften der Frau. Beide sind Eine. Das wär's. Das ist es.

Er spricht bei der Jungen das Gegenteil von dem Heimtext und
lügt nie. Der Heimtext ist konservativ. Er kann seiner Frau nichts
mehr zumuten. Sie ist verletzt von früher. Wenn er irgendwo
nicht mehr kann, dann bei der Jungen. Das ist der Clou. Seine
Frau macht ihn für alle impotent. Das erfüllt ihn mit Hass und mit
Stolz.

21. 9. 1974

Gallistl wird von Mimi ernährt. Er nimmt ganz und gar das Ge-
habe früherer Frauen an: Haushaltsgeld, Sonderangebot, Preisstei-
gerung.

Pilzidiosynkrasie

Teller mit Sprung. Mit einem Arbeitslosen, dem jetzt auch noch
sein Mädchen wegläuft, lässt sich natürlich was anfangen. Täglich
passieren Dramen, Gedichte, ich sitz und schütz das Papier vor
ihnen.

2. 10. 1974
Uwe, Elisabeth, Max Frisch und Marianne: Krach beim Gespräch über Uwes Klagenfurter Ingeborg-Bachmann-Buch, als ich sagte, wie unangenehm die Vorstellung sei, dass jemand – auch ein Freund – Telefongespräche nachträglich aufzeichnet. Uwe geht einfach. Elisabeth folgt ihm. Sie übernachten im Löwen und fahren am anderen Morgen mit dem Zug nach Singen. Ich bringe Frischs dorthin. Uwe vorher graziös usw. Und dann alles ganz schnell vorbei. M. Frisch kräht noch bis tief in die Nacht, er verlange, dass seine Würde als 63-Jähriger respektiert werde. Er fahre 2½ Stunden von Zürich mit einem Personenzug hierher, und dann habe er ein Recht, er wolle jetzt doch endlich einmal von seinem Alter Gebrauch machen, einfach eine gewisse Beachtung der Tatsache, dass er 63 sei ... Uwe habe ihn sitzenlassen. Jetzt sitzt er also bei uns, und das ist offenbar schlimm. Am Morgen erfahren wir sogar, Marianne habe gesagt, dass Uwe vielleicht Solidarität erwartet habe, d. h., Frischs hätten aufstehen und mit ihm gehen sollen. Ich hätte nichts dagegen gehabt. Kannst du unseren Besuch heute hinnehmen, fragte Uwe dann am Tel., als er sich anmeldete.

Max Frisch merkte auch, dass es komisch war, so auf seinem Alter zu bestehen. Dabei ist das nicht komisch, sondern wirklich das einzig Nennenswerte. Aber wir vermögen nicht, dem Nennenswerten irgendeine selbstverständliche Geltung zu verschaffen.

Uwe und Elisabeth zitieren: Ich hätte bei dem Krach in Berlin, etwa 1972, im November, gesagt, Uwe sei schuld am Tod junger Amerikaner in Vietnam, weil er in NY gewohnt habe. Uwe sagt zu Käthe, draußen nach dem Absprung, wieder: Ich hätte gesagt, er habe Scheiße im Gehirn. Das ist übrig vom großen Krach. Genauso hartnäckig, wie M.F. die Forderung wiederholte, dass er jetzt Reverenz für sein Alter verlange, wiederholte er, dass kein Mensch ihn gefragt habe, was er denn zum Tod von Ingeborg Bachmann zu sagen habe. Er zählt auf, welche Inkompetenten sich da zu Wort gemeldet hätten. Aber ihn habe KEINER gefragt. 5 Jahre mit Ingeborg Bachmann. Nur Uwe habe angerufen. Er sagte das auch immer wieder, und in dem Ton: Das werde ich ihm nie vergessen. Und noch gegen mich: Die Öchslegrade der Selbstgerechtigkeit seien 1963 in Edinburgh besonders hoch gewesen.

4. 10. 1974
Brief einer 15-Jährigen. Mein Vater liebt meine Oma, seine Mutter, über alles. Er hat noch drei Brüder, die sich gar nicht um Oma kümmern. Die Krankheit, die Oma hat, heißt Arterienverkalkung. Oma vererbt Vaters Brüdern alles, Vater bekommt nichts. Ist das recht? Ist mein Vater zu Hause und der Fernsehapparat läuft mal nicht, dann irrt mein Vater ziellos von Zimmer zu Zimmer. Meine Oma wird von allen verwöhnt, und meine Mutter kommt um vor Arbeit. Wir haben nämlich einen Geschäftshaushalt, und meine Mutter muss 11 Personen versorgen. Mama ist manchmal am Verzweifeln, dann vertraut sie mir alles an. Sie wissen ja: Geteiltes Leid … Ich schreibe dies nur Ihnen, weil ich Mama geschworen habe, es niemandem zu sagen.

6. 10. 1974
Ich schaue mich an und spreche an mir vorbei. Ich will mich nicht ansprechen. Mein größter Wunsch ist zu verheimlichen, was ich

denke. Niemand soll je erfahren, was ich wirklich denke. Ich glaube, dass ich das mit der Mehrzahl aller heute lebenden Menschen gemeinsam habe. Wir verkehren mit einander wie Panzerschiffe. Nach komplizierten, keinem ganz fassbaren Regeln. Nur nicht ins Innere schauen lassen! Das ist für jeden die Regel Nr. 1. Er wäre erledigt, wenn der andere alles über ihn wüsste. Je mehr der andere über mich wüsste, desto mächtiger wäre er über mich.

Gallistl's Verbrechen. Ich sitze den größten Teil des Tages in einer Ecke und lasse den Kopf in seiner ganzen Schwere vornüberhängen. Wenn ich ihn endlich wieder hebe, schmerzt die Hals- und Nackengegend. Ich finde, das ist in Ordnung. Ich leide so wenig, dass mir öfter etwas wehtun muss. Es müssten noch ganz andere Schmerzen kommen. Ich leide viel zu wenig. Das ist eine Überzeugung, die ich fanatisch aufsage. Ich bin ein großer Heuchler. In jeder Hinsicht. Es gibt keine Hinsicht, in der ich nicht ein Heuchler wäre. Um was auch immer es geht, ich heuchle. Aber nicht mehr im Tartüff-Typ. Ich bin mein eigener Typ. Die Zähne. Meine Zähne. Der zunehmende Druck der aufeinandergebissenen Zähne. Der weit vorhängende Kopf, die immer fester aufeinandergebissenen Zähne.

11. 10. 1974, Köln.
Wegen *Kinderspiel*. Winziges Theater. Nachher mit Herrn Fritzsche, Regisseur, im Café, er schleudert Blitze gegen alle bekannten Regisseure, Dorn, Noelte … Seine Regie war schlimm. Ich bestelle 1 Portion Tee. Die Bedienung kommt noch einmal: Sie meinen ein Kännchen. Außer uns nur noch ein Mann. Er zittert andauernd mit dem Kopf. *Kölner Stadtanzeiger* auf der Seite mit den Film-Inseraten: Manch einer ist von seiner Arbeit besessen. Ein heiterer Film lässt ihn sie vergessen.

Marlon Brando. Er tut, als sei er gar nicht von seiner Bedeutung erfüllt. Aber es gelingt ihm nicht. Er glaubt, er sei der beste Schauspieler der Welt. Deshalb hat er diesen sarkastischen, spöttischen, ein bisschen verzweifelt aussehen sollenden Ausdruck, dass niemand merken möge, wie zutiefst zufrieden er in Wirklichkeit ist.

Im Zug ein Bub zu seiner Mutter: Der Amerikaner sagt zum Gehsteig pavement, der Engländer sidewalk. Die Mutter: Das find ich besser. Der Bub: Was? Die Mutter: Das Englische.

17. 10. 1974
Don Quijote ist eine Frau. Diese Kraft, etwas für etwas zu halten.

Das Erschrecken des Tagebuch-Schreibers, wenn er sieht, wie lange die letzte Eintragung schon zurückliegt. So lange schon keinen Lebensmoment mehr. Er blättert Monate zurück, Jahre, und errechnet ganz klar, dass die Lebensmomente in immer größeren Abständen stattfinden, also immer seltener werden. Andererseits, nein, nicht andererseits, sondern hauptsächlich tröstet ihn das. Wenn er demnächst stirbt, ist er nicht aus dem Leben herausgerissen worden. Er wird damit als so tot gelten, wie er jetzt schon ist.

18. 10. 1974
Das Stück, das seinen Sinn erst dadurch bekommt, dass es von nackten Personen gespielt wird. Das wäre befreiend. Da dürften dann keine Liebesszenen-Imitationen vorkommen.

Die Frau in der Telefonvermittlung des *SDR*, die mich mit Frau Offenbach verbinden soll, spricht zuerst mit mir: Schon lange nicht mehr gesehen usw., schon noch ein paar da von früher. Diese Frau war also seitdem, von 1955 bis 1974, immer in der Telefonvermittlung.

Trio. Er: Von uns wird doch eine Kindlichkeit erwartet. Ohne Kindlichkeit könnten wir die Ehe keinen Tag führen.

Die Eitelkeit, mit der Peter Handke in dem Unternehmerstück Sensibilität demonstriert, verhindert, dass man mit den an und für sich unheimlich genauen Beobachtungen selbst etwas anfangen kann.

Gallistl's Verbrechen. Ich such oft nach etwas, was mir gestern (oder war es vorgestern) vor dem Einschlafen einfiel. Ich weiß noch genau, dass ich mir so scharf wie möglich einprägte, dass ich das nicht vergessen dürfe morgen früh. Und während ich suche, erkenne ich, dass es sich um etwas handelt, was mir schon vor 3 Tagen nachts vor dem Einschlafen eingefallen war, und ich hatte es mir auch am nächsten Tag notiert. Aber mit dem Befehl, das nicht zu vergessen, hatte ich mich so unter Druck gesetzt, dass jetzt das von diesem Druck verletzte Gedächtnis andauernd wieder mahnt, etwas nicht zu vergessen; sinnlos und treu wie ein Hund stupst es mich immer wieder, obwohl ich ihm längst gesagt und gestanden habe, dass das jetzt nicht mehr nötig ist.

Die roten Rosen werden im Nebel blühen wie Wunden.

Das affige Geplauder im Brief eines Mannes, der schon über 10 Jahre tot ist. Wie peinlich das wirkt. Als dürfte jemand, bloß weil er jetzt tot ist, kein Quatschkopf gewesen sein. Genau so ist es, er darf nicht.

23. 10. 1974

Nachts hört sich der tagelang immer völlig gleiche Sturm an, als wohne man dicht neben dem geöffneten Ventil einer Dampfmaschine. Aber wenn man sich die Bäume und die Wellen vorstellt in ihrer andauernd äußersten Beanspruchung, ist das Zischen gleich kein störendes Geräusch mehr, neben dem man nicht gern wohnt.

Es hat sich schon mancher erkannt und ist doch gestorben.
Vorsätzliche uneidliche Falschaussage, 15 000 DM Strafe (Übertritt zur CDU war der Anlass).
Wenn der Wind die trocknen Winteräste an den Scheiben reibt.
Die Geschichte der Körperteile.
Als sie weg war, hat er täglich in einem Stadtzimmer an einer Erzählung gearbeitet. Aus dem Schmerz heraus. Er hielt die Trennung für endgültig. Jetzt ist sie wieder da, und er ist mit der Erzählung noch nicht fertig. Jetzt müsste sie zustimmen. Er glaubt, sie würde mit dem Rechtsanwalt reagieren, wenn er diese Erzählung veröffentlichen würde. Das ist eine typische Situation des Schriftstellers, der aus seinem Kreis Stoff für sein Schreiben und die Rechtfertigung für sein Verhalten bezieht.

30. 10. 1974
In Stuttgart beim Empfang des Bundespräsidenten. Scheel und seiner Frau Mildred. Ich der Einzige ohne Smoking. Zuerst Herumstehen ohne was. Dann Vorbeimarschieren. Ein Junger und ein Alter sagen Filbinger den Namen dessen, der da kommt. Die zwei kennen also zusammen alle. Mich nannte der Junge dem Alten, der mich Filbinger, der mich Scheel vorstellt.
Dann Konzert: Händel, Mozart, Grieg. Die Zugabe kennen Scheels, das sieht man an den bewusst freudig aufleuchtenden Gesichtern. Die könnten sie sich gewünscht haben. Eine billige Zugabe, Janitscharenmusik. Scheel in kleinen Lackschuhen. Die meisten haben die. Auch HAP Grieshaber, Hallstein, Krause usw. Beim Konzert vor mir Schleyer. Er hat keine Spur von Ohr-

läppchen. Er sieht sympathisch aus, ein bisschen wie ein Borgia-Sprössling. Zuerst sah ich ihn mit einem Geistlichen, einem hohen sicher, weil sein schwarzer Anzug wie aus Seide ist und sein kardinalfarbenes Gesicht von feinst-schärfstem Schnitt.

Wir am Tisch 5: von Holtzbrinck; Rektor der Universität Stuttgart; Hajek mit Frau; ein rührend hässliches Paar, sie hat ein falsches, ganz blasses Zahnfleisch und eine vollkommen phantasielose Doppelreihe von schlechten Zähnen, es ist, als sehe man in einen Kunststoff-Friedhof hinein. Und HAP Grieshaber mit Tochter am Tisch. Die Tochter wie von Böcklin. Noch der Referent des Bundespräsidenten, der mir sagt, der Präsident habe sich meine Kieler Thesen kommen lassen. Und in Frankfurt könne er am VS-Kongress nur am Nachmittag teilnehmen, weil die Sicherung die Sicherheit für den Abend nicht garantieren könne. Holtzbrinck spricht von den Millionen, die er verliert. Nachher noch Kaffee im Marmorsaal, der, während wir aßen, von der Konzertbestuhlung freigemacht worden war. Das Essen: Brühe mit Markklößchen, zuerst noch Krebsschwänze (Cocktail), Rehrücken mit Pfeffersauce, Birne mit Hagebuttenmark, Spätzle. Zitronen-Sorbet.

Als der vom Protokoll sagte, er habe gleichzeitig mit mir in Tübingen studiert, aber nicht Germanistik, sondern Anglistik und Romanistik, da klang das Romanistik, als habe er Onanistik gesagt. Und da er auf schmachtende Weise schön aussah und einen blauen Smoking trug, passte das sehr gut.

Beim Kaffee ein Gespräch mit Kiesinger. Er wieder sehr leutselig zu mir, dass ich ein verkappter Konservativer sei. Nachher noch beim rundum beliebten Hajek. Mit Mayer-Vorfelder (aus Waldshut etwa), dem ich sage, er sehe aus wie Liszt. Hajek, der SPD-Werber, ist mit allen sehr speziell. Die Fabrik der schönen Zeichen, die Käthe und ich unten in Hajeks Haus noch besichtigen.

4. 11. 1974
Wie wir bleiben
zu bleiben versuchen
die Hände heben
mit ebenen Handflächen
wir stemmen das Gewölbe
dieses Himmels
die Schlangen fliehen
und die Kaninchen
in eine Richtung
und der Wind flieht in diese
Richtung
nur wir stehen noch
stützen den Himmel
und singen zu viert ein Lied
fast einstimmig
und hören eine Flöte
eine furchtbare Flöte.

Goethes Leben glich mehr dem Leben, das heute etwa der Präsident des BDI führt, als meinem Leben. Ein Millionär 1790 und ein Millionär 1974 sind einander näher als zwei gleichzeitig Lebende, von denen einer Millionär, der andere aber ganz ungesichert ist.
 Farbige Schatten.
Titel für das Goethe-Stück?

Wenn sich keiner nach dir umdreht
ist das nur schön, wenn keiner weiß
wer du bist. Wenn aber jeder weiß

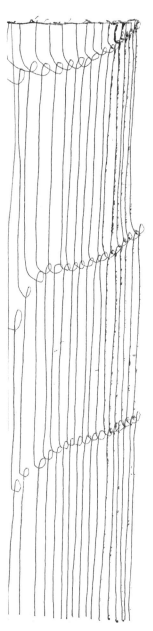

wer du bist und sich doch keiner
nach dir umdreht, dann ...
ja dann ...

Wenn Theresia pfeifend um die Ecke biegt. Das Pfeifen gelingt noch nicht ganz.

Eine Nazigröße im besetzten Polen über das, was die Polen noch in den 4 Schuljahren, die den Polenkindern zugestanden wurden, lernen sollten: Rechnen bis fünfhundert. Das Schreiben des Namens. Und wie man ehrlich und fleißig den Deutschen dienen kann. Lesen und Schreiben hält er nicht für erforderlich.

J.D. Salinger (*Zeit*, 8. 11. 1974): Veröffentlichungen sind ein furchtbarer Einbruch in meine Privatsphäre. Ich schreibe gern. Sehr gern. Aber nur für mich selber und zu meinem eigenen Vergnügen.

Ihr OB-Kandidat: Manfred Rommel, weil er tut, was er sagt.

10. 11. 1974
6 Uhr 51. Wenn man an einem solchen Tag um diese Zeit Überlingen als Einziger mit dem Zug verlässt, kommt es einem nicht verlassenswert vor. Über Frankfurt nach Lissabon.

12. 11. 1974
9 Uhr 50 Lissabon-Porto, Hotel Boavista.
Gestern 11 Uhr in der Uni Ironie-Vortrag. Abends bei Familie Meyer-Clason. Im bewachten Hochhaus. Vom Balkon sehen wir

hinaus über die Stadt. Ich erfahre: Die Portugiesen sollen organisationsuntüchtig sein und durch die lange Diktatur pessimistisch, gelähmt, und sollen sowieso einen Hang zur Mystik haben. Der Kapitän der Boeing 707 sagt durch, dass wir links unten die Fatima sehen. Porto trägt den grünen Gürtel des Duero tief unter der Gürtellinie. Die Bucht, in die der Duero fließt, schützt sich mit einer Sandbank gegen das offene Meer. Ein schwarzer Wrackrest ragt bei Ebbe phantastisch ins Freie, und die Bucht ist andauernd geschmückt mit den weißen Mähnen, die sie den grünen Rossen des Atlantiks wirft.

13. 11. 1974
9 Uhr 50 mit dem Zug von Porto nach Coimbra (11 Uhr 30).
Der Zug fährt über Eiffels Brücke. Die Portugiesen haben in Afrika auch Palmen gefangen genommen und hierhergeführt. Mit ihren grauen Stämmen erinnern sie an Elefanten im Zirkus. Einsame Kühe mit eingesunkenem Rücken. Frauen, schwarz gekleidet, mit weißer Wäsche am Bach in der Ebene von goldenem Gras. Im Schatten des Weines der langstielige Kohl für die nationale Suppe. Die Birken haben gelb geflaggt. Die schlaksigen Eukalyptusbäume. Die Olivenbäume sind vielleicht die Esel unter den Bäumen. Herr und Frau Hauser gestern, dass Diktator Salazar Juden seinerzeit aufgenommen hat, ohne nach dem Bankkonto zu fragen, wie es die Demokratie Schweiz getan hat. Die Gastarbeiter nenne man hier Emigranten. Den Vinho verde, der geerntet wird, wenn er noch nicht ganz reif ist, gibt es rot und weiß, der rote ist vollkommen violett und hat eine klare, steinharte Schärfe. Der Bischofspalast ist der einzige Palast in Porto. Aller Wein, der vom Duero-Tal herunterkommt, muss auf der Gaia-Seite Portos in die Portwein-Kellereien.

14. 11. 1974

Gestern in Coimbra, Hotel Astoria.

Nachts zuerst: Das ist ein Paar, dann noch das Fauchen des Sturms, also ein Paar plus ein Sturm, dann, nach mehr als 2 Stunden: Doch nur ein Sturm.

Es gibt hier eine heilige Elisabeth, die ein Rosenwunder hatte, wie die in Thüringen. Die in Thüringen war eine Tochter Andreas' von Ungarn, kam mit drei auf die Wartburg, mit dreizehn heiratet sie den Landgrafen, als sie vierundzwanzig ist, stirbt der beim Kreuzzug. Sie kommt nach Marburg, eine Tochter von ihr, Sophie, kriegt das Erbe nicht. Eine Schwester, Agnes, ist in Frankreich verheiratet, eine, Hedwig, in Schlesien, alle drei heilig. Die Tochter der Agnes heiratet einen Aragon, und deren Tochter ist die hiesige Elisabeth, Isabella. Herr Hauser ist immer noch Salazarist. Wenn jemand diese Plakate sieht, muss er doch glauben, er komme in eine Volksrepublik. Nur die Kommunisten haben Geld und Organisation. Er zu mir: Hoffen wir, dass es nicht so wird, wie ich fürchte, sondern so, wie Sie hoffen.

15. 11. 1974

9 Uhr 30 ab Lisboa nach Frankfurt, zum Kongress des VS.

Gestern noch eingekauft auf dem Commerzplatz am Hafen. Eine Tasche für 610, eine Decke für 850.

Der Selbstmord Celans und der Selbstmord Gottfried Justs. Celan war, sooft ich ihn sah, bitter. Sein Erschrecktsein habe ich ihm nicht geglaubt. Das Bittersein schon. Gottfried war immer aufgedreht, überdreht, fliegend mundorgelnd. Bei ihm muss ich fragen: Warum hat er nicht mich angerufen? Dadurch hat er gesagt: Schau, ich bring mich jetzt um, ohne dass ich dich noch vorher anrufe und mich abhalten lasse. So bist du zu mir gewesen, dass ich mich jetzt umbringe. Man müsste alle, die man kennt, als mögliche Selbstmörder behandeln.

14 Uhr 30 im Volksbildungsheim in Frankfurt beim VS-Kon-

gress. Dieter Lattmann und Ingeborg Drewitz. Am 31. 12. läuft die Frist ab für den freiwilligen Renteneinkauf.

17. 11. 1974
11 Uhr 28 nach Göttingen, Hotel Gebhard.
Stück-Lesung. Es lohnt sich nicht, zu Hause anzurufen, um zu sagen, wie die Lesung in Göttingen war, die Reaktion auf die Lesung gut, die Diskussion schlecht.

18. 11. 1974, Hannover. Hotel Körner.
13 Uhr 30 Seminar Professor Brauneck. Wörter: vorstrukturiert, Fragen können eingebracht werden, der Arbeitsstand wird referiert. Abends Audi-Max.

19. 11. 1974
Gestern der schlimmste Abend in der TU. 500 Studenten im Audi-Max, angekündigt ist ein Vortrag: 20 Jahre Erfahrungen mit dem Film. Ich habe 20 bis 50 Studenten in einem Seminar erwartet, mit denen hätte ich sprechen können.

22. 11. 1974, Schwäbisch Gmünd. Lesung im Prediger.
20 vor 8 noch niemand da im Prediger. Seit 10 Jahren dieses Geschrei. Immer wieder vor anderen Leuten. Es ist, als legte ich täglich diese großen Entfernungen zurück, weil man so nicht zweimal vor den gleichen Leuten schreien kann.
Nach der Lesung um 22 Uhr 12 mit dem Bus nach Hohenstaufen, dort vor dem Lamm umsteigen in einen genauso leeren Bus nach Göppingen. Mit dem Bus von Schwäbisch Gmünd nach Göppingen. Es wird erzählt: Ein toter Lastzugfahrer wurde obduziert, es fanden sich Gallensteine. Jetzt weiß man, dass er einen jähen Kolikschmerz spürte, voll auf die Bremse trat, dadurch auf die Gegenfahrbahn geriet und den Betriebsbus von Messerschmidt-Bölkow aufschlitzte, dass fünf Menschen starben. In der

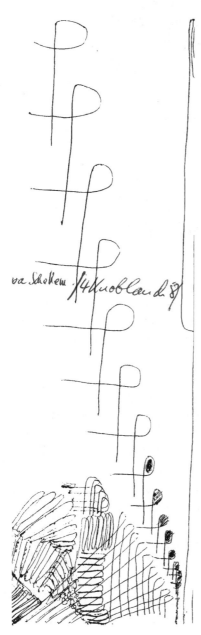

Bahnhofwirtschaft in Göppingen, die Bedienung: Also diese Woche, wie die wieder vergangen ist. Über eine Türkin, die im Keller wohnt: Die versteht kein Wort. Ist auch besser, als wenn sie einander verstehen würden. 0 Uhr 23 in Ulm. Käthe soll mich abholen.

25. 11. 1974
Heute bin ich heiter vom
Gedichtemachen
und Ausräumen des Mäusemists.
Auch das Durchkämmen des
Hundes
kann heiter machen
nicht dagegen das Telefonieren
jeder Art
das Zeitunglesen
jeder Art
das Fernsehen
jeder Art
aber eben das Gedichtemachen
das Briefschreiben
Fensterputzen
Apfelessen
und das Ausräumen des
Mäusemists
aus der Speisekammer
und auch das Waschen von
Frauenhaaren
jeder Art

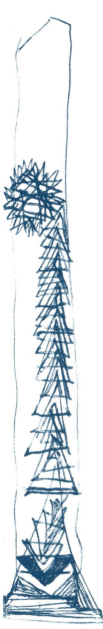

26. 11. 1974
Vorrede
nicht aufhörende
alles enthaltende.
Die Schutzschicht hat er zwischen die Frau
und die Wirklichkeit gelegt. Sonst könnte sie
für ihn nicht das sein, was er braucht.
Keine Luft mehr für Geschrei und Phantasie.
Sich krümmen, sich mit dem Gesicht
in den Dreck pressen
Schluss der Bewegung
Liegen bleiben
hart auf hart
Überlegung
Alles, was man getan hat
hat zu dieser Lage geführt.

Wenn ich toben würde
würde ich, wenn ich ausgetobt hätte
die Scherben sorgfältig zusammenkehren.

Zuerst zieht man sich Krankheiten zu
dann zieht man Ärzte zu
dann schickt man die Ärzte weg
um mit seinen Krankheiten allein zu sein.

Im Augenblick klingt verbergen wie eine
Steigerungsform von bergen.
Landeinwärts in den Wäldern
läuten die Glocken. Wenn ich
nicht komme, hören sie auf.

Auf den Hügeln finde ich mich
fromm oder bescheiden
eine Figur, die lebt und sich beugt
aber vor sich.

Ich will mir unverständlich bleiben
und euch.
Soll ich mich wegbegeben von meinem Ort
um irgendwo mich aufzustellen
wo ich aussehe wie sichtbar?
Versucht habe ich alles.
Ich gebe mir recht
also falle ich aus.
Wer sich recht gibt
ist am Ende.

Ein Fürst wie ich, ein fetter Hund
Köchen Heil zurufend.
Die Lippen, mein Lebendigstes
mein Totestes bist du.

Wenn ich aus einem oder mehreren
Zimmern von glücklichen Bewegungen
berichten könnte, würde ich es tun.

Ich habe auch im Haus den Halt verloren
nachdem ich haltlos von draußen
ins Haus geflohen war – jetzt hätte sich
die Erde aufzutun.

Die kalten Stellen an mir sind so zahlreich
geworden, dass ich sie mit zwei Händen
und Armen nicht mehr bedecken kann
ich lasse mich frieren.

Der Einzelne ist ein Idiot, den man von hier
nach da tragen und liegen
lassen kann, ohne dass es sich lohnte
zu hören, was er selbst dazu sagt.

Alle kriechen ans Licht. Wenn einigen
die Augen schwächer werden, sagen sie
wir kriechen ins Dunkel zurück – so
entsteht das Absurde.

Heute kein Datum, auch wenn ich hin und her schau'
kein Tag mit Namen, dicht umgeben, rund und eng
im bloßen Wirbel, Druckstellen, Reibflächen
Drehung um Drehung um nichts.

Von mir zu dir ist es weit
wie weit es von dir zu mir ist
weiß ich nicht.

Es geht mir zu gut, klar
sonst würde ich nicht klagen.
In Tannenschonungen werden Tannen
geschont, in Dörfern Menschen
ich weiß das nicht zu würdigen.

Von Trauben reden oder Gerechtigkeit
hilft nichts an dem Tisch, an dem ich sitze
aufstehen hülfe, meinen Tisch verlassen
wie eine Ungerechtigkeit.

Kleinerwerden wärmt die Glieder.
Ich kann über kurze Entfernungen
telefonieren. Ich schweige schön
und lass mich unterhalten
vom alten Lärm in meinen Ohren.

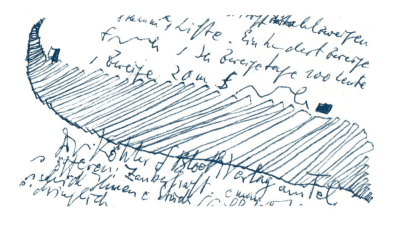

27. 11. 1974
Trio. Das Paar erledigt sich, bis nichts mehr übrig bleibt, aber es ist egal, weil sie beide sowieso gerade von der Umwelt erledigt worden wären: Die Konstruktionen hätten keinen Tag länger gehalten.
    1. Beo, der Geliebte, ist entlassen, sie freut sich, sie wird ihn ernähren, sie will gleich mit ihm schlafen, sie ist gierig oder doch bedürftig, warm, weich, andrängend. Er kann nicht. Sie beschimpft ihn wegen seines rücksichtslosen Benehmens.
    2. Der Frau sagt er nicht, dass er entlassen ist. Er hat schon zu viel nicht gesagt. Jetzt ist die Spannung zu groß. Er möchte dringend mit ihr schlafen, aber sie sieht keine Notwendigkeit dazu, sie weiß ja nicht, was er da gutmachen will. Es ist anscheinend gerechtfertigt, Frauen entweder darzustellen wie Männer, d. h. wie etwas, was man genauso gut kennen kann wie Männer, oder aber sie darzustellen als Angehörige eines ungeheuer fremden Menschenstamms, der unsere Sprache nicht spricht, dessen Sprache wir nicht sprechen und den wir so gut wie überhaupt nicht kennen.

2. 12. 1974
Beibehalten. Festungen. Osmose. Erstickungstode. Verläufe. Schluss der Permeabilität. Vorzug des Todes bei Lebzeiten. Hin-

starren auf den Fleck. Schwindendes Bedürfnis. Einfriedung. Nachlass. Ruckweises Zerrinnen. Liegenbleiben. Auflösen. Erlebnis der Auflösung. Etwas wie Gleichmut. Das Schlimmste verdankt seine Möglichkeit dem Umstand, dass wir uns aus uns selbst bis zur Interesselosigkeit zurückziehen können in die Sprache, die einen Vorgang konstatiert, der uns vernichtet. Vergehen mit Wörtern.

Trio. Ein Akt beginnt im Dunkel im Schlafzimmer mit einem grauenhaften und langgezogenen Schrei der Frau. Er muss sie wecken. Und dann weiß sie nicht mehr, was sie träumte, nur noch, dass es furchtbar war und dass sie jetzt nicht mehr einschlafen will, weil sie Angst hat, dass sie das noch einmal mitmachen muss. Also aufbleiben. Es ist ohnehin schon 5 oder 6.

Er: Was sollen wir tun?

Sie: Ich muss noch die Lederstücke auf die Ärmel deines Pullovers nähen.

Er: Gut. (Pause) Ich werde diesen Pullover nicht mehr anziehen.

Sie: Das sagst du immer.

Er: Ich schwör es dir, Trude.

Sie: Lass mich nur machen.

Er: Ich lass dich ja machen. Ich sage nur, dass ich ganz sicher weiß, dass ich diesen Pullover nie mehr anziehen werde.

Sie: Und warum?

Er: Ich brauch ihn nicht mehr. Ich habe genug andere Pullover, die mir lieber sind.

Sie (zustimmend, aber weiterarbeitend): Mhm.

Er: Ich weiß nicht, was ich tun soll.

Sie: Lies halt was.

Er: Ich habe keine Lust. (Pause) Ich kann nicht.

Sie: Oder sieh fern.

Er: Ich mag nicht.

Sie: Du könntest spazieren gehen. (Pause) Das wäre das Beste. (Pause) Geh doch ein wenig an die frische Luft. Wirklich. Du wirst sehen, danach fühlst du dich gleich besser.

Er: Mir fehlt nichts.

Sie: Du brauchst Bewegung. Komm, geh.

Er: Nein.

Sie: Dann kann ich dir auch nicht helfen. (Pause) Ich wäre froh, wenn ich Zeit hätte für einen kleinen Spaziergang. (Pause) Aber vor dem Wochenende ist gar nicht daran zu denken. Morgen ist Abteilungsleiterbesprechung, da komm ich nicht vor acht, halb neun heim. Übermorgen will ich wenigstens ein bisschen was backen. Für die Kinder. Freitag wird es sowieso immer später.

Er: Was soll ich tun?

Sie: Leg dich ein bisschen hin, Felix.

Er: Es ist überheizt.

Sie: Dann dreh etwas zurück.

Er: Dann frier ich. (Pause) Wenn ich nicht aufpass, schlaf ich hier im Sessel ein. Und wenn mir dann der Kopf zu weit nach hinten sinkt, schnarch ich. Das täte mir leid. (Pause) In deiner Beschränktheit bist du ungeheuer typisch. (Pause)

Sie: Hauptsache, es tut nicht weh. Findest du nicht auch?

Er: Was?

Sie: Das Beschränktsein.

Er: Ich gebe zu, dass es das Falscheste ist, dich als beschränkt zu bezeichnen. Du bist ununterbrochen tätig. Das musst du. Von Natur aus. Du musst immer etwas tun.

Sie: Du nicht.

Er: Nein. (Pause) Ich muss nur was tun, wenn ich eigentlich lieber vögeln würde, und das geht gerade nicht. Dann tu ich also was stattdessen. Sobald ich aber dann zum Geschlechtsverkehr komme, will ich überhaupt nichts mehr tun.

Sie: Das redest du dir ein.

Er: Und seit ich den Geschlechtsverkehr nur noch einmal in der

Woche will und das eigentlich erst an dem Tag merke, an dem ich ihn will, möchte ich an allen anderen Tagen am liebsten gar nichts tun. Nur sitzen und auf einen Punkt schauen. Erst wenn ich wieder an Frauen denke, hab ich das Gefühl, dass ich mich wieder rühren möchte. Dann möchte ich auch anfangen, von Liebe zu sprechen. Dann möchte ich dir etwas sagen über dich, was dich freut, was dich berührt, was dir durch und durch geht. Aber das ist schwer.

Sie: Ich bin mir darüber im Klaren, dass Liebe etwas Männliches ist. Im Grunde brauchen Frauen keine Liebe. Das ganze Brimborium. Der Mai. Das Seufzen. Das Schwärmen. Die Geständnisse. Die Marathonspaziergänge. Die durchatmeten Nächte. Alles Männerbedürfnis. Wir brauchen davon nur den 30. Teil. Dann das Kind. Das Dach über dem Kopf. Den Schutz. Die Versorgung. Aber das, was wir wirklich brauchen, die Versorgung, haben wir inzwischen selbst übernommen. Weil es sich herausgestellt hat, dass ihr nicht einmal dazu in der Lage seid. Ihr seid wirklich nur zur Liebe fähig, zu sonst nichts. Und Liebe ist auch nur etwas, was entsteht, weil ihr nicht immer sofort könnt, wenn ihr glaubt, dass ihr müsst. Ließe man euch in jedem Augenblick, in dem ihr wollt, dann gäbe es Liebe überhaupt nicht. Weder das Wort noch die ganze davon abgeleitete Kultur. Die Welt wäre weiblich geblieben, wenn wir euch nicht dazu gebracht hätten, euer Geschlechtsbedürfnis bis abends aufzuschieben. Dieser Aufschub bis abends ist der Grund für alles, was überhaupt an Menschlichem entstanden ist. Da habt ihr euch aufgeregt, aufgerichtet und habt das Turnen angefangen an den Ästen, weil ihr es sonst nicht ausgehalten hättet bis abends.

Er: Obwohl ich das begreife, finde ich mich wieder damit ab, dass von dir keine Liebe zu erwarten ist.

Sie: Du möchtest mir daraus einen Vorwurf machen, ich weiß. Du möchtest behaupten, es sei speziell meine Schuld. Andere seien anders.

Er: Dass alle gleich sind, wirst du nicht behaupten.

Sie: Es kommt nur darauf an, wie weit du mit einer bist. Wenn du natürlich mit einem 18-jährigen oder 24-jährigen Mädchen zusammentriffst, also mit einer, die dich noch nicht hat und die auch noch keinen oder gerade keinen anderen hat, dann kommst du in den Genuss der ganzen gewaltigen Naturanstrengung eines weiblichen Lebens: Sie will dich ganz und gar für immer. Das heißt, sie braucht dich lediglich zur Versorgung, aber es kommt ihr vor, dass sie dich will, dich und keinen anderen. Und da fällt ihr natürlich eine Unmenge Zeug ein, Zärtlichkeit, Bereitschaft, Duft, Farbe, ein diskreter Rausch. Nur für dich. Aber wenn du sie heiratest und ihr das Gefühl gibst, sie sei auch ein Mensch, das heißt, sie könne sich auf dich verlassen, du würdest sie und ihre Brut schon versorgen, dann erlischt sie sozusagen total und braucht dich nur den 30. Teil, so oft wie du sie, und übernimmt eben inzwischen auch das, wofür sie dich eigentlich wollte, die Versorgung.

Er: Stimmt.

Sie träumt immer noch aus den Kampfzeiten und ist dann immer froh, dass das alles vorbei ist. Für ihn ist das furchtbar. Er möchte sie immer noch.

Arbeit ist auch eine Möglichkeit, Schönheit herzustellen.

Abgestürztes Flugzeug im Karwendel entdeckt. München (AP)
(Für: Texte zum Deutsch-Unterricht)

Der am Montagnachmittag abgestürzte zweistrahlige «Lear-Jet», der sich auf einem Flug von London nach Innsbruck befand, sei im Gebiet des österreichischen Karwendels zwischen Rahkar und Kaltwasserkar geortet worden, teilte das bayerische Landeskriminalamt mit. Österreichische Bergungsmannschaften sind zum Unglücksort unterwegs. Für die Insassen der Maschine besteht jedoch kaum eine Chance, dass sie den Absturz überlebt haben. Nach Mitteilung des bayerischen Landeskriminalamtes befanden sich an Bord der Maschine mit Sicherheit Flugkapitän

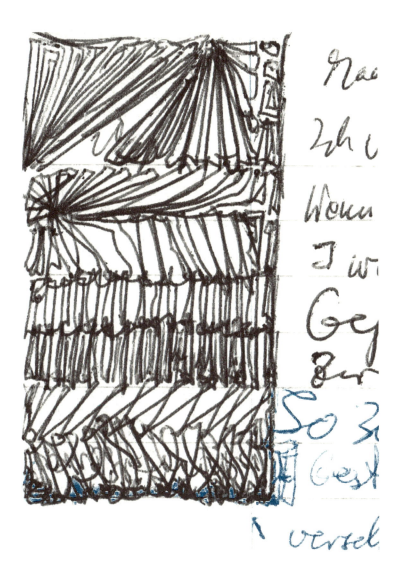

Levene und Copilot Kourdouloc. Beide sind britische Staatsange-
hörige. Wie verlautet, soll der Jet einer Schweizer Firma in Lau-
sanne den Auftrag gehabt haben, in Innsbruck den britischen Bier-
milliardär Guinness und seine Frau abzuholen.

Flugexperten vermuten, dass der Pilot bei dem in dem Gebiet
herrschenden Nebel «in die falsche Schneise» geraten ist. Ein Au-
genzeuge hatte die Maschine sehr tief fliegend über der Hinter-
riß beobachtet. «Plötzlich», so rekonstruieren Fachleute den Un-
glückshergang, «war dann der Berg da.» Der Flugzeugführer
konnte den Jet nicht mehr über das Karwendelmassiv hinweg-
ziehen und die zweistrahlige Maschine zerschellte zwischen den
Felsen.

Sie hing an seinem Nagel wie eine leblose Puppe.

Trio. Er: Mir träumte, ich sei Richard Wagner und läge als Baby in
einer Wiege, die unterm Rheinfall stand, mitten in der weißen to-
senden Gischt, und ich zog meine kleinen Finger zu kleinen Fäust-
chen zusammen.

Dass sie am Ende Selbstmord macht, kommt ganz überraschend
und völlig zwingend. Sie wusste alles und konnte nichts tun.
Dass sie als Abteilungsleiterin scheitert, weil durch genaue Untersuchungen festgestellt wurde, dass eine Abteilung, in der Frauen
arbeiten, mehr leistet, wenn ein Mann Abteilungsleiter ist, spielt
auch eine Rolle. Sie war ja professionell. Und zu Hause glänzend
eingestellt. Im Vokabular. Ein Medium seiner Infantilität usw.
Und alles hat keinen Sinn. Die Frauen in der Abteilung sind Kon-
kurrenz.

8. 12. 1974
Gallistl's Verbrechen. Ich wachte auf, schaute gleich auf die Uhr. Es
war 5 vor 10 Uhr. Obwohl Mimi jetzt immer die Vorhänge zu-
rückzieht, wenn sie das Haus verlässt, weil wir beide nicht wollen,

dass die Leute schon an den zugezogenen Vorhängen feststellen können, wie lange ich täglich schlafe, obwohl also das Licht seit halb acht voll hereindrang, wachte ich wieder erst um 5 vor 10 auf. Ich schloss die Augen wieder, krümmte mich zu einer Kugel, dann streckte ich mich und blieb mit geschlossenen Augen, aber hellwach liegen. Dann schaute ich wieder auf die Uhr. Es war halb eins. Das ist eine Erfahrung, die ich jetzt schon oft gemacht habe. Wenn man wach, aber mit geschlossenen Augen im Bett liegt, vergeht die Zeit am schnellsten.

Chef, wir sind mit 2 Mann unterwegs, mein Kollege ist zu feige zu fragen, Chef (nachdem er die 5 Mark sieht). HamSe vielen Dank, Chef, recht gute Tageszeit.
   Sie dummer alter eitler Kerl. Diesen Satz zitierte er und starb.

25. 12. 1974, Sarn.
Theresia. Auf der Zunge, die sie uns herstreckt, liegen 3 Markierungen aus Tempo-Taschentücherkügelchen, die ein Gesicht mit zwei Augen und einem Mund ergeben. Dann vier: mit einer Nase. Ob je ein Mensch auf seine Zunge ein Gesicht pflasterte, mit Hilfe von Papierkügelchen ...

1975

18. 1. 1975
Einbrecher erlitt Herztod.
Grafing, 11. November (AP). Bei einem Einbruch in das Büro
der Bahnhofswirtschaft von Grafing bei München ist am Sonntag
der 48-jährige Dieb Harry Hering angesichts einer Geldmenge
von 10 000 Mark offenbar von einem Herzschlag getroffen worden. Harry Hering starb vor dem Schreibtisch, den er kurz zuvor
mit Nachschlüsseln geöffnet und ausgeraubt hatte.

Mich dagegen scheint die Sonne an im Januar.
Ich atme sogar
durch die Nase.
Vor der Tür steht eine Katze mit dem Durchsuchungsbefehl.
Die verständlichen Fremdsprachen der Kinder.
Hinknien zur Verteidigung der Welt.
Eines Tages bemerkte er, dass seine Spucke nicht mehr genügte,
um die Gummierung auf den Kuverts zum Kleben zu bringen.

Ich sträube mich gegen die zunehmende Last. Ich will diese Last
nicht, obwohl ich dagegen, dass sie täglich zunimmt, überhaupt
nichts machen kann. Das Zunehmen ist sozusagen unausweich-
lich. Es ist gar kein Zweifel an diesem Zunehmen. Es gibt nichts,
was so gewiss ist, wie dass diese Last zunimmt. Und trotzdem hat
nichts so wenig Einfluss auf mich wie diese Gewissheit. Nicht dass
ich sie bezweifelte oder gegen sie ankämpfte. Sooft ich an sie
denke, räume ich ihr ihr volles Recht ein. Aber ich denke fast nie
an diese Gewissheit bzw. täglich höchstens einmal, und das ist, verglichen mit ihrer Wichtigkeit, so gut wie nie.

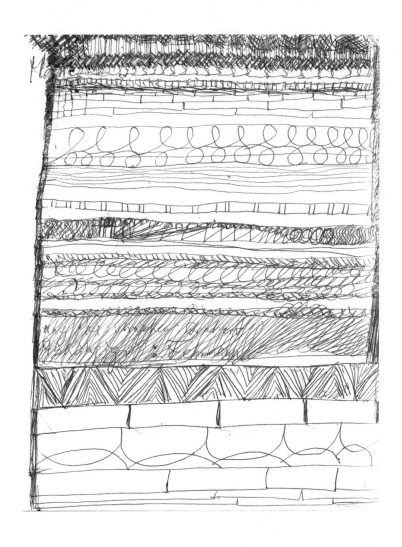

28. 1. 1975

Das Vorläufige ist das Endgültige. Ich hab immer gedacht, ich lass die Dinger da nicht verkürzen, weil ich in Räume ziehen werde, die höher sind. Jetzt drück ich mich seit 11 Jahren um diese Lampen herum. Und wenn ich nicht gehe, wenn ich nicht sofort gehe, sind das meine endgültigen Lampen. Ich werde die Kabel nicht kürzen lassen, ich werde weiterhin behaupten, jedes Mal, wenn ich wieder mit dem Kopf gegen eine dieser Kugeln gestoßen bin, dass es sich nicht rentiert, die Zuleitung zu verkürzen. Mattweiße schwedische Kugeln an einem Kreuz aus Teakholz, Ende der 50er Jahre.

Schlagt mich tot, Leut.
Nicht morgen, heut.
Sonst muss ich es selber tun.
Und dann bei den Selbstmördern ruh'n.

Ich würde gerne anhalten
und sagen Grüß dich
erster Februar. Aber
bis ich den Mund aufbringe
ist schon der zweite Februar
auf den mein Gruß nicht passt.

Harmlos. Vor allem aber: bedienen
Ich muss die Kraft zum Bedienen aufbringen, sonst ist alles aus.
Vorteile einer Lebenslüge. Wenn einer nur Attitüden summiert,
ohne die Bedingungen zu liefern, werden diese Attitüden bald
unverständlich werden.

Gallistl's Verbrechen. Verwüstet in meinem Bewusstsein, sieht es ganz genauso aus wie auf dem Mond. Die US-Astronauten, die mit diesem Mondfahrzeug durch den Mondstaub gefahren sind, haben bisher am genauesten ausgedrückt, wie es mir zu Mute ist. Das kleine Fahrzeug hat, glaube ich, etwas über 40 Millionen Mark gekostet. Also billig war es nicht, ein Bild für mein Bewusstsein zu finden. Das kommt noch dazu: Dieser Aufwand, der betrieben wurde, um meine Leere zu erkunden. Ich will immer sagen: Aber ich lebe doch gern. Es geht nicht. Immer wenn ich sagen will, aber ich lebe doch gern, kommt ein anderer Satz heraus. Ein sehr komischer Satz.

14. 2. 1975, Schomberg.
Fritz-Erler-Akademie der Friedrich-Ebert-Stiftung.

Steuererhöhungen oder -senkungen (nach Untersuchungen aus England) haben keinerlei Einfluss auf die Wähler.

Einer sagt: Sein Masseur nehme die Tabletten, die man ihm verschreibt, nicht, weil der Arzt, der sie ihm verschreibt, ihn gar nicht angeschaut hat. Und, sagt sein Masseur, wenn die Ärzte aus dem Urlaub kommen, werden nur Spritzen verschrieben, bis die Kasse wieder stimmt, dann erst wieder Massage.

Über die Gegner: Die Gegenseite hat einen klaren Kurs, die Mobilisierung des letzten Ressentiments am letzten Stammtisch.

Nach Artikel 16, Abs. 2: Politisch Verfolgte genießen Asylrecht. Was die in Baden-Württemberg mit den Chile-Flüchtlingen gemacht haben, ist verfassungswidrig und nur für den Stammtisch.

Die katholischen Mittelschichten sind für uns nicht ansprechbar. Die evangelischen Arbeiter wollen nicht als evangelisch angesprochen werden.

Wertkonservativ ein schönes neues Wort für sozialistisch.

Die Wahrheit ist so, dass sie überhaupt nur mit religiösen Kategorien gesagt werden kann. Ein Mann B 3 (Ministerialrat) ist nicht mehr unter 100- bis 110000 von der Industrie abzuwerben. Der Sprung von A 16 nach B 3 ist einer der großen Sprünge in der Beamtenbesoldung. In Baden-Württemberg ist die Spezies der Regierungsräte ausgestorben.

Nicht die CDU ist strukturkonservativ und die SPD wertkonservativ, man muss es auf Personen beziehen.

Die Gemeindereform war ein Fehler. Konzipiert in Zeiten wirtschaftlichen Wachstums und wird realisiert in Zeiten wirtschaftlicher Rezession. Unser Landes-Entwicklungsplan ist rein technisch-ökonomisch angelegt und strebt keine sozialen Inhalte an. Erhard Eppler sieht aus, als hätte er alle Zähne doppelt. Wer jetzt Fortschritt noch am Wachstum misst, der muss die Frustration in Kauf nehmen. Wir können nur Wertkonservative gewinnen, die Strukturkonservativen werden uns bekämpfen. In Zukunft lassen sich Machtstrukturen nur noch unter Berufung auf traditionelle Werte ändern.

Humanisierung der Arbeit eignet sich nicht als Landesthema. In Neckarsulm sagen die Arbeiter: Wenn ihr die Humanisierung nicht angefangen hättet, 5-Minuten-Pausen usw., würden wir unsere Arbeitsplätze jetzt nicht verlieren. Im Sommer ein Seminar in größerem Rahmen auf die Beine stellen, mit Arbeitsgruppen und abschließendem Plenum. Ein Thementeil und ein methodologisch-organisatorischer Teil.

Medienpolitik: Unsere eigenen Genossen in den Gremien tun nichts für uns.

Baden-Württemberg hat den höchsten Industrialisierungsgrad

Wahl   Zweckoptimismus

Frieden   Rechtsansprüche

Globale Notwendigk.   Nationale Interessen

in der BRD. Und die BRD in der Welt. Also ist Baden-Württemberg empfindlich. Also sind Prognosen wichtig. Ohne Computer-Simulation geht nichts mehr. Normatives Szenario, negatives Szenario und Prognosen, um die Szenarien auf Schwachpunkte hin zu untersuchen. Wir laufen Gefahr, zu strukturiert zu diskutieren.

In der Pause im Café: Zurzeit stellen sie bei uns nur noch Stifte mit mittlerer Reife ein. Für Dreher! An der Drehbank, musst du dir mal vorstellen! Mein erster Wochenlohn in DM war 50 Pfennig, da hat mein Chef g'sagt: Mehr kann i dr net gebe. Nachher han i denn scho 5 Mark kriegt. Musch dir mal vorstelle. Ausglernt, Stundenlohn 80 Pfennig. Mit amarkzwanzig hosch g'moint, du bisch scho an Kenich. Der, dem er sein Motorrad verkauft hat, hat's a Jahr später auf d'Niere kriegt. Siebzig Mark hot der noch für das Motorrad kriegt. Der isch grad in die Zeit neikomme, wo keiner meh hat a Motorrad wolle. Heut muss einer net so lang spara auf a Motorrad. Die Sache sin ja net so gstiege wie die Löhn, wolle mr ehrlich sei, wenn a Horex heut so teuer wär wie damals, no müsst se 10000 Mark koste.

Bei diesem Nebelwetter in diesem düsteren Lokal, der mit der Sonnenbrille.

2 Jungen in Jeans-Anzügen, einer mit dem Arm im Gips, mit einem Mädchen. Die Jungen sitzen näher beieinander als bei dem Mädchen. Bei ihr ist alles lang. Die Haare, die Finger, der Hals, sie trägt große goldene Ohrringe, die blitzen manchmal durch die Haare.

Ein Plakat von der Fußballweltmeisterschaft 1974, das unsere Mannschaft zeigt.

Die Jeans-Buben gehen, der Kleinere klopft dazu mit den Knöcheln auf die Tischplatte.

Unser Redner: Der, wo mit dem Gärtnerschurz Millionär worra isch, für 28000 Mark Küchemöbel hot er kauft, einfach weil er sein Land an die Stadt Stuttgart verkauft hat.

21. 2. 1975
H. G. Helms: Kritik verwendbar als eins unter vielen Repressions-
mitteln zum Zwecke der Erhaltung der bestehenden Verhältnisse
(S. 134).
Wenn Kulturkritik irgendeinen Sinn haben soll, muss sie aus
dem Prospekt der gesamten gesellschaftlichen Verhältnisse stattha-
ben ... (S. 135).

22. 2. 1975, Stuttgart.
Underdog
Weggeprügelt von den Trögen
steh ich mit blutigen Lefzen
in der Sonne und suche Töne
für ein Geheul.

Mao wäre jetzt recht, wenn er weniger rechthaberisch wäre. Ein
Rechthaber ist zwar viel besser als ein Machthaber, aber am besten
wäre doch ein Teilhaber.

Wäre J. Ford so bekannt bei uns, wenn er nicht ein solcher Chau-
vinist wäre? Trägt ihn nicht die Gunst seiner Nation in die Welt?

Unverständliche Anrufe. Die arbeiten schon in Hamburg. Franziska ist übermüdet. Die Nachricht, sie sei seit 2 Tagen nicht bei
den Proben, ist falsch, wie sie entstand, bleibt rätselhaft.

Er macht seine morgendliche Bodengymnastik auf dem Medaill-
lon eines Kirman-Teppichs.

Zwischen mir und dir ist die Sprache. Die Sonne sogar scheint
durch die Wörter durch.

Herr Weber, übernächster Nachbar, pensionierter Lehrer, schreibt einen Brief an seinen Sohn, der Arabistik studiert. Mir geht es gut, vor allem gesundheitlich, bis auf. Da hört der Brief auf, an dieser Stelle sank Herr Weber tot auf seinem Stuhl zusammen. Ein Herzschlag. Vorher keine Anzeichen? Nein. An Weihnachten noch eine Israelreise. Höchstens im letzten Sommer, die Arme nach dem Schwimmen manchmal so schwer. Die Frau kommt und fragt, von wem ist der Spruch, den er so liebte: Wir sind Sterbliche so, wie wir lieblos sind. Sie meint, vielleicht von Hölderlin. Ich weiß es nicht.

Nichts rührt sich. Ein langsam erstickender Februartag, der mir den Garaus macht. Es geht vielen anderen noch übler, noch viel übler als mir. Ich habe einen großen Teller voll Fenchelgemüse gegessen mit Ochsenfleisch, das war doch sehr gut. Das einzig Gute kommt noch von Käthe. Alles Gute kommt von ihr.

Vom 54. bis zum 61. Jahr Filme machen. Weil ich mit 54 nicht mehr schreiben kann.

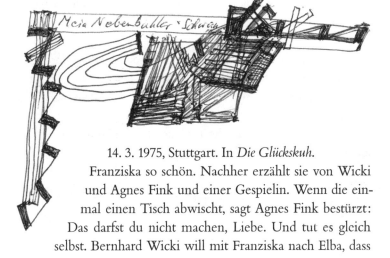

14. 3. 1975, Stuttgart. In *Die Glückskuh*.
Franziska so schön. Nachher erzählt sie von Wicki und Agnes Fink und einer Gespielin. Wenn die einmal einen Tisch abwischt, sagt Agnes Fink bestürzt: Das darfst du nicht machen, Liebe. Und tut es gleich selbst. Bernhard Wicki will mit Franziska nach Elba, dass

sie braun wäre für die nackte Taubstumme, die sie spielen soll. Nachher kommt einer zu mir her und sagt, er habe das Bedürfnis, mir zu sagen, dass er sich geändert habe. Aber er strahlt immer noch den Intriganten aus. Nur jetzt noch penetranter, weil das jugendlich Unschuldige fehlt und das Berechnende allein sein Gesicht beherrscht.

Wenn man einen Freund hätte.

Wenn die Wälder zurücktreten, die Wiesenwannen breiter und weiter werden.

15. 3. 1975

12 Uhr 08 ab Stuttgart, 14 Uhr 27 Radolfzell.

Ein Stück Holz, das im Dunkeln liegt. Etwas Schönes machen. Briefe beantworten. Vor Rottweil, bei Talhausen im engen Tal nichts als eine ganz alte Fabrik, der Schornstein zwischen Bäumen. Und in Rottweil das Werkstattgebäude der Bahn mit Fachwerk und direkt davor eine ganz alte Dampflokomotive.

Durchs Zugfenster gesagt: An scheena Gruoß, es haut alles hin. Dann strich er sich etwas Geschmack auf das Brot.

21./22. 3. 1975

Peter Hamm und Marianne Koch: Nachts wüte ich und höhne gegen M. Frisch für Ingeborg Bachmann (aber dieses FÜR nur, um gegen M. Frisch sein zu können). Gegen P. Handkes Besprechung von Karin Struck, also FÜR Karin Struck, aber FÜR nur, um gegen Peter Handke sein zu können.

Kann es sein, dass bei einer Frau die Hände älter aussehen als alles andere an ihr?

24. 3. 1975

Atem getauscht mit wem.

Eingesperrt in die Enge eines Namens.

Eins reicht nicht zum anderen.

Beton verbindet das meiste.
Nickend stirbt der Geköpfte und nackt.
Der Tod ist immer noch in der Mitte
als hätte das Abenteuer nicht aufgehört.
Wenn ich nichts mehr zu wollen hätte
hätte ich nichts mehr zu melden.

Nicht mehr die Konstruktionen der Ironie mit List und Planung, sondern die des unbehebbaren Auseinanderlaufens von Bedürfnis und Erfüllung. Je mehr man dem Bedürfnis nachgeht, desto weiter entfernt man sich von der Erfüllung. Wer anfängt zu fragen, erhält keine Antwort mehr.

Nachtleben: Wie sich alles ein Stelldichein gibt in meinem Kopf. Und bei Tag ist er geleert und schwer.

Ich muss noch mit dem Engel kämpfen.

Wenn es Antworten gäbe, gäbe es keine Fragen.

Jemand muss seinem Feind ein Kompliment machen. Das verbindet er mit Komplimenten für Leute, die absolut nichts gelten; so hofft er, das Kompliment, das er seinem Feind machen muss, abzuwerten.

Zukunftsroman. 1. Person: Bisher glaubte man, die Menschen täten alles der Nahrung zuliebe. Seit den großen Ernährungskatastrophen in der 1. Hälfte des 3. Jahrtausends. Das war nicht immer so. Man nimmt immer an, das Wichtigste sei immer gleich. Das stimmt nicht. Ich habe 2 andere Motivationen entdeckt. In der 2. Hälfte des 2. Jahrtausends, also etwa von 1600 bis 2000, war es die Sexualität. Als die Fortpflanzung noch mit Hilfe der Geschlechtsorgane besorgt wurde, kam es zu einer unglücklichen Identifizierung des ganzen Menschen mit dem Erfolg oder Misserfolg, den er mit seinen Geschlechtsorganen hatte. Das führte zu einer Polarisierung von Mann und Frau, und diese Polarisierung, die alles Wirkliche bestimmte, wurde mit einer Ideologie der

Emanzipation überzogen, das heißt, es wurde so getan, als gebe es Menschen und die seien wichtiger als Mann und Frau. Es lässt sich aber zeigen, dass alles nur von den Geschlechtsmerkmalen und dem Erfolg, den sie verbürgten, abhing. Das ist das Buch, das einer schreibt, ohne dass er einen Leser hat. Der Essay von der 1. Person.

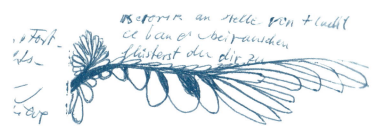

Dass sie dir auf den Fersen sind.
Rhetorik anstelle von Flucht.
Während sie an dir vorbeirauschen
flüsterst du dir zu.

Von den Kindheiten, die ich beobachten kann, erinnert mich keine an meine. Nichts ist ähnlich. Ich entdecke nichts. Die Kindheiten meiner Kinder sind mir fremd. Ich kann mit ihnen nichts anfangen. Ich will damit nur sagen, sie helfen mir überhaupt nicht, in das Land der eigenen Kindheit zurückzukommen. Und das möchte man doch. Aber dazu taugen diese neueren Kindheiten überhaupt nicht. Vielleicht weiß ich einfach zu wenig von meinen Kindern.

31. 3. 1975
Eckermann. Ein Stück, in dem Goethe Nebenfigur ist.

6. 4. 1975
6 Uhr 31 ab Überlingen, 11 Uhr 05 Frankfurt. London an 14 Uhr 40, ab London bis Euston 17 Uhr 40, an Coventry 18 Uhr 49.

University of Warwick. Herr und Frau Professor Thomas. Sie schließt die Augen, wenn sie zu sprechen beginnt, aber wenn sie spricht, beben und zittern die Augenlider heftig, als versuche Frau Thomas, sie aufzureißen. Manchmal gelingt ihr eine haarbreite Öffnung.

Roast Rib mit Yorkshire-Pudding. Sehr guter Burgunder. Als wir über eine kleine Brücke fahren, Frau Thomas: Jetzt sind wir auf Shakespeares Seite. Stratford ist 16 Meilen von hier.

7. 4. 1975
R. Hinton Thomas: Die Studenten fahren nicht nur nicht Rad, sie gehen auch nicht mehr zu Fuß. Ein blinder Kollege von ihm, kriegsblind, der in Kenilworth wohnt, geht täglich zu Fuß herüber mit seinem Hund, wenn Herr Thomas ihn mit dem Auto überholt und ihn einlädt, einzusteigen, sagt der: Danke nein, ich gehe lieber zu Fuß.

9. 4. 1975
Linda, in der Sekretärinnen-Fröhlichkeit, an der die Chefs schuld sind: I shall show you your pigeon hole. Und zeigte mir mein Postfach.

Aus jedem Volkswagen steigt ein anderer Mensch. Aus dem Citroën steigt immer der gleiche Kerl: der Schotte aus Aberdeen, der 5 Jahre in Gießen und Darmstadt war. Jetzt, zu Hause, aktiv in der Bewegung für ein Schottland, das zu Europa gehört. Wie riesige Staubsauger, sagt er, fahren die polnischen und sowjetischen Fangflotten droben durchs Meer und saugen alle Fische in sich hinein.

Wellershoff schlägt den zwei Germanisten R. Hinton Thomas und Keith Bullivant vor, in der deutschen Ausgabe ihres Buches mehr über ihn zu schreiben. Er sei entsetzt, dass er nur mit drei Zeilen erwähnt werde. Es sei für ihn wichtig, in der deutschen Ausgabe ausführlicher dargestellt zu werden, da er immer noch zu sehr als Essayist gelte und zu wenig als Autor von Romanen. Solange er hier war, kam er immer wieder plötzlich zu den Dozenten und forderte ein Abendseminar, eine Sitzung, über ein Gedicht, das er an diesem Tag geschrieben habe. Kunert hatte, als er hier war, einen Verkehrsunfall mit zwei anderen Autos. R. Hinton Thomas ist glücklich, dass ihm nichts passiert ist. Mit Schauder denkt er an die Formalitäten mit den Behörden der DDR, wenn er Kunert dort hätte als Toten abliefern müssen.

Wo ich jetzt fehle. Ich fehle nur meiner eigenen Sache. Ich bin da und dort, nur nicht bei meiner Sache. Sobald ich zu meiner eigenen Sache zurückkehre, versammelt sich alle Schwere der Welt in meinem Kopf.

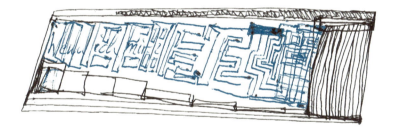

Der Operator, bei dem ich ein London-Gespräch anmelde, fragt: Are you German (dschörmain). Er sammelt alte deutsche Schallplatten. Jeden Abend versucht er deutsche Stationen im Radio zu hören. Aber wenn man sie drinhat, sagt er, schwinden sie wieder weg. Even with the Grundig, sagt er.

Als ich unsere 5 Kaffees bezahlte, sagte Geoffrey: It's very unusual. We go dutch: Jeder bezahlt selbst.
   To send him to Coventry hat geheißen to punish, weil Cromwell damals in Coventry seine Gefangenen konzentrierte.

11. 4. 1975

Unglaublich verhätschelt ist man. Die Indianer quälten einander, weil sie wussten, es tut weniger weh, wenn man vom Bruder und vom Freund sich freiwillig quälen lässt. Das Quantum Schmerz kennt man dann, ohne gleichzeitig die Qualität des Schmerzes, der einem vom Feind zugefügt wird, ertragen zu müssen. Und da man das Quantum ertragen gelernt hat, kann man im Ernstfall sich ganz gegen die furchtbare Qualität des vom Sieger zugefügten Schmerzes wappnen.

12. 4. 1975

RHT entschuldigt sich dafür, dass er übers Wochenende weg-müsse, sonst hätte er sich um mich gekümmert. Die englischen Wochenenden seien nämlich absolut zum Selbstmord drängend.

Er zappelt immer, wenn er steht und geht, wirbelt die Brille, lässt die Arme schwanken, knickt den Oberkörper ein, alles im-mer in Bewegung, sportlich und nervös, ungerichtet. Und immer sein Hüsteln. Aber einen schönen Manchesteranzug hatte er an. Eine Güllenfarbe. Eine Farbe aus alten Zeiten. Es ist genau die Farbe, die die Lache kriegte, wenn sie, nachdem der Bauer den Deckel hochgezogen hatte, aus dem Loch hinten am Güllenfass ins Freie schoss. Da war ja ein kleines Eisenblatt, das die Gülle nicht einfach gerade als einen Strahl hinausschießen ließ, sondern sie in einen weiten Schirm zerteilte, dass sie als eine Art weite Güllenkuppel hinter dem Fass hing, das andauernd fortgezogen wurde. Und diese von Licht durchstrahlte, sehr dünnwandige Güllenkuppel, das ist die Farbe des Manchesteranzugs, den er heute trug.

Der Heimweg der Scharen, der Grüppchen, der Familien, der Ein-zelnen von der Wasserburger Kirche, am Sonntagmorgen. Dicht und dunkel. O ja, gleich den Mut haben und Zimmer sagen statt Höhle, sonst wachsen mir Wurzeln, die ich nicht habe.

In Stuttgart, wo Franziska ist.
Oder daheim. Natürlich könnte
ich telefonieren. Schon am
1. Freitagabend telefonieren. Und was am
Samstag? Und was am
Sonntag? Usw.
Lass die Welt draußen ruhen wie einen
See. Wirf einen Stein
hinein. Stell dich tot. Du
hast dich bisher immer
zu wenig tot gestellt. Wie
das alles beobachtet wird.
Wie wenig verborgen
bleibt. Undurchsichtigkeit
würde ich gerne herstellen.
Mit Hilfe eines Pseudonyms. Und
opake Sätze dichten.

Wenn einmal die meiste Arbeit von Maschinen gemacht wird. Und wir nur noch Software produzieren. Dann dürfte man sich am Freitagabend freuen. Auch wenn man nur so sitzt wie ich.

Wäre er jetzt, anstatt begeistert und müde, nur begeistert. So frisst eins das andere.

Wem müsste er nicht als Esel erscheinen mit seinem langen dicken roten Glied, um das er herumhüpft, sozusagen. Und dann tat er wieder, als sei es so was Schweres, dass er weit zurückgebeugt durch die Zimmer marschieren müsse, um von dem schweren Kolben nicht vornübergezogen zu werden. Ein Esel fürwahr. Und ein historischer dazu. Weil er sich nämlich Männerkleidung, Hofkleidung aus der Goethezeit lieh von seinem Freund, dem Schauspieler, ja, zierliche glänzende Rokokokleidung, nur um dann sein steifes Glied durchzustecken und vor dem Spiegel festzustellen, dass nichts einen angenehmeren Kontrast ergebe als sein Trumm von Eselsglied und die candidelte Kleidung. Jo-jo, sagte er dann tief und breit und ließ einen Jodeljauchzer folgen und sagte dann leise: Das war der Bergesel. Der Bergwildesel namens Heilandsakrament. Ach, Hochwürden, er meint's nicht böse. Er ist ein Bergesel aus dem 18. Jahrhundert, was wollen Sie da schon erwarten. Aber Hochwürden taucht nicht mehr auf, sondern schwimmt in langen, rüstigen Schwimmstößen tief in dem gelblich lichten Wasser davon. Welch eine Begebenheit. Und doch noch heiter. Gerade noch heiter.

Wenn ich nichts tun könnte, wäre ich vielleicht zufrieden. Aber die Angst erlaubt das nicht.

Walk to Coventry, eine gute Stunde.

Eine ganze Straße, wenn man zum City Center kommt, nur Immobilienhändler. Alle mit Schaufenstern. Und in jedem Schaufenster wunderbare Fotos von wunderbaren Projekten. Gibbet Hill House etc.

13. 4. 1975

Heute von 12 bis 4 nach Westwood und Heath, Burton Green, über die Red Lane nach Kenilworth und wieder zurück in den Campus. Alle Leute vor ihren Lodges, Houses, Cottages mit dem Rasen, mit dem Umgegrabenen, mit dem Auto beschäftigt. Vor dem Friedhof ein Auto, auf dem Rücksitz ein Mädchen, das eine Revolverzeitung las, bis die Mutter und der Bruder vom Friedhof hinter der Kirche wieder hervorkamen, mit einer leeren Milchflasche, in der sie wohl Daffodils auf das Grab des Vaters gebracht hatten. Die Frau hatte Tränen in den Augen, das Mädchen im Auto faltete die Zeitung zusammen. Sie war wohl doch die Freundin des Sohnes.

14. 4. 1975
Thomas Hardy: Far from the madding crowd.
Seine Fensterfront, die so breit war wie das ganze Zimmer, ging
nach Norden, den sanften grünen Hügel hinauf, aber schon
20 Meter weiter belagerte ein dormitory sein ganzes Panorama.
Parterre und 1. Stock, beige Ziegel und Holz und eine kubistische
Phantasie in dem Ganzen. Jedes Zimmer dort hatte ein großes
Fenster, aber keine Stores. So viele Fenster, so viele Mädchen.
Abends, nachts sahen die Mädchen besonders interessant aus, da
er von unten die Lampen, die Tischlampen nicht sah, sah er nur
die von unten angestrahlten Mädchen in einem kleinen milden
dunkelgelben Lichtkreis.
I wonder where this smell of petrol is coming from.

Gallistl's Verbrechen. Er zertrümmert das Auto seines Gönners. Er
nennt die Menschen so, wie sie für ihn sind. Frau Silberfee. Frau
Mensch. Herr Gönner …

15. 4. 1975, Coventry.
Immer wenn ich zu Boden muss, fange ich selber an zu zählen.
Bis jetzt habe ich in der Sophienausgabe die Bände III, 9 und
IV, 37 (Briefe und Tagebücher) gelesen: 2. Hälfte 1823. Der große
Verwalter und Organisator seines Fortlebens. Und der Einfluss Ul-
rike von Levetzows, die Belebung durch sie. Obwohl viel mehr
von der polnischen Pianistin Szymanowska und der Sängerin
Anna Milder die Rede ist als von Ulrike. Die wird eher stim-
mungsfrei notiert. Von den anderen schwärmt er. Aber dass er
wieder schwärmen kann, das hat sie bewirkt.
Heute mit Herrn und Frau Thomas in Stratford-upon-Avon. In
Preston-on-Stour, beim Pheasant, dann for tea in Warwick, tea
cakes, und zwar toasted ones. Rather delightful. In Stratford an der
Kirchenwand unter einer Segelplane 2 Steinmetze an der Arbeit
wie zu Shakespeares Zeiten. Auch Midland's Bank hat über der

Eingangstür in einem Goldmosaik den hl. William platziert. Und wo seine Tochter wohnte mit ihrem Mann Noah und dann seine grand daughter, und ein paar Meilen weg, beim Herrenhaus, das zum Pheasant gehört, der Park mit den Rehen, von denen Shakespeare eines gestohlen haben und deshalb weggerannt sein soll. Vieles trägt die Ausschmückung *Heart of England*. H. o. E. Press, H. o. E. Bakery ... bluebells in den Wäldern, not yet out.

Dass Liebe Liebe ist, ist sicher. Sie ist nicht nichts, sondern zusammengesetzt aus den Anlässen, die sie enthält und ehrt.

Ich sehe weiter als ich will und mehr
ich fliehe, spiele den Bestürzten, rede daher
ich werde erwischt, gestellt
ich versuch es mit Witzen
es gibt Fertigkeiten, Notwehr
gegen das Fällige.

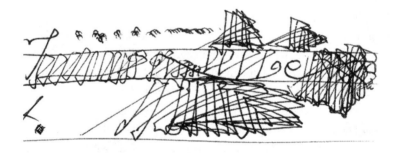

Bericht
    Im Herzen von England reichen einander die Bäume, und über gebogene Wiesen sind Schafe gestreut, das honiggrüne Herrenhaus gibt sich allein, die Diener wohnen hügelan in roten Reihen, fast droben, bei der schwarzen Allee, die Kirche, wie verzweifelt. Im Herzen von England ziehen die Ulmen einander, sind die

Gruppen der Schafe immer richtig geordnet, grinst das Mittelalter, der fromme Bock, süß und krumm, die Gasse hält sich den Fachwerkbauch. Horatio backt Brot, Hamlet ist Metzger. Langsam eilen Ophelias Bäche durch das Herz von England und sehen sich nicht um. Auch die Industrie passt auf auf das Herz von England und entsendet nur Villen dorthin. Wie ein Wahnsinniger rennt der Fasan in die undurchdringliche Hecke. Ich sehe keinen Ausweg.

17. 4. 1975

Eines der Mädchen hat an ihrem Fenster in der ganzen Breite Topfpflanzen. Morgens gießt sie jede Pflanze, dabei trägt sie ein dunkles Turnhemd, sodass man die weiße Schulter und den weißen Arm anschaut. Sie scheint groß zu sein. Im anderen Fenster bleiben, weil ich es durch einen Store sehe, nur die archaischen Gesten einer sich Schminkenden. Ich sehe den Spiegel nicht und nicht, was sie in der anderen Hand hat, aber ich sehe die Haltung, mit der eine Frau sich den Spiegel vorhält im Stehen, und ich sehe, wie sie die andere Hand in ihrem Gesicht arbeiten lässt, und ich sehe, wie sie dann mit dieser Hand etwas weglegt und ein großes Tuch holt und sich im Gesicht etwas wischt, ich sehe, dass das Tuch sehr weich sein muss. Sich nackt machen, mein Fenster kippen, die Tür zum Bad öffnen, dass Durchzug entsteht und meinen Store bewegt. Wenn der Wind dann den Store hebt und ich als Nackter sichtbar werde, bin ich kein Exhibitionist. Dann ist das der Wind gewesen.

18. 4. 1975

Traum. Zutraulich bis aufdringlich, nicht ganz unangenehm, homosexuell und schmeichelnd Walter Scheel. Nach dem Colloquium über öffentliche Meinung.

Teeregel: One for the pot, one for you (Spoon).

19. 4. 1975

Zu Fuß nach Coventry, von 8 bis 9. Um 9 Uhr 06 der IC, but the engine in front of our train is broken, we get a new engine, a 20 minutes delay. Um 10 Uhr fuhr er, 11 Uhr 15 an Euston Station, London. Mit Thomas Thieringer in *No Man's Land* von Harold Pinter im Old Vic. 5 vor 9 wieder in Coventry, 9 Uhr 5 ein Bus, um ½ 10 zu Hause.

Wie schön ist es, wenn die Studenten im Haus singen oder einer singt, egal was, und wie unerträglich die Platten-Cassetten-Musik.

Tagebuch einer Jagd. Überall, wo er hinkommt, gleich eine Höhle, in die er sich verkriecht. Er würde nur wegen einer Frau herausgehen. Aber er weiß doch, dass alle Frauen heute schon einen haben. Und sollte es noch eine geben, die keinen hat, so würde er die nicht finden, oder es ist eine so Geschlagene, dass er zu schwach wäre, das in Kauf zu nehmen. In der Höhle am liebsten auf dem Bauch liegend mit dem Gesicht nach unten und reglos, aber horchend auf die Stille, die Stille durchhörend, die Geräusche bezeichnend nach ihrer Herkunft. Solange der Tag hell war, lag er ruhig, auch innerlich ruhig. Erst wenn es Abend war, wenn plötzlich das Licht fehlte, durchfuhr ihn eine Art Panik. Hatte er etwas erwartet von diesem Tag? Offenbar. Er spürte ein eindeutiges Entsetzen darüber, dass dieser Tag vorbei war, ohne ... Ohne was? Das sage ich nicht, sagte er sich. Das spreche ich nicht aus. Auch vor mir selbst nicht. Ich lasse es lieber bei diesem stummen Entsetzen darüber, dass dieser Tag vorbei ist. Ich liege also jetzt entsetzt und reglos im Dunkel. Ich weiß, jetzt kommt die Aufgabe, einzuschlafen. Das muss man ja auch können. Nun gut, fangen wir an, leiten wir die komplizierten und vor Indirektheit und Gegliedertheit ins Ferne raschelnden Einschlafmanöver ein. Linke Seite entlasten ...

Dass man sich kein Bild machen soll. Vor allem nicht nach einem Namen. Annette R., da habe ich Wimpern, sich verhakende, erwartet und einen Mädchenblick wie durch Rosen hindurch und dunkelbraune Haare drum rum und ein Lachen, hochgeworfen, ja, ich gebe es zu, ich habe einen Henkelkorb mit Rotwein drin und Brüste, aus einem spitzenbesetzten Dirndlmieder drängend, so was habe ich erwartet, ganz Blut und Leben, und es kam ein karges, scharf geschnittenes, dünnes langes fahles Offiziersgeschöpf, Whisky in der Tasche, sie trank aus der Flasche und redete schnell und bestimmt. Und sie hatte den Wilden, Haarigen, den Proletensohn aus dem Norden, Tim G., zu mir bestellt, um nach wenigen Geschäftsreden mit ihm zu verschwinden. Das Beste: Sie hatte ihn schon um 12 Uhr 30 zu mir geschickt, dass wir alles besprächen, dass sie selber dann um 2 Uhr kommen und um 3 Uhr wieder mit ihm gehen konnte. Tim G. erklärt seinen mangelnden Erfolg damit, dass er nicht als ein entwicklungsfähiges Talent auf dem üblichen Weg, auf dem von den Kritikern vorgeschriebenen Weg, ins Theater gekommen sei, sondern aus dem Norden und durch politisches Denken. Dabei merke ich, dass nichts so überflüssig ist wie eine Erklärung für einen Misserfolg. Kein Mensch hört zu, wenn jemand Gründe für seinen Misserfolg anführt, nichts bedarf so wenig der Erklärung wie ein Misserfolg. Wir wissen doch Bescheid. Das kennt man doch. Diese Redensarten. Hätte er nichts gesagt, dann hätte man, weil er ein sehr netter Mensch ist, nach Gründen gesucht, die mit seinem Misserfolg nicht ihn, sondern sonst wen belasten. Aber in dem Augenblick, als er begann, die Schuld an seinem Misserfolg auf andere zu schieben, schob man sie ihm zu.

21. 4. 1975
Lautsprecher: Senate House has been occupied by students.

22. 4. 1975

Goethe zu J. P. Eckermann: Wenn man schreibt und sieht, dass man jetzt bald aufhören, unterbrechen muss, sei es besser, nicht alles, was man schon an Vorauswissen habe, noch hinzuschreiben, weil man nach der Unterbrechung mit Hilfe des noch aufgesparten Vorausgewussten besser wieder anfangen könne. Ein guter Rat.

Ich danke dir, Jesu Christ, dass du heute bei mir eingekehrt bist.

Gleich nach einer Arbeit wieder das Gefühl der Nutzlosigkeit. Die Ermüdung nur der Nerven.

23. 4. 1975

Richard H. Thomas sagt: Die Studenten machen dieses Sit-in, den Streik, just for the kicks.

Jetzt liegen die Studenten auf der Wiesenfläche vor meinem Fenster. Sie liegen lang ausgestreckt und kreuz und quer, eng beieinander, man sieht höchstens zwei Köpfe, alles andere sind Knie, Schenkel, Brüste, Ärsche.

Ich möchte, wenn ich etwas angefangen habe, am liebsten Tag und Nacht schreiben, weil es mich so interessiert, wie es weitergehen wird. Wenn die Leser nur halb so gespannt wären beim Lesen, dann wäre ich der spannendste Schriftsteller, der je geschrieben hat.

Den ganzen Abend die Geisterstimme des Sportreporters durch die Wände. Er ist ununterbrochen ganz hoch. Reißt von Wort zu Wort eine andauernd zusammenbrechende Welt auf und hoch. Solang er so ruft und redet, geht es, ja, jaa, geht es noch einmal und noch einmal weiter. Manchmal wirft ihn und die 50 000 Mitwirkenden das kleine Ereignis auf dem Feld da drunten noch höher hinauf, alles schmilzt in einem Schrei zusammen, bevor der aber verebbt, löst sich aus dem Schrei wieder die Stimme, die das Leben von Satz zu Satz ermöglicht.

24. 4. 1975
Henry James: I live with my pen in my hand.

25. 4. 1975
Gestern im Colloquium. Als ich die deutsche Presse kritisiere,
wird sie verteidigt von zwei Deutschen, einer seit 14 Jahren Professor in England und eine Frau eines Deutschen. Sie verteidigen
vor allem die *Zeit*, die Berichterstattung über England. Nur so erführen sie, was los ist in England, aus den englischen Zeitungen
erführen sie nichts über England. Wie ich zu meinem Urteil
komme, fragen sie. Ich zitiere die *Times*-Berichterstattung über
Portugal, die viel genauer sei als bei uns. Portugal, sagen die zwei,
daran sind die Engländer nicht interessiert, darüber berichten sie
genau, aber über England, über Gewerkschaftspolitik erfährt man
hier nichts ... Kein Engländer verteidigt die englische Presse gegen
die unumschränkten Angriffe. Ich gebe es dann auch auf, weil es
mir peinlich ist, als Einziger die englische Presse zu verteidigen,
wo so viele Engländer herumsitzen. Nachher kommen die Engländer zu mir und sagen, das stimme alles nicht, was die zwei
Deutschen gesagt hätten. Aus der englischen Presse erfahre man
viel mehr als aus der deutschen. Ich sage: Vielleicht gehört zum
Zeitunglesen eines Landes eine Fähigkeit, die man sich nur von
Kindheit an, aber später nicht mehr, erwerben kann.

Die Sekretärin Linda Woodward klagt darüber, dass es ihren Namen in Coventry 1000-mal gebe. Es müsse schön sein, einen Namen zu haben wie Tony Phelan, den es so selten gebe, weil es ein
irischer Name sei, aber selbst unter den eingewanderten Iren sei er
noch selten.

26. 4. 1975
Der elektronische Lärm steigert sich. Das wirkt wie Trommelfeuer. Auf jeden Fall wirkt es, als komme es aus Schlünden. Am

stillsten ist es am Morgen zwischen 7 und 10, wenn die Studenten noch schlafen.

In Warwick mit Rob im Brussels. Lauter 22-jährige mit Kleidungen, die vor allem die Brüste exponieren. Eine steckt ihre linke Hand von rechts in das kurzärmlige Hemd des Freundes, steckt die Hand auf seinem Rücken entlang und kommt zum linken Ärmel wieder heraus. Er schaut sie unterdes an mit einem vollkommen hungrigen Kannibalenblick.

27. 4. 1975
Nach dem Rock-Schrums ein Traum: ein zierlich drahtiger Turner, der an einem riesigen Turm die unglaublichsten Übungen vollbrachte. Er stürzte sich hinunter, dann hatte er aber doch noch irgendeinen Vorsprung ergriffen, an dem er dann mit einer Hand hing. Ließ sich aber wieder fallen und fiel doch nicht … Man sah das alles ganz nah und klar, aus gleicher Höhe wie er, und erschrak jedes Mal furchtbar. Man begriff, dass er nur so turnte, um uns zu quälen. Dann noch: Schaute mit den Kindern ein Buch an, darin Bilder von Penissen, die reihenweise verpackt waren wie Kerzen, unter Zellophan, aber beim Umblättern entstand der Eindruck, dass sich dann und wann einer aufrichtete. Ich versuchte rasch umzublättern.

Meine Unreife schreit immer noch zum Himmel. Ich halte ihr den Mund zu.

Ein Computer, der glaubhaft loben könnte. Das wär's.

Beim operator meldet sich eine männliche Stimme und sagt: Gespräche können nicht vermittelt werden, weil die Studenten das switch board besetzt haben. Also kommen auch keine Gespräche herein. Er sagt, es tue ihm leid.

28. 4. 1975
Dedication. A Rough Guess.

Dick made me speak
Keith made me weak
Geoffrey made me see
Tony made me be
Rob made me drink
Steve made me think
Linda made me feel
Here gratefully I kneel.

Next to nothing.

30. 4. 1975
O wie ich dich liebe, weil du so weit fort bist.
O wie ich dich hasse, weil du so weit fort bist.

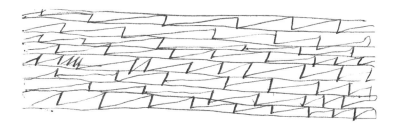

Als er hörte, dass er nur noch 6 Monate zu leben habe, beschloss er, Chinesisch zu lernen.

A Miele is just another washing machine
like Shakespeare was
just another writer

6. 5. 1975
Gloria: I'm becoming a head animal.

Brillieating an Figur, (Brilliant besichtes
Uhrchen am leber fleckigen de dge-
lenk.   It's only Rock n Roll
~ Maedize sof ~ Rauchsli (cppe)
) her d'knief, aupschossenen.
2 ; Wiesen's Hecker u-Bäumen folaßt
2 ; lieblrchen Giebel, steilen, und
e dünne fiful ebrdits tholten.
    ~'ō skimarke Rossignol s,
Rückscheibe ~~ feinersportrapen
tapeziert hat. , langen flausser
frouten
It's not that you got into a non smoker
on purpose, isn't it?
Are yey in Glasgow. Wait ulla tellya
We're now approaching C.
Should you be leaving the
train, make sure that all your
belongings are with you.
Di. 6/5 AUT meeting Association of University Teachers (Agenda A.M. 1 Chairman
Opening / 2 Vice-Chancellor / 3 Secretary -
Current Claim / 4 Chairman - Salary Strategy
5 Resolution / 3/4 C Staff 1/2 C academic
teaching staff, 1/4 C vervally / stipend
clerical staff: Sekretärinnen ? / an enormous or
(ap) heart / said so much about...) ma
deal now with... / I've tried to peint
you a picture / We're not going to bo succe

one of the first things to do
get the public sympathetic
what are we about today // I may be wrong about
this, you may want to argue the thing differently
~ Oct 74 / our agreement had an escape
clause / my experience with escape clauses is /
people come up once every year /
If I may go to the end of the story
getting out of the box / in my view / the other
side wished to impose a broad
comparability / free as hitherto / once
we had you out of the box
we don't settle ourselves to any
Arbitrators Arbitration
I've talked too long but there
is one point / I've promised to be
over there we've the Mexican
week // Secretary
tied to the Polytechnic position
(the PT scale 2610-5412 14 incr.
Univ. 2499 -5778 16 incr.
plus fresh old   incr.
lecturers' salary
we could make a claim
18% too much high ? over
as the VCh pointed out
time is still working against us
let me just clarify that
partly consist of /50% degree work
civil servants   77%
university lecturer 20%

8. 5. 1975
Heute um 1 Uhr vor dem senate house die Studentenversamm-
lung zur Abstimmung für motion (Besetzung abbrechen) oder für
motion plus amendment (Besetzung weiterführen).
Wenn einer für das Beendigen der Besetzung war, kriegte er
nicht viel Beifall. Die, die gegen das Aufhören waren, kriegten alle
viel Beifall. Die sprachen auch alle sehr schön: ein Schotte (wenig
Vokalbiegung), ein Nordire (voller Gesang, fast ein bisschen in-
disch), ein Waliser (wenig Dialekt), einer ganz stark: staischn,
maik, taik, dai. Alle viel Beifall für ihre Reden, dass der Senat nur
bluffe, wenn er sage, falls die Besetzung bis zum 12. nicht aufgehoben sei, gebe es keine Prüfungen in diesem Semester. Es sei die
Pflicht der Uni, den Studenten Prüfungen zu ermöglichen. Wenn
man jetzt nachgebe, werde die Uni mit der Studenten-Union um-
springen, wie es ihr beliebe. Dann die Abstimmung: Die Mehrheit
erklärt sich für die Beendigung der Besetzung. Und das war trotz
allen Beifalls für die Weitermacher eigentlich immer ganz klar. Die
Reden waren eine politische Übung und ein Spiel angesichts einer
mächtigeren Wirklichkeit. Wenn sie weitergemacht hätten, wäre
es irgendwie traurig gewesen. Und genauso sinnlos wie das Aufhören. Nur dass das Aufhören nützlicher ist als das Weitermachen.

10. 5. 1975
Gestern im *Working Men's Club* in Cheylesmore mit Tony und Gloria. Dort Tonys Eltern, noch ein Ehepaar, er bei Chrysler 35 Pfd
netto die Woche. Und ein Tommy O'Sullivan, der Nachbar. Hat
noch einen Schneidezahn, einen dunklen, felsenhaften Zahn, ist
zirka 43. Dass Yeats der Größte sei, werde von allen anderen Poe-
ten anerkannt. Tommy ist fitter in einer Elektrogerätefabrik, kam
1934 von Ireland hierher, hat 5 Kinder, arbeitet nur Nachtschicht,
heute Morgen hat er, als er nach Hause kam und frühstückte, zuerst seinen Roman fertig gelesen, bevor er zu Bett ging. Er sieht
auch jetzt so aus, wie Leute nur am Morgen aussehen, wenn sie

Kämmen, Waschen, Rasieren erst 1–2 Stunden hinter sich haben. Jetzt, da man weiß, dass er Nachtschicht arbeitet, fällt es einem auf, und man wundert sich, dass man nicht selbst darauf kam. Sein Großvater war ein Erzähler. Der Großvater sagte den Kindern, sie sollten auf die Pappeln hören, die Pappeln könnten sprechen, und deshalb sei er immer mit angespannten Ohren den Weg zur Mühle gegangen, wo das Getreide gemahlen wurde mit Hilfe eines Wasserrads. Der Weg dorthin sei mit Pappeln bestanden gewesen, und die hätten gesprochen. Wenn es hier niemanden beleidige, erzähle er noch die Geschichte von den 2 Vagabunden Michel und Pat, die auf einem Hügel angekommen waren, dann habe Pat gesagt, bevor wir in dieses Dorf runtergehen, das da am Fuß des Hügels so schön vor uns liegt, lass uns Feuer machen und Tee kochen. Sie entfalteten also ihre Sachen, machten sich Tee, Pat sagte: Schau, das erste Haus da drunten, das ist das mit dem schlechten Ruf (ill reputation).

Michel sagte: Ich weiß. Plötzlich: Schau, jetzt geht ein Geistlicher rein, ein baptistischer. Lass nur, sagte Pat, das ist ein schwerer Beruf, er hat es ehrlich verdient. Etwas später sagte Michel: Schau, jetzt geht ein Methodisten-Pfarrer hinein. Pat sagte: Lass nur, er hat es ja sonst nicht leicht. Dann sagte Michel: Schau, ein Auto fährt vor, schau, ein katholischer Pfarrer, schau, Pat. Ja ja, sagte Pat, dann ist sicher eins von den Mädchen krank geworden.

Tommy glaubte, weil nicht alle gleich laut lachten, er habe mit dieser Geschichte jemanden beleidigt. Das sei eine Geschichte, die müsse geradezu manchen verletzen, hoffe er. Und ganz ehrlich gesagt, ihm wäre es durchaus recht, wenn sich jemand ein wenig verletzt fühlen würde von dieser Geschichte. Er selber sei sich durchaus nicht sicher, ob ihn diese Geschichte, die er oft genug erzähle, nicht jedes Mal ein bisschen verletze. Er gebe sogar zu, dass er jedes Mal ein bisschen Angst habe, wenn er sie erzähle. Ach Quatsch, Angst natürlich nicht. Keine Spur von Angst. Aber festgehalten zu werden verdiene seine durchaus nicht eindeutige

Empfindung, wenn er höre, wie er selber diese Geschichte erzähle. Er müsse jetzt doch einfach die Geschichte von der Eroberung des Herrenhauses in einem kleinen irischen Dorf erzählen, eine Begebenheit aus der Revolutionszeit, die werde allen zeigen, dass auch er selber, Tommy O'Sullivan, von einem gar nicht abzustreitenden Behagen erfasst werde, sobald er diese Geschichte erzähle. Da sei also Folgendes passiert. Er mache es übrigens sehr kurz, denn es sei Mittagszeit, und das sei nicht genau die Zeit, in der er Geschichten am liebsten erzähle. Freitag- und Samstagabend seien die Zeit, die er für die günstigste halte. Also, da sei es den Arbeitern gelungen, ein Herrenhaus zu stürmen, das heißt, sie hätten da mehr oder weniger hineingehen können, weil die Herrschaften nach London geflohen seien. Nun hätten sie alles, was von einigem Wert und gleichzeitig beweglich gewesen sei, im Hof hinter dem Haus versammelt. Kühe, Pferde, Kälber, Schweine, Geflügel, Wagen, Kleider, Möbel, Geschirr, eben alle Sorten von Habe. Dann hätten sie einen gewählt, der sollte alles verteilen. Der habe angefangen aufzuzählen, was man alles zu verteilen habe. Geschirr, Kleider, Wagen, Geflügel, Schweine … Als er so weit gekommen sei, habe ein Arbeiter gebrüllt: Schluss, Schluss, hör auf mit Schweinen, die hab ich doch selber. Tommy O'Sullivan lachte wieder, diesmal etwas weniger laut. Tommy O'Sullivan sagte, der deutsche Gast müsse einmal die Bücher von Maurice Walsh und G. E. Bates lesen.

Nachher die Show, das heißt Gesangsvorträge von Mitgliedern.

Im Vorraum, beim Hinausgehen, noch ein Streit. 2 dicke kleine Männer, einer wird von 2, der andere von 3 Frauen zurückgehalten. Alle schreien und schwitzen, vor allem die dicken, kleinen, haararmen Männer, die, wenn sie nicht von den Frauen zurückgehalten würden, einander offenbar umbringen möchten. Der, bei dem 2 Frauen genügten, ihn zurückzuhalten, galt offenbar als der Schwächere. Auf jeden Fall verhöhnte der, den 3 Frauen zurückhalten mussten, den, bei dem 2 Frauen genügten.

12. 5. 1975

Gloria, stolz: I am no humanitarian. Über die DDR sagt sie: To change the party by joining it. Sie will aber selber kein Mitglied werden, weil sie, wenn sie jetzt nach Berlin geht, nur ein Jahr dort sein wird. She did sell steel before she came to Warwick University. And before that she worked as a shop assistant in London and had to serve American tourists. Wenn die eine Krawatte verlangten, gab sie ihnen die wüstesten ties. Sie liebt Amerikaner nicht. In der kühlen Abenddämmerung im völlig verlassenen Einkaufszentrum Coventrys in der Fußgängerzone begegnet uns ein amerikanisches Paar. Er, ein Riese mit flatternden, karierten Hosen, in einer seinen Wülsten anliegenden Jacke. Sie in braunen Seidenstrümpfen und einem violetten Anorak, der gerade noch ihre Schenkel erreicht. Was sie unter dem Anorak trägt, weiß nur der liebe Gott. Nichts schaut hervor. Es muss auf jeden Fall irrsinnig kurz sein. Eigentlich können es nur hot pants sein. Er hat die Kapuze über dem Kopf. Als sie an uns vorbei sind, wirkt von hinten vor allem sein riesiger runder Arsch in der karierten Hose. Ich finde, sie sind ein Paar, dessen Schönheit erst im 21. Jahrhundert ganz verstanden werden wird. Ihre wunderbaren dicken Beine und sein gewaltiger Arsch, das ist die Zukunft. Das ist das, was wir brauchen gegen Leni Riefenstahl, Mick Jagger und dergleichen zuchtsüchtiges Faschistenpack. Die Schönheit des normalen Menschen ist seine Hässlichkeit. Gloria smiled seriously.

Tony: The Professor doesn't like parties at all. Seit sein Hund Reginald tot sei, lade er niemanden mehr ein. Dieser Hund führte immer vor, was er alles konnte. Jetzt unterrichte der Professor seinen Yorkshire-Terrier.

16. 5. 1975

Wenn man jemandem, der älter ist, einigermaßen älter als man selber, ein Kompliment macht, sagt man, obwohl man das gar nicht will, die Wahrheit: Dass es Menschen von verschiedenem Alter gebe, ist ein Irrtum der Jüngeren. Solang ein Mensch lebt, ist er gleich alt wie alle Lebenden.

Jesus-Drama. Ein Stück, in dem die Unbefleckte Empfängnis ernst genommen wird: Das machen Jesus und Maria ab, um Joseph auszupunkten. Der Kerl hat nichts zu sagen, der gilt gar nicht. Das ist das Mutter-Sohn-Ideal.

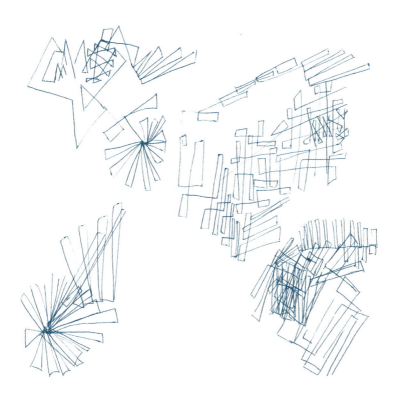

I should love to say more to you but as I shall not see you ... I have to collect my boyfriend from London etc. I feel that to leave you on a dreary day in the middle of dreary Warwick campus is in no way appropriate to a very special experience, for me. I would hate you to think that because there are so many things I cannot say to you, that they are not on my mind. Oh hell, I do not know the words. Take great care of yourself, yes? With much love, G.

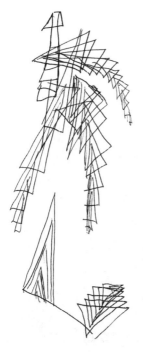

28. 5. 1975:
Traum. In der vergangenen Nacht davon geträumt, dass sein Elternhaus, das von seinem Bruder modernisiert worden war, wieder in seinen alten Zustand versetzt werden sollte, und dass ein amerikanischer Professor diese Restaurierung leiten sollte. Dieser Professor hatte mehrere Töchter. Die Unterhaltung mit ihm fand in einer Alpengaststätte bäuerlicher Art statt. Eine nette junge Wirtin verteilte die Post. Und ein Mann aus seinem Heimatort warf andauernd Steine auf eine Stelle seines Elternhauses, die prallten dort ab und kamen ganz genau zurück, dahin, wo er mit dem amerikanischen Professor und dessen Töchtern saß und sich von der jungen netten Wirtin die Post geben ließ. Und er war der Einzige, den die zurückprallenden Steine trafen. Während er mit den Töchtern des Professors lachen und mit dem Professor sprechen und von der jungen Wirtin die Post in Empfang nehmen wollte, musste er andauernd diesen zurückprallenden Steinen ausweichen. Das gelang von Mal zu Mal weniger.

Bestimmte Folge.
Fortdauer
Brückengeländer
Weitwurf
Sagenkreis
Überlandleitung
Hausherr
Sackgasse
Schienenstrang
Beamtendasein
Wollstrumpf
Hegemonie
Zartgefühl
Eigentümer

Vielleicht hat sie einen Rücken voller schöner Sommersprossen
wie ein Straußenei.

Von Mal zu Mal
Werden wir
die ganz genau auszurechnende
die Hoffnungslosigkeit
in Musik ausgedrückt
als etwas Besonderes
erleben?

Unter der schrillen Fernsehsäge
wird mein Kind zerschnitten
und von Schüssen geschüttelt
ich kann nicht helfen
das Gesamtbild enthält uns alle
eine Zeit lang, dann fällt einer
aus dem Rahmen dahin, einer dort

hin, die Sonne, die glühend hinabfällt
nach einem Tag, an dem sie
bescheiden schien.

Gestern Abend: B. Wette klagt auf Weiterbeschäftigung vor dem
Arbeitsgericht. Er war 3 Jahre beim Bauerverlag. Jetzt wurden
11 entlassen. 8 wehren sich gar nicht. 2 wehren sich nur wegen
der finanziellen Regelung. Er hat alles schriftlich. Er hat ja andauernd Eingaben gemacht, dass die Arbeit zu viel ist und von
ihm und seinen Leuten nicht getan werden könne. Er hat andauernd auf die Überstunden hingewiesen. Überstunden werden zwar sowieso nicht anerkannt, wenn sie nicht von der Firma
angeordnet werden, freiwillige Überstunden werden nicht anerkannt; aber B. W. und sein Anwalt hoffen, dass die Firma dadurch, dass sie von seinen andauernden Überstunden informiert
wurde und sie trotzdem nicht untersagte, dass sie dadurch die
Überstunden gewissermaßen sanktioniert und also angeordnet
habe.

Eine helle Hupe durchs Juni-Grün
die spitzen Vögel, meine Socken
frisch in den Sandalen, meine Augen
schwer, und die Aussichtslosigkeit.
Lieber wäre ich klug und genösse
das Leben als ein Lebendiger
aber immer stoß ich auf das Gebot
den Tod als Toter zu erwarten.
Mein Herz, dass du erträgst
was ich dir auflade,
o mein Herz, wie bist du
mit mir allein.
Nun scheinst du wieder, Sonne,
und umsonst. Die Kälte

hält sich an mir. Inmitten der Wiese,
die blüht, steht ein Grabstein und denkt.

Ein heller Riss im Himmel
Posaunenlicht bricht über mich, ich
gleiße. Wenn ich die Augen dann
auf die meinigen richte
seh ich, dass ich blind bin.

Soll man den Begriff Maibutter verwenden?
Des Alters Kurzschrift üben, der Schwäche Humor, und be-
kämpfen mit allem Ernst, wenn auch vergeblich, die rücksichtslose
Anmaßung des Sterbenden.

Wir bedeuten nichts und verbergen
über Scherben angenehmes Gehen.
Vorhänge, Kunst und Schmiere
zur Schwächung des Geschreis.

5. 6. 1975
Zwei Träume in der letzten Nacht. Im engen Auto kommt von
oben einer auf mich zu. Es ist fast ganz dunkel. Ich erkenne an seinen Bewegungen, dass er ein Messer zieht. Er setzt das Messer an.

Ich erkenne, dass er meine linke Seite falsch einschätzt. Wenn er zustechen wird in der Richtung, in der er das Messer angesetzt hat, sticht er über meiner Schulter einfach durch die braune Jacke. Das tut er auch. Sobald er zugestochen und über die Schulter weggestochen hat, schlage ich meine Zähne in seinen Arm. Ich erwache, wie ich in meinen Oberarm hineinbeiße, hineingebissen habe.

Der andere Traum. In einer Gesellschaft von vielen Leuten, in einem lockeren, vielzimmrigen, manchmal in einen Omnibus verwandelten Haus gibt es inmitten völlig freundlicher Ausgelassenheit einen jungen Mann mit einem viel älteren Gesicht, der mir klarmacht, dass er zu meiner Vernichtung da sei. Es ist offenbar die peinlichste Art von Fertigmachen, die man sich denken kann. Er hat als Mund einen schwarzen, ganz unregelmäßig verlaufenden Riss von einer Backe in die andere. Und ebensolche Augenschlitze. Ich bin fast immer nackt und versuche, ihn unter Anbietung jeder Form der Unterwerfung von seinem Vorhaben abzubringen. Dadurch stachle ich aber nur seinen Eifer an. Er ist vollkommen unzugänglich.

Durch die erschöpfenden Träume dieser Nacht bin ich jetzt wie verwüstet. Es ist, als hätte ich diese Nacht nicht überlebt oder nur als Karosserie.

11. 6. 1975
Der kräftige und feine Egon Gramer voller Aggressivität und Spott und Boshaftigkeit und Zartheit. Er errötet sehr leicht. Als ich ihn zitierte vor den Leuten, wurde er rot. Das sagte nachher ein Kollege. Da wurde er wieder rot. Sein Mädchen sagte: Wenn er nicht so braun wäre, tät man's noch besser sehen. Er: Drum leg ich mich ja in die Sonne, dass man nicht so leicht sieht, wenn ich rot werde.

Sie kommen zurück vom Tanzen. Ich sagte: Ihr seht aus, wie wenn ihr vom Tanzen zurückkämt.

Er: Wir waren nur auf dem Klo.

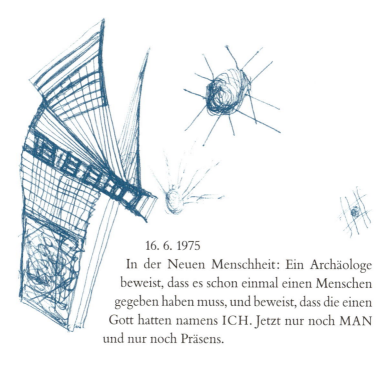

16. 6. 1975
In der Neuen Menschheit: Ein Archäologe beweist, dass es schon einmal einen Menschen gegeben haben muss, und beweist, dass die einen Gott hatten namens ICH. Jetzt nur noch MAN und nur noch Präsens.

Als er heimkam, hatte die Jüngste Masern, 40 Fieber, heiß und eiskalte Füße. Die Frau jede Nacht auf jeden Röchler aufspringend und pflegend, also er spielt keine Rolle. Allmählich braucht er jetzt eine. Seine wird es nicht sein. Sie geht ganz in Krankenpflege auf. Seit Samstagnacht der Ausbruch der Flecken, jetzt dazu noch ein krampfartiger, spitzer scharfer Husten mit Blutauswurf, ein verschwollenes Gesicht, entzündete Bindehäute, eine Zunge wie betoniert. Jetzt ein Kortikoid statt der Wickel. Sie wird blau bei ihren Hustenanfällen, und es wirft ihr den Kopf geradewegs nach vorne weg vom Körper. Ihr Hustenausstoß wirft den Kopf weg.
Zum Schönsten zu zählen, der Wasserstand im Juni.

17. 6. 1975:

Das Dreieck (statt *Trio*). Oder Das magische Dreieck. Oder Das Auge Gottes.

Bekenntnisse eines Hundes. Hundsbeichte.

Und dann erschießt die plötzlich den Hund oder vergiftet ihn, ja, sie vergiftet ihn, allmählich, und da bemerkt ER erst: was die alles mitgemacht hat. Das drückt er aber nicht aus. Er hasst jetzt seine Frau, er kann sie nicht mehr ausstehen. Als sie nach einer angemessenen Trauerfrist (oder was sie dafür hält) wieder zu ihm kommen will, bellt er sie an, da rennt sie mit Entsetzen aus seinem Zimmer. Und um zu verhindern, dass sie gleich wieder umdreht und doch noch kommt, bellt er ein bisschen leiser hinterher. Er ist selber erstaunt, wie gut es ihm gelingt, Wolfi zu imitieren. Es ist überhaupt keine Anstrengung. Er spürt, dass es ihm guttut. Ja, es macht ihm sogar richtig Spaß zu bellen.

Ich will nicht bemerkt werden. Auf jeden Fall ist es das Größte, was man lernen kann: ins Gebüsch kriechen und sterben. Größeres gibt es nicht. Nicht das Gedächtnis der Menschen belasten mit deinem Fall. Nicht Empfindungen anderer verbrauchen. Nichts auf dich ziehen. Es allen leicht machen. Wirklich leicht. Ohne Rückhalt: leicht.

Vorbeifahren an feststehenden Häusern
die mit Vorhängen winken
zwischen Büschen verschwinde ich
ich rufe die Eule an und ruhe.
Der Wind trägt den Geruch
von frisch gemähtem Gras
her, der mich erschüttert. Ich sage:
Suscipe deprecationem nostram.

22. 6. 1975
Ist das der alte Sonntagmorgen?
Eine Stille wie gewölbt. Jede Stimme
für sich. Motor bleibt fern. Im Radio
such ich das Hochamt dazu.

Gallistl's Verbrechen. Die, die andauernd über andere verfügen, sagen einander, dass G. sie später einsperren und foltern lassen werde. Und das ist grotesk.

Ganz genau nirgends hingehören, das war also seine Lage. Dabei gehörte er doch zu den Arbeitern. Nein, wie denn?! Sicher war aber doch wenigstens sein Antikapitalismus, oder? Hoffentlich. Er schwor sich, sich immer so zu benehmen, dass darüber nie ein Zweifel entstehen konnte. Von Arbeitern traf er nur deren Vertreter, sie selber nicht. Aber er kannte ja genug Kleinbürger. Über seinesgleichen konnte er nicht getäuscht werden.

Eine Art, bei der sich ein Einzelnes wichtiger vorkommt als die Art, ist zum Untergang verurteilt. Und zwar vernichtet sie sich notwendigerweise selbst. Wenn es gelänge, jedem von uns die Menschwerdung wichtiger erscheinen zu lassen als den Menschen, dann wäre unser Untergang abzuwenden.

Jenseits der Liebe als eine Abrechnung
Alle Aspekte dieser Abrechnung sollten hinein. Am meisten werden die politischen fehlen. Es waren Irrtümer, hingehaltene,

verlängerte. Ohne Schmerzensfreude kann man nicht schreiben. Die Einsicht, dass Franz Horn nur diese zwei Menschen hat. Er war zu lange auf der Chefetage. Als sein Büro dann ins Parterre verlegt wurde, war es offenbar zu spät. Er hat keinen Kontakt mehr gefunden.

Es gibt keinen Mut. Er kann sich keinen Mut vorstellen, der einen befähigt, gleich am Anfang zu sagen: Ich werde so und so weit gehen. Er kann sich nur vorstellen, dass einer losgeht und auch dann weitergeht, wenn es für ihn gefährlich zu werden scheint. Schritt für Schritt braucht er und verbraucht er seinen Mut. Aber er schöpft auch Mut aus diesen Schritten, die er sich nicht zugetraut hat. Aber größer als die Gefahr, dass er zuviel riskiert, ist doch die Gefahr, dass er zu wenig riskiert. Soll er diesen letzten Satz für eine Verführung zum Leichtsinn halten?

 Dienstag, 1. 7. 1975
Jenseits der Liebe zu Ende geschrieben. Ob man's verbessern kann?

Dem an seinem Ufer tut der Bodensee nichts.

 3. 7. 1975
Annelies de Haas spricht wie jemand, der untergeht und das weiß. Sie wehrt sich durch andauerndes Kommentieren des Überhandnehmens der Nervenkrankheit. Aber sie merkt nicht, wie das Kommentieren selber schon von der Krankheit bestimmt wird, wie also das Mittel gegen die Krankheit schon zu einem Angriffspunkt und Demonstrationsfeld der Krankheit geworden ist.

13. 7. 1975

Von Siegfried Unseld keine Antwort auf *Grund zur Freude*. Wohl aber ein Brief, dass er mir seine Suhrkamp-Biographie schicke, und die solle ich doch mit Nachsicht an mein Herz nehmen. Und in der 25-Jahr-Broschüre, in der alle Bücher aufgeführt sind, die in diesem Jubiläumsjahr erscheinen, fehlt das *Sauspiel*, das wird schon ein Versehen sein. Aber eben ein typisches.

Ich könnte sehr böse werden, wenn ich mich nicht beherrschte. Aber ich sage mir, dass ich von diesem Verlag weggehen werde, sobald ich es mir erlauben kann. Ich will in dieser Umgebung nicht bleiben. Die sollen unter sich sein. In ihrer Feierlichkeit auf Gegenseitigkeit. Eine Papiergemeinde, die sich zum Mittelpunkt der Welt erklärt.

Weil der Verlag Millionen verdiente am Kommunisten Brecht, galt der Verlag als links. Zum Glück hat er Hesse plus Handke.

15. 7. 1975

Zum 1. Mal die Überlingen-Strecke (gelbe Boje hinter dem Steg).

Eine Kunstgeschichte: Wie die Bürger ihren Maler behandeln, wenn es den Bürgern nicht mehr ganz so gut geht wie vorher. Der Maler war aus der SPD ausgetreten. Er hatte sich zu aller Eleganz und Geselligkeit entwickelt usw., und dann war alles nichts. Jetzt werden vielleicht seine früheren, ärmeren Bekannten wieder wichtiger für ihn.

Ich liege auf der grünen Lippe des Sees.

Holzmann Sepp ließ sich immer eine Schnur um den Arm binden, um den Bizeps, dann spannte er den Muskel, ließ ihn schwellen, und die Schnur, die Spagat hieß, zerriss und fiel herunter. Er war von der Streckenarbeit in den Innendienst gekommen.

Ohne dass ich älter geworden wäre, ist meine Zeit vorbei. Ich habe viel getan, nichts bewirkt. Wenn ich heute in 10 Jahren noch so säße, die Nasenwurzel zwischen Daumen und Zeigefinger, und ratlos, nur 10 Jahre älter und dem Ende viel näher, dann wünschte ich mich vielleicht zurück in die Zeit, in der meine Ratlosigkeit noch 10 Jahre jünger war.

17. 7. 1975
Bis zum Lampensteg

19. 7. 1975
Mit Siegfried Unseld telefoniert wegen seiner 3 Briefe, die heute eintrafen.

Seine Beschwörung: *Grund zur Freude* nicht zu bringen, eine Art Erpressung. Ich will irgendwo anders hin, weil ich nicht will, dass er gegen seinen Instinkt verlegen soll.

Er: Er müsse genauso dagegen sein, dass das irgendwo anders kommt, wie er dagegen ist, dass es bei ihm kommt. Aus Prestigegründen. Weil sonst jeder fragt, warum. Ich sage: Entweder Diogenes oder Hoffmann und Campe.

Er: Wenn du's bei Dammnitz bringst, bist du sowieso erledigt.

Seine Schwierigkeiten mit Uwe Johnson. Mit der Frisch-Auswahl. Uwe ist zusammengebrochen. Nur Max Frisch ist offenbar guter Dinge und produziert weiter. Der Clinch zwischen Uwe und mir ist jetzt ein Clinch von Zusammenbrechenden.

Die Frau des Taxifahrers und ihr italienischer Geliebter wollen nach Lindau ins Theater. Im November. Anruf aus Salem, eine Fahrt im Salemer Tal bei Nebel. Der Taxifahrer wird erschossen. Keine Zeugen. Es waren zwei aus Turin. Schweinehändler. Die taten es, weil sie sonst bankrott gewesen wären. Und der italienische Geliebte (in der Werft in Bermatingen) hat die geheuert. 270000 Lebensversicherung, bei Unfall das Doppelte. 270000 sollten die zwei bekommen. 270000 hätten die Liebenden bekommen.

In Friedrichshafen: Die Geliebte erdrosselt die Frau mit einer Strumpfhose. Kriegt 14 Jahre wegen Totschlag. Der Mann wird freigesprochen. Sie wollten noch einen Dritten umbringen mit Autogas und ihm ein Geständnis in die Tasche schieben, das klappte nicht nur nicht, sondern verriet sie total: D. h., der merkte was und zeigte die zwei an. Die Handwerker waren entsetzt, wie es in der Küche der Geliebten aussah. Abfälle schimmelten usw. Also da wunderten sie sich über nichts mehr.

Ein Schriftsteller kann ruhig Kollegen als Vorbilder für Figuren nehmen. Die Gefahr, dass die Kollegen sich selber so darstellen, wie er sie darstellt, ist ungeheuer gering.

Gallistl's Verbrechen. Wenn es so weitergeht, werde ich bald meine Hände nicht mehr bewegen können. Die Schwere nimmt immer noch zu. Ich schleppe mich herum. Dass so viel Schwere Platz hat in mir. Es ist vorauszusehen, dass ich bald nicht mehr kann. Ich habe das Gefühl, bei allem, was ich tue, dass es Schluss ist, dass ich nicht weiterkann. Dadurch bekommen auch die belanglosesten Tätigkeiten einen Rang. Etwas, das ihnen nicht zusteht.

Wenn man eine alte Freundin anruft, der es vor 5 Monaten gelungen ist, einer anderen Frau den Mann wegzuschnappen, und sie sagt jetzt am Telefon fließend und ohne jede Unsicherheit immer wieder: Mein Mann tut dies und das, und mein Mann macht das so und so, dann wundert man sich doch darüber, wie rasch das Gras wächst.

Sie hatten einen braungrauen Stallhasen, «der hieß bei uns der Dürer»: das Lehrerehepaar.

3. 8. 1975
Bis zum Strandbad Nußdorf.

4. 8. 1975
Sechzehnuhrfünfzehn. Spätnachmittag. Mit nackten Armen,
nackten Beinen in der Augusthitze fröstelnd. Von Fliegen begehrt.
Im Hals die Erkältung.

Ich bin drüben
und rufe herüber
Genossen, ich wollte
ich wäre geblieben.

Heute Johannas Gesicht heller. Sie will in die Fabrik oder ins
Bankgewerbe. Irgendwohin, wo es hart ist. Sie erträgt noch viel
weniger als ich das Erträgliche.

Keine Melodie ist mein
keine Flagge
die Vögel ächzen
als trügen sie die Welt
ich bin Herr
über kein Geheimnis.

Ich konnte zuerst kein Kursbuch lesen
jetzt komm ich an wie geplant
unterwegs weiß ich nicht
fahr ich hin oder zurück.

Wie Sorgen hängen letzte Haare
mir über die Stirne
deren Furchen mir die Sonne
zweimal jährlich bräunt.

112

Ich teile das grüne Glas
des Sees und schwimme
den Perlen nach und frage
ob das das Glück sei.

Jetzt lässt Alissa den Timon genauso liegen, wie einst Franziska den Florian liegen ließ. Nur Johanna, die nie einen Hund kriegte, liegt selber da, sie ließe keinen Hund liegen.

Der Nervenschmerz in der Kopfhaut fühlt sich an, als habe ein Vogel seinen Schnabel hineingebissen.
    Etwas Englisches gedacht.
    Gestern mit Franziska noch bis zum Strandbad, ich bis zum Sprungturm. Jetzt also zum Herbst.
    Mir müsste an Verlangsamung liegen.

Am Sonntag ein Interessent für das Haus. Draußen im großen Mercedes mit Schiebedach die junge, sehr junge Frau mit Pudel und auf den Knien Papiere. Er ruft ihr. Sie sagt: Ach nein, mach du das doch. Sie sagt das kalt. Sie will dieses Haus offenbar gar nicht sehen. Genauso wenig, wie Käthe ihm dieses Haus zeigen will. Sie rennt vor uns davon. Er hatte sich vorgestellt: Ich bin aus der Schweiz. Aber er ist ein Berliner. Er wohne an der und der Seite des Lago Maggiore, sein Hausbesitz in Berlin mache es notwendig, dass er alle 6 Wochen nach Berlin fahre, und deshalb suche er etwas in Süddeutschland. Das ist jetzt schon der zweite Berliner. Der erste war ein Herr Vogt mit einem Kürassier als Frau. Also gut, wahrscheinlich wieder nichts. Obwohl ich nur 750 000 verlangte, und das ist jetzt schon wenig für so ein Haus mit Marmor usw.

Meine kalte Brust teilt mir mit, dass sie nur auf den ersten Herbsttag warte, um mit einer neuen Bronchitis-Periode aufzuwarten.

Alissa bringt in raschem, wildem Schritt herein zwei holländische Riesen, tiefbraune, die sich vorstellen, jäh, unverständlich. Freundin Babsi wirkt dabei so klein, dass ich sie für eine Fremde halte und ihr auch die Hand gebe. Einer von den beiden sieht eher wie ein Indianer aus, und in seiner Mischung aus Schüchternheit und Wildheit wirkt er auch so. Johanna lacht zum Glück über diesen Einbruch. Die vier ab in Alissas Zimmer.

Im Radio Schubert, Klavier. Wild und sehnsüchtig. Prall und ziehend. Turnerisch und schwebend. Immer eins nach dem anderen. Maurizio Pollini: Fantasie in C-Dur, op. 15. Die paar Töne, die zu einer Erkennungsmelodie reichen, fehlen mir.

Mittwoch, 6. 8. 1975
Die Nerven in der Gesichtsmitte, Nase, Ober- und Unterkiefer, eine Stola aus Schweiß um Hals und Schultern. Eine 15-Jährige findet in vollen Regalen kein Buch. Mutter nippt Armagnac. Zwei

Töchter sind noch mit dem kleinen Renault unterwegs zwischen Hannover und Hamburg. Vater saugt mit Saugrüssel Schnaken von der Wand. Die Jüngste hustet durch vier Wände durch. Mutter greift nach Zeno Cosini. Vater liest. Wenn er gestochen wird, schlägt er sich. Die Stille schreit nach Telefon. Das Auto wird von der ältesten Tochter gesteuert, die Zweitälteste macht den Führerschein nie, jetzt müssten sie längst in Hamburg sein. Vater würde gern ein Tier freilassen. Mutter legt Zeno Cosini weg.

8. 8. 1975
Bloß dass ich nichts anderes tu, schreib ich. Ich will mich verhindern an allem. Ich will das Nichtsnutzigste tun: schreiben. Dabei unterbleibt alles, sogar das Leben. Fast. Schreiben ist die Strafe dafür, dass man nicht lebt. Das ist sehr bekannt. Das wollen wir doch nicht nachplappern.

Das Gegenteil von Verkündigung. Entkündigung. Kündigung.

9. 8. 1975
Sobald ich das Haus verlassen habe, sehe ich etwas, worüber ich lachen muss. Sobald ich mich lachen höre, fühl ich mich vernichtet vor Scham und kehre um.

Wem fällt abends der Ball
ins Zimmer
wer stößt, wenn er die Hand
ausstreckt
den Engel an
welche Stadt ist gut
was tun wir denn hier?

11. 8. 1975

Gallistl's Verbrechen. Am besten wäre es, wenn das Fernsehen uns ganz übernehmen würde. Oder das Fernsehen käme ganz zu uns. Ins Haus. Es würde uns leben. Wir müssten nicht mehr selber leben, sondern auch nur noch darstellen. Das Schlimmste ist ja diese Flut von Darstellung, und man selber ist immer nur ein Zuschauer, der draußen in der Wirklichkeit leben muss. Er ist umgeben von nichts als Darstellungen, von überall her dringen Darstellungen auf ihn ein. Dadurch sieht er, wie scheußlich seine Wirklichkeit ist, aus der er auch als Dauerzuschauer bei den Darstellungen nicht herauskommt. Das sind ja keine Traumfabriken. Was die fabrizieren, wird nicht zum Traum des Zuschauers. Das Dargestellte ist einfach das Wirkliche, dem eine Belohnung hinzugefügt wird. Die kann aus Sinn bestehen, aus Glück, aus Sieg. Sinn, Glück und Sieg sind in der Wirklichkeit kaum zu haben. Sinn vielleicht schon. Aber der Sinn, den das eigene Leben abwirft, ist unannehmbar. Man flieht vor dem Deutlichwerden dieses Sinns überallhin. Am liebsten zu den Darstellungen. Aber gerade angesichts dieser Darstellung wird das eigene Leben erst recht unerträglich. Darstellungen sollen uns ablenken, entschädigen, aber gerade das tun sie nicht. In ihrer Schönheit und Gelungenheit weisen sie uns andauernd auf die Unschönheit und Ungelungenheit unseres eigenen Daseins hin. Eigentlich müsste man jeden Abend, wenn man, gefoltert von den Provokationen der Darstellungen, zurückmuss in die eigene Welt, eine Kompanie Soldaten unterstellt bekommen, und mit dieser willenlos ergebenen Horde, und ausgerüstet mit ALLEN Machtmitteln, müsste man sich noch in der 1. Hälfte der Nacht eine Genugtuung in der Wirklichkeit verschaffen. Mit Hilfe von Gewalt müsste man sich in der Wirklichkeit so befriedigend bewegen dürfen wie die Leute in den Darstellungen. Verhältnisse mit Sinn, Glück und Sieg müsste man mit Hilfe von Gewalt schaffen. Immer einer über den anderen. Triumph. Sexualität. Rache. Verantwortungslosigkeit. Guter Ausgang. Sieg. Belohnung. Glück-Sinn. Die halbe Nacht hindurch. Aber doch nicht dieses Hinüberächzen ins Schlafzimmer. Dieses Hineinfallen ins durchgelegene Bett. Dieser Geruch der Nachtwäsche, diese flankierenden Schmerzen. Und keine Waffe in der Hand. Überall umstellt von den beleidigend eleganten Darstellungen und Darstellern. Wenigstens Bartholomäusnacht. Alle Darsteller aus den Betten holen und auspeitschen, federn, pfählen, henken, verbrennen. Alle Vormacher, Nachmacher, Gelungenheitsveranstalter, Feinsinnigkeitsproduzenten, Sensibilitätsprotze, Klugscheißer, Sinnlosigkeitsvirtuosen ... alle Ehrenhaften, Spitzenkönner, Sportler, Politiker, alle, die man anschauen muss, die einem die Welt als eine gelungene oder misslungene darstellen, alle, die nichts anbieten zur sofortigen, in dieser Nacht stattfindenden Veränderung, die soll man alle totschlagen, in dieser Nacht. Aber wirklich. Bloß keine Gnade. Jetzt kein liberales Winseln mehr und alles noch mal von vorn. Schluss jetzt mit dem Gewinsel aus Hamburg. Schluss mit der Bosse-Kultur. Zündet an. Sprengt die Darstellungsanstalten jeder Art in die Luft. Henkt die Clique aus Springer – SPD – Baader-Meinhof – Bischof Sowieso – Regierung plus Opposition – plus *Spiegel* – plus Millionäre – plus Deutsche Bank – und alle Banken und alle, alle, alle, henkt, henkt, henkt die Darsteller, bis kein Bild mehr zustande kommt, bis jeder leben muss und nicht mehr abhauen kann in die Darstellung. Entweder wir werden aufgenommen in die Darstellung, und zwar wir ALLE, das Fernsehen kommt zu uns ins Haus, zu ALLEN MILLIARDEN, wir sind Tag und Nacht Darsteller, wir müssen nicht mehr leben, sondern nur noch darstellen ... ODER Schluss mit der Darstellung, Todesstrafe für jeden, der noch was darstellt, ALLE müssen leben und dürfen nichts als leben und sterben. Keiner darf überleben. Wer das Wort Unsterblichkeit in den Mund nimmt oder etwas in Gang setzt, um sich eine solche zu erschleichen, wird sofort von jedem erschossen, der ihn dabei ertappt. Jeder Mensch bekommt eine Pistole und Munition, so viel er will.

Jeder darf jeden erschießen, wenn er den in Verdacht hat, sich erheben zu wollen über andere. Es gibt aber für das Erschießen von anderen keinerlei Belohnung oder Auszeichnung. Es gibt keine Beförderung für irgendetwas oder zu irgendetwas. Es gibt überhaupt nicht zweierlei.

Gibt es Musik?

Es gibt auf jeden Fall keinen, der Musik machen darf; wenn es trotzdem Musik gibt, soll uns das recht sein. Es darf keine Macher mehr geben. Und wie die Opfer ihre Ausbeuter verteidigen, z. B. die englische Königin, diese Magermilchkuh mit ihrer ganzen Clique, seit Hunderten von Jahren ...

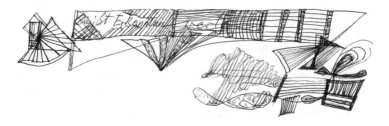

12. 8. 1975

Am 11. 8. ist es 50 Jahre her, dass der Onkel Anton weg ist von Kümmertsweiler. Im Rucksäckle 2 Paar Socken und 2 Paar Unterhosen. Zu Fuß mit dem Vater nach Oberreitnau. Über den Bach, über Rickatshofen. Der Großonkel Anselm holte ihn in Wangen ab mit dem «Potos», einem Sanka aus dem 1. Weltkrieg (Vollgummireifen). Noch keine geteerte Straße von Wangen nach Geiselharz. Geschwindigkeit 25 km.

Dass man sich unabhängig machen will von anderen, ist doch ein Training in Asozialität. Oder meint das nur die Eitelkeit, weil sie Angst hat vor ihrer Entthronung?

Sein Ehrgeiz: so lange seine Hände trainieren, bis er sich selber erwürgen könnte.

Was ist denn abends noch übrig
von dir außer Grimassen
verzischende Flüche, das sich
hinziehende Zähneknirschen
die Härte des Klaviers.
Am schönsten sind
die unerlaubten Todespläne.

13. 8. 1975

Die Schönheit der leeren Bühne vor einem leeren Zuschauerraum. Sobald ein Mensch eintritt, ist alles verdorben. Aber man
kann sich die leere Bühne und den leeren Zuschauerraum vorstellen. Also, diese zeugenlose Schönheit kann existieren. Darum haben wir Räume gebaut, um sie uns leer vorstellen zu können.
Auch die Erde kann man sich leer vorstellen. Die Wüste und das
Meer und das Gebirge stellt man sich immer leer vor.

14. 8. 1975

Herbstfäden in der Augustsonne
unerträglicher als letztes Jahr
die Katze zieht mit ihren Zähnen
ihre Krallen in die Länge
am unvorstellbarsten ist Singen
die Kraft ist fort, ich bin noch da
morgens lieg ich wie gefällt
aus Anstand steh ich auf und setze mich.
Lass mich an den Schienen wohnen
ohne Gehör.

Frauen mit Warzen im Gesicht, in dem Fabrikfilm seit 20 Jahren
täglich 1000 Lokomotiven in die Hand nehmen. An der Rennstre-
cke sieht Peter Handke nichts als Bierbäuche. Für Schönheit bleiben Suhrkamp und Hollywood. Wer möchte da nicht todhässlich

119

sein. Wüstenkitsch auf der gepflegten Haut. Die Leiche wedelt im Champagner.

15. 8. 1975
Meine Katze hat Bronchitis, chronische.
Das Ächzen der Ruder in den Dollen.
Der Wellenschlag. Die
von uns erfundenen Wochen
rasen über uns hinweg.

Samstag, 16. 8. 1975
Wenn er den Figaro hörte, nahm er seine Brille ab. Auf jeden Fall geh ich mehr mit Toten als mit Lebenden um. Aber was das heißt, erfahr ich von denen nicht.

Sonntag, 17. 8. 1975
Patrocinium Birnau. Missa brevis.
Pater Prior predigt der Sommergemeinde gegen Ideen aus der marxistischen Klamottenkiste. Es sei nicht wahr, dass die Ausrichtung aufs Jenseits die Christen dazu bringe, das Diesseits so ungerecht zu lassen, wie es sei. Gerade die Hoffnungskraft mache den Christen zum Mitarbeiter an einer besseren Zukunft. Allerdings könne das Paradies hier nicht eingerichtet werden. Die Gütersüchtigen und die Gerechtigkeitssüchtigen seien sich in der Abschaffung des Jenseits einig. Deshalb habe Pius XII. vor 25 Jahren voraussehend die leibliche Aufnahme Mariä in den Himmel zum Dogma erklärt, um die Richtung zu betonen gegen die Diesseitigen. Am Ende noch in einer Litanei ein Gebet gegen die Gefahren der Straße. Zusammenfassend kann man sagen, dass diese Gemeinde nur noch geschützt werden muss gegen die Gefahren der Straße und des Marxismus. Aber das Sanctus, das Benedictus und das Deo gratias miserere nobis und Dona nobis pacem.

20. 8. 1975
Gestern von 0 Uhr bis 2 Uhr im Casino Konstanz. Nach dem
ägyptischen Botschafter, der hauptsächlich von Dr. Gautschi, der
18 Jahre in den USA gewesen war, ausgefragt wurde. Mindestens
2 Stunden lang, schon bei der Vorspeise beginnend, feuerte der
Doktor vom Zürcher Fernsehen eine Frage nach der anderen auf
den Mr. Ambassador los, dass der kaum zum Essen kam, und wenn
nicht sein Assistent manchmal eingesprungen wäre, überhaupt
nicht zum Essen gekommen wäre. Dr. Gautschi wusste offenbar
sehr gut Bescheid. Der konnte genau nach den Motiven fragen,
die Nasser zu seinem abenteuerlichen Eingreifen im Jemen bewo-
gen hätten, er konnte genau bezeichnen, warum das neueste Angebot der Amerikaner, selber die Pässe zu besetzen und die Strei-
tenden zu trennen, warum das ein Angebot sei, das zeige, dass die
Amerikaner in einer verzweifelten Situation seien. Er kannte ganz
genau das Verhältnis der Jewish lobby in den USA zur Bevölkerung dort und wusste, dass die average acreage des ägyptischen
Landwirts nach der Bodenreform noch kein Garant für das Gedei-
hen der dortigen Landwirtschaft sei. Alle seine ausgezeichneten
Informationen benutzte er, um dem Botschafter damit Fragen zu
stellen. Wir anderen konnten nur hoffen, dass die Antworten des
Botschafters seinem Wissen noch etwas hinzufügen konnten. Der
Botschafter war vollkommen weiß, europäisch, mittelmeerisch,
vielleicht griechisch. Das dunkelbraune Haar in langen, eng ne-
beneinanderliegenden, von vorne nach hinten gehenden Wellen
liegend. Sein Assistent ein Araber. Trotzdem konnte der Botschafter mit seinem Assistenten sich immer wieder rasch in Arabisch
verständigen.
Danach im Casino 140 Mark verloren. Es waren schon 190 gewesen. Dann noch langsam aufgeholt. 23/26: kommt 26. Dann
aber 36 und dann 17. Und dann schlossen sie.
Der Schweizer, der ein Spiel 7/9 angesagt hatte, und es kam 27,
und sein 50 Mark-Chip lag ungewechselt und ungesetzt neben der

Schüssel. Und selbst der Chef sagte, es sei zu spät gewesen. Der Schweizer protestierte laut und hörte nicht auf zu protestieren, und jeder seiner Protestsätze, die hochdeutsch beabsichtigt waren, endete: Das ist nicht Ihres Geld. Es war ihm offenbar jetzt schon zum 3. Mal passiert, dass ein 7/9-Spiel von ihm nicht mehr gesetzt worden war. Jetzt wollte er sich das nicht mehr gefallen lassen. Er spielte an zwei Tischen, deshalb kam er oft in letzter Minute vorbei und musste dann seinen Einsatz hastig ansagen. Aber da er immer Spiel 7/9 mit ein paar Garnierungen spielte, wollte er auf rasche Platzierung gehofft haben, als er jetzt diesen 50-Mark-Chip hineingeworfen hatte. Die anderen Spieler waren nicht auf seiner Seite. Als er zum wiederholten Male zu dem Chef hingerufen hatte: Das ist nicht Ihres Geld, sagte einer: Wir wissen's jetzt. Ein anderer Schweizer spricht perfekt hochdeutsch mit einem leichtesten französischen Ton. Erst als er sagt: Ein Stück für die Angestellten, merkt man, woher er ist. Der alte hohe Saufkopf mit der jungen tüchtigen Frau: aus dem Allgäu. Sie will nicht gehen. Er ist schon lange müde, er gähnt, sie schimpft ihn. Sie setzt und setzt mit ihren violetten Chips, bis alles weg ist. Eine Zeit lang Gewinn. Jedes Mal, wenn sie wieder profitiert: Das hättsch du it gmacht, gib's zu. Manchmal wünscht er dringlich, geradezu leidend: Finale eins, mein Gott.

21. 8. 1975
Gestern Abend wieder zur Birke auf Außenbahn.

Einen Streich spielen
zwei Streiche spielen
drei Streiche spielen
Heißenbüttel spielen

Mit großem Widerwillen denk ich an die Lebenden, mit Sehnsucht an die Toten.

Dieses nichtswürdige Korrigieren. Zurechtrücken von Quatsch. HME tritt jetzt als Chefkunstgewerbler auf. Ein Guevara-Gedicht, in dem nur abstrakte Feinde vorkommen. Weder Sozialisten noch Kapitalisten … ein Villenbesitzerssohn sei er gewesen, ein zarter Asthmatiker, eine Elegie wert, samt allen Demonstrationen. Außer Spesen nichts gewesen. Über HME. Oder: Die Merde hat ihn wieder. Und so wird's uns allen gehen. Canossacanossa, du wunderschöne Stadt. Ich bin dafür, H.W. Henze komponiert diese Balladen für betagte Bajazzos. HME ist der eindringlichste, unwiderlegbarste, dauerhafteste Beweis, dass ein Intellektueller nie etwas ernst meint. Er meint nur immer wieder sich. Er hängt nicht sein Fähnchen nach dem Wind, sondern er ist das Fähnchen, und das hat bekanntlich keine Wahl zu wehen, von wannen es will.

Ich sitze in der Schwüle dieses Nachmittags. Ich sollte brennende Streichhölzer zum Fenster hinauswerfen, das drückte mich am deutlichsten aus. Außer mir ist noch die Katze da, die schläft unnachahmlich. Ich liebe diese Schwüle, in der man sogar beim Denken schwitzt. Ich liebe diesen Nachmittag, weil er explodieren will. Es wird, wenn Johanna heute nicht heimkommt, unabweisbar, dass sie uns wochenlang in jeder Sekunde, mit jeder Antwort, jedem Lächeln getäuscht hat. Als sie lag und nichts mehr sagte, haben wir den Angriff begonnen auf sie, haben sie unter Aufwendung aller Kraft in die Familie zurückgezerrt. Sie hat sich gewehrt. Wir waren stärker. Dann hat sie etwas anderes geplant. Diesmal wird es uns nicht gelingen, sie zurückzuzerren. Ja? Ist es das? Wo ist sie? Ich tu, als könnte ich mich ausruhen, nur weil ich erschöpft bin. Ich weiß, dass Erschöpfung überhaupt nichts bedeutet, als dass einer sich für erschöpft hält. Natürlich kann er noch. Und er wird auch wieder. Wart nur, bis die Peitsche die richtige Stelle trifft. Es ist halb sechs, und von Johanna wissen wir nichts. Ich würde schreien, wenn sie nicht käme. Das sicher nicht. Das am wenigsten. Wie lang. Wie weit. Wie sehr. An mir rächt sich das 19. Jahrhundert. An wem räche ich mich? In der Heimat erschein ich anders als draußen. Johanna bringt es fertig zu gehen. Sie hat die Härte. Die Überlegenheit. Sie will aus dem Haus hinaus. Und wie sie sich Vorsprung verschafft hat. Wie einfach das war. Turnen! Als hätten die nachmittags Turnen im August! Und sie hat noch 200 Mark aus Hamburg. Aber wohin ist sie? Hat sie telefoniert? Hat sie einen Mörder gefunden? Soll ich schon ihr Zimmer durchsuchen? Um 6 Uhr kommt Besuch. Mir wäre jeder zuwider jetzt. Ich kann mich nicht beschäftigen mit jemandem, jetzt. Und der ist so fröhlich. Ich habe das Gefühl, wir seien ein Trauerhaus, das sich geniert zu gestehen, dass gerade jemand gestorben ist. Also versuchen wir eben, die Laune, die der Besucher vorschlägt, mitzumachen. Es ist immer noch besser, er merkt nichts, als dass er mitredet, hineingezogen wird. Johanna, wo bist du? Jetzt, in diesem Augenblick? 19 Minuten vor 6. Unmöglich, dass du etwas von uns weißt, sonst kämst du jetzt. Selbst die anderen Kinder verlöre man, wenn eines sich verlieren will.

22. 8. 1975
Heute kommt die Qual ins Haus. Und ich darf nicht hinaus.

Wenn ich meinen Hemdkragen hochschlage, bin ich eine spanische Königin. Nach 25 Jahren Erfolg und Stress brachte sich jetzt der international berühmte Architekt Schwanzer, Wien, um. 70 Angestellte in Wien. 20 in München. In der letzten Zeit haben ihn seine Angestellten bewacht, seiner Depressionen wegen. Sie gingen abends mit ihm heim und holten ihn morgens schon um sieben ab. Er hat ihnen ein Schnippchen schlagen können. So wird's eine Komödie.

Gesucht wird ein Standpunkt, von dem aus sich alles leichter anschauen lässt.

Ich bin ein Säufer, der nicht trinkt.

Das Papier ist der Tempel
Die Liebe ist Papier
Das Papier ist das Leben
Unsterblichkeit ist aus Papier.

Wenn man nicht mehr arbeiten kann. Was verbrauche ich? Platz?
Mehr, als mir zusteht. Essen? Nicht mehr, als mir zusteht. Trin-
ken? Mehr, als mir zusteht. Kleidung? Nicht mehr, als einem zu-
steht. Energie? Viel mehr, als einem zusteht. Durch Flüge, durch
große Räume, ein zu großes Haus. Ich bin ein Schädling.
   Heute werde ich niemanden quälen können. Was tun, du?
Mit dem Knöchel an ein Holztäfer klopfen. Antwort bekommen.
Von einer alten Dame, die hinter dem Täfer ein zurückgezogenes
Leben führt. Sie lässt sich herbei, eine ganz strenge Geschichte zu
erzählen.
   Sie fuhr an einem Herbsttag von Bad Schachen nach Wasserburg, über Degelstein, Alwind, Reutenen. Sie fuhr mit dem Pfer-
degespann. Einspännig. Langsam. Sie zermalmte mit den Rädern
ihres Landauers manch frisch gefallenen Apfel. Als es die steile
Straße zur Wirtschaft Wilhelmshöhe hinaufging, blieb ihr Pferd
stehen. Da rief der alte Lutzenberger, der oben gegenüber der
Wirtschaft wohnte, aus seinem Garten: Was ist, Frau Doktor, mag
er nicht mehr? Bevor die Frau Doktor Genannte antworten
konnte, schüttelte das Pferd seinen Kopf. Lutzenberger, ein älterer
Mann mit einem immer feuchten mehrfarbigen Schnurrbart, kam
aus seinem Garten und wollte das Pferd hinaufführen. Aber das
Pferd flüsterte ihm zu: Tu's nicht. Schau doch zuerst, wer sie ist.
Lutzenberger war erstaunt, weil dies das erste Pferd war, das er
flüstern hörte. Ja, er hatte überhaupt noch nie ein Pferd sprechen
hören. Er rannte die Straße wieder hinauf in die Wirtschaft und
rief es gleich allen zu. Natürlich glaubte ihm keiner. Der Zimmer-
mann Rechtsteiner und der Maurer Späth und der Schneider Kalt-
ner und der nicht mehr ausfahrende Fischer Adolf Schmied stan-

den auf und kamen lachend auf die Straße. Das Pferd stand noch immer an derselben Stelle. Die Frau Doktor saß und rief: Hü, Bläss, vorwärts, Bläss, jetzt mach doch, Bläss, hü, Bläss, was ist denn mit dir los, Bläss. Als sie die Leute kommen sah, war sie froh. Der Zimmerer Rechtsteiner war der Resoluteste. Er griff gleich nach dem Zügel des Pferdes und sagte: So, komm jetzt und wenn'd it magsch, dann sagsch's halt. Das Pferd zog an und riss die Kutsche geradezu im Handumdrehen bis vor die Wirtschaft. Von da an ging es wieder abwärts. Die Männer gingen lachend in die Wirtschaft zurück. Lutzenberger ging wieder in seinen Garten. Abends sagte er es seiner Frau. Die war an diesem Tag in Wasserburg in der Bahnhofwirtschaft als Beiköchin beschäftigt gewesen. Bei Hochzeiten, Beerdigungen, Kaffee-Kränzchen usw. holte man sie oft, dass sie der Wirtin am Herd zur Hand gehe. Heute war eine Beerdigung gewesen. Und als die Leute zum Leichenschmaus kamen und man anfangen wollte, fehlte der Pfarrer. Ohne den Pfarrer konnte man nicht anfangen. Man schickte einen aus, nach dem Pfarrer zu sehen. Der kam zurück. Ziemlich entsetzt. Der Pfarrer war von einem durchgehenden Pferd umgerannt worden. Er war tot. Was für ein Pferd denn? Ja, das Pferd von der Frau Doktor aus Bad Schachen. Wenn sie lächelte, sah sie immer aus, als wäre ihr voller Lippenmund ein bisschen geplatzt.

Es gehört eine Bestimmtheit her gegen die scheinbare Unbestimmtheit des Lebens, wenn einer eine Geschichte schreiben soll.

Er kratzte etwas von den Wänden. Wie voll früher alles war. Die Jahreszeiten. Fasste der Herbst doch nicht alles Herbstliche. Und der Winter das seine nicht. Mir ist es schlecht, dass Gott erbarm. Ich warte auf die Kraft, die es mir ermöglicht, mich von mir abzuwenden. So weit, so weit. Dass ich mich verlöre. Ich habe keine Freundlichkeit. Wenn mir einer vor die Füße fällt, kick ich ihn weg. Dann schrei ich vor Schmerzen. Arbeit. Ich bin ununterbrochen faul. Das ganz direkte brutale Ohrenweh ist angenehm. Das ist wie ein Partner. Ich bin ganz sicher, dass ich keinen besseren Freund habe. Ich bin durchsichtig wie ein leeres Marmeladenglas.

Die Baumkronen schimpfen schon wieder. Es ist gleich Herbst.

25. 8. 1975
Die monoton tiefe Stimme der aufdringlichen Frau: nach einer Schilddrüsenoperation.

Je schwächer, desto mehr angezogen von Goethe.

Wenn man schon weiß, was herausgekommen ist, aber man will es nicht wahrhaben. Alle Ergebnisse sind unannehmbar. Man will ein anderes Ergebnis, gefälligst. Untersuchen Sie bitte so, dass etwas anderes herauskommt. Sonst geh ich zu einem anderen. So lange, bis herauskommt, was ich will.

Johanna hat eine Anzeige einer Fa. Theis und Co. Dort wird jemand für eine Kartei gesucht. Keine Kenntnisse werden verlangt. Und das in München. Je mehr wir ihr vorhalten und schildern, wie langweilig und unzumutbar diese Arbeit sei, desto mehr besteht sie darauf, dorthin zu gehen. Sie sagt immer Herr The-eis, auch wenn ich zehnmal korrigiere, dass das ein Herr Theis sei. Dann bringt sie ein Buch: Berufe im öffentlichen Dienst. Da hat sie sich herausgesucht: Verwaltungsangestellte im Justizdienst. Vor allem, weil da steht, dass man als Protokollantin beschäftigt wird. Hauptschulabschluss genüge. Ich schlage vor: Rechtspflegerin, wozu mindestens Mittlere Reife nötig ist und 2 Jahre Praktikantin plus 3 Jahre Verwaltungshochschule in Berlin. Sie sagt, sie will keine Verantwortung, deshalb Protokollantin. Sie will etwas, wo man zuschaut.

26. 8. 1975

Meine Nerven in einem Zustand, der vor allem nicht dauern zu können scheint. Du stehst auf einem Felsen und segelst durch die Nacht. Tiere schlagen dir ins Gesicht und fallen dir tot vor die Füße. Getrennt von denen, die arbeiten und beten, bist du stumm. Du begegnest den wilden Mädchen, die berechtigt sind, Wege zu meiden. Kein Anruf. Auch die Einbildung schweigt. Richt also das Wort an Steine, schau ins Dunkel, empfang deinen Tod. Mehrere, die du kanntest, konnten nicht gerettet werden. Paris reichte nicht und das Allgäu nicht. Im Innern der Häuser tönt es hohl. Die Kufen klingen nicht. Das Eis erlischt. Du rätst deinem Feind, dich nicht zu schonen. Da zögert er. Sausend stürzen hohle Englein nieder und zerbrechen ihre Gipsköpflein. Die Köchin schmeckt die Soße ab. Der Dirigent grinst, ihm passt die Menschheit, wie sie ist. Dem Feinling auch.

Im Bad tobt das Kind gegen sich. Die Tiere liegen, alle Köpfe in eine Richtung gestreckt. In meiner Ernährung wird ein Fehler gemacht. Was mir vorenthalten wird, fehlt mir. Ich weiß nicht, was es ist. Grün schäumen die Karotten über, mit Pfirsich und Traube gibt's ein farbenfrohes Bild. Was ich esse, sieht aus wie fotografiert. Das Ausgemerzte fehlt mir, das Vermiedene. Der abgetriebene Schmerz macht dich dünn. In den Heizungen nistet die Kälte.

Die Zivilisation ist schön. Du leihst dir eine Glätte und bist fort. Ans Herz fährt dir der produzierte Schreck. Du richtest dich auf mit deinem Mittel und legst dich damit hin. Dir ist geholfen. Du hast das Sprechen verlernt, Glücklicher.

27. 8. 1975:

Traum. Obwohl es zu spät sein muss, renn ich mit der ganzen Familie durch den Nürnberger Bahnhof, der Zug soll auf Gleis 10 sein. Wir sind alle nass und dreckig, überschlammt, Baustellen bis tief in den Bahnhof hinein, keine Fahrkarte mehr, ich reiße Theresia mehr durch die Luft mit, an einer Hand, als auf dem Boden. Plötzlich stößt sie mit dem linken Fuß gegen eine Stahlspitze, genau zwischen Knöchel und Zehen, ein Loch im dreckigen schlammigen Schuh, ein Loch im Fuß, das Loch im Fuß genau an der Stelle, an der bei Christus der Nagel eingeschlagen wurde. Blut spritzt heraus, ich reiße alle weiter, Theresia schreit, ich auch, ich halte an, weil aus dem blutigen Loch mit Pulsfrequenz Fleischbrocken herausgeschleudert werden, ich knie nieder, um mein frisches Taschentuch um den Fuß zu binden, aber ich ziehe ihr dazu nicht den Schuh aus, eine Frau sagt: Vergessen Sie nicht, ihr nachher die Strümpfe auszuziehen, ich klettere mit allen über einen Prellbock, dann an den Schienen entlang. Ich wache auf, es ist 4 Uhr 30, ich werde das Blutbrockenbild nicht los und bleibe bis nach 7 Uhr wach.

Wüstung

Verlust
Das Nach-hinten-Gehen und Nichtfinden. Nicht die Rekonstruktion, sondern die Beschreibung dessen, das man nicht mehr findet: die Beschreibung der leeren Stellen. Und da das nicht geht, Beschreibung der Ränder der leeren Stellen, also Beschreibung der Reste und Versuch, das Fehlende vermissen zu lassen, also Beschreibung des Schmerzes über das Fehlende.

28. 8. 1975
Was werde ich nächsten Sommer sagen. Was werde ich von diesem Sommer dem nächsten sagen? Dass er, wenn ich nach ihm greifen wollte, entglitt. Dass ich ihn nicht kriegte. Dass er nicht zu fassen war. Wie ein Streichholz war er, das dir in den Fingern abbrennt, und du musst es ganz zuletzt noch wegwerfen, siehst nur dem Augenblick entgegen, in dem du es wegwerfen musst.

Ich preise meine Schmerzen, die jetzt schon das rechte Ohr erreicht haben, sodass ich ohne Übertreibung sagen kann: Sie gehen durch mich hindurch.

Ruhig siehst du vor dich hin.

Immer am Dienstag, gegen Mitternacht, die Aufwallung des Sees, jener Orgasmus. Es ist das zurückkehrende Tanzschiff, dessen Wellen, wenn es längst in Überlingen angelegt hat, uns erreichen.

Ich habe nichts anderes mehr zu tun, als das Versagen zu notieren. Aufmotzen notier ich auch. Aufmotzen und Versagen bzw. Versagen und Aufmotzen, das sind meine zwei Lebensinhalte. Und ich warte insgeheim darauf, dass ich zu etwas anderem berufen werde. Aber ich warte, als könne das andere und müsse von außen kommen. Ich rühr mich nicht mehr ernsthaft.

Wenn ich um mich schlage, treffe ich immer nur meine Familie.

Wie viele Feinde willst du? Keine mehr.

29. 8. 1975

Ich bin so klein wie nie zuvor.

Mein Gesicht fließt wieder.

Festigkeit oder Hoffnung nirgends spürbar.

Ich arbeite nicht.

Ich lasse diesen Tag vergehen.

Ich warte so, bis dieser Tag vergangen ist.

Immer öfter warte ich jetzt darauf

dass es Abend wird.

Es liegt an mir.

Ich bin zerquetscht.

Auf mich wirke ich zerquetscht.

Zertreten.

Amen.

Gestern Abend kam Walter Kappacher.

31. 8. 1975
Die einzige Freude, die ich hatte, sind die Kinder. Wenn es zweien von diesen vieren gut ginge, könnte ich im Anschauen dieses Gutgehens meine restliche Zeit verbringen. Mein hängendes, fließendes, schweres Gesicht.

Gallistl's Verbrechen. Das ist sein einziger Trost, dass er nicht nur dieses schwere Gesicht hat, sondern auch ein streng und eng sitzendes, leichteres. Das schwere zerkratzt er immer, bis es blutet. Er sucht immer eine Stelle, die noch nicht ganz abgeheilt ist und leicht wieder aufgekratzt werden kann. Er will nämlich schon Blut sehen, wenn er kratzt. Und wenn er an seinen Fingern sieht, dass es blutet, geht er zum Spiegel. Geht niemanden was an. Er funktioniert als Genosse, so gut er kann. Er kann aber dann nichts mehr schreiben, weil er ja seine Schwere nicht eingestehen darf. Er wagt nicht, zuzugeben, dass er nicht geheilt ist. Er geniert sich wegen seiner Schwermut. Wo so viel zu tun ist. Wo so viel auf dem Spiel steht. Was soll da sein Krampf und Weh. Das ist sein Verbrechen, dass er sich nicht durchringen kann zu seinen Genossen. Er freut sich über einfache Aufgaben. Die Welt wird nie nur aus Arbeitern bestehen. Seine Zwei- oder Vielgeteiltheit ist sein Verbrechen. Wenn er Besuch kriegt von einem Genossen, nimmt er sich zusammen. Seine Frau schreibt für andere. Er ist nicht in der Partei. Er schiebt den Eintritt immer wieder auf. Er hat eine Sperre.

Walter Kappacher fährt heut nach Davos zum Wandern.

Einer ist an eine Frau gebunden. Tag und Nacht. Und er kriegt sie nicht. Aber wenigstens kriegt sie einer, den er sehr mag. Als der sie kriegt, kann er den nicht mehr sehen. Jetzt nicht mehr. Später, sagt er, später schon wieder, aber jetzt geht es gerade nicht. Er hofft, die Frau wird dem nicht sagen, wie sie standen. Sie haben ja nicht geschlafen mit einander. Aber er liebte sie. Dann nimmt aber sein Feind dem die Frau ab. Jetzt ist es ganz aus: Dass sich der Freund die hat abnehmen lassen! Und dass die das getan hat! Jetzt ist klar: Sie hat nie etwas mit ihm zu tun gehabt. Andererseits: Es wirkt grotesk, dass er glaubt, die dürfe seinen Feind nicht nehmen. Als müsse sie sich nach ihm richten.

Das ist ein langer, flutender, reiner Liebesroman.

Den Blick lenken auf die Nichtzugelassenen. Die haben den Versuch nicht aus Ehrgeiz gemacht. Das heißt, man hat in ihnen nicht ein Nichtgenügen in einem Fach bestraft, sondern ein Leben, einen ganzen Menschen nicht leben lassen. Der wollte auf eine Weise leben, und das ist ihm brutal und höhnisch usw. verwehrt worden. Jeder kennt die Beispiele.

1. 9. 1975

Gestern Vöhringers, Frickingen, durch den Wald, Richtung Alt-Heiligenberg, dann Rundweg. Bach mit tonigem Steingrund. Schilf. Das Wegkreuz der Familie Ganter, 1877, und zwei ärmliche Höfe am Ende des Dorfes, schon fast im Waldbereich. Verkommene Höfe. Schmutzig. Auf jeden Fall seit 40 Jahren nichts mehr gemacht.

Meine betonte Stelle in der Brust. Der Hinweis auf die Bronchitis des kommenden Winters. Sonst ist nichts als 1. September. Ein Motorgeräusch hört plötzlich auf. Dafür hört man Wellen. Das wirkt eher wie Stille. Dann fallen auf einmal ins offene Fenster Rosenblätter. Ein ganzes Paket Rosenblätter von wilden Rosen.

Sie fallen gegen die halboffene Scheibe, weil sich die Zweige ja, wenn das Fenster offen ist, hereindrängen. Das Geräusch entsteht, wenn sie auf das Fensterbrett treffen und ein bisschen auseinanderspritzen vom Aufprall.

Arno Schmidt ist groß, Drews ist sein Prophet.

Er verlangt nicht, dass die Mädchen glauben, was sie zu ihm sagen. Er bringt ihnen Sätze und Griffe und Stellungen bei, die sie nur nachmachen müssen. Auf ihn hat das die gleiche Wirkung, ob sie das gern tun, sozusagen von sich aus oder nicht. Ja, manchmal kommt es ihm vor, als sei es angenehmer, wenn sie nur seinen Wunsch oder Befehl ausführten.

Jetzt sind die letzten Gäste dieser Saison eingetroffen. Wenn wir die hinter uns haben, gibt es kein Begrüßen und Verabschieden mehr. Als reisender Professor sein Geld verdienen.

Das wirkt wahrscheinlich am längsten nach; dass mir die Sexualität ausschließlich von der Mutter verboten wurde, also doch von einer Frau. Das Gegenteil eines Ödipuskomplexes. Das krasseste Gegenteil, das sich denken lässt.

Jagdnovelle. In einer dunkelbraunen Stube das kälteste Operieren. Da er nichts im Kopf hatte als den Fortpflanzungsbefehl, den er hinterging mit Interruptus und Kondom, saß er am nächsten Tag tiertraurig herum, weil er sich wieder betrogen hatte, weil er sich wieder hereingelegt hatte. Er wollte spritzen. In jede erreichbare Vagina. Er wollte alle Scheiden schlämmen, die ihm begegneten. Er hatte zwischen hier und San Francisco einige, die sich von ihm belegen ließen. Und die sollte er meiden. Und wenn er sie nicht mied, so sollte er seinen Samen doch im letzten Augenblick aus denen heraushalten und verschleudern oder ihn in der elenden Gummiwand verrecken lassen. Er hasste sich für jedes einzelne Mal. Er hasste sich für jeden Erguss, um den er sich betrogen hatte.

Scheiden schlämmen, das war die einzige Tätigkeit, die ihm lag. Er wollte nichts anderes tun als Scheiden schlämmen. In der schwarz-rosaroten Nacht einer Scheidenschlucht wollte er den taghellen milchigen Samen träufen, bis von allen Rändern und Wänden der Schlucht nur noch die lichten Samenschwaden flossen und die Scheidenschlucht überschwemmten und schlämmten. Dann wollte er sich gern und klein hinlegen auf den Grund der Schlucht ins heiße Bett und einschlafen zwischen den wärmenden, triefenden Wänden. Was für ein schönes Niederliegen. Aber was war seine Routine? Herausreißen und im Freien verbluten. O pfui Teufel. Wenn er jetzt ein Messer schon in der Hand hätte, würde er Schluss machen ein für alle Mal. Jaa-doch, kastrieren und Schluss. Nicht das Koitieren macht traurig, sondern der Betrug, das Sich-nicht-fortpflanzen-Dürfen, das Sich-herausreißen-Müssen aus der Saftheimat ins Trockene, Böse, Freie.

Ich weiß, worauf ich warte. Es soll passieren, was ich will, ohne dass ich noch einmal den Finger rühre. Ich habe jetzt genug versucht. Es reicht jetzt. Wenn jetzt immer noch nicht passiert, was ich will, so wird es nie passieren, und dann ist es lächerlich, immer noch mit aller Kraft und Konzentration darauf zu bestehen. Es ist jetzt geboten, still zu sein.

> Mir ist alles recht, ich schlafe ein
> ich lasse dir 1000 Mark da
> in einem schönen Schein.

> Ich bin wieder müde geworden
> ich lege mich in den Sarg
> ich bitte, mich zu ermorden.

Der lyrische Roman à la Hyperion. Das müsste doch im Dämmer gehen. Während die Zähne die Lippen fressen.

Unser Konto ist wieder gesunken. Auf 85 000 von 102 000, in 6 Monaten. Der Buchverkauf brachte in dieser Zeit DM 3200. Das sind etwas über 500 pro Monat. Das ist nicht gerade ein Beruf. Nur Funk, Fernsehen und Lizenzen halten uns noch über Wasser, und Übersetzungen.

2. 9. 1975

Herr Fuchs erzählt abends, dass der junge Einbrecher, als er, Herr Fuchs, ihn am Schlawittchen gepackt hatte, am ganzen Leib gezittert habe wie Espenlaub. Und Herr Fuchs ist Gärtner, der weiß, was er da sagt.

3. 9. 1975

Traum vom kleinen Hund, dem schwarzen, kurzhaarigen, der sich in mich verbissen hatte und nicht mehr losließ. Zuerst schlug ich mit einem Ast, dann mit einem dicken Ast, fast schon Prügel, dann hatte ich plötzlich den oberen Teil eines langgestreckten Schädels mit Oberkiefer in der Hand, fast ein Krokodilkiefer, mindestens ein Ochsenkiefer. Damit schlug ich weiter auf Kopf und Gesicht des kleinen Hundes ein. Seine Augen traten in der Anstrengung des Zubeißens immer weiter hervor. Mein Ziel war es, mit einem der zwei großen Beißzähne des Kiefers in eines dieser weit vorgetretenen Augen zu treffen. Das gelang mir nicht.

Zuerst schaute ich (in der Reitzensteinstraße) über unser winziges Hinterhausgärtchen auf die Hinterseite der Textilfabrik. Dann (in Korb) saß ich unterm schrägen Dachfenster, wenn ich aber aufstand, sah ich hinaus über ein weitreichendes Maisfeld und quer übers Remstal hin. Dann (in der Zeppelinstraße) von oben auf die Schlosskirchentürme, das rote Backsteinhaus, die Straßenbrücke über die Eisenbahnschlucht, die Zeppelinstraße, die Linde, die Tannen, die Lärche, die 2 Magnolienbäume. Dann, von unten, durch den Wintergarten hinaus in den Garten, den Apfelbaum

(Klaräpfel), die Bäume, und ein bisschen an denen vorbei, besonders im Winter, auch noch etwas Schlosskirche. Und hier: zuerst Bäume und durch die den See. Es waren immer schöne Ansichten. Und ich wurde immer trister vor ihnen.

Alissas Fahrrad wurde gestohlen. Sie hat es, erfährt man jetzt, nie abgeschlossen.

Ich will keinen schweren Tag mehr haben. Nichts soll schwerer werden, nichts mir den Fuß in den Nacken setzen.
Vom Buchhandel habe ich nichts mehr zu erwarten. Von den Zeitungen auch nicht. Ich bin also unabhängig.
In der Dachrinne schnurrt noch das Wasser vom Regen, aber durchs offene Fenster hüpft schon wieder Sonnenschein rein. Über grünen Bergen donnert's noch. Die Rosen leuchten nass in der Sonne, die Katze schläft mit ruhigen Ohren. Der Zug fährt mit blankgeputztem Geräusch vorbei. Die frisch gesalzenen Farben dringen dir in die Augen. Jetzt ist das Wasser fort. Alles schläft und leuchtet.
Frau Ganter: Weil der Winter 74/75 so kalt war, gibt es in diesem Jahr so viel Ungeziefer.

4. 9. 1975
Ein Architekt Stang, der sagt, wir hätten uns bei der Geburtstagsfeier für Frau Tronje Funder gesehen, ruft an und sagt, um halb elf käme eine Gruppe polnischer Studenten ins Rathaus, seine Frau sei eine geborene Polin, ob ich hinkommen könne, Friedrich Georg Jünger habe ihm schon einen Korb gegeben, die Besucher müssten doch etwas, was in dieser Landschaft gewachsen sei, kennenlernen, ich könnte denen das Buch überreichen, das er gelesen habe, er komme jetzt nicht auf den Namen, wo so viel vom Bodensee spürbar sei, ich sei doch aus Wasserburg, der Wettbewerb für die Halbinselbebauung sei gut verlaufen, er habe zu spät davon

erfahren, ein Münchner Architekt habe den 1. Preis erhalten, mit
Recht, er selber baue das Augsburger Schloss um, das schönste Re-
naissanceschloss auf der Erde, mit einem Finanzamt vis-à-vis, und
dem setze er einen Merkur aufs Dach, Gott der Händler und der
Diebe, Renaissance sei ja der beste Baustil überhaupt, der reichste,
leider habe sein Mitarbeiter jetzt Fahnenflucht begangen, nicht
umsonst gelte in der Welt des Theaters, mit der ich ja auch zu tun
hätte, Fahnenflucht als das schwerste Vergehen, das habe er ja selber erlebt, als die Frau, er kommt jetzt nicht auf den Namen, diese
Schauspielerin in Düsseldorf, die so prominent gewesen sei, dass
ihr sämtliche Hüte der Welt zur Verfügung gestanden hätten, als
die einfach nicht gekommen sei, worauf sie von Gründgens entlassen worden sei, und seitdem lungere sie herum, inzwischen
längst ein Wrack. Ich frage rasch dazwischen, ob die Arbeit in
Augsburg schon abgeschlossen sei. Nein-nein, sagt er, er hat die
Pläne gerade erst eingereicht zum Wettbewerb; er möchte eben
etwas bauen, was die vielen Stile, die in diesem hauptsächlich der
Renaissance zugehörendem Schloss vorkommen, mit der heuti-
gen Zeit verbindet, so wie das chinesische Hotel auf Formosa, das
Dr. Oexle vor 2 Jahren – er stehe ja im Augenblick nicht gut mit
Dr. Oexle – bei seiner Asien-Reise fotografiert habe, und nicht
wie die neue Kathedrale in Tokio, die ja der größte Quatsch der
Weltgeschichte sei, da fällt das Licht von oben in die Kirche, also
das geht nun wirklich nicht, sein Lebensziel ist es ja, eine inter-
nationale Gruppe von Architekten zusammenzubringen, die die
Danziger Marienkirche fertig baut, der Kölner Dom wurde ja
auch erst nach Jahren vollendet, die Danziger Marienkirche wartet
nun auch schon seit Jahren, es wäre jetzt Zeit, es gibt ja Beispiele,
wo Architektur Zeiten oder Kulturen überbrückt, z. B. in dem Gebäude der deutschen Botschaft in Petersburg, 1911 von Professor
Peter Behrens gebaut, ein Bau im klassizistischen Petersburg, der
gleichzeitig das deutsche Wilhelminische und das Russisch-Ver-
gangene und die Gegenwart repräsentiert, deshalb hat er doch an

Bundespräsident Scheel geschrieben, er wolle, dass ein Team deutsch-russischer Architekten eine deutsche Botschaft in Moskau baut, die nach Moskau passen soll, aber die BRD vertreten könne, und dann eine russische Botschaft, die über die Ufer des Rheins passe und eine russische Botschaft sei.

Dann ruft er noch einmal an und sagt, er wolle den Polen ein Buch von mir überreichen, es werde eingepackt sein in Japanpapier, ob ich die Japaner möge.

Dann ruft Frau Michel-Jägerhuber an und sagt, ein Überlinger Faktotum, Herr Stang, sei da gewesen mit einem völlig zerfledderten Bändchen, er müsse das in meinem Auftrag überreichen. Sie habe es jetzt sichergestellt. Das geht doch nicht.

1946/67/74 die höchsten Selbstmordquoten in Baden-Württemberg (um 2200).

Gallistl's Verbrechen. Der Leserbriefschreiber, der so genaue DKP-Zahlen hat, wie sie nur ein professioneller Verfolger haben kann.

Die Idylle. Das Schöne. Alles unter dem Titel *Das Geständnis.* Ein Sommer-Roman. Was passiert in diesem Sommer? Ich darf mein Gegenwärtiges nicht völlig blockieren durch zeitübergreifende Projekte. Das Gegenwärtige ist das Lyrische, Schöne, Traurige, Blumenmäßige, Graswüchsige, Tannenhafte ... da ist es schon zu Ende. Die Tanne ist die Grenze des Gegenwärtigen. Das Klavierspielerische, das ist etwas sehr Gegenwärtiges. Das Wellengeräusch dagegen. Aber alles ein Anschmiegungsbedürfnis.

6. 9. 1975
Besuch Dr. Müller, Artus-Film, und Frau Dhan. Das ist jetzt seine Frau, aber das erfahren wir erst hier. Im Brief nicht und nicht am Telefon, und wir sollen es auch nicht weitersagen, weil es sonst gleich heißt: Na ja, kann ja sicher nichts, die ist ja bloß mit einem

Produzenten verheiratet. Um nie einen Fehler zu machen, spricht
Dr. Müller auch, solange er hier ist, immer von «Frau Dhan», sogar öfter, als es nötig wäre. Auch wenn er sie ansprechen müsste
und Du sagen müsste, sagt er nicht: Du hast das und das gemacht,
sondern immer: Frau Dhan hat das und das gemacht.

Meine Sprache reicht weder hinunter noch hinauf.

Herr H., der Meister, ist versetzt. Er ist degradiert. Seine Abteilung
ist aufgelöst. Das ist schnell gesagt.

A. schenkt ihm hilflos ein. Trinkt mit. Spielt aus Mimikry auch
den Betrunkenen. Das heißt, er nimmt einfach den Ton von H. ab
und dessen Sprechweise, fühlt sich wohl dabei nach anfänglicher
Beklemmung.

A: Bei mir geht auch nicht alles glatt, Herr H.
H: Das dürfen'S nicht sagen. Sie sind mitten im Aufstieg.
A: Nicht mehr, Herr H. Meine Karriere … hat ziemlich … abge-
    nommen.
H: So ist das Leben, zuerst geht's bergauf. Und dann bergab.

(Pause)
Droben bleiben, das wär's.

A: Sobald sich die wirtschaftliche Lage ändert …
H: Schluss jetzt. Wenn ich ehrlich sein soll, ich bin froh.
A: (schaut)
H: Ja. Die Verantwortung, wissen Sie, ich war der Verantwortung
    sowieso nicht mehr gewachsen. Diese Maschinen in der Pa-
    pierfabrik stellen einen Wert dar. Das kann kein Mensch mehr
    verantworten. Ein Fehler, und so eine Maschine ist kaputt. Ich
    kann wirklich froh sein.

Trio. Der Grund, warum seine Frau sich umbringt: weil sie keine Kinder haben durfte. Zuerst nur so: Ausbildung, Beruf, Emanzipation. Dann war man drin. Dann war's zu spät. Deshalb Streik: Sie kann nicht mehr mit ihm schlafen, der ihr das eingebrockt hat.

Der schöne Sommer: Das Geständnis.

Es ist doch alles schön. Er hat zu essen und zu trinken, und keine Sekunde schafft er, diese Schönheit schön zu finden. Er weiß, dass es schön ist. Das ist doch schön. Was fehlt ihm? Nichts. Dieses Grün. Diese Verlautbarungen. Dieser Zwetschgenkuchen, der noch ein wenig dampft, wenn er auf den Tisch kommt. Nachher: Es fehlt etwas.

Montag, 8. 9. 1975

Das Furchtbarste ist, dass es September ist, und auch das nicht mehr lang.

Wenn einer im Grünen rotiert, das ist komisch.

Mein Geruch hat sich verschärft.

Die kühle Fassung, die das Septemberwasser gibt.

Ich hab was übrig für das Silber in der Luft.

Ich könnte den ganzen Tag lang nicken, ja-ja sagen und fluchen.

Ich tu nichts als leben. Und erfahre, das geht nicht.

Man muss etwas tun, was einen nicht daran denken lässt, dass man lebt, d. h., man muss arbeiten, sich ablenken von der Tatsache, dass man lebt bzw. stirbt.

Ich bin in diesem Grün nicht aufgehoben
ich werde durch diesen September geschleift
ich werde verfolgt, ich verfolge
es ist eine Jagd
irgendwelche machen Musik
braten Äpfel in Gedanken
essen Sommer und Winter
in einem Stück Brot

und glauben irrtümlicherweise
dass man in der Antike usw.
der rasenden Zeit ruhiger zugeschaut habe
als hätte einen die nicht immer in der Luft zerrissen.

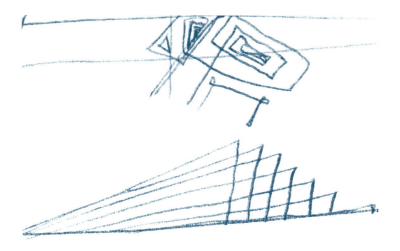

9. 9. 1975

Die Katze schleckt mit ihrem rauen Zünglein deinen Finger. Wenn sie aufhört, musst du nur an ihrem Bein oder Rücken übers Fell streifen und dann den Finger wieder hinhalten, dann schleckt sie weiter. Was sie sonst direkt macht, kannst du sie jetzt über deinen Finger machen lassen, die Katzenwäsche.

Trio. Wenn er im letzten Akt heimkommt und sie ist tot, zieht er sich aus und legt sich zu der Toten ins Bett und schmiegt sich an sie. Dann der Geliebten entkommen. Aber es muss klar sein, dass er diese Geliebte mit einem ungeheuren Ernst und Aufwand zu sich bekehrt hat.

11. 9. 1975
Gestern bis zur Birke.

Timon von Athen heute: als ein Feinkopf der 70er Jahre, der
nur Bierbäuche, Kleinbürger und Objekte sieht und sich ununterbrochen in seinem Subjektivismus recht gibt. Im Gegensatz zum
Timon von Athen damals wird er nicht verlassen, sondern er verlässt und verachtet. Und je mehr er verachtet, desto mehr wird
er verehrt. Das ist komisch, lyrisch, grotesk. Apemantos und Alki-
biades sind seine zwei Ergänzungen. Und alle um ihn haben den
Verfolgungswahn. Sie schießen ununterbrochen auf die Welt, und
wenn die Welt ein wenig reagiert, schreien sie wie unter der Folter. Nur Timon von Athen hätte gar keinen Grund, er wird NUR
verehrt. Er produziert seine Verachtung grundlos, als pure «schöpferische Tätigkeit». Seine Anhänger freuen sich, wenn einer von
ihnen was abkriegt. Überhaupt überall eine große Schadenfreude,
die kommt von der Empfindlichkeit. Lauter Rachsüchtige, denen
es gut geht, aber sie sind vereinzelt, also krank.

Es ist wieder halb sechs, und Johanna ist wieder einmal nicht da.
    Käthe: Heut kommt sie wirklich lang nicht. Das stimmt. Bei
keiner kriegt man so Angst wie bei ihr. Bei ihr glaubt man einfach
nicht, dass man sie noch einmal sieht. Entweder schafft sie es nicht,
denkt man, oder sie will es nicht mehr schaffen. Dass jede Bewegung eine Entschlusskraft braucht, die, wenn sie gebraucht wird,
nicht da ist.

17. 9. 1975
Das Schöne ist die Antwort auf das Unschöne. Es gibt aber im Aus-
drucksbereich mehr Schönes als Unschönes, weil es in Wirklichkeit mehr Unschönes als Schönes gibt.
    Das ist nicht auszuhalten. Ich darf mich nicht in mich hineinver-
setzen, sonst versteh ich mich.

Freitag, 19. 9. 1975
Gestern noch bis zur Boje.

Samstag, 20. 9. 1975
Wie verfeindet sind die Abhängigen untereinander?

Ich lag im Dunkel auf einem harten Boden, der rasch kühler wurde. Meine Flügel ließen sich nicht mehr bewegen. Der rechte noch ein bisschen, der linke gar nicht mehr. Mein Mund lag auf dem Boden. Ich verspürte keinen Schmerz.

Den ganzen Nachmittag liegt Johanna mit Zeitungen auf dem Boden und sucht Stellen für sich. Auch als Steuerhelferin. Nur wo Referenzen verlangt werden, zuckt sie zurück.

Die Villengesellschaft, die sich so lange ins Bedrohtsein hineinsteigert, bis sie die Waffen aus den Schränken holen und zu den Fenstern hinausschießen kann.

M. Frisch bezeichnet sich als Sozialist. J. M. Simmel ist auch Sozialist. Wir leben in glücklichen Zeiten, bzw. an den Kollegen sieht man besser, wie verlogen unsere Art Leben ist. Was tun wir Sozialisten für den Sozialismus?!

Alles getarnt, aber die Tarnung gelingt keinen Augenblick. Also alles andauernd lächerlich durchschaubar. Die Privatschreiber mit dem offenen Visier, und dann siehst du nichts als ein eitel überschminktes Gesicht, in dem kein Gesichtszug scheint, was er ist.

22. 9. 1975, Tübingen.
Hörsaal in Tübingen, einer vom AStA: eine Resolution gegen die Todesurteile (11) in Spanien. Ein Student: Ja, wenn man in die Resolution aufnimmt, dass man auch gegen die Todesstrafe in den sozialistischen Ländern ist. Einige schließen sich dem an. Die Mehrzahl nicht.

Der hat also diese andauernde Wachsamkeit gegen die sozialistischen Staaten, obwohl es jetzt nicht darauf ankommt, gegen die DDR zu mobilisieren. Dort sind 11 Menschen bedroht von einem Faschistenstaat. Am Freitagabend im TV: Der spanische Informationsminister gibt auf einer Pressekonferenz die Namen derer bekannt, deren Todesurteile inzwischen bestätigt wurden: Das sind fünf Namen. Diese fünf müssen, wenn Franco nicht begnadigend eingreift, nach spanischem Recht innerhalb von zwölf Stunden hingerichtet werden. Er liest die fünf Namen langsam und outriert ausdrucksvoll, also tragödienhaft, opernhaft, vor, lässt nach jedem Namen eine zu lange Pause. Und im Gegensatz zu diesem Schauerpriesterstil raucht er eine Zigarette und zieht an dieser Zigarette, während er die Namen vorliest.

Heute Morgen im Radio: Franco hat nicht begnadigt. Die fünf sind tot. Unter den sechs anderen sind zwei Frauen, die schwanger sind und nicht hingerichtet werden dürfen, bevor ihre Kinder nicht sechs Wochen alt sind. Das ist also der Vorteil des § 218.

Zwischen ihren Schulterblättern liegt die Katze. Johannas Bemerkung, dass jede der Schwestern ihrem Tier gleichsähe: Theresia der Häsin, Alissa dem Timon, Franziska dem Florian. Und sie selbst ihrer Katze. Das ist eine ungeheure Feststellung. Sie stimmt in einem solchen Ausmaß, dass es einem ganz schwach wird. Man weiß nicht mehr, was man denken soll. Diese vier Kinder, diese vier Tiere. Und natürlich hat das Johanna bemerkt.

26. 9. 1975

Johanna: Wie macht man das, wenn man da anruft bei dem Steuerbüro, wenn sich der meldet, ich möchte mich erkundigen wegen Ihrer Annonce, und dann, was sagt man dann? Wartet man, bis er was sagt, oder spricht man gleich weiter? Wahrscheinlich nicht, oder? Sonst meint der, man sei vorlaut, sag doch? Als Käthe fragt, warum Steuergehilfin, sagt sie: Weil ich gern mit Zahlen umgehe. Als sie an ihre Mathe-Erfahrungen in der Schule erinnert wird: Ja, aber wenn sie's kann, macht sie's gern. Wenn sie z. B. eine Gleichung kann, macht ihr das Lösen einer Gleichung Spaß.

28. 9. 1975, Frankfurt.
5 Uhr 45 mit dem Auto nach Kloten, 7 Uhr 55 nach Frankfurt, nach dreifacher Erpressung durch Siegfried, und jetzt auch nur, weil Franziska kommt, vielleicht nützt es ihr. Giorgio Strehler bringt ein Buch heraus, im Theater eine Veranstaltung … ich nehme mir vor, so zurückhaltend wie möglich zu sein. Wenn ein Gesicht ohne Lächeln und ohne Kälte gelänge. Wenn mir vollkommene Unbeflissenheit gelänge. Mein Gesicht ist viel zu beweglich. Es gleitet andauernd hin und her, drückt ununterbrochen etwas aus. Meistens das, was man von ihm erwartet. Meistens mehr, als man von ihm erwartet. Es ist immer zu beflissen, überbeflissen. Ich komme, um das Manuskript von *Jenseits der Liebe* nach Frankfurt zu bringen.

In der Klettenbergstraße: Thomas Bernhard und Hilde Unseld. Auf dem Geburtstagstisch mit den Geschenken auch ein Geschenk von Thomas Bernhard. Er setzt sich nach dem Kaffee auf den Stuhl, der allein auf einem Teppich steht. Ich gehe einmal dort hin und suche, ob bei Kafka der Almanach steht, den ich Siegfried zum 50. Geburtstag geschenkt habe. Dabei wende ich, weil ich an den Regalen hinaufschau, Thomas Bernhard den Rücken zu. Er richtet, solang wir dort allein sind, kein Wort an mich. Vor dem Mittagessen im Frankfurter Hof nimmt er mich zur Seite und sagt, warum ich nicht mit ihm spräche, ja, ich hätte ihm sogar einfach den Rücken zugewendet vorher. Ich sitz da, und Sie wenden mir den Rücken zu und sprechen kein Wort mit mir. Ich sage das Falsche. Ich sage, ich sei ihm gegenüber befangen.

Steigenberger Hotel, Frankfurter Hof:
Menü
Champignons à la Grecque
Klare Ochsenschwanzsuppe
Nassauer Kalbsschlegel im eigenen Saft
Tomate vom Rost, Blumenkohl ...
Windbeutel Joachim
Am Tisch kam ich wieder ins Reden. Und dann in der Klettenbergstraße erst recht. Leider auch über Uwe und seinen Infarkt.

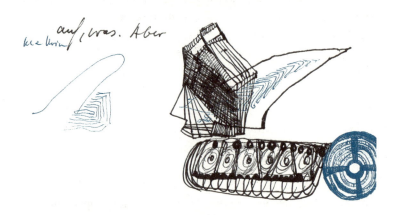

29. 9. 1975
Lächerlichkeit der Gegensätze, wenn sie begrifflich gefasst werden, z. B. Natur und Geschichte. In Wirklichkeit gibt es nichts Geschichtlicheres, nichts Aufbewahrungssüchtigeres, Traditionelleres als Natur. Jeder jetzige Moment Natur ist eine Konzentration von Milliarden von Jahren Geschichte. Und da kommen wir und meinen mit dem Wort, mit den Begriffen Natur und Geschichte einen Gegensatz konstruieren zu können. Stoffloses, materieloses, verabsolutiertes Denken ist das. Idealismus.

Die Nacht
liegt in meinem Zimmer
eine bewegungslose Last
ohne einen Laut
ich bin gefasst.

Der Beleidiger Reinhard Baumgart hat sich eingeladen. Wir haben ihn akzeptiert. Er wird kommen. Ich muss mich beherrschen.

Der Intellektuelle unterscheidet sich von anderen Prostituierten dadurch, dass er auch noch sein eigener Zuhälter ist.

Samstag, 4. 10. 1975
Ich mag mich nicht mehr wehren. Gestern Abend Reinhard Baumgart mit Matti, der ist 1,96 groß, ein Kindergesicht mit Aknebacken.

Reinhard Baumgart untersucht alles darauf hin, ob es «integriert» oder «authentisch» sei. Immer verwendet er diese zwei Wörter. «Authentisch» als Hauptwort gelingt ihm nie auszusprechen ohne Fransen.

Und Uwe Johnson hat also Lektorat für Max Frisch gemacht. Überliefert wird sein Satz: Herr Frisch, das ist keine Frage mehr der Diskretion, sondern nur noch des Mutes.

Also, man kann auch von Uwe alles haben, wenn man ihm ein Darlehen gibt. Reinhard Baumgart schildert die Joachim-Kaiser-Max-Frisch-Veranstaltung als lächerlich. Alle in dunkelblauen Anzügen. Vor ein paar Jahren, sagt Reinhard Baumgart, wäre Frisch salopp erschienen, jeansnäher, jetzt aber auch in Dunkelblau.

Er rauche nur noch beim Schreiben. Um ein wenig Trance zu erzeugen.

Über Mitscherlich und Frau auf Sylt in einem Lokal. Immer wenn Mitscherlich sagen will: Da spielte doch die Dings mit, die … siehst du das Alter … andauernd mache Mitscherlich auf seine eigenen Altersschwächen aufmerksam, immer sei dann seine Frau energisch dagegen.

Habermas sei mit und bei Baumgarts in Celerina gewesen. Baumgart und Matti gehen heute auf die Interboot. Matti ist in der Schule offenbar der Linke, verglichen mit den anderen. Über mein *Sauspiel* erwähnt R.B., dass es besser gewesen wäre, das Stück wäre in Nürnberg geblieben. Wegen der lokalen «Zündung». Und der Jörg Graf erinnere ihn an C. Schellemann. Sonst nichts, nichts, nichts.

Das ist normal.

Also ist es doch besser, keinen zu treffen. Man erwartet immer etwas, was der andere nicht bringen kann. Dann ist man böse auf ihn anstatt auf sich selbst. Man glaubt immer, man dürfe sich selber umso mehr hätscheln, je weniger es die anderen tun. Aber die anderen tun es umso weniger, je mehr man es selber tut. Man müsste ernsthaft gegen sich selber sein können. Es kommt mir immer unglaubwürdig vor, wenn ich gegen mich selbst bin. Obwohl ich eine ganze Menge negativer Urteile anderer gegen mich teile, bin ich nicht richtig gegen mich eingestellt. Ich werfe mir vor, dass ich diesen negativen Urteilen über mich nur stumm zustimme. Ich müsste öffentlich zustimmen. Ich spiele mit dem Gedanken. Aber ich fürchte, die Form dieser öffentlichen Zustimmung würde mir wie eine Koketterie geraten oder doch als solche ausgelegt. Man erwartet das nicht, dass einer den negativen Urteilen über ihn zustimmt. Die Urteile glaubt man schon, aber nicht, dass er zustimmt. Man hält ihn dessen offenbar nicht für fähig.

Reinhard Baumgart: Es sei in den letzten zehn Jahren doch keine große Geschichte entstanden in der deutschen Literatur. Also dann doch lieber gleich völlig blank und unmittelbar auf den Tisch. Wenn ihr schon den Don Quijote nicht schreiben könnt, dann schreibt eben Bekenntnisse unter euren eigenen Namen: authentisch.

Sein Gegenstand zzt.: Goethes *Wahlverwandtschaften* und dass Goethe nicht liberal gewesen sei. Es gebe Literatur von oben nach unten, mit Arroganz. Beispiele Goethe und Brecht. Nicht nur meine kleinbürgerliche Perspektive von unten nach oben, sondern auch von oben nach unten.

Ist das nicht entsetzlich? Wo doch Goethe und Brecht das Gute, das sie gemacht haben, aus negativen Erfahrungen, Leid usw. gemacht haben. Heißt es nicht *Die Leiden des jungen Werther*! Das fiel mir gestern nicht ein. Reinhard Baumgart propagiert das, weil er selber schreiben will, aber bemerkt, dass er oben lebt. Und lacht.

So muss jeder andauernd seine eigene Lage als eine günstige darstellen für das, was er will.

Ich habe einmal versucht, auszudrücken, dass jeder, der etwas sage, etwas verschweige. Das ist mir nicht bekommen. Spinoza, determinatio est negatio. Wenn ich nicht stürbe, würde ich sagen: Ich lebe gar nicht. Der Tod zwingt mich, zuzugeben, dass ich lebe.

6. 10. 1975

Siegfrieds Reaktion auf *Jenseits der Liebe* war telefonisch und schwach: Er habe das gern gelesen. Am Anfang etwas schwierig. Also die Entlassungsgeschichte etwas direkter. Und doch weitreichender. Dass er keinen Bruder hat usw. Das Mystische, ja. Aber die Sache klarer.

Aber ich habe ja keine Zeit dafür. Ab nach Essen. Uni. Ironie-Vorlesung.

9. 10. 1975

Jeder Schriftsteller ist der fleißigste. Nichts ist den Schreibern so gemeinsam wie Fleiß, Arbeitswut, Unermüdlichkeit. Sie wissen nichts anzufangen mit sich, sie müssen arbeiten. Sobald sie nicht arbeiten, sterben sie. Leben z. B. ist ihnen fremd. Sie nehmen daran nur gezwungenermaßen teil. Sie wollen so rasch wie möglich wieder heim aufs Papier. Und es erbittert sie wirklich, dass ihnen beim Arbeiten immer häufiger die Luft wegbleibt, dass sie umfallen am Schreibtisch, den Kopf auf die Tischplatte schlagen, dass die Physis versagt, nicht mitmacht, den ganzen großen Plan sabotiert.

Ohne dass die Hauptsache getan worden wäre, verenden sie. All das Angefangene, das sie hinterlassen, nämlich die Welt, wie sie gerade ist, macht einen grotesken und vor Unfertigkeit eigentlich lächerlichen Eindruck.

11. 10. 1975

Wenn einer schon schwach ist und wird am Telefon nicht gleich verbunden, dann schreit er den Vermittler an, wenn der endlich wiederkommt und erklären will, warum es ihm nicht gelungen sei zu verbinden. So verdirbt er sich auch noch den letztmöglichen Verbündeten: den Telefonvermittler.

16. 10. 1975

Die Begeisterung des Lehrers: Es handelt sich um einen beschränkten Gegenstand, den er nicht vollkommen beherrscht, aber mit aller Kraft darbietet. Die Kinder werden von anderer Seite über den Gegenstand besser informiert. Aber sie haben etwas gelernt, was sie nicht bemerkten, während sie dem hartnäckigen Reden des Lehrers zuhörten. Seine Lächerlichkeit ist etwas fürs Leben. Sie werden daran immer mit der größten Andacht zurückdenken. Diese Andacht wird, je tiefer der Lehrer in der Vergangenheit versinkt, in den Schülern desto höher steigen.

19. 10. 1975

6 Uhr 31 ab Überlingen, Frankfurt 12 Uhr 12.

Tot sein möchte jeder, aber sterben niemand.

Sitzung Akademie der Darstellenden Künste. Ob sie aufgelöst werden soll.

Ich muss als Erster weg zum Zug nach Essen. Peter Eden noch schnell, er möchte mir eigentlich schreiben wegen dem *Sauspiel*, ob das schon irgendwo geprobt werde, vieles gefalle ihm, anderes nicht, ich bin schon im Aufzug und sage Ja. Bin drunten. Geschlossen. Jetzt weiß ich nicht mehr, in welchem Stock die Sitzung war.

Ich fahr in den 2., renne den Gang entlang, nur Nummern an den Türen, ich läute überall, keine Reaktion, im 3. Stock ebenso und im 5., hinunter in den 1., in welchem war ich jetzt noch nicht, im 4., also in den 4.

Ich läute, eine Tür geht auf, ich erfahre: drunten an der Tür neben der Klinke auf den kleinen schwarzen Knopf drücken. Ich runter. Tatsächlich.

Wie das letzte Wasser aus der Wanne in einem furchtbaren Gurgeln und Grunzen in das Abflussloch hinuntergerissen wird, so stürzen alle meine Kräfte, als ich im Freien bin, zusammen. Ich hätte weinen können. Auch über jedes Wort, das ich drin gesagt hatte, und über jedes Wort, das Eden gesagt hatte. Schon Dämmerung. Durch das Bahnhofsviertel zum Bahnhof. Elende überall. Ein Einbeiniger, der nach einer Hure herumhumpelt. Die alte Frau mit offenem Mundoval und von Alter und Schwäche durchbohrten Wangen. Kein Ton kann groß genug sein für die Erniedrigung dieser Menschen zwischen Sexshops, Sexkinos, Strip-Bars. Ohne meine Familie bin ich sofort nichts. Diese Familie, diese Konzentration der Hilfsbedürftigkeit gibt mir jeden Tag die Kraft.

In Koblenz 2 Junge, angetrunken, den Gang entlang: Guckse an, die Bonzen. Das tat ihm weh. Am liebsten hätte er die 2 sofort erschießen lassen. Offenbar ist der Zug voll, und er sitzt allein im Abteil, und die drängen vorbei. Immer wieder: Hier is alles leer, ja, die Bonzen. Dass er seit ½ 7 morgens unterwegs ist und arbeiten muss im Zug, die Zeit nutzen muss für die Vorbereitung für morgen, das kann er denen nicht sagen. Der Schein spricht gegen ihn. Und nicht nur der Schein. Jetzt bleibt der Zug auch noch auf offener Strecke stehen. Allmählich können die nicht mehr auf dem Gang bleiben und Wut ansammeln gegen ihn, die müssen das Abteil stürmen. Und warum tun sie's nicht? Er ist einer von den Beschützten in diesem Land. Ihm gegenüber an der Abteilwand ein Farbfoto von Neuschwanstein. Aus schattigem schwarzgrünen Waldgrund hob sich auf hellerem Sockel das weiße Schloss mit seinen spitzen Türmchen in den weiß-blauen Himmel. Die Armut weiß nichts von mir. Ich bestehe aus einzelnen Sätzen, die den Zusammenhang verweigern. Schwere Lasten schleppen sie auf dem engen Gang vorbei, und offenbar schleppen sie die Lasten schon lang und mit immer wieder enttäuschter Hoffnung, doch noch einen Sitzplatz zu finden. Bei mir finden sie ihn auch nicht. Hier wohnen nur die reichen Verwandten. Weitergehen! Es wird gebeten, den Urlaub nicht im Gang zu verbringen.

In Essen für 9 DM Altenessener Straße 311, Hotel Böll. Die Wirtin zuckt die Schultern: Heut iss'n bisskun laut, iss'n Fußballclub. Im Lokal die Lampen aus einem Kunststoff, der altes Pergament vortäuschen soll und dieser Vortäuschung zuliebe ein gelbschmutziges Licht verbreitet. Das jüngste Paar geht zuerst. Sie in einer grell schwarz-weiß gefleckten Kunstpelzjacke. Jeder an der Theke will sie noch berühren. Der junge Mann wartet glücklich oder pfiffig lachend an der Tür, bis sich seine junge Frau aus den Händen der Männer an der Theke gewunden hat. Die Wirtin putzt mit einem Lappen irgendeine Sauerei auf dem Nachbartisch, dann geht sie in die Küche und macht 'ne Stulle. Übern Hof in ein langes Erdgeschoss der Schlaftrakt. Im tristen Zimmer 25 ein Öl-Original, das einen südlichen Hafen zeigt und unterschrieben ist mit *Pirelli*.

23. 10. 1975

Nach der 4. und letzten Oktober-Vorlesung über Ironie noch bei Nicolas Born im Poesie-Seminar. Weil um 18 Uhr erst vier da sind, fragt er, war das gestern so abschreckend?

Ein zirka 17-jähriger Arbeitsloser: Nichts gelernt, in der Fabrik, das missfiel mir so sehr, dass ich mir dachte, jetzt setzte dich hin und machst'n Abschluss durch Abendkurse. Jetzt im Lyrik-Kurs. Schaden kann's nicht. Bin von Natur aus neugierig. Vielleicht verliebt man sich mal inne Frau, dann will man Gedichte schreiben, wer weiß.

Jedes Mal, wenn N.B. Scheiße sagt, schaut Professor Glaser seine Frau an, die heute zum ersten Mal dabei ist. Es ist nicht klar, ob er sich bei seiner Frau entschuldigen oder ob er mit diesem «Scheiße» renommieren will.

Einer liest ein Gedicht vor, in dem eine Zeile lang nur Angst, Angst, Angst wiederholt wird. Er ist Ersatzdienstleistender.

N. B.: Ich will jetzt nicht weiterreden, so diffus und über alles hinweg. Am besten, ich zieh mich einfach aus, dass man sieht, was ich drunter trage, war ja 'n ziemlich heißer Tag. Hat einer gemacht letztes Jahr, auf dem Kennedy-Platz, die Kleider hingelegt, der war dann nackt. Wenn man's tut, erwartet man, dass das die anderen auch machen, sich so entblättern. Durch diesen provokativen Akt versuchst du, was aufzureißen, als movens, ich versuche, einfach durch dieses Ausziehen, euch aufzurütteln. Aber interpretieren, der Seelenstriptease, ist mir viel peinlicher, als mich auszuziehen. Und damit wollen wir uns morgen etwas länger beschäftigen, das ist auch ein Befreiungsversuch, wir wollen da etwas für uns versuchen.

24. 10. 1975
Hotel Böll, Nebenzimmer. Vertreter-Sitzung. Der Herr von Vorwerk: Ich danke Ihnen. Das Gerät VET 50, das jetzt von uns freigegeben wurde ... Der Hauptfeind, wenn ich einmal so sagen darf,

also Hoover und Progress, ich habe diese Geräte mal mitgebracht, Sie sehen, die haben sich nicht viel Mühe gegeben, alles voller Ecken und Kanten, der Borstenstreifen in dem Schacht zu tief, man bricht sich die Finger. Vom Äußeren her sehen die Hoover-Geräte nicht einmal schlecht aus, nur, es geht viel verloren, weil der Saugkanal zu weit ist, und die abgegebene Luft tritt hier aus, und das ganze Schlamassel geht ins Zimmer. Das kann nicht im Sinne der Hausfrau sein. Vorne 21,5 cm breit ist zu breit. Progress, wie gefällt Ihnen dieses Gerät? Besser. Ja, aber die Arbeitsbreite dieses Geräts ist 23,5 cm, da geht noch mehr verloren. Also jetzt unser Gerät, so wie Sie es auf den Tischen haben. Glasfaserverstärkte Motorgehäuse, hochwertig. Hervorragender Neigungswinkel, liegt also flacher als der Hoover. Wenn ich unseren Stiel senke, ist unser Gerät flacher. Hier die Symbole zur Flurhöhenverstellung. Die beidseitige Randabsaugung. Die V-Beborstung der Grundbürste, dass der Schmutz besser zum Hauptsaugpunkt befördert wird. Jetzt das Mütterchen, das bisher sagte: Der Vorwerk ist gut, aber er lässt sich schwer führen. Die Dame ist jetzt bedient. 32,5 cm Arbeitsbreite ist beispiellos. 172 Watt das Gebläse, 110 Watt für die Randbürste, 36 Liter Luft pro Sekunde. Der Schmutz wird hier den Stiel heraufgefördert, fällt dann in die Tüte hinein, uns geht da nichts verloren. Ein besonderer Gag: der Klebestreifen. Wenn die Tüte voll ist, reißt ihn die Hausfrau ab, und ab in den Müll. Die Frage müsste jetzt lauten: Wie führe ich dieses Gerät vor? Zwei Möglichkeiten. Die richtige wählen Sie selbst. In diesem Moment werde ich nämlich zum Untergrundkämpfer …

25. 10. 1975
11 Uhr 35 ab Essen, Wolfsburg 15 Uhr 06.
   Gestern noch bei Nicolas Born mit Hildebrand, Manthey, Fünfstück, Fietkau, Hinz u. a. Hildebrand erzählt von einem über 60-jährigen Übersetzer in Italien, er übersetzt Lévi-Strauss, dessen Frau am Tag des 1. Auftritts als Ballett-Tänzerin Kinderlähmung

bekommt. Seitdem im Rollstuhl, von ihm geschoben. Beide haben Suhrkamp erst auf Beckett aufmerksam gemacht. Mussten weg von Florenz, war nicht mehr zu bezahlen, jetzt in der Nähe von Lucca. Drei Katzen, eine heißt Wildsau. Einmal fahren sie in die Türkei, ein Unfall; als sie aus dem Krankenhaus kommen, liegt das Auto in Einzelteilen in der Wiese neben der Reparaturwerkstätte. Die Türken sagen, sie machen es wieder zusammen. Später in Italien, nach dem 1. Kundendienst, lässt man sie kommen: Das Auto ist 7 cm kürzer, und es fehlt kein Teil.

Ein junger Polizist verlangt Pass und Fahrkarte, obwohl ich nur bis Wolfsburg fahre und nicht über die Grenze will. Als er auch noch die Fahrkarte sehen will, zuckt es mir in den Händen und Armen. Dann fällt mir auch noch der halbe Inhalt auf den Boden. Der Teil, in dem Fotos der Familie sind, z. B. Käthe im Badeanzug. Zum Glück fallen die Fotos so, dass man nur die Rückseiten sieht, sonst … sonst wäre einfach meine Wut noch größer gewesen. Wann bin ich und wie oft schon die Strecke von Wolfsburg nach Hannover gefahren, die beruhigend trostloseste Strecke der Bundesbahn.

31. 10. 1975, Berlin.
20 Uhr bis 22 Uhr 30 Akademie der Künste, Hanseatenweg.
Zuerst Jean Améry, den ich aus Brüssel kenne, dann kommt Günther Anders dazu, Frau Améry sagt gleich: Sie sind schlanker geworden. Er, bitter: NOCH schlanker. Er sieht aus wie ein Totengerippe. Er sagt gleich: Es geht mir nicht gut. Ich war den ganzen Vormittag im Krankenhaus. Aber Frau Améry hatte noch davor, ihre Feststellung des Schlankergewordenseins verteidigend, gesagt: Für das Herz ist das doch gut, schlanker? Darauf hatte er mit seinem Befund geantwortet. Eine Hand ist ganz von der Gicht zerstört, die andere ein bisschen. Man wagt nicht, hinzuschauen. Jean Améry ist blass. Hartung hat zum ersten Mal eine Frau dabei,

seine. Eine breite, blasse, schwere Frau. Frau Kiwus ist hübsch, aber bald verschwunden. Herr Gaiser wendet sich an mich: Es gibt einen gemeinsamen Bekannten, Gottfried Just. Ich erinnere an die Bilder seiner Frau in der Ausstellung in Friedrichshafen. Er bestätigt mir ein gutes Gedächtnis. Hans Mayer kommt. Dann der Film über das kaputte Berlin im Juli 1945. Meistens aus den Schächten der Bomber gefilmt, die es vorher kaputt geschmissen haben. Man sieht, wie die Kameras in den Bombenschächten montiert werden, dann endlose Fahrten über die ausgebrannte Streichholzschachtelreichshauptstadt. Dann noch der Orden von Montgomery an Schukow. Die Vorbereitung der Potsdamer Konferenz. Stalin, Truman, Churchill, der junge Gromyko. Die Trümmerfrauenketten, durch deren Hände die Kübel mit Trümmerschutt wandern. Der Deutsche Reichstag, aus dem Frauen Holz holen. Die freundlichen Sprüche Stalins. Die Flüchtlinge, die nur 24 Stunden bleiben dürfen und dann weitermüssen. Dann sitzt man und hört Herrn Trökes zu, einem Maler, der immer in Berlin war, also auch damals. Man konnte noch telefonieren, sagt er. Und ein Herr Bauer, der bei den Nazi-Kunstausstellungen mit dem Rolls-Royce vorgefahren war und dann demonstrativ NICHT hineingegangen war. Er hat zu Trökes gesagt: Wenn Sie für die Amis malen wollen, müssen Ihre Formate 30-mal so groß sein. Da lachten alle. Hofer sei damals jeden Morgen um 6 aufgestanden und habe wie ein Malbeamter, mit einer Stunde Frühstückspause, alles noch einmal malen wollen, was ihm verbrannt war. Aber das meiste sei nicht mehr so gelungen, wie es vorher gewesen war. Lacher. In der Schweiz anno 39 eine Ausstellung aus dem Reich mit «Entartetem». Die Gegenpropaganda, dass die Nazis mit dem Erlös Kanonen bauen würden, erwies sich als wirkungslos. Die Kunsthändler Europas stürmten an und kauften alles auf, nur Nolde, der «Halbdepp», sei total boykottiert worden, weil er in die Partei eingetreten war. Ein Hofer-Bild konnte man im Juli 45 für 800 Mark kaufen, das waren 8 Stangen Zigaretten.

Hans Mayer hat sich zu mir gesetzt. Vorher hat er gesagt, dass es am schlimmsten sei, von Programmheften nachgedruckt zu werden, weil man da nichts bekomme. Gaiser wusste nicht, was Programmhefte sind. Mayer demonstriert als Beispiel: das Programmheft für *Leonce und Lena* der Salzburger Festspiele 1975. Nachher hat das *ZDF* bei ihm angerufen, weil die die Aufführung übernahmen, und die wollten jetzt auch das, was sie ihm gegenüber am Telefon als seinen prächtigen Beitrag im Programmheft bezeichneten. Während Trökes erzählt, kommentiert Hans Mayer mir gegenüber leise: Er sei während der Berliner Blockade mit einer amerikanischen Militärmaschine nach Leipzig geflogen, um dort zu bleiben, und die Amerikaner, die ihn hingeflogen haben, haben das gewusst. Und er habe sich, als er in Frankfurt zum ersten Mal als amerikanischer Offizier aufgetreten sei, so vorgestellt: Ich bin nebbich 'n amerikanischer Offizier. Er stellt mich, als er sieht, dass ich Peter Demetz nicht kenne, dem vor und sagt: Die Akademie habe also doch den Vorteil, dass sie Leute zusammenbringe. Weil Demetz nichts sagt, muss ich etwas sagen, und mir fällt nur der Satz ein: Wenn das ein Vorteil ist. Wolfgang Hildesheimer sagt: So furchtbar es ist, ich muss gestehen, es geht mir gut, ich fühle mich wohl. Das sieht man. Seine Frau sieht anders aus: blass und zerfurcht.

Hans Mayer noch zu mir: Ich muss Ihnen etwas Schlimmes sagen, Martin, ich halte den Gallistl für eines Ihrer besten Bücher. Als ich sein neues Buch erwähne, sagt er: Im August erschienen, jetzt schon die 4. Auflage, überall ein Erfolg, nur in der *NZZ* verrissen, 10 000 sind weg, 38 Mark kostet es, ich müsse es schon lesen, 5 Jahre Arbeit. Ich ging dann, ohne noch nach links oder rechts zu schauen, hinaus, durch die Leute durch und zur U-Bahn. Einer fragte mich noch, ob ich Hunger hätte. Als ich die alle mit ihren bunt bedeckten Tellerchen von irgendeinem Buffet zurückkommen und reden und essen sah, verging mir, ich weiß nicht warum, der Appetit.

In der *Welt* heute in einer Reportage die miese Zeile, dass ich mit Unbehagen sähe, dass Franziska im *Sauspiel* in Hamburg mitspiele. Ich rief sie an, um sie über diese Lüge zu trösten. Sie hatte es noch nicht gelesen und nahm es fröhlich, dieses liebe Kind. Ändern, in *Jenseits der Liebe*: Kinder sind Geiseln in den Händen der Welt.

1. 11. 1975
Akademie, Sitzung, Zimmer 104. Jandl ist dagegen, dass Peter Handke Mitglied wird, weil zuerst die aufgenommen werden müssen, die die Grundlage geschaffen haben, auf der ein Handke aufbaut. Hans Mayer: Er wird Gabriele Wohmann schreiben, dass Handke noch nicht dran ist. Wolfgang Hildesheimer: Nicht in einem Brief, dass da dann was daliegt. Hans Mayer: Telefonieren. Ernst Jandl: Aber nicht sagen, dass der Jandl dagegen ist. Walter Höllerer berichtet: Die Strömungen der Avantgarde der letzten Jahrzehnte in New York. Lars Gustafsson singt dagegen: New York ist nicht USA, nicht immer die Psychoanalytiker-Sofas aus New York. Peter Demetz: Kunst, Film, das ist Manhattan, die Literatur ist nicht in New York, nur die Verlage, alle Literatur in USA ist provinziell.

Die Anschläge gegen das Vorstellungsvermögen
Die Befriedigten glauben, weil sie befriedigt sind, müsse die Menschheit befriedigt sein. Die glauben, das Ziel der Milliarden Jahre Entwicklung der Menschheit sei in ihnen erreicht. Also setzen sie sich hin und notieren, was sie vor sich, um sich sehen. Eine große Feinsinnigkeit der gegenständlichen Erfassung entwickelt sich. Und weil da jeder in einem unverwechselbaren Zimmer wohnt, kommt Subjektives zustande. Bewundertwerden und Verachten, das sind die Hauptzustände dieses Individuums. Der Feinheits-Naturalismus.

2. 11. 1975

Mittagessen im Hotel Berlin. Hans Mayer, Günther Anders, Wolfgang Hildesheimer und Frau, Karin Kiwus und ich. Als ich an den Tisch kam, sagte Hans Mayer gerade, Günther war ja auch mit einer Arierin verheiratet. Das klang, als wolle er Wolfgang Hildesheimer scherzhaft trösten. Günther Anders, ernsthafter: Aber das ist schon so lange her, dass es schon nicht mehr wahr ist. Wir trennten uns 1936. Dann: Ob Wagners richtiger Vater, der Schauspieler und Sänger Gaier, Jude gewesen sei. Hans Mayer: Das ist untersucht, leider war Gaier kein Jude. Frau Hildesheimer: Aber Wagner hat als Kind darunter gelitten, dass er nicht der Sohn seines Vaters gewesen sei, auf jeden Fall seien da Zweifel gewesen, und er habe vielleicht befürchtet, dass sein Vater Jude gewesen sei. Der Mann seiner Mutter, Wagner, war ein sächsischer Zollbeamter. Hans Mayer, als Wolfgang Hildesheimer sagt, dass Bloch furchtbar über Mozart geschrieben habe: Es ist möglich, dass der gute Ernst Bloch unmusikalisch ist. Wenn Günther Anders und Hans Mayer darüber sprechen, dass Mozart keine Lieblingstonarten gehabt haben kann, und erwähnen, dass er vielleicht das Gegenteil hatte, Tonarten, gegen die er Abneigung empfand, z. B. nichts in fis-Moll bei Mozart, dann stößt Hans Mayer sofort und unmittelbar die Sonate aus, in der ein fis-Moll-Satz vorkommt. Aber so selbstverständlich, dass er nicht noch ganz stolz wäre auf seine Glanzleistung, ist sie ihm auch nicht. Er pflegt von sich zu sagen: Ich bin meine Mutter, verkleidet als Mann. Hans Mayer und Wolfgang Hildesheimer sprechen Mastente französisch aus.

3. 11. 1975

Ich habe heute wieder den falschen Mantel gekauft. Aber der richtige wäre auch der falsche gewesen.

Gestern in *Die Schlacht* von Heiner Müller, Volksbühne. Regie: Karge / Langhoff. Supertheater, oft bis zur Aufhebung des Zwecks.

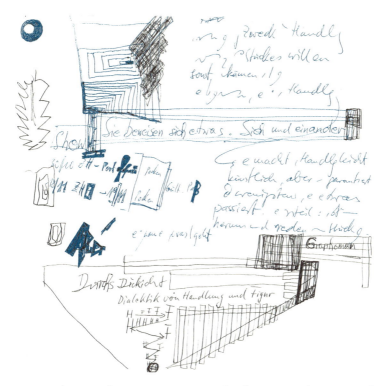

Zweimal, wenn die LPG-Bauern um den langen Tisch sitzen, auf dem die zwei Protagonisten ihren Dialog führen, zweimal erreichen die zirka 35 Bauern und Bäuerinnen im Chor ganz genau den Litaneiton aus Wasserburg. Zuerst mit einem Lenin-Satz, den sie kanonartig entwickeln: Wenn der Arbeiter etwas tut, nützt er dadurch nicht sich selbst oder solchen, die ihm nahestehen, sondern Fernstehenden der menschlichen Gesellschaft. Diesen Satz erheben sie allmählich durch ihre reine Gebetshaltung zu immer größerer Klarheit und Innigkeit. Die große Schwäche des Stücks, dass in jeder Szene andere Personen handeln. Die kasperlehaft Bösen des ersten Teils hätten sich auf jeden Fall nicht geeignet, beim Aufbau des Sozialismus im zweiten Teil mitzuwirken. Das Schöne: dass das alles mit Geschichte zu tun hat. Die meist jungen

Zuschauer schienen befremdet zu sein. Die wunderbare Arbeit der Theaterleute wurde so gut wie nicht gewürdigt.

Flug nach Stuttgart.

Im Zug nach Karlsruhe. Einer: Ich komme aus der DDR. Der Andere: So, sind Sie Rentner. Der Eine: Ja. Der Andere: Und hat's Ihne g'falle da drüben? Der Eine: Ja. Der Andere: Ob's Ihne g'falle hat? Der Eine: Jaa. Der Andere: Lebt man da besser als bei uns? Der Eine: Besser auch nicht. Man lebt. Man gewöhnt sich an alles. Der Andere: Da heißt's auch, Schweigen ist Gold (lacht).

6. 11. 1975

Leise protestierend gegen einen Schmerz, den ich nicht dulden kann, fahr ich davon. Gernsbach bleibt im Tal.

7. 11. 1975

7 Uhr 56 ab Geislingen, Friedrichshafen 9 Uhr 54. Der Abend mit dem Ehepaar. Zuerst Essen, dann Lesen, dann bei denen zu Hause, sie: Wie wär's, wenn du jetzt eine ganz leise Musik anmachen würdest. Das kann ich abwehren.

10. 11. 1975

Jetzt fahr ich am Rhein entlang, nachher du, dann keiner von uns beiden, ich fahr am Rhein entlang wie du und du und du.

12. 11. 1975

Hotel Astoria, Essen, Wandastraße 16, mit Linie 5 vom Bahnhof Essen-Süd.

Duschkabine aus Kunststoff, wo jeder Tropfen auf den 25 cm vom Boden befindlichen Kunststoffboden dröhnt. Wenn einer aufs Klo geht und sich wieder hinlegt und nicht gleich wieder einschlafen kann, aber dann, nach langem Hin- und Herdrehen doch einschläft. Man ist ein bisschen beunruhigt. Allerdings fängt er jetzt an zu schnarchen, als wäre Schlafen eine mühevolle Arbeit.

Das klingt so, dass ich 1 Million Mark wetten würde, der schlafe in meinem Zimmer. Ich muss tatsächlich das Licht anmachen und mich überzeugen. Ich bin verwirrt. Und sehe, er schläft doch nebenan.

Noch ein Vorschlag zur Güte

Alle Meinungsinstitute, seien es Rundfunk oder Fernsehanstalten, an A. C. Springer zu übertragen. Ich weiß sehr wohl, dass man das für nichts als polemisch oder witzig sein wollend halten könnte, weil man mich vorschnell zu einem Gegner Springers stempelt. Abgesehen davon, dass bei so unterschiedlichen Größen die Beziehung Gegnerschaft nicht herstellbar ist, tut man mir Unrecht. Natürlich habe ich auch in den 60er Jahren eingestimmt in die lauten Parolen «Enteignet Springer». Aber da ich doch nicht asozial lebe – zumindest nicht asozial leben will –, habe ich mich mit der Gesellschaft, in der ich lebe, auch entwickelt. Man kann einen ja nicht, nur weil er in den 60er Jahren an übereilten, unreifen, also nicht genügend durchdachten Demokratiebestrebungen teilgenommen hat, für immer von einer «stets sich wandelnden Zeit» ausschließen. Auch dem Gegner unserer Unterstützung des Vietnamkrieges muss es erlaubt sein, etwas dazulernen zu dürfen. Wer sich so lange Zeit in der Opposition befunden hat zur öffentlichsten Meinung, der sehnt sich allmählich immer mehr danach, endlich auch teilnehmen, zustimmen, einmal in anderem als in sich selbst aufgehen zu dürfen. Dies nur, um eine Sehnsucht anzudeuten, die näher auszuführen mir eine Art Keuschheitsgefühl verbietet.

Also, warum soll die Meinung, nach meiner Meinung, an A. C. Spr. übergeben werden? Kurz gesagt: um sie unabhängig zu machen. Für den Laien mag das paradox klingen. Für den Fachmann ist es nichts als Logik, ist es die Realisierung dessen, was bis jetzt nur behauptet und versucht wird: In Nord und Süd fusionieren recht und schlecht, und immer wieder von irgendwelchem Unverstand behindert, Zeitungen, Illustrierte usw. und bilden aus kleineren Klötzchen etwas größere Klötzchen. Aber immer halbherzig und immer von der falschen Lehre belästigt, dass es unserer Demokratie zum Schaden gereiche, wenn große, starke Konzerne entstünden. In Hannover, Berlin, überall dieser heuchlerische Jammer, dass es möglichst viele Zeitungen geben müsse, um eine demokratische Meinungsvielfalt zu gewähren. Das ist Buchstabendemokratie, Lippengebet. Und gerade dadurch wird die Presse als wirklich demokratisches Institut verhindert. Unabhängigkeit ist doch wohl die wichtigste Voraussetzung, die wir für eine Presse, die demokratisch genannt sein will, verlangen. Nun weiß jeder Volkswirt, dass einer umso abhängiger ist, je kleiner er ist. Je weniger Anteil am Markt, desto mehr kann der Markt ihn bestimmen, desto weniger er den Markt. In der Zeitungsbranche wirkt sich das verheerend aus. Die kleine Zeitung, die mittlere Zeitung ist von ein paar Besitzerfamilien abhängig. Und die sind abhängig von ihren Inseratenkunden. Eine unselige Kette. Der konservative Journalist Sethe hat sich getäuscht, als er sagte, Meinungsfreiheit bei uns sei die Freiheit von 200 Familien, ihre Meinung zu verbreiten. Leider, leider nicht. Die Unabhängigkeit dieser 200 Familien ist nur ein Schein. Sie sind abhängig von Wirtschaftsverbänden jeder Art. Sie müssen mühsam ein wenig Spielraum in den Seiten ihres Blattes erkämpfen und gegen den Inserenten-Druck verteidigen. Hauptsächlich in der Außenpolitik und im Feuilleton gelingt es ihnen unter aufreibendem Einsatz, einen Anschein von Meinungsfreiheit mehr zu erschwindeln als zu behaupten. Also die sind wirklich nicht unabhängig, die werden zerrieben zwischen dem Anspruch der Schreiber auf Freiheit und dem Anspruch der Wirtschaft auf eine wirtschaftsfreundliche, unternehmerfreundliche Presse. Das alles ist ein Jammer, weil es nicht sein müsste. Man könnte unsere Presse so unabhängig machen, wie sie auf ihren Frontseiten behauptet zu sein. Wir alle wissen, die Behauptung UNABHÄNGIGE TAGESZEITUNG ist zurzeit eine Lüge, deren Schamlosigkeit von keiner anderen Lüge des Zeitalters übertroffen werden kann. Und ich habe als Leser der Zeitungen immer das unangenehme Gefühl: Was stimmt in einer Zeitung, wenn schon das ihr auf die Stirn geschriebene Credo verlogen ist. Natürlich, man vergisst's dann schon wieder, aber etwas bleibt immer hängen. Und etwa zu schreiben: Von Herrn Dürmeier oder von Herrn Bucerius oder von Herrn Kurz abhängige Tageszeitung – das wäre erstens nicht schön, zweitens nicht wahr. Und all die Interessengruppen hinzuschreiben, von deren Inseraten die Zeitung oder das Magazin oder die Illustrierte leben, wäre nicht ratsam, weil dann die Zeitung voll ist; d. h., sie kann nichts mehr berichten als ihre Abhängigkeit, das wäre zwar endlich die Wahrheit, aber andererseits der Tod der Zeitung, weil sie unlesbar wäre. Deshalb mein Vorschlag zur Güte: Übereignen wir alle Zeitungen Springer, denn dadurch werden sie wahrhaft unabhängig. Im Grunde ist das nichts anderes, als etwa das System des englischen Zusammenspiels von Monarchie und Demokratie auf unser Zeitungswesen zu übertragen.

Herr Springer würde geradezu sofort aufhören, Zeitungen als etwas anzusehen, worin er missionarisch jene ganz bestimmte ACS-Botschaft verbreiten müsse. Ist er erst der einzige und ganz allgemeine Zeitungsbesitzer, wird er sich entspannen, wird nicht mehr durch *Bild*-Zeitungskonkurrenz alles Bessere zu sich herunterziehen. Wenn er der Einzige und Allgemeine Zeitungs-König der Republik ist, wird er sofort eine Institution der Allgemeinheit sein, sozusagen das zu sich selbst gekommene Allgemeine, das es nicht nötig hat, noch länger attentäterische Person zu sein. Und das Wichtigste: Er könnte jetzt die Unternehmergruppen endlich in ihre Schranken weisen. Natürlich müsste man ihm auch noch das Fernsehen und den Funk dazugeben. Aber abgesehen davon, er wird es auch kriegen, wenn wir es ihm nicht geben, über CSU und andere Privat-Fernsehen-Vorbereiter. Er wird ohnehin alles kriegen, aber nur auf dem Wege einer langwierigen, von niederziehenden Konkurrenzkämpfen begleiteten Fusionskette. Darunter wird unsere Demokratie in den nächsten 10 bis 20 Jahren einen bleibenden Schaden nehmen. Mit der *Bild*-Zeitung muss er alles kurz und klein schlagen, bis es ihm gehört. Und in diesen 10 bis 20 Jahren ist die ganze Presse weiterhin den Pressionen der Wirtschaftsverbände ausgeliefert. Augstein ist nicht Augstein, wenn Schleyer nicht will, dass Augstein Augstein ist. Und so fort. Und das alles könnten wir kurieren durch die Realisierung der einzigen Parole, die dieser 70er Jahre würdig ist: Übereignet Springer alles.

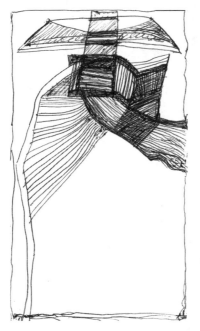

14. 11. 1975
Schlafwagen Essen–Radolfzell.

15. 11. 1975
Käthe konnte die halbe Nacht nicht schlafen, weil ich nicht da war und ihr der Blick des Kaminkehrers nachging. Als sie gestern zahlte, sagte er, er habe noch eine Frage. Hochdeutsch spricht er. Er sei schon so lange Mitglied eines Buchclubs, deshalb habe er einen Extraband gratis bekommen, eine Sammlung von Erzählungen berühmter Leute. Aber in der Sammlung fehle Drieu la Rochelle, den er mit Sartre vergleiche. Was sie meine, ob er an den Buchclub schreiben solle, oder ob man sich das einfach gefallen lassen solle, dass in diesem Buch keine Zeile von Drieu de la Rochelle enthalten sei. Und dabei habe er sie so angeschaut, dass sie habe davonrennen müssen, weil es ihr plötzlich so eng geworden sei, vor Abneigung und

Angst, und sie wisse nicht, was sonst noch. Und obwohl sie weggelaufen sei, sei sie den Blick nicht losgeworden, die ganze Nacht hindurch nicht. Und noch jetzt dürfe sie gar nicht daran denken.

Wer sich an mich wendet, will etwas von mir. Keiner wendet sich sonst an mich. Nur die Honorarabteilungen kann ich veranlassen, sich an mich zu wenden und nicht mehr zu wollen, als dass ich Geld annehme von ihnen.

Was hab ich in der vergangenen Nacht gesagt? Ich bin nicht mehr erträglich nachts. Ich darf nicht mehr unter Leute. Was habe ich wieder gesagt, mein Gott. Ich habe doch wieder Sachen gesagt, ganz unmögliche. Und zum wiederholten Mal! Und da waren Leute dabei, die das kontrollieren können. Die können jetzt feststellen, dass ich immer wieder unmögliches Zeug daherrede. Aber 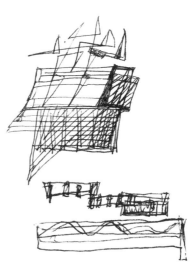 das Schlimmste: Was ich in der einen Nacht rede, passt überhaupt nicht zu dem, was ich in der anderen Nacht rede. Das wirkt, als rede da nicht derselbe Mensch. So ist es. Es redet überhaupt kein Mensch. Nur dass da einer so redet, ist seine Identität.

M. Reich-Ranicki über *Jenseits der Liebe*: Ach ja, es soll sich um eine Art Kristlein handeln.
   M. Reich-Ranicki: Neulich hat jemand gesagt, das Beste, was der W geschrieben hat, ist sein Aufsatz über die Kritiker der Gruppe 47. Da habe er, Siegfried, natürlich widersprochen.

Die normalen Gemeinheiten. Sicher produziere ich auch so etwas gegen den und jenen. Überall eben, wo ich es mir leisten kann. Man geht immer ans Ende.

Lebenshaltung
Hast du die Arme verschränkt
den Blick fest ins Auge geschoben
Presslippen wie einer, der lenkt
jetzt noch das Nichtatmen proben.

Es läuft immer aufs selbe hinaus bei mir. Ich komm an nichts vorbei. Ich werde hinabgezogen von meinen Gedanken, die schwerer sind als ich.

Wallraff geht nach Portugal in die Kooperative. Was tut man nicht alles, wenn man nichts tun kann. Sollen die Gräser sich verständigen. Ich …

17. 11. 1975
Provinz-Diskussion im Kammertheater in Stuttgart.

18. 11. 1975
Gestern Abend 9 bis ½ 11 im Kammertheater furchtbare Diskussion über Schriftsteller und Provinz. Vogt, Bausinger, Reich-Ranicki, Améry, Frohnemann, Bingel, Chotjewitz, ich. Furchtbar, weil einer nach dem anderen sich aus der Affäre ziehen will, indem er sagt, er habe schon am Telefon nicht verstanden, was dieses Thema bedeuten soll. Ich hatte zu viel getrunken. Mich traf das Schlusswort, und es gelang nicht. Und nachher im Advokaten noch einmal Geschrei und Krach. Die Zeit vergeht zu langsam. Ich komme nicht weg von dieser Nacht, die genau bis 3 Uhr dauerte. 8 Uhr 56 Abfahrt, 11 Uhr 29 Friedrichshafen, dann mit dem Scheck zur Bank. Hätte ich nicht 1000 Mark dafür genommen,

wäre alles weniger entsetzlich. Die 1000 Mark machen aus dem Abend ein Verbrechen. Es sieht so aus, als bliebe nichts anderes übrig, als dann und wann hinauszufahren und 1000 Mark zu erbeuten und so rasch wie möglich mit der Beute wieder zurückzufahren in die heimatliche Höhle. Als ich sagte, Hitlers Machtübernahme am 31. Januar, sagte Bausinger: Sie übertreiben, es war am 30.

24. 11. 1975

Das Einzige, was wir gemeinsam haben, ist das Fernsehen: Das ist also das, was früher die Götter waren, dann Gott, dann der Kaiser, dann der Staat, dann sollte es die Gesellschaft werden, aber es gelang nicht, alle in einer Gesellschaft leben zu lassen, eine Gesellschaft für alle zu schaffen, es blieb eine Klassengesellschaft, die über ihre Ungerechtigkeiten mit Hilfe des Fernsehens hinwegtäuscht, hinwegtröstet, hinweglügt. Das Fernsehen tut heute das, was die Kirche früher tat: Sie verhindert die Leute, ihre Lage zu erkennen und zu verändern. Aber obwohl das die Kirche auch tat, tat sie doch nicht nur das. Sie humanisierte den Menschen, obwohl sie ihn von sich ablenkte. Ob das Fernsehen das auch kann, ist noch ungewiss. Wir haben uns eine immer bequemere, anspruchslosere Vorschriftenwelt geschaffen. Die Entspannung des Über-Ichs ist im Fernsehen so total wie noch nie.

«Und der große Frisch seziert sich messerscharf» las ich über die selbstgefällige Art der *Montauk*-Erzählung. Da man mich nicht achtet, kann ich offenbar auch niemanden achten.

Ich bin ausgeräumt bis auf den Grund.

Ich bin blank.

Ich könnte stundenlang alles widerlegen, was sie gegen mich vorbringen.

In meinem Kopf hört die Widerlegungsmaschine keine Sekunde auf zu arbeiten.

Mehr noch als das Widerlegen füllt das Zitieren der Kritikersätze mein Bewusstsein. Ja, ich komme gar nicht zum Widerlegen. Ich ... nein, es zitiert in meinem Kopf andauernd. Andauernd laufen die schlimmsten Sätze ab. Ich komme nicht zum Widerlegen. Ich möchte etwas gegen diese Sätze haben. Aber ich kann nichts mobilisieren. Ich schreibe Leserbriefe. Ich erwidere. Denke öffentlich. Aber schon nach 2, 3 Sätzen finde ich mich wieder mit dem Nachbeten der gegen mich gerichteten Sätze beschäftigt. Am meisten klingen die Sätze Benjamin Henrichs' nach: dass ich keine Dialoge schreiben könne, keine Figuren erfinden könne, dass deshalb mein Stückeschreiben die Geschichte einer Niederlage sei. Ich zähle auf, an wie vielen Theatern der *Abstecher*, die *Zimmerschlacht* gespielt wurden. Wie lange *Eiche und Angora* in Paris lief ... es nützt alles nichts. Ich würde diesen Sätzen sogar zustimmen, wenn ich sie dadurch aus dem Kopf brächte. Es ist doch alles völlig egal. Ich möchte nur gern weiterarbeiten. Aber solange mich diese Sätze blockieren, kann ich das nicht.

1. 12. 1975

Wenn man als gerade Gemaßregelter unter die Leute muss, wie ich im Frühjahr 73 aus dem Frühstückszimmer im Unger (Bohrer-Kritik) in die VS-Versammlung, die alle das gelesen haben konnten. Lauter Kenner. Allerdings könnte man sich dabei wohlfühlen, weil man annehmen muss, dass die lieber einen verrissenen als einen gepriesenen Kollegen begrüßen. Vor dem Gepriesenen haben sie Angst. Der Verrissene hat vor ihnen Angst. Das ist der Unterschied. Bis jetzt hatte immer ich Angst vor ihnen. Sie noch nie vor mir. Das wäre auch entsetzlich, wenn sie mich für überlegen hielten, weil ein öffentliches Gerücht für mich spräche. Kontakte vermindern ist die einzige Möglichkeit. Keine Kontakte mehr. Schluss. Die am schwersten erträgliche Autorenexistenz ist die ohne Verkaufszahlen UND ohne Anerkennung. Verkaufszahlen wären auch eine Anerkennung, von der sich in mancher Hinsicht leben ließ. Misserfolg im Geschäft UND in der Kritik ist totaler Misserfolg. Das sage ich mir Jahr für Jahr vor und warte darauf, dass ich endlich Konsequenzen daraus ziehe. Aber ich warte umsonst.

Gibt es keine Ideen? Idee, das ist der Name für ein Bedürfnis, das sich seiner selbst bewusst geworden ist.

Gallistl's Verbrechen. Die Gallistls sind umgezogen ins Allgäu. In eine Hütte am Rande einer kleinen Stadt. Freunde rundum. Kein Kontakt. Nur die Frau kommt hinaus. Gallistl selber tut, als suche er Arbeit. Aber er tut nur so. Er will doch keine Arbeit. Wer arbeitet denn was? Doch nur die Dummen. Er ist ein verwilderter Sozialist. Die anderen betreiben genussvolle Selbstverwirklichung.

Die Stimme eines 14-Jährigen, kurz nach dem Stimmbruch, klingt besonders tief. Sie wird sich allmählich wieder etwas heben, hofft man.

Schritte auf Stein.

Wer wird das sein?

Hölderlein.

Anfang der Spiegelungen. Die vollkommene Unzuverlässigkeit. Verrutschen als Lebenshauptbewegung. Der Gleiter. Was sollen wir tun nach dem Abendessen. Fragen, ins Jahrhundert geschrien. Nachts rauschen plötzlich Wellen an den Strand. Der Orgasmus des Sees. Danach ist es umso stiller.

Wenn man bedenkt, dass Gesetzeswerke, Moralsysteme, Wissenschaftsentwürfe usw. aus den gleichen Bedürfnissen kommen wie die simple und einigermaßen nichtige Freude am Reim …

19. 12. 1975

Hamburg, Hotel Reichshof, Zimmer 355. Uraufführung *Sauspiel.*

Ich auf dem Bahnsteig zwischen Gleis 11 und 12, hin und her rennend, weil der Zug aus Basel nur mit 25 Minuten Verspätung angesagt worden war, dann nichts mehr, und nach 45 Minuten ich zu einem netten jungen Mann: Man möchte doch wieder etwas wissen. Fand er richtig. Dann wieder nichts. Um 20 vor 8 zum Aufsichtsbeamten auf dem Bahnsteig, er sagt, der D 576 sei längst herinnen. Wo? Auf Gleis 10. Warum man das nicht erfahre? Das sei angesagt worden. Ich renne ins Hotel. 5 Minuten nach mir kommt Käthe, sie hat den ganz großen schweren Koffer dabei, herübergeschleppt vom Bahnhof ins Hotel, das ist unser schwerster Reisekoffer, den wir sonst nur nach Amerika nehmen.

Als drüben Pause war, kam Käthe herein, es sei gut gelaufen, Szenenapplaus beim Satz: Wir sind, was Freiheit angeht, praktisch führend auf der Welt. Franziska sei großartig. Es wäre das Falscheste, wenn ich mich jetzt in einer Art Hoffnung wiegte. Dass die Aufführung bis zum 12. Bild gekommen ist, sollte mich freuen. Ich trinke eine Flasche Château des Jacques 1971. Ohne Käthe könnte ich nicht leben. Dass das klar ist.

Heute Mittag rief ich Franziska an, und nach 2 Sätzen wusste ich, dass etwas passiert war. Dann sagte sie heulend, dass Mikis Theodorakis gekommen sei und die Musik geändert habe. Jetzt war sie total verunsichert. Ich hoffte, dass sie diese Mikis-Theodorakis-Aktion nur benutzte, um ihre Nerven zu entlasten. Es ist 22 Uhr 35, 25 Minuten vor Schluss. Mit dem Mund eine Balance herstellen. Der Mund als das Beweglichste, die Lippen als das Ausdrucksfähigste, der Lippenmund müsste unter allen Umständen ENTSPANNT bleiben. Die Augenbrauen auch. Überhaupt das Gesicht. Welche Schwierigkeiten haben wir? Hat Käthe zu wenig Geld mitgebracht? Kann sein. Dann leihen wir uns welches. Jetzt dürften sie drüben in den letzten 10 Minuten sein. Besser, ich nehme mich jetzt aus der Offenheit des Schreibenden und präpariere mein Gesicht für die wirklichen Botschaften. Wenn's nur Franziska gut gegangen ist. Alles andere ist von minderer Bedeutung. Und ich muss zugeben, dass es ein bisschen einfacher geworden ist, allem entgegenzusehen, weil ich die Burgunderflasche so gut wie ausgetrunken habe. Unter Narkose erträgt man Operationen, vielleicht sogar das Leben. 23 Uhr 04, Käthe kam herein und sagte, Erfolg. Sie klatschen immer noch. Und Walser haben sie gerufen, und wenn Korff und Franziska auf die Bühne kamen, haben sie irrsinnig geklatscht. Ich schicke sie gleich zurück. Ich will hier bleiben, noch länger. Noch viel länger. Ich möchte hierbleiben. Im Zimmer. Franziska müsste kommen. Franziska hat am meisten gebebt, sozusagen. Das arme Kind.

21. 12. 1975
Die ersten Zeitungen, *Hamburger Abendblatt* und *Welt am Sonntag*, beide von Springer, melden das Stück als vollkommen verfehlt.

Im Zug haben wir ein Abteil für uns, Theresia singt (im Rock-Rhythmus):

Ich bin begabt, ich bin begabt
wenn du mich was fragst
dann sag ich nur das
ich bin begabt.

27. 12. 1975
Der, der Leute anschreit, weil er am Ende ist und sich das überhaupt nicht leisten kann. Aber er kann nicht mehr anders. Und er wirkt komisch, weil er etwas tut, was er sich überhaupt nicht leisten kann.

30. 12. 1975
Der Friseur, wie der die Haare über die Blöße biegt.

Alter ist, wenn der Friseur sich von Mal zu Mal wieder wie ein Komplize benimmt.

Was wäre, wenn ich jetzt mit allen sprechen müsste, mit denen ich nicht sprechen will.

31. 12. 1975

Er geht nach Texas, weil er weiß, dass sein Problem ohne jede öffentliche Bedeutung ist. Hier ist ja alles in Ordnung, es ist nur er, der sich hier nicht mehr wohlfühlt. Und ihm kann durch eine bloße Verlegung 11000 km nach Westen geholfen werden. Da wär es doch fahrlässig, wenn er sich diese Hilfe versagte.

Es gibt nichts Ekelhafteres als einen Unterlegenen.
Doch. Zwei Unterlegene.

1976

1. 1. 1976
Im Radio eiert eine Sängerin.

Gegen den, der glaubt, es ohne Verbesserungsvorstellungen nicht
auszuhalten: alles gegen ihn einsetzen, was einsetzbar ist. Seine
Vorurteile gegen den Kapitalismus. Seine Genormtheit. Er denkt,
er weiß immer gleich, wie ein Kapitalist ist. Dabei ist der Kapitalist
doch sensibel. Hat seinen Dichter dabei. Alles für den Gegner mobilisieren, und trotzdem müsste er ungerechtfertigt bleiben. Einen
Intellektuellen so darstellen, wie Handke den Linken sieht: als
den unbeeindruckten Besserwisser. Und ihm gegenüber die Be-
eindruckbaren, die vor Beeindruckbarkeit kaum noch laufen können, so erschlägt sie Erlebnis nach Erlebnis.
   Wenn es dafür eine Geschichte gäbe.

Wenn Herr Zürn in seine Schreie ausbrach, war er sofort wieder
erschöpft.
   Offenbar musste er diese Schreie mit seiner innersten Kraft ernähren.

6. 1. 1976
Käthes Traum. Vor dem Fenster ist ein Igel, der bettelt; er bekomme Kinder. Käthe fragt, wie viel. Drei, sagt der Igel. Darauf
füttert ihn Käthe mit einem Teller voll Milch.

Ich habe geträumt, dass ich in München auf den Zug will, ich sollte aber zuerst im Hotel mein Gepäck holen, aber ich weiß nicht mehr, in welchem Hotel ich gewohnt habe. Ich gehe in das, das ich am ehesten für möglich halte. Es ist ganz in der Nähe des Bahnhofs, ein bisschen wie in Hamburg. Herr Wiedenhofer vom Württemberger Hof in München mit bösem graugrünen Gesicht am Empfang. Er lässt sich lange nicht ansprechen. Dann bricht er los: Ach, Sie und Jedele! Ich frage, ob ich hier wohne. Da bricht er aus. Ich sei ja ein Kommunist. Herr XY hat uns das schon gesagt. Er nennt einen Namen mit B. Hier ist mein Gepäck nicht. Ich muss weiter in Hotels und mich jedes Mal dadurch blamieren, dass ich dem am Empfang gestehen muss, ich hätte vergessen, wo ich abgestiegen sei. Ob das ein Ende nahm, weiß ich nicht.

Einer hat eine Tracht daheim von seinem Vater, die er nicht mehr tragen kann. Aber als er hört, dass in F. ein Trachtenfest sei, denkt er, das ist weit genug weg von seinem inzwischen verwüsteten, verödeten Dorf. Dort kann er sie tragen. Aber wann kann er sie anziehen. Zu Hause nicht. Dort erst? Das geht auch nicht. Also im Zug. Aber welchen Punkt er sich auch immer wählt, er riskiert, sich lächerlich zu machen. Jemand kann ihn in ein Haus in seiner Normalkleidung hineingehen und in der Tracht herauskommen sehen. Das Einzige, was nicht lächerlich ist, wäre, zu Hause in der Tracht wegzugehen. Aber das kann er seiner Nachbarn wegen nicht. Die würden sich an den Kopf greifen. Also beschließt er, zwar nach F. zu fahren und sich an all den Trachten, die dort erscheinen, zu freuen, selber aber in seiner sinnlosen Tageskleidung zu bleiben.

Wer
ich nicht
hätte
den Mut
zu klagen.
Ich
wie jeder
stürze
hilflos
und einzigartig
hinab.

Etwas Schönes. Gefasst in das Grün von Mitte Mai bis Ende Juni, nichts Grelles, aber tief einsehbar, durch und durch hell. Vor den sonnigen Häusern in ein wenig Staub liegen Hunde. Ich werde nicht können, was ich können möchte. Das Handwerkergesicht mit der leicht auf- und absetzbaren Brille. Die Unerschöpflichkeit des Dorfes. Jedes Haus eine Tiefe, aus der man nicht zurückkommen kann. Die Mai-Juni-Zeit, einmal, als wüsste sie über mich Bescheid. Oder geht es deshalb schon nicht mehr? Nur Schönes ist zugelassen.

Theresia spielt seit einer Stunde den Besuch von Riens. Mit Klopfen und grotesken Texten, in denen sie Alissa und Riens in Verbindung bringt. Vor allem die Kinder. Da dürften die richtigen Gäste gar nicht mehr kommen, das wäre das Beste.

10. 1. 1976, Stuttgart. VS-Tagung.

11. 1. 1976, Hamburg.
Gestern Abend im *Sauspiel*. Der erste Satz, den ich, in Reihe 6, Platz 1 rechts, hörte, war von einer Dame, die schon um drei viertel acht hereingekommen war und zu ihrem Mann sagte: Warum setzen die denn das nicht ab, wenn es so schlecht besucht ist. Es wurde dann aber doch gut voll, und die Reaktionen des Publikums waren sehr gut. Die Schauspieler auch. Franziska war toll.

Wie sie die Theodorakis-Melodien gesungen hat, überwältigend schön und stark.

Eine schöne Stadt wird sein
die uns gestohlen ist
da nicht der Palast allein
mit Gold heruntergrüßt

da alle Gassen sogar
glänzen vor lauter Gold
und alles gleich ist und klar
wie es noch nirgends war
dass ihr euch wundern sollt.

Und dann, im Nachspiel, mich auf jeden Fall rührend:
Es waren schon andere Tage
als jetzt gekommen sind
freundlich war da das Messer
jetzt schneidet der Wind.

Von Franziska fällt mir der Abschied am schwersten. Es ist, als lasse ich sie in einem Krieg zurück, den ich angefangen habe.

17. 1. 1976
Alissa, heruntergerufen, kommt mit so glänzenden Augen, dass man sich gar nicht hinzuschauen traut.

Die Problembelastung vertreibt die Neigung zum Abenteuer.
Man liest dann lieber Hegel.

Personen, Figuren, Versöhnungsversuche.
Der Markgraf, schwarzhaarig über den gelben Feldern, die gebogen sind. Der Fürst mit dem blaurot geschwollenen, ganz unebenen Gesicht. Der Oberst mit der Pergamenthaut und dem treibenden Ton. Die Äbtissin mit dem schiefen Kopf und der kleinen Stimme. Das Mädchen mit der Haltung, von der sie weiß, dass sie sie hat. Sehr aufrecht und ein wenig verdreht. Ein Mund, dessen Lippen so lose sind wie Wäsche, die zum Trocknen hängt.
Nur Schönheit ist zugelassen.

183

Alissa: Die Ziege im Märchen *Tischlein deck dich* ist genau so boshaft wie du (zu Theresia).

Gallistl's Verbrechen. Kann alles immer noch schlimmer werden. Man meint immer, es sei schon schlimm. Aber es kann noch schlimmer werden, als es ist. Das kann man sich nicht vorstellen. Aber wenn es dann so weit ist, sieht man, dass es, von heute aus gesehen, vorher doch recht erträglich war. Das hat man nur nicht gewusst.

Das Bedürfnis, allein zu sein.
Das Lob des Egoismus
Das Lob der Verzweiflung
Das Lob der Individualität bzw. des Anarchismus
Gibt es dafür eine Geschichte

21. 1. 1976
Isicht, zruckneah, zruckgoah, uufgeah, siloa!
Wenn ich einen Weiher brauch mit Sonne über allem.
Maikäfer: Ich entschuldige mich bei der Tiersorte für die Verwendung, die ich von ihr mache, wenn ich den und den so nenne.

24. 1. 1976

Jetzt ist alles still. Und verschneit. Aber schon wieder warm. Der Schnee auf dem Ginster, das sieht japanisch aus. Die Zweige sind wie mit weißer Tusche nachgezeichnet.

Theresia: G's Mutter habe gesagt, ich sei gefährlich, ganz, ganz links; und dass so jemand in unserer Straße wohnt!

Leichte Bauchschmerzen über Stunden hinweg sind mir angenehm. Sie tun nicht so weh, dass man an nichts anderes mehr denken könnte, und tun doch so weh, dass man daran denkt, dass es Schmerzen gibt und dass man froh sein kann, nur diese leichten Schmerzen zu haben.

Alissa jetzt immer: Das bringt's, das bringt's nicht, das bringt's auch nicht.

26. 1. 1976

Schlechte Nacht. Heller Tag. Schnee ist gefallen. Die Sonne findet Durchlässe, fast so viel sie will.

Ich habe den 70er Jahren entgegengesehen wie einer Wolke, die gar nicht eintreffen wird. Wie einer Fiktion. Wie etwas Blödsinnigem. Den 80er Jahren seh ich entgegen wie etwas total Dunklem. Es knirscht. Lichtlosigkeit herrscht vor. Es verschlägt einem den Atem. Man wendet den Kopf weg, biegt ihn zurück, um dem rußig-nebligen Anhauch zu entkommen, aber man muss das Zeug einatmen, etwas anderes ist nicht da.

Die toten Rosen hängen noch in den laublosen Zweigen, die schmale Schneerücken tragen.

Dass ich nachmittags fortmuss, lähmt mich schon am Vormittag.

Käthe begegnete zwischen Weihnachten und Neujahr im Vorraum des Krankenhauses Herrn und Frau Förster mit dem 13-jährigen Sohn. Frau Förster kam schnell her. Herr Förster blieb gebeugt und brüchig stehen, ein großes weißes Taschentuch ins Gesicht gepresst. Frau Förster, nur schnell, dass es gar nicht gut gehe. In Stuttgart höre ich von Schulz, dass das der 3. Anfall einer Nierenerkrankung sei, die sofort zu einer Furunkulose führt am ganzen Körper. Für einen Transport nach Freiburg sei es diesmal zu spät gewesen, und das sei schlimm. Was will ich da sagen?

Die brutale Symmetrie des Katzengesichts. Die vollkommenste Symmetrie überhaupt.

Extra Dienst: Der Vorstandssprecher der Deutschen Bank, Ulrich, vor dem Düsseldorfer Harvard-Club Rhein-Ruhr: «Die Systemveränderer sind weg vom Fenster. Es ist jetzt eine politische Notwendigkeit, dass die SPD dafür sorgt, dass diese Ratten nicht wieder aus den Löchern kommen.»

Dienstag, 27. 1. 1976
Franziska soll bei Minks im *Sturm* die Miranda spielen, aber sie muss nach München. Sie stöhnt am Telefon. Nagel würde sie herausboxen aus dem Münchner Vertrag. Sie fragt mich. Ich bin für

München. Ich tue entschiedener, als ich bin. Es kommt doch da nur auf Entscheidung an. Nichts Inhaltliches, sondern eine Willenssache, die man nicht zu sehr ins Schwanken geraten lassen darf.

Immer kleiner werden, das wär's. Und so auf die natürlichste Weise und in einer vollkommen sprunglosen Kontinuität verschwinden. Und zwar vollkommen verschwinden. Oder soll man den Nachruf als Gewissenshebel einsetzen? Die werden schlecht von dir sprechen, wenn du nicht brav bist.

Mittwoch, 28. 1. 1976
Ein überheller Schneetag. Teppichklopfen im Schnee. Wie schön es ist, draußen etwas zu tun.

Gallistl's Verbrechen. In der Mitte eine Parodie auf das Decamerone mit kurzen Geschichten.
Einer aus der Oberklasse wird hellhörig. Der glaubt, man könne seine Gedanken lesen und rennt und rennt und dementiert.

Zum ersten Mal in diesem Winter ist Norddeutschland unter einer geschlossenen Schneedecke.

Die Auseinandersetzungen über Karl Marx als Stück: Meinen Sie Marx? Das Unvorbildliche an Karl Marx. Eine Heuchel-Studie.

29. 1. 1976
Käthe: Klavier isoliert. Mich hat Klavier auch isoliert. Darum soll Theresia jetzt Violine lernen.

Mädchenleben. Frau Zürn, die fanatische Musikantin. Und kann auch alles, was damit zu tun hat. Sie stammt aus einer solchen Familie. Aber tanzen kann sie keinen Schritt. Das kann er, der unmusikalische Zürn, besser.

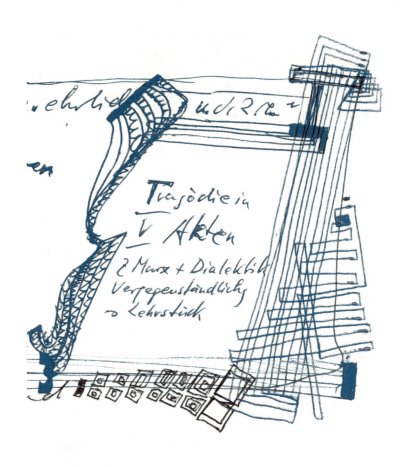

Freitag, 30. 1. 1976

Am Morgen stehen die Bäume wieder vor dem randlosen Grau. Aber es ist das hellste, das seidigste Grau überhaupt. Kurz nach Mittag bricht es tatsächlich an der höchsten Stelle fast durch. Nicht dass jetzt die Sonne erschiene. Aber es entsteht eine gleißende Stelle, ein grelles Schild, das größer ist als die Sonne und, so glaube ich wenigstens, auch gleißender.

Odysseus

Aias. Odysseus. Der Aias in den Selbstmord treibt. Dann seine Rehabilitierung durch Staatsbegräbnis betreibt, und der dann noch, weil es Teukron will, vernünftig wegbleibt von der Beerdigung. Und wie er mit Athene wirtschaftet. Sie ist seine Geliebte. Und wenn sie zurückkommt, in den Himmel, gibt's für diese üble Episode einen kleinen Anpfiff vom Alten. Athene grinst und sagt: Soll nicht mehr vorkommen. Das verwöhnte Girl.

Die Moral von der Geschichte: Dass Aias die Tiere umbringt, wird nachher in einen Attentatsversuch gefälscht. Weil er misslang, kamen die Tiere dran. Das schlägt Athene vor. Das Volk braucht etwas Verständliches. Der absolute Feind: Troja. Dass Aias Tiere gequält hat, kann man sehr gut verwenden. Die Waffen des Achill waren ein Anlass. Ein anderer: die Lieferungen. Aias ist dagegen, dass das Beutevieh verteilt wird. Es soll zentral verwaltet werden. Also schlachtet er's ab, bevor es verteilt werden kann. Das ist die Interpretation Teukrons, des Rationalisten.

30. 1. 1976

Wenn nicht bald *Jenseits der Liebe* erscheinen würde, könnte ich es nicht aushalten, dieses Bemitleidetwerden. Erst wenn ich nach *Jenseits der Liebe* genauso bemitleidet werden würde, was ich mir wieder einmal überhaupt nicht vorstellen kann, erst dann wird es schwierig. Aber dann fiebere ich schon der nächsten Ausflucht entgegen: Amerika. Ich muss immer einen Fluchtweg haben, um der vollen Konfrontation mit der sogenannten Wirklichkeit auszuweichen.

Siegfried am Telefon, er habe das Buch gern gelesen.

Deine Hand, Homer
Homer, ein Roman
Aias, ein Roman

Ein Bauer versorgt heute 40 Menschen, vor 50 Jahren 4 Menschen.
Grüne Woche in Berlin.

31. 1. 1976
Grau. Und genauso kalt.
Die Fehlentwicklung: Als dieser Kopf noch klein und leicht
und unbeschwert war, richtete sich der Mensch auf. Jetzt ist der
Kopf das Schwerste und muss am höchsten getragen werden.

Wenn ich spüre, wie der Januar fortrennt, bete ich: Lieber Februar,
bleib bei mir, wenigstens, bis der März kommt und mich ausliefert
an den April, dem der Mai mich entreißt, um mich dem Juni zu
schenken, der mich dem Juli zuwirft als eine Beute für den August, der mich sofort fallen lässt in den September, der schon dem
Oktober gehört, der den November anruft, ich sei bestimmt für
den Dezember, der geht stumm mit mir bis zum Januar, der ergreift mich, rennt los, und ich bete: Lieber Februar, bleib bei mir.
Februar, ich habe deine Sonnen versäumt. Alles hat Physiognomie.

Der Vertreter Siebelts von Dr. M., Starnberger See, Illustrierte. Zuerst kommt Käthe. Ich sage, sie soll ihn fortschicken. Sie sagt: Der
friert so. Sie flucht auf die Verlage, die das veranstalten. Ich weiß,
ich muss hinaus. Der hat eine Jeansweste an, darunter was Dünnes, keine Handschuhe, keinen Mantel. Er ist blaurot vor Kälte.
Er will kein Geld. Er sagt immer wieder, er sei doch gesund
und könne sein Geld ehrlich verdienen. Wenn er Geld nähme,
verstoße er gegen die Bestimmungen, zählt gleich mehrere Para-
graphen auf und spricht in Gesetzestextsyntax. Und dann käm
noch der Rückfall, Widerrufung der Bewährung. Er habe mal 'ne

Dummheit gemacht. Also, es gehe jetzt um seine berufliche Ein-
gliederung, wenn er diese Abos losbringt, kommt er in den Verlag,
in die Abteilung Sowieso. Ich bitte ihn herein. Einen Mantel geschenkt will er auch nicht, hat er selber im Auto. Er will Abos verkaufen. Sonst könnte er mit seinen zwei Allerwertesten gleich im
Bett bleiben. Er hat nun mal 'ne Dummheit gemacht. Er ist Heim-
kind. Ich könne ja wieder kündigen.

Ich sage: Das vergess ich, dann läuft es weiter, wenn ich es nicht
genau ¼ Jahr vorher erwische. Er sagt, man kann ja auch von dem
Tag an, von dem es läuft, kündigen.

Und weil wir schon so viel über diese Firma geschimpft haben,
sagt er: Dann verdient er überhaupt nichts. Er verdient erst vom
2. Jahr an. Also, er habe nun mal diese Dummheit gemacht. Ein
Gewaltverbrechen mit Körperverletzung, dass ich es nur auch
ganz wisse. Das sagte er gezielt. Ich schaute dieses magere Bürsch-
lein an.

Bei den Vertragsunterschreibungshantierungen fiel ihm ein
Pauspapier aus seinen klammen Fingern. Ich hob es auf. Danke,
sagte er, wenn ich mich bücke, reißt meine Hose. Die war tatsächlich sehr eng.

Draußen sag ich: Ich will eine Postkarte von Ihnen, wenn Sie im
Verlag sind. Ja, sagt er. Er fragt: Wohnen hier lauter besser Ge-
stellte, oder ist da auch so Arbeitervolk zwischen?

Er hatte *Hörzu / Zeit / Stern / Merian / Spiegel / Burda.*

K. erzählt heute, was sie gestern auch schon erzählte. Ich erschre-
cke.

2. 2. 1976
Heute vielleicht ein Interessent für das Haus.

Von Stuttgart nach Korb nach Friedrichshafen nach Nußdorf.

Eine Kellertür geht erst wieder auf, als ich Benzin ins Schloss schütte.

Ein Vogelgeripp und Federn vor der Kellertür.

Wie schön es wäre, so ein Haus, an dem man hängt, zu verkaufen. Um den ideologischen Druck loszuwerden. Vielleicht kehrt nachher das gute Gewissen ein. Vielleicht werde ich dann entspannt, ruhig, rentnerisch, ein nützliches Mitglied des Kulturbetriebs ohne Flackern usw. Natürlich werden mir irgendwelche Leute nachher vorwerfen, ich hätte das Haus nur verkauft, weil ich es nicht halten konnte. Aber das ließe sich ja beweisen. Aber das würde nichts nützen.

13. 2. 1976
Ich fahre durch das leicht verschneite Deutschland und weiß mich nicht zu fassen. Vergleichsweise könnte ich sagen, dass mir etwas gebrochen ist. Eile, Zug, eile, dass ich hinkomm, wo ich nicht hinwill.

14. 2. 1976
9 Uhr 13 ab Nürnberg, 12 Uhr 31 Friedrichshafen.

Gestern, weil das Publikum bei der *Sauspiel*-Lesung vollkommen freundlich reagierte, fühlte ich mich übermäßig ins Recht gesetzt gegen meine Diskussionsteilnehmer, gegen die Kritiker Bock, Roeder, Stoll und gegen den Kulturreferenten Dr. Glaser, und beleidigte wild drauflos und immer so, dass ich wieder Beifall bekam. Ich verwandelte, ohne mich im Geringsten bremsen und beherrschen zu können, diese moderne Aula in ein Tribunal. Die Kritiker hatten keine Chance. Sie verstummten allmählich, und ich musste sie, um sie noch ein weiteres Mal beleidigen zu können, wieder auffordern, noch einen Satz vorzubringen. Dem Dr. Glaser verwies ich einen Versöhnungsversuch als Bla-Bla-Bla. Alles mit Beifall. Zuletzt hatte ich auch den liebenswürdigen Dr. Dreykorn auf die

Gegenseite gebracht. Jüngste aus dem Publikum griffen ein und setzten meine Beleidigungen, durch mich ermuntert, noch gröber fort. Ein kulturrevolutionärer Peking-Ton wurde fast allgemein. Listigerweise sagte ich des Öfteren dazwischen, dass ich noch wund sei von der Behandlung des *Sauspiels* durch die Kritik in den großen Zeitungen. Ich wies des Öfteren darauf hin, dass ich nicht die drei anwesenden Kritiker persönlich meinte, aber bei der nächsten Gelegenheit machte ich mich wieder grell lustig über einen Satz, den einer der drei gerade eingeschüchtert vorzubringen versuchte. Dr. Dreykorn war nicht mehr zu einem Bier aufzufordern. Gehen Sie nur mit dieser Corona, sagte er und wies auf die jungen Leute hin.

Eigenartigerweise gefiel es Schaberts. Aber Hans Peter riet mir nachher, meinen Unmut gegen Kritiker schriftlich mir selber klarzumachen, nicht um es zu veröffentlichen, sondern um mich nicht mehr so zu entblößen. Aus wirtschaftlichen Gründen, sagte er. Wenn's ums Geld geht, sagte er, ist alles möglich. Er meinte, da müsse man, da könne man sich auch beherrschen.

Freitag, 23. 2. 1976
Immer noch der Weststurm.
Was wir in den Tieraugen, wenn sie uns anschauen, so schön finden, ist wahrscheinlich die Angst.
Der Hund legt sich lieber näher her als weiter weg.

29. 2. 1976
Für ein Stück: Die Schauspieler sind nackt. Die Kritiker führen die Reichen herein. Und wenn die Reichen nicht dabei sind, tun die Kritiker, als gehörten sie zu den Schauspielern. Der Autor und die Autorin sind die Dicksten oder Magersten. Was können wir? Eine will immer singen. Drei wollen ein Kollektiv sein. Einer will Schiller sein. Aber von heute. Und einer ist Body und heißt so. Vielleicht auch Korps.

Gallistl's Verbrechen. Wenn er versucht, Verständnis zu haben für einen, der ihm etwas zufügte, empfindet er das sofort als künstlich. Erst wenn er sich sozusagen gehenlässt, also wenn er seine angestauten Ressentiments gegen den Betreffenden losfluten, d. h., wenn er sie in seinem Bewusstsein voll zur Erscheinung kommen lässt, erst dann, wenn das gelaufen ist, stellt sich in ihm ein Bedürfnis her, dem Betreffenden etwas Gutes zu tun. Deshalb kann es vorkommen, dass er einem, der ihn schlimm behandelte, wenn er ihn das nächste Mal sieht, irgendwie um den Hals fällt. Das wundert den und eventuelle Zeugen, und sie halten Gallistl für charakterlos oder kriecherisch. Sie können ja nicht wissen, dass dieses Zusammentreffen unglücklicherweise gerade stattfand nach einer inneren Totalhinrichtung des Betreffenden und Gallistl diese viel zu weit gehende Hinrichtung seines Gegners an dessen Hals ein bisschen abbüßen wollte. Es gibt Nächte, in denen nach stundenlangem Wachliegen und gegenseitigem vorsichtigstem Atmen nichts anderes mehr übrig bleibt als die Liebe. Dann organisieren wir einander, und jeder schläft dann bald darauf ein.

Nicht Altgold, Platinglanz hat die Sonne, wenn sie kurz nach Mittag den Nebel aufschweißt und durchgleißt. Februarnachmittage im Platinglanz. Laub ernten, Hecken stutzen bis auf den harten Kern und alles drunten auf dem Kiesstrand verbrennen.

Ich bin sehr froh, dass es Menschen gibt, die so taktvoll sind, mich jetzt nicht anzurufen. Aber ist es nicht eine Gemeinheit, eine ungeheure Einmischung, so taktvoll zu sein?

2. 3. 1976
Märzsonne, geliebte, zudringlich wie ein drei Wochen altes Kätzchen und genauso schwach und genauso stark.

Ich liege um mein Bauchweh herum.

Pflicht
Täglich
sich
aus der Schwere
hocharbeiten
Scheinbewegungen probieren
bis sie aussehen wie wirkliche.

Nachmittags wird diese Sonne, weil sie gar keine Kraft mehr hat, zu purem Glanz.

Ich könnte schlafen
wenn ich schlafen könnte.

Gallistl's Verbrechen. Der Liberalismus und die Diktatur des Proletariats sind zwei Ideen des 19. Jahrhunderts, die wir im 20. büßen müssen. Aber warum tun wir's? Warum machen wir nicht Schluss mit diesen mörderischen Erbstücken. Das 20. Jahrhundert, das des Kleinbürgers, der sich verneint. Das 21. Jahrhundert wird das Jahrhundert des sich bejahenden Kleinbürgers sein. Es macht mir Spaß, solche Pauken- und Trompetensätze im Stil des 19. Jahrhunderts hinzuschmieren. Es betrübt mich, solche Pauken- und Trompetensätze dastehen zu sehen. Der Hader, der in mir nagt (nicht tobt), nagt sich von innen nach außen. Eines Tages, hoffe ich, wird er seine Zähne zeigen. Wenn er welche hat. Was ich spüre, sind ja keine Bisse ... dieses Nagen kann mit weniger als zwei Zähnen zustande gebracht werden. Am ehesten mit Zahnlosigkeit.

Höchste Zeit
Ich will keine Post mehr abwarten
ich will gehen, bevor etwas kommt
was mich überreden könnte
zu bleiben.

Wie kann man bloß leben? Schildern Sie die Probleme, die der heutige Mensch hat, wenn er sich fragt, ob er gerechtfertigt sei. Wie ein Abituraufsatz.

In diesem Augenblick ist die Sonne hinter dem Horn einer großen einzelnen Wolke verschwunden. Nein, sie hat der Wolke, dem grau in den Himmel ragenden Horn dieser Wolke einen gleißenden Rand beschert. Und jetzt ist sie sogar schon wieder hinter dem Horn hervorgetreten und herrscht mit ihrem kalten Glanz über uns.

Die Schmerzen nehmen wieder zu. Sie verlagern sich jetzt ganz aus der Bauch- und Magengegend heraus, nach rechts, in ihre Heimat also.

Vor 19 Jahren (20. oder 22. 2.) ins Krankenhaus nach Ulm. Jetzt frag ich nur: Was sollen mir Schmerzen, ich weiß doch Bescheid.

Eben nicht, antworten die Schmerzen nachdrücklich. Also wirklich, das wäre mir neu, sag ich. Eben, eben, sagen die Schmerzen noch nachdrücklicher.

Gut, sag ich, dann bin ich still, dann habt ihr das Wort.

Das Haus

Dass es immer ganz genau reicht. Vor 8 Jahren war es mehr, als wir brauchten. Da machten wir große Sprünge. In Anschaffungen (Teppiche und Möbel) und Käufen, die Plätze, das Haus. Noch mehr, als wir hatten, erhofften wir zu bekommen. Diese Hoffnungen stellten sich jedes Mal als übertrieben heraus. Deshalb haben sich die Hoffnungen dezimiert. Aber auch die Ergebnisse haben sich deutlich verkleinert. Obwohl die Hoffnungen bescheidener sind als damals, erweisen sie sich, eben wegen der kleiner werdenden Ergebnisse, jedes Mal wieder als übertrieben, d. h., das Maß der Enttäuschung nimmt trotz andauernder Hoffnungseinschränkung nicht ab. Es ist sogar zu fürchten, dass die Ergebnisse bald noch rascher abnehmen als die Hoffnungen, dass der Hoffnungsabbau einfach nicht so rasch vonstattengeht wie der Zerfall der Ergebnisse. Das würde bedeuten, das wird bedeuten, dass die Enttäuschungen größer werden. Genau das habe ich doch in diesem Winter erlebt. Das ist also schon der Fall.

Sonntag, 7. 3. 1976

Am Sonntag ist das Bauchweh angenehmer als am Werktag. Man hat das Gefühl, man versäume weniger.

Jederzeit bereit.

Wie konnte man sorgen.

Der Ausrede ihren Anschein nehmen.

Der März soll ruhig werden.

Es ist wärmer als nötig (im Zimmer).

Im Dämmer schimpft noch eine Amsel.

Ich lebe auf einer Beerdigung.

Alissa überspielt Beatle-Platten auf Cassetten.

Joachim Kaiser über die *Dickicht*-Inszenierung von Grüber: Wenn man solche Stücke geschrieben hat wie der junge Brecht, kann man zufrieden sein.

Wenn man bedenkt, dass Handke in der vergleichbaren Zeit nichts gebracht hat als den Unterschied zu allen anderen. Dann weiß man, dass er in einer Weise auf sich besteht, die ihn zum Fetisch für alle machen muss, die nicht wagen, auf sich zu bestehen.

Wenn Wasser durch die Wände läuft.
Wenn Franziska anrufen würde.
Wenn sie etwas zu sagen hätte, was mir recht wäre.
Ich warte auf Entlastungen. Ich bin faul. Ich will nichts mehr tun.
Werde ich, wenn ich gerechter wohne, ruhiger sein?
In Friedrichshafen habe ich wahrscheinlich gefragt, ob ich, wenn ich erst in einem bequemen eigenen Haus wohnen würde, ruhiger sein werde.

Der Schmerz bewacht mich. Ein bisschen wie 1957. Wenn das damals anders gelaufen wäre, wäre Käthe wieder verheiratet und Franziska auch schon. Sie würde in Friedrichshafen wohnen. Es gäb da zwei Bücher von jemandem, den keiner mehr kennen würde. Alles wäre gut. Aber für meine Mutter wäre es nicht zumutbar gewesen, und für meinen Bruder wäre es auch deprimierend gewesen. Ich möchte weit fort sein. Nichts ist vergleichbar dem Nichtdagewesensein. Ich habe, wie die meisten Menschen, nicht zu einer persönlichen Ausdrucksweise gefunden. Elvis Presley … Lassen wir das. Memphis ist weit, und seine Mutter ist an einer härteren Katastrophe gestorben. Ich stehe auf geringem Grund.

Donnerstag, 11. 3. 1976

Ich spüre, wie mein Bauchweh zunimmt, wenn ich an die Behandlung denke, die mir der Verlag zuteilwerden lässt. Da werden mir 500 Mark für die endgültige Verramschung von *Fiction* mit dem Begleitsatz angeboten, dass der Verlag dabei ohnehin draufbezahle, und diese Verramschung wird ausgedrückt als Verkauf durch das «moderne Antiquariat», der normalerweise ohne Honorierung erfolge. Andererseits erfahre ich, dass der Verlag für das gleichzeitig erscheinende Buch des Kollegen G. Roth, den ich in kommerzieller Hinsicht für hoffnungslos halte, Leseexemplare hergestellt und verteilt hat. Mir wurde am Telefon gesagt, Leseexemplare für *Jenseits der Liebe*, das sei zu teuer. Die Roth-Information von Wolfram Schütte, *FR*, am Telefon. Schütte sagt, ich solle den Verlag wechseln. Heute die mich bedrückende Reklame in der *Zeit*: ich in einem Kästchen mit Roth und Kühn, zwei völlig künstliche, mich durch ihre Künstlichkeit von sich fernhaltende Kollegen. Es fehlt nur noch, dass in der nächsten Woche der künstliche Augustin allein propagiert wird. Vielleicht, weil er das zum Gegenstand eines Vertrags gemacht hat; so wie die, ich glaube, 50000 Vorschuss bei seinem letzten Buch. Ich gebe aber zu, dass ich nicht im Stand wäre, 50000 Vorschuss anzunehmen, weil ich dann sofort nicht mehr arbeiten könnte.

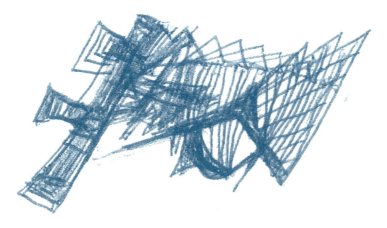

Meine Schmerzen nehmen zu. Sie bedrängen mich. Erst jetzt, am Spätnachmittag. Die Diagnose Käthes (Nüchternschmerz) stimmt vielleicht.

Ich möchte dich erreichen
mit Zähnen fletschen
oder Schaum vorm Mund.
Wer möchte nicht gern drohen
und es nicht büßen müssen.
Verrohen
das muss man sich leisten können
dann hat man's geschafft.
Seit 21 Jahren muss ich
schlucken und das Maul halten
und warten auf den
eingebildeten Tag.

12. 3. 1976

Man muss vielleicht doch ein-, zweimal in Corpus Christi gewesen sein, um in *Jenseits der Liebe* einen Firmennamen wie Corpus Chemnitz hineinschreiben zu können. Das gehört wohl zu den Gestehungskosten. Aber dieses wiederkehrende Erlebnis, dass das Investierte untergeht.

Ingrid Krüger am Telefon: Sie glaubt nicht, dass *Jenseits der Liebe* nur mit 5000 aufgelegt sei. «Das ist ja Wahnsinn.» Thomas von Vegesack: Dies gehört zu den wenigen Büchern, die in diesem Jahrhundert aus Deutschland die Weltliteratur erreichen. Habe er zu Ingrid Krüger gesagt.

Dr. Lehner, *SDR*, heute am Telefon: Seit zwei Tagen hat er ein Umbruchexemplar.

Wenn die Sonne scheint, scheint sie mich an. Ich stelle jede Tätigkeit ein und verharre. Mehr als diesen Schein und diese Wärme kann man nicht brauchen.

13. 3. 1976
Zu den *99 Sprüchen*

99 Sprüche sollte man haben. Auch als Titel: *99 Sprüche zur Erbauung des Bewusstseins.* Die sind unter jedem Niveau. Die kann man nicht vertreten, nur veröffentlichen. Eine längere, genauere Untersuchung über die Schlechtigkeit dieser Sprüche.

Zum Beispiel, weil Siegfried es will:
Über den Bankier Hermann Abs
soll ich nichts verfassen
weil er sonst dem braven Verlag
ans Zinsniveau könnt fassen.

14. 3. 1976, Hamburg.
Gestern von 8 Uhr 30 bis 13 Uhr: *NDR* Lokstedt mit Dr. Kersten über das Buch. Er hatte in der Nacht noch 40 Fieber, schwere Grippe. Mühsames Gespräch über *Jenseits der Liebe.* Dann fordert er noch das Statement ein, das ich abgelehnt hatte, über die neue Innerlichkeit. Zu viele hatten abgelehnt. Also muss ich ins Freie, zwischen Büsche. Aber selbst die finden wir erst nach 20 Minuten Umherirrens zwischen den samstäglich verlassenen *NDR*-Gebäuden. Immer im eisigen Nordwind. Dann die Kamera mit Tele 25 m weit weg, ich allein, und muss es viermal aufsagen, es ist immer zu wenig scharf, zu lang, es zerläuft. Böser, sagt er. Ich denke daran, dass er einen Flug bezahlt hat, sodass ich mit Käthe zu Franziska fliegen konnte, und ich spreche. Aber es ist natürlich nichts. Er in seinem Pelz, aber mit Fieber in der Kälte, ich schon im Frühjahrsmantel, erstarrt.

18. 3. 1976
Elisabeth Borchers am Telefon, auf meine Frage wegen dieser Anzeige in der *Zeit*, das sei eine sogenannte Auslieferungsanzeige gewesen, nichts weiter, diese Dreieranzeige in der *Zeit*. Sie können es einfach nicht. Und eine Panne in der Auslieferung. Die hätten noch gewartet auf ein Buch, um dann erst alle miteinander zu verschicken.

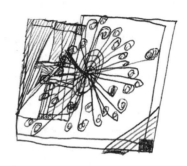

Wir sind Teile eines Gedichts
das schon lang geschrieben
 wird.
Wir steigen an einem Baum
in die Zukunft hinauf.
Ein Wort liefert eine
 Generation
dem Gedicht. Und erringt
 einen Ast.
Jetzt, auf diesem Ast Schlüsse ziehn
aus einem Wort? Aber von allen Ästen
ruft es doch. Hörst du nicht
die Wörter von allen Ästen?

24. 3. 1976
Gestern Wiltrud Mansfeld und zwei Techniker für *ZDF* «Aspekte», Interview.

Ich ersticke an den Schönheiten der Welt.
Wenn mich die steigende Wiese nichts anginge
wenn mir egal wäre, wer an mir vorbeifährt
wenn ich nicht alles an mich reißen möchte
was es gibt, wär alles gut. So aber ...

Meine groben Feststellungen, dass alle diese schmerzlich genauen Erlebnisse nur diesen dumpfen Ausdruck finden, genügen nicht.

Eine Erkältung hat jetzt die Arbeit des Bauchwehs übernommen, minus 4 bis plus 12 Grad.

25. 3. 1976
Ich bin jetzt so empfindlich wie noch nie. Das haben die Herrn geschafft. Wenn Timon an der Tür kratzt und ich öffne, und er drängt herein und sucht in geducktester Haltung sofort die geschützteste Stelle, die Höhle unter dem alten Schreibtisch, wenn ich sehe, wie er seine Angst allmählich verliert, dann stelle ich fest, dass ich noch im Stande bin, einem Hund als ein Hort der Sicherheit und Stärke zu erscheinen.

Ich habe ein gestörtes Verhältnis zur Realität. Das muss ich zugeben. Insofern ist, was ich zu sagen habe, leicht abzuwehren. Ich sehe es schon vor mir in der *Zeit*, im *Spiegel* und im *Bauernkurier* und ähnlichen Machtzentren der Meinungsbildung: Dieser Autor hat ein gestörtes Verhältnis zur Realität ... Und wenn ich das hier nicht in dieser Weise vorwegzitieren würde, würden diese Organe den Befund als ihre Entdeckung publizieren, ohne zu erwähnen, dass ich selber diesen Befund so festgestellt habe. Allerdings würden sie das nur tun, wenn es ihnen in den Kram passte. Was ihnen jeweils in den Kram passt, ist fast nicht vorherzusagen. Dagegen ist mit felsiger Festigkeit vorherzusagen, was ihnen nicht in den Kram passt: eine demokratische Meinung, die Aussicht hat, Realität zu werden. Eine demokratische Meinung, von der überhaupt keine Brücke zu ihrer Realisierung führt, passt ihnen immer in den Kram. Das sind sogar Lieblingsmeinungen. Je verstiegener, desto schöner.

Ich greife vor.

Ich muss mich zuerst ausstaffieren bzw. schützen. Ich würde gerne beweisen, und wenn ich es nicht beweisen kann, wenigstens behaupten, dass mein gestörtes Verhältnis zur Realität etwas damit zu tun hat, dass ich Deutscher bin und 1927 geboren bin. Ich glaube nicht, dass man als Deutscher meines Jahrgangs ein ungestörtes Verhältnis zur Realität haben kann. Unsere Realität selbst ist gestört. Unsere nationale Realität. Man könnte auch sagen, unsere nationale Identität ist gestört. Vielleicht sogar zerstört. Und wenn etwas so Ausschlaggebendes gestört ist, ist es möglich, dass man zu allem weniger Ausschlaggebenden kein rechtes Vertrauen mehr gewinnen kann. Das ist es nämlich, was mir vor allem fehlt: Vertrauen. Aber wiederum kommt es mir vor, als liege das nicht an mir, sondern an den Verhältnissen selbst. Wieder zuerst an den Verhältnissen der Nation. Sie erlauben kein Vertrauen. Diese Nation ist als gespaltene eine andauernde Quelle der Vertrauensvernichtung. Diese Nation widerspricht sich. Objektiv. Und also auch in mir. Ich bin gänzlich unfähig, nur weil ich in der BRD lebe, nur als Bewohner der BRD zu denken und zu empfinden. Ich kann mir aber auch die DDR nicht zu eigen machen. Ich kann keinen der beiden deutschen Staaten in mir oder überhaupt verteidigen. Jeder sozusagen natürliche Identifizierungsprozess – er möchte ja jeden Tag vor sich gehen und zu einer immer größeren Zugehörigkeitsempfindung führen – wird andauernd durch den anderen Teil der Nation gestört. Den gibt es ja auch. Allmählich erfahre ich, dass nur noch eine Identifizierung übrig bleibt: die mit dem Widerspruch zwischen den beiden deutschen Teilen. Praktisch sieht das so aus, dass ich eben kein Vertrauen zu einem der Staaten haben kann. Gerechtfertigt scheint mir nur die Schärfe zu sein, in der sie einander widersprechen. Mit diesem Widerspruch von beiden Seiten kann ich mich aber inhaltlich überhaupt nicht identifizieren. Was die DDR gegen die BRD vorbringt, erscheint mir größtenteils übertrieben, es sagt viel mehr aus über die DDR als über die BRD. Und genauso in der BRD. Das Kerkerbild, das hier von der DDR gemalt wird, soll die Leute hier dazu überreden, sich trotz ihrer Ohnmacht und Gezwungenheit frei zu fühlen.

Und doch identifiziere ich mich mit dem Verhältnis des Widerspruchs, der zwischen den beiden Staaten herrscht. Ganz abstrakt vielleicht? Es kommt mir vor, als bestünde jeder Anlass dazu, dass die beiden Staaten einander widersprechen, als sei nichts so notwendig wie die Negation, die jeder dem anderen ausspricht, aber als sei auch nichts so wenig gerechtfertigt wie die Position, von der aus jeder der beiden und auf Grund deren jeder der beiden seine Negation vorträgt. Will ich mich nur salvieren? Suche ich nationale Bilder, um eine persönliche Lage zu rechtfertigen? Wäre es besser, die Unlösbarkeit der Widersprüche, in denen ich lebe, einfach von einer Klassenlage herzuleiten? Kleinbürger: Das ist eine Lage, aus der bekanntlich alles folgen kann. Und es gibt nichts, was aus ihr nicht schon gefolgert worden wäre.

Kommt mein gestörtes Verhältnis zur Realität also von der Unversöhnlichkeit der Heilsbedürfnisse und Entgeltungssehnsüchte des Kleinbürgers?

Ich bin nicht mein eigener Arzt. Und – möchte ich aberwitzig hinzufügen – ich erkenne keinen Arzt an über mir. Das ist nicht wahr. Ich bin ganz schön sehnsüchtig. Nach Verbindlichkeit. Nach Vertrauensseligkeit. Manchmal lass ich mich einfach von etwas anziehen. Bis ich dann wieder abgestoßen werde.

Ich habe ein bürgerliches Einkommen. Ich will aber mit den Leuten, die so viel verdienen wie ich oder mehr, nichts zu tun haben. Ich halte sie für Feinde. Feinde meiner Hoffnungen, meiner Bedürfnisse, Feinde meiner Sehnsucht. Viele Kleinbürger haben ein bürgerliches Einkommen. Viele Kleinbürger haben ein proletarisches Einkommen. Die Art ihrer Arbeit, der Aufwand an Arbeit, die Härte der Arbeit hält sie innerhalb des Kleinbürgertums. Sie haben nicht 100 oder 10000 Arbeiter. Der Kleinbürger beutet sich vor allem selbst aus. Dann beutet er vielleicht noch eine Situation aus. Ich hab z. B. eine Zeit lang die Situation der subventionierten Theater erfolgreich ausgebeutet. Ich bezog für 3 meiner 8 Theaterstücke ein unverhältnismäßig hohes Einkommen. Wenn man für ein Stück, für das man, der aufgewendeten Arbeit nach, 30000 Mark verdienen sollte, 300000 bekommt, dann genießt man eine Art arbeitsfreies Einkommen wie der Kapitalist. Nur dass man's nicht der Ausbeutung anderer, sondern einer vielfach gebrochenen und dadurch angenehm unspürbar gemachten Gesellschaftsausbeutung verdankt.

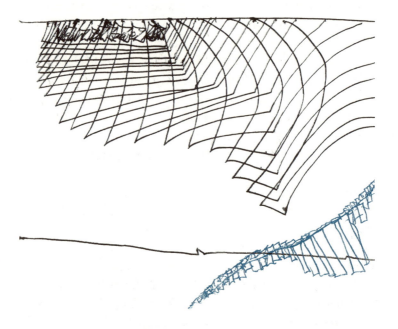

Ein 5-Seiten-Brief von Franz Barth aus Garmisch zum Interview im *Stern*: «Franz Horn, Ihre neue Romanfigur, hat mit dem Namen Bezüge nach hier. 1. meinen Vornamen, 2. Horn ist der Name des Zwangsverwalters der Bank, die sich unser schönes Hotel Königshof unter den Nagel riss, weil wir im ersten Jahr die Hochzinsen nicht aufbrachten ...» Das ist das Schöne, wenn jemand einen Roman als seine eigene Geschichte liest. «Ich betrachte dieses Buch als ein Denkmal für die Kaputtgemachten der Arbeitswelt.» Weil er offenbar empfindlich ist, kann er das Wort

Denkmal nicht unkommentiert gebrauchen. «Überhaupt Denkmäler hierzulande: Die Deppen schreiben noch in den Todesanzeigen *Kriegsteilnehmer von … bis …*» Und zu *Jenseits der Liebe*: «Ich wünsche diesem guten Titel viel Erfolg.»

26. 3. 1976

Der erste Schlag tut immer am wehesten. Der erste Schlag auf eine noch nicht ganz verheilte Wunde. Der zweite Schlag, der ja dann gleich nach dem ersten folgt, hat verglichen mit dem ersten so gut wie keine Chance mehr. Er wird nicht halb so geachtet und empfunden wie der erste, auch wenn er zehnmal so stark und zwanzigmal so gemein gegeben wird. Er ist keine solche Überraschung mehr. Man weiß nach dem ersten Schlag blitzschnell wieder, dass jetzt wieder geschlagen wird. Das hatte man eigentlich nicht für möglich gehalten. Man hatte geglaubt, es reiche jetzt. Wenn nicht für immer, dann doch für eine lange Zeit. Ohne sich mit seinen Wunden weiter abzugeben, ahnte man, dass sie noch nicht ganz verheilt sein konnten. Und dann fällt plötzlich dieser Schlag. Und sofort wird einem der Zustand der überhaupt noch nicht verheilten Wunden gegenwärtig. Der Schmerz entfaltet seine ganze Gewalt. Seit gestern Mittag wieder das volle Bauchweh. Auch heute Nacht einige Stunden. Ca. von vier bis sechs. Überlegung: Ob man den Schmerz nicht täuschen könnte. Warum soll eigentlich dieser Schmerz unangenehm sein? Ich kann ihn nicht durch Beschreibung fälschen. Er lässt sich nicht beschreiben, weil auch das genaueste Bild, das ich für die Schmerzkonzentration in meinem Bauch fände, das Wichtigste nicht enthielte: die Dauer. Wenn ich sage: 2 Stunden Bauchweh, 8 Stunden Bauchweh usw., dann ist in der Zeitangabe überhaupt nichts Qualitatives enthalten. Andererseits ist das wichtigste Wirkungselement, das ausschlaggebende Charakteristikum dieses Schmerzes, die Dauer. Die Dauer, das ist seine Qualität. Deshalb auch die Überlegung: Die Stelle im Gehirn, die diesen Schmerz an der zentralen Bauchstelle lokalisiert oder ihn von dort meldet, diese Gehirnstelle müsste man bitten, den Schmerz umzuwerten. Warum soll es nicht gelingen, diese andauernde grelle Meldung als etwas Angenehmes zu empfinden! Du lebst. Kannst du das deutlicher spüren als durch diesen Schmerz? Du wirst sterben. Gibt's dafür ein zuverlässigeres Datum als diesen Schmerz? Leben und Tod werden durch nichts so konzentriert in dir wie durch diesen Schmerz. Eigentlich ist das allenfalls noch in der Musik in einer vergleichbaren Weise der Fall. Dieser Schmerz gehört in den Frequenzbereich der Musik. Das ist's. Liebes Gehirn, bist du einverstanden? Natürlich nicht sofort, das begreife ich auch. Aber wenn der Schmerz, sagen wir, noch einen Monat oder zehn Monate so weitermacht, dann sollten wir noch einmal darüber reden, ja? Momentan genügt schon die folgende Vorstellung: In jedem Körper ist andauernd eine ziemliche Menge Schmerz enthalten, so verteilt allerdings, dass man ihn fast gar nicht spürt. Wenn all dieser Schmerz aus allen Körperteilen zusammengerufen wird an einer Stelle, dann entsteht die Schmerzkonzentration, mit der ich es jetzt zu tun habe.

Der Frost, der nachts, wenn ich vollkommen eingepackt unter vielen Decken liege und schwitze, leicht und schwer über meine Haut wandert. Er pflügt ein bisschen. Dann trippelt er weiter. Dann hält er ein. Bohrt.

Wenn es einmal so warm wäre, innen und außen, dass keine Frostfelder mehr über meiner Haut wanderten.

Siegfried rief an heute Morgen und teilt mit, dass von R-R eine ganz negative Kritik morgen in der *FAZ* publiziert werde. Also werde ich die morgen im Zug nach Frankfurt lesen. Dass er dazu fähig ist, wundert mich. Siegfried sagte am Telefon, als ich mich über die Kritik von Rolf Michaelis in der *Zeit* beklagte, vor allem über die maßlose Verwertung meiner «politischen» Biographie, dass morgen von R-R noch Schlimmeres zu erwarten sei. Und teilte noch mit, sein Masseur streiche mit der Pfauenfeder an allen Meridianen.

Und morgen soll ich im TAT in Frankfurt aus dem *Sauspiel* lesen. Eine Erkältung macht in mir herum. Aber minimal. Trotzdem plötzlich Angst, dass ich morgen in Frankfurt nicht lesen könnte wegen totaler Heiserkeit. Und das, wenn vielleicht R-R in der *FAZ* etwas Kritisches über *Jenseits der Liebe* gesagt haben würde. Also Erkältungsbad, Schwitzen. Danach erst richtiges Halsweh. Und die ganze Nacht hindurch wurde es schlimmer. Nachts um zwei fühlte ich mich wirklich krank. Am Morgen nur noch leises Halsweh. Also war das nachts die reine Hysterie und Angst gewesen.

Die Natur ist wie ein Oberlehrer. Das heißt aber auch, dass der Oberlehrer von der Natur am meisten gelernt hat und bewundernswert ist dadurch.

Ich könnte mich totessen, tottrinken, totrauchen. Und zwar sofort. Ich kann mich nicht ganz davon zurückhalten. Plötzlich verfalle ich wieder einer reinen Gier. Maß und Gier.

Ich gebe zu, dass ich gehofft habe, *Jenseits der Liebe* könne mir helfen, könne mir wieder aufhelfen. Ich gebe zu, dass ich das immer noch hoffe. Und wenn sie noch so dreinschlagen, ich werde hoffen. Wenn alles vollkommen zerschlagen ist, was erhofft war, und die Hoffnung tut trotzdem so, als bestehe sie noch, dann wird sie abstrakt. Dann ist sie erst ganz Hoffnung. Wenn ihr nichts mehr entspricht. Dann ist sie reine Hoffnung.

Das war wieder ein Freitag, mein Gott. Und es ist angekündigt, dass der Samstag schlechter wird.

27. 3. 1976, im Zug nach Frankfurt 10 Uhr bis 15 Uhr 06.
Offener Brief an die Buchhändler

Sehr geehrte Damen und Herrn.

Ich gestatte mir, nachdem ich die *FAZ* bzw. die R-R-Kritik gelesen habe, Sie um etwas zu bitten. Ich wage, diese Bitte vorzubringen, weil ich aus dem Suhrkamp-Verlag hörte, dass mein Buch *Jenseits der Liebe* bei Ihnen eher Zustimmung als Ablehnung hervorgerufen habe. Ich möchte Sie nun bitten, das zu lesen, was da ein Kritiker, M. R. R., in der *FAZ* am 27. 3. über mein Buch veröffentlichte. Ich möchte Ihre Meinung nicht beeinflussen, aber ich würde mir wünschen, dass Sie diese *FAZ*-Veröffentlichung vergleichen mit Ihrem eigenen Urteil über mein Buch. In jener *FAZ*-Veröffentlichung heißt es: Die Buchhändler haben, vom «prominenten Namen verführt, wohl reichlich geordert und müssen zusehen, wie sie die Exemplare wieder loswerden.» Ist das so? Wurden Sie verführt? Und sehen Sie jetzt, nach jener Aufklärung durch die *FAZ*, dass Sie verführt wurden? Ist es so, dass Sie jetzt dieses Buch nicht mehr verkaufen wollen, sondern zusehen müssen, wie Sie die Exemplare wieder loswerden? Da ich mir seit Jahren einfach gefallen ließ, was dieser Kritiker über mich und andere behauptete, gestatte ich mir einmal, eine seiner konkreten Behauptungen nachzuprüfen. Falls Sie die oben genannten Fragen beantworten möchten – vor allem die nach Ihrem Leseeindruck im Vergleich zu dem des Kritikers in der *FAZ* –, wäre ich Ihnen sehr dankbar. Ich würde Ihre Antworten, wenn Sie sie mir zuschickten, zu veröffentlichen versuchen (in einer Zeitschrift wie *Akzente* oder in einer Broschüre). Im Voraus meinen besten Dank. Mit freundlichen Grüßen ...

Jetzt bin ich also (wieder) draußen. Wo? Da, wo alle sind.

Warnung an Kollegen, mit MRR im Fernsehen zu diskutieren. Es sei denn, sie widersprechen ihm nicht. Aber wenn sie ihm widersprechen, wird er sich dafür auf einer Ebene rächen, auf der sie ihm nicht mehr widersprechen können. In einer Kritik über ihr nächstes Buch.

Mein Plan ist, das Urteil des Zeitungskritikers mit dem Urteil der Buchhändler und der Leser zu vergleichen. Ich habe auf dieses Buch schon gleich nach seinem Erscheinen Briefe von Lesern bekommen, die die Erfahrungen meines Franz Horn offenbar am eigenen Leibe gemacht haben und die deshalb das Buch anders empfinden und beurteilen als der Leiter der Literaturkritik in der *FAZ*. Dies nur, damit Sie wissen, woran Sie mitarbeiten, wenn Sie mir Ihren Leseeindruck mitteilen.

Meine Absicht wäre also, eine solche Kritik in eine etwas wirklichkeitsnähere Umgebung zu bringen, als es die Literaturseite der *FAZ* sein kann.

Draußen, zwischen Plochingen und Esslingen:
Fehlt's am Aug, geh zu Haug.

Rede an Herrn R-R

Herr MRR, Sie waren, bevor Sie aus dem Osten zu uns kamen, glühender Stalinist. Konsequenterweise sind Sie jetzt wieder glühender Konservativer; als solchen wird man einen leitenden Redakteur bei der *FAZ* doch wohl bezeichnen dürfen. Ich habe deshalb immer widersprochen, wenn jemand Sie als einen Renegaten bezeichnet hat. Sie sind sich treu geblieben. Und ich habe nie die Ernsthaftigkeit Ihres Stalinismus und Ihres Konservativismus in Frage gestellt. Sie haben meine Mitarbeit an der Bildung der öffentlichen Meinung als unseriös, scharlatanesk, als Jux und Bajazzerei diffamiert, als niemals ernst gemeint. Da Sie keinen Versuch gemacht haben, solche weitgehenden Behauptungen durch irgendwas zu beweisen, wirken diese bloßen Behauptungen auf mich nicht aufklärend, sondern nur beleidigend. Sie haben mich also beleidigt, zum ersten Mal in Ihrer ränkereichen Praxis. Ich habe nicht das Geld, um gegen Sie und Ihre mächtige *FAZ* zu prozessieren. Keine Zeitung in der BRD, die eine mit der *FAZ* vergleichbare Auflage hat, druckt heute noch einen Aufsatz, in dem ich Ihre Praxis mit allen politischen Implikationen darstellen würde. In einer linken Zeitung, die nicht ein Zehntel der Auflage der *FAZ* hat, etwas über Sie zu schreiben, wäre unsinnig, da die Leser solcher Zeitungen über Sie so gut Bescheid wissen wie ich. Das allgemeine Publikum, vor dem Sie die Motive meiner zehnjährigen publizistischen Arbeit diffamierten, kann ich nur erreichen, wenn ich gegen Sie prozessiere oder Sie ohrfeige. Da mir zum Prozessieren, wie gesagt, das Geld fehlt, bleibt mir nichts als die Ohrfeige. Ich sage Ihnen also, dass ich Ihnen, wenn Sie in meine Reichweite kommen, ins Gesicht schlagen werde. Mit der flachen Hand übrigens, weil ich Ihretwegen keine Faust mache. Sollte Ihre Brille Schaden leiden, wird meine Haftpflichtversicherung dafür aufkommen. Sie werden, bitte, nicht auch noch die Geschmacklosigkeit haben, diese Ankündigung und ihre gelegentliche Ausführung als Antisemitismus zu bezeichnen.

Diese Ohrfeige ist nichts als ein Publikationsmittel: Ich möchte dadurch erreichen, dass Sie vor dem allgemeinen Publikum, an dem mir so viel liegt wie Ihnen, beweisen, warum mein politisches Engagement nach Ihrer Meinung niemals ernst gemeint gewesen ist. So was mag man sich nicht einmal von einem Ex-Stalinisten und Erzkonservativen nachsagen lassen. Sollten Sie den Beweis schon liefern, bevor Sie in meine Reichweite kommen, entfällt natürlich der Grund für die Ohrfeige. Sie können also geradezu etwas dafür tun, diese Ohrfeige nicht zu bekommen: Sie brauchen bloß zu beweisen, was Sie öffentlich behauptet haben. Aber nicht, dass ich Sie drängen möchte. Es ist nur so: Meine Lust, Sie zu berühren, ist nicht groß. Aber wenn Sie die Beweise schuldig bleiben, zwingen Sie mich dazu.

M. W. 27. 3. 1976

Käthe fragte, ob ich in Friedrichshafen die *FAZ* kaufen würde. Kauf sie nicht, was sollst du dich belasten auf der ganzen Fahrt nach Frankfurt. Nachts, als ich wach lag und schwitzte und sorgfältig jeden Luftzug am Eindringen hinderte, hatte ich auch beschlossen, die *FAZ* nicht zu kaufen, sondern mir in Frankfurt von Siegfried Unseld sagen zu lassen, was da drinstünde. Aber in Friedrichshafen am Bahnhof kam es mir vor, dass das ein ungeheurer Schwächebeweis wäre, wenn ich mir nicht einmal mehr zutraute, eine, wenn auch eher negative, Kritik zu lesen. Als Käthe weg war, kaufte ich für 4,50 Zeitungen. Nur in der *FAZ* war eine Kritik. Überschrift: *Jenseits der Literatur.* Mehr konnte auch im Text nicht gesagt werden. Und wieder einmal benutzt einer von diesen parasitären Kerlen deine Formulierung, um dich kaputtzumachen. Jenseits der Literatur, das klang sofort wie eine Ausweisung. Es ist für einen Schriftsteller schlimmer, aus der Literatur hinausgewiesen zu werden, als aus seinem Land ins Exil, in ein anderes Land vertrieben zu werden. Daran gibt es auch nicht den geringsten Zweifel. Ich sah sofort den unmäßig zum Erzengel geeigneten R-R, wie er mich mit dem Flammenschwert aus dem einzigen Bereich, in dem ich leben will, vertreibt. Aber er vertreibt mich ja gar nicht, schreibt er da, ich selber habe mich vertrieben, weil ich ein so schlechtes Buch geschrieben habe. Fünf Stunden, von 10 bis 15 Uhr 06, hatte ich Zeit, mich mit dieser Kritik zu beschäftigen. Ich will diese Kritik hier bis auf den letzten Buchstaben wiedergeben. Ich will ihr diese Ehre angedeihen lassen. Ich hoffe, je länger diese Kritik aufbewahrt wird, desto mehr wird sie durch die pure Aufbewahrtheit vernichtet. Das ist nichts als eine Hoffnung. Weniger als eine Hoffnung. Es ist also ein Wunsch. Wenn R-R recht hat, wenn mein Buch so schlecht ist, wie er sagt, ohne es zu beweisen, dann gewinnt seine Kritik dadurch, dass man sie aufbewahrt, an Beweiskraft. Dann ist er der höchst notwendige und sehr verdienstvolle Literaturaufseher, der unter Anstrengung seiner geschulten Intelligenz einen ganz Unwürdigen, der schon viel zu lange und auffällig sein Unwesen trieb, aus dem schönsten Park der Welt, aus dem Literaturpark, vertrieb. Das heißt wieder: Nicht er vertrieb mich, er bewies nur, dass ich nicht hineingehörte. Nein, bewiesen hat er's eben nicht. Er hat es nur verfügt! Daran klammerte ich mich von Friedrichshafen bis Frankfurt. Hat er etwas bewiesen? Her mit seinem Text. Ich werde nach jeder 16. Zeile irgendeine Unterbrechungsformel dazwischenschieben, weil man, ohne die Rechte zu haben, höchstens 16 Zeilen ununterbrochen zitieren darf. Und mir bei R-R die Rechte für diesen Artikel zu holen, bringe ich nicht über mich. Im Artikel immer mit dem Unterbrechungssatz: Hier wird es Zeit, wieder zu unterbrechen. Aber ich will nichts dazwischenschieben, was den Leser beeinflussen würde.

In Frankfurt holte mich Winfried Schoeller vom *Hessischen Rundfunk* ab. Er führte mich ins Café Laumer an der Bockenheimer Landstraße. Der Nagel, der tief im Halsansatz sitzt, wurde in dem rauchigen Café spürbarer. Ich rief von dort Elisabeth Steffen an und bat sie, in dieses Café zu kommen. Winfried Schoeller fing von R-R an. Ich sagte: Ja, ja. Er verabredete ein Gespräch im 3. Programm des *HR*, Dienstag, 6. April. Sonst würde er das übernehmen, was Paul Kersten im *NDR 3* vor 14 Tagen mit mir aufgenommen hat und was heute Abend in Hamburg gesendet wird. Ich sagte: Nein. Durch diesen R-R-Artikel hat sich etwas verändert. Ich würde jetzt nicht mehr so gelassen sitzen und Auskunft geben, wie ich es bei Paul Kersten und bei Wiltrud Mansfeld (*ZDF* «Aspekte») getan habe. Also, ich komme im April extra dazu wieder nach Frankfurt zur Live-Sendung. Ich dachte daran, dass solche Kultursendungen im 3. Programm keine große Zuschauerzahl haben. Aber ich hatte das Gefühl, ich dürfe keine Gelegenheit auslassen, das diffamierte Buch zu verteidigen. Franz Horn, dachte ich plötzlich, kann das verlangen von mir, dass ich jetzt für ihn eintrete. Einen schärferen, bösartigeren Verriss habe ich in den 25 Jahren, in denen ich Kritiken lese, nie gelesen.

Dann kommt E. Steffen, die ich zum ersten Mal sehe. Sie hat mir ihr 1000-seitiges Tagebuch (von 1962 bis 1974) geschickt. Ich habe mich dafür bis jetzt noch erfolglos beim Verlag eingesetzt. Plötzlich sitzt, spricht auch noch ein junger Lektor vom S.-Fischer-Verlag mit am Tisch. F. Brunner. Als er hört, um was es geht bei E. S., wird er ganz gierig. Er begleitet sie nachher auch heim und hat abends um halb elf, als er ins TAT kommt, schon so viel gelesen aus dem E.-S.-Tagebuch, dass er seinem Chef-Lektor, Dr. Frank, schon Bericht erstatten kann.

Ich gehe so bald wie möglich in die stille, rauchfreie Klettenbergstraße, zu Hilde und Siegfried Unseld. Endlich kann ich wieder über *Jenseits der Liebe* und den R-R-Artikel sprechen. Ich sage sofort, dass ich also zum ersten Mal kämpfen werde. Zum ersten Mal werde ich mir etwas, was ich gemacht habe, nicht einfach durch das erklärungslose Machtwort einer Institution aus der Hand schlagen lassen. Ich sage: Ich habe im Zug schon zwei Aktionen vorbereitet. Zwei Texte. Und ich lese sie gleich vor.

Siegfried ist dagegen. Gegen beide. Er begründet das hauptsächlich damit, dass der Autor nur komisch wirke, wenn er zeige, wie sehr ihn eine Kritik getroffen habe. Ja, jaa, denke man sich da, na bitte, und was ist schon dabei. Ich sage, dass ich auch beim Vorlesen der beiden Texte bemerkt habe, dass sie zu viel von meiner momentanen Stimmung verraten. So geht es also wirklich nicht.

Hilde schickt Siegfried hinaus und holt aus einem winzigen Silberdöschen, das die Form eines Schwans hat, drei 2-Pfennig-Stücke. Sie sagt, schüttle die in deinen Händen, denke ganz fest die Frage: Wie verhalte ich mich zu dieser Kritik? Dann wirf die Geldstücke auf den Tisch, und das sechsmal. Ich mache das, Hilde notiert, wie die Pfennig-Stücke fallen. Dann schlägt sie in einem gelben Leinenband nach. Das Buch heißt: I-Ging. Über eine Tabelle aus Zahlen und Zeichen stellt sie fest, auf welchen Seiten des Buches Rat für mich bereit ist. Das Zeigen bedenkt einerseits einen Durchbruch nach lange angesammelter Spannung, wie der Durchbruch eines geschwollenen Flusses durch seine Dämme, wie ein Wolkenbruch, auf menschliche Verhältnisse übertragen ist

215

es andererseits die Zeit, da allmählich die Gemeinen im Schwinden sind. Ihr Einfluss ist im Abnehmen, und durch eine entschlossene Aktion kommt eine Änderung der Verhältnisse zum Durchbruch. Das Zeigen ist dem 3. Monat zugeordnet.

Das Urteil.

Der Durchbruch. Entschlossen muss man die Sache bekannt machen. Der Wahrheit gemäß muss sie verkündet werden. Gefahr! Man muss seine eigene Stadt benachrichtigen. Fördernd ist es, zu den Waffen zu greifen. Fördernd ist es, etwas zu unternehmen.

Wenn in einer Stadt sich nur ein Gemeiner am herrschenden Platz hält, vermag er die Edlen zu bedrücken. Wenn im Herzen nur noch eine Leidenschaft nistet, so vermag sie die Vernunft zu umdüstern. Leidenschaft und Vernunft können nicht zusammen bestehen, darum ist unbedingter Kampf notwendig, wenn man das Gute zur Herrschaft bringen will. Für den entschlossenen Kampf des Guten zur Beseitigung des Bösen gibt es aber bestimmte Regeln, die nicht außer Acht gelassen werden dürfen, wenn man Erfolg haben will. 1. Die Entschlossenheit muss auf einer Vereinigung von Stärke und Freundlichkeit beruhen. 2. Ein Kompromiss mit dem Schlechten ist nicht möglich. Es muss unter allen Umständen diskreditiert werden. Ebenso dürfen auch die eigenen Leidenschaften und Fehler nicht beschönigt werden. 3. Der Kampf darf nicht durch Gewalt geführt werden. Wo das Böse gebrandmarkt ist, da sinnt es auf Waffen, und wenn man ihm den Gefallen tut, den Schlag mit dem Schlag zu bekämpfen, so zieht man den Kürzeren, weil man dadurch selbst in Hass und Leidenschaft verwickelt wird. Darum gilt es beim eigenen Hass anzufangen: persönlich auf der Hut zu sein vor den gebrandmarkten Fehlern. Dadurch stumpfen auch die Waffen des Bösen von selbst ab, wenn sie keinen Gegner finden. Ebenso dürfen auch eigene Fehler nicht direkt bekämpft werden. Solange man sich mit ihnen herumschlägt, bleiben sie immer siegreich. 4. Die beste Art, das Böse zu bekämpfen, ist energischer Fortschritt im Guten.

Das Bild.

Der See ist an den Himmel emporgestiegen. Das Bild des Durchbruchs. So spendet der Edle Reichtum nach unten hin und scheut es, bei seiner Tugend zu verweilen.

Mächtig in den Backenknochen zu sein, bringt Unheil.

Yin und Yang.

Hilde hat offenbar während einer USA-Reise in San Francisco Vorlesungen über dieses I-Ging gehört. Eines der I-Ging-Zeichen wurde offenbar von modernen Biologen entdeckt. Sie fanden, dass der in der Doppel-Helix ausgedrückte genetische Code in dem alten Universal-Zeichen für Veränderung schon enthalten sei.

Siegfried ist längst wieder im Zimmer, ein bisschen ungeduldig, weil es aussieht, als verselbständige sich die I-Ging-Erklärung. Hilde schleppt auch noch ein Buch von Schoenberger an und erklärt und erklärt, wie Yin und Yang, das Weibliche und das Männliche, die Veränderungsverläufe und die Umschlagpunkte bilden.

Siegfried fasst zusammen: Ich also dürfe keine Waffen gebrauchen, der Verlag aber wolle für mich handeln. Als Schwäche meines Ohrfeigen-Textes wird festgestellt, dass ich ja den Beweis, dass R-R Stalinist war, schuldig bleibe. Ich bin also kein bisschen besser als er, ich behaupte auch bloß. Ich sage, es bedürfe nur zweier Anrufe, es gebe Leute, von denen habe ich das gehört, dass R-R eine solche Vergangenheit habe. Die Erkundigung unterbleibt, da wir zu der Meinung kommen, dass beide Texte unbrauchbar sind.

Dann kamen noch Elisabeth Borchers, Claus Carlé, Digne Meller-Markowicz und Rudolf Rach. Alle wollen etwas zu R-R sagen. Es stellt sich heraus, dass man froh sein könne über die reflexionsfreie, nuancenlose, geradlinig grobe und bösartige Tonlage des Artikels. Hilde sagt zwar, einen solchen Artikel könne nur richtig beurteilen, wer selbst schon Böses über sich in der Zeitung gelesen habe. Wir diskutieren, ob ich mich im TAT zu diesem Artikel verhalten soll. R. Rach meint einen Augenblick lang, ob ich nicht einfach, anstatt aus dem *Sauspiel*, aus *Jenseits der Liebe* lesen solle, um zu beweisen, dass R-R irre? Ich bin dagegen. Das sähe so aus, sage ich, als käme ich nicht mehr nach mit dem verteidigungssüchtigen Vorlesen von Arbeiten, die die Kritik verrissen hat. Gerade war es noch das *Sauspiel*, jetzt ist es schon *Jenseits der Liebe*. Tatsächlich ist es so. Aber diesen etwas jämmerlichen Eindruck möchte ich nicht in aller Öffentlichkeit machen. Ich werde abends das *Sauspiel* lesen. Verteidigen. Ob ich aber doch zwei Seiten aus *Jenseits der Liebe* vorlesen sollte? Am Ende der Veranstaltung? Ich bitte, darüber nicht mehr zu diskutieren. Ich möchte das entscheiden, wenn ich im Saal bin, wenn ich das *Sauspiel* gelesen habe und die Stimmung des Publikums spüre. Alle reden jetzt noch etwa zwei Stunden lang über ihre Sachen. Ich höre zu und finde es komisch, dass über etwas anderes gesprochen wird als über meinen *FAZ*-Kummer. Sie lachen öfter über irgendetwas. Die bemerken nicht, dass sie auf einer Beerdigung sind. Ich finde es jedes Mal peinlich, wenn gelacht wird. Dass sie von Reisen sprechen, die sie vorhaben. Siegfried zum Beispiel überlegt, ob er, wenn er in der kommenden Woche nach Genf muss, noch für zwei oder drei Tage in der Nähe von Genf Ski fahren könnte. Da spüre ich die riesige Distanz besonders. Wir sitzen garantiert nicht im selben Boot. Wenn Siegfried von anderen Büchern dieses Frühjahrs spricht, erstarre ich förmlich. Wie kann er jetzt über andere Bücher sprechen. Und am meisten erstarre ich, als er beiläufig erwähnt, dass er noch vor drei Tagen mit R-R gesprochen habe. R-R habe ihn gefragt, ob er, R-R, das Buch von Augustin besprechen solle oder nicht. Siegfried solle sich das aber genau überlegen, ob es dafür stehe, ob das Buch so wichtig sei, dass er, R-R, sich selber mit ihm abgebe, tue er's und er finde dann das Buch zu wenig gut, dann sei Siegfried selber schuld. Das klingt, als warne einen ein Croupier vor einem Einsatz. Jetzt setzen Sie also doch Ihr ganzes Vermögen auf 13, na bitte, Sie müssen wissen, was Sie tun. Einmal sagt Siegfried, dass er ja trotz allem, das müsse er einfach sagen, dieser R-R … Er lässt den Satz unvollendet. Biegt irgendwie ab. Er muss gerade noch gespürt haben, dass es unschicklich sei, in meiner Gegenwart zu sagen, dass man diesen R-R ja doch einfach mögen müsse. Dabei verstand ich sehr gut, was er meinte. Ich hatte gerade im letzten Sommer bei einer Fernsehdiskussion in Baden-Baden auch gefunden, dass R-R nett sein konnte, liebenswürdig, unterhaltsam, lustig, angenehm, geistreich, genießbar usw. Deshalb war ich vielleicht auch von diesem Artikel so überrascht. Dieser Artikel macht ja geradezu den Eindruck von Hingerissenheit, von Hemmungslosigkeit. Er kann sich gar nicht bremsen vor lauter Zerstörungszwang. Ich finde diesen R-R nicht mehr nett, obwohl ich mich erinnere, dass man ihn nett finden kann. Für mich ist er gestorben, wenn ich mich so ausdrücken darf. Ich finde, wer so etwas so schreibt, muss von dem, über den er das geschrieben hat, nicht mehr nett gefunden werden. Ich spüre ein Recht darauf, diesen Herrn ein für alle Mal zu hassen. Ich wäre immer noch fähig und bereit, ihm ins Gesicht zu schlagen.

28. 3. 1976
Er kam gestern natürlich nicht ins TAT. Wie hatte ich mir nur einbilden können, der setze sich an diesem Tag einer persönlichen Begegnung aus. Im Fernsehen lief *El Dorado*. Aber dass er etwas von Western versteht, ist unwahrscheinlich.

Als ich noch nicht wusste, dass er nicht ins TAT kommen würde, als ich es noch wünschte, er käme, da dachte ich, ich würde ihn von der Bühne aus ansprechen. Etwa so: Schon vor Jahren im Funkhaus in Hannover, als wir, Hans Mayer, Sie und ich, nach einem Literatur-Gespräch vom Studio in den Gang kamen, fragten Sie mich, wie ich das Gespräch gefunden hätte. Und wer das nach einem solchen Gespräch fragt, der will nur wissen, wie man ihn gefunden habe, und er will nur hören, dass er sehr gut gewesen sei. Ich fand solche Après-Fragen immer peinlich. In Hannover wollte ich Ihnen, dem schon bekannt gewordenen Kritiker, den ich für einen gebürtigen Polen hielt, ein Kompliment machen, also habe ich gesagt: Dafür, dass Deutsch nicht Ihre Muttersprache ist, können Sie's recht gut. Ich wusste nichts über Ihr Schicksal. Ich nehme diesen Satz heute zurück.

Hatte ich ihn im vergangenen Jahr bei jenem Thomas-Mann-Gespräch im *SWF* beleidigt? Das Gespräch soll teilweise ins Heftige geraten sein. Aber doch nicht nur durch mich, sondern auch durch ihn. Dass Thomas Mann ihm liegt, leuchtet ein. Thomas Mann ist der allergrößte Karikaturist in der deutschen Literatur. Der *Zauberberg* ein groteskes Karikaturen-Ensemble, Mynheer Peeperkorn mit dem ewig «blassen Blick» und den «Stirnarabesken», Frau Stöhr, Madame Chauchat, auch die Ideologiemaschinen Naphta und Settembrini, der mit «Spazierstock» und «gelblichen Hosen», wir kennen seine unermüdlich wiederholten Karikaturen auswendig, es passiert fast nichts mit ihnen, außer dass sie komisch sind. Sehr komisch, das schon. Das ist vielleicht genau die R-R-Welt: Komik in epochaler Dimension.

Oder hatte ich ihn am 17. 11. im Kammertheater in Stuttgart beleidigt, als wir beide an einer Diskussion über «Literatur und Provinz» teilnahmen und recht gegensätzlicher Meinung waren? Ich muss mir verbieten, für diesen Artikel Erklärungen zu suchen, die dieser Artikel selber geradezu verweigert.

Ich mache aber eine interessante Erfahrung: Wenn man einen wirklich hart treffen will, dann muss man im Stande sein, gegen ihn so extrem zu verfahren, dass er, auch wenn er sein Leben lang darüber nachdenken würde, auf nichts käme, was ihm die Härte des Vorgehens gegen ihn erklären könnte. Der Schlag, für den man kein Motiv findet, der reine Schlag also, der sitzt. Alles andere kann der Getroffene für Gesprächsanknüpfung, für ein inneres Hin und Her benutzen. Dem unverständlichen Schlag aber bleibt er einfach ausgesetzt. Wem könnte ich je einen solchen Schlag versetzen? Mir fällt im Augenblick keiner ein. R-R vielleicht? Nein. Nicht, weil ich ihn schonen möchte. Ich kann's mir einfach nicht vorstellen. Ich würde meinen Schlag immer durch Argumente zu rechtfertigen suchen, und schon dadurch nähme ich ihm alle Wucht. Nur zuschlagen. Das muss man können. R-R kann es. Deshalb würde ich ihn ohrfeigen, wenn ich ihn träfe. Eine Ohrfeige, die ihn schon eine Zeit lang schmerzen würde, vielleicht auch ein kleines Nasenbluten. Das scheint mir die einzig angemessene Reaktion zu sein. Aber Siegfried hat sicher recht, wenn er sagt, dass man so etwas vielleicht tun, aber ganz sicher nicht ankündigen könne. Ich werde es also nicht ankündigen, dass ich ihn ohrfeigen werde. Aber ich werde ihn ohrfeigen, wenn ich ihn sehen werde. Wie lange kann ich diesen Wunsch noch aufrechterhalten?

Habe ich ihn vielleicht beleidigt, fällt mir auf meiner Motivsuche jetzt ein, als ich ihm im letzten Jahr auf eine Einladung, mich schreibend an seiner «Frankfurter Anthologie» zu beteiligen, absagte? Ich schrieb ihm zurück, dass ich an seiner Zeitung nur mitarbeiten würde, wenn ich alles, was ich dort schreiben wollte, schreiben dürfte. Dass ich aber nicht bereit sei, an einer Gedichtinterpretationsreihe mitzuwirken und so beizutragen zu einem Image der Meinungsfreiheit der *FAZ*, wenn dann ein anderer, mir wichtigerer, politischerer Artikel in der *FAZ* nicht gedruckt werde. Die Leser erfahren ja nicht, was die *FAZ* ablehnt, also die Einschränkung der Meinungsfreiheit geschieht unter den Intellektuellen, und die sagen meistens nichts, es könnte einem ja schaden. Hat R-R mir deswegen schaden wollen? Nein. Auch dieser Anlass steht in keinem Verhältnis zu diesem Artikel.

Ich fahre von Frankfurt nach Singen. 11 Uhr 21 bis 16 Uhr 07. Ein durchgehender Zug. Sonntag. Hellstes Märzwetter. Ich bin heute Morgen nach drei Stunden aufgewacht. Aufgestanden. Unruhe. Unlenkbarer Tätigkeitsdrang. Rechtfertigungsbedürfnis. Hat er recht, oder hat er nicht recht? Nehme ich ihn zu wichtig, oder nehme ich ihn zu wenig wichtig? Immer wieder kommt mir dazwischen, dass ich ihn jetzt endgültig für einen miesen Kerl halte. Das sage ich nicht leichthin. Ich glaube, ich kenne keinen mieseren als ihn. Nein, ich kenne keinen mieseren als ihn. So ohne jeden Beleg so weitgehende Behauptungen aufstellen – das würde keiner tun. Er vertraut offenbar darauf, dass er eine Institution ist. Ich lese die *FAZ* zu selten. Wahrscheinlich ist er eine Institution. Es gibt genug Leute, die durch ihren Beruf weit entfernt sind von der Literatur, aber doch zuweilen an jedem vierten Samstag, vielleicht zwischen Mittagessen und Kaffee, ein bisschen über Literatur lesen wollen. Und dann treffen sie immer wieder auf diese nichts als schlichte Artikelprosa des MRR, die zieht sie an, weil er von keinem weitreichenden Gedanken gequält ist, weil er nie eine komplizierte Spannung auszutragen hat in seiner Artikelsprache. Er ist immer ein bisschen erregt, angeekelt, erzürnt oder gelangweilt; er erzählt von der Literatur, wie eine Krankenschwester zu Hause vom Operationssaal plaudert: handfest, laienhaft, eine durch Routine verschliffene Erlebnisart, aber immer irgendwie befeuert von einem Ethos, das sich wichtiger nimmt als das Ethos des schneidenden Chefarztes. Eine ethische Erregtheit, deren Erregtheitsgrad vielleicht mit ihrem Ersatzcharakter zu tun hat, wer weiß.

Aber seine Leute, seine gutbürgerlichen *FAZ*-Leser, mögen gerade das. Und dann hat ihm sein, ich glaube, engster Freund Walter Jens ja einen Lehrauftrag in Tübingen verschafft. Was er da wohl redet? Da ihm doch das Theoretische als Dimension einfach verschlossen ist. Wenn man ihn nach seinen Aufsätzen und Kritiken beurteilt. Oder gehe ich da zu weit? Man lese noch einmal die Kritik über *Jenseits der Liebe*. Was er da an Unwillen zusammenschwappen lässt, erreicht doch in keinem Satz den Zustand der deutschen Sprache, in dem Argumente möglich werden. Und da er ja nicht nur über dieses eine Buch urteilt, sondern über meine ganze Existenz als Schriftsteller und Zeitgenosse, wären Gedanken notwendig zur Beweisführung. Folgende bildhafte Behauptung zum Beispiel: «Gewiss, schon in der *Halbzeit* und erst recht im *Einhorn* war Walsers Land leblos: es glich einer Wüste, doch immerhin mit Oasen. Hier (in *Jenseits der Liebe*, M.W.) sucht man vergeblich nach einer Oase und findet überall nur Sand und Müll.» Da ich ja nicht so ausgeräumt schreiben will und kann wie Beckett, ist klar, dass «Wüste», «Sand und Müll» Bilder sind, um zu sagen, dass bei mir alles leblos sei. Manch einer an seiner Stelle hätte aus Anklang an einen Nietzsche-Text diese Bilder in dieser Absicht vielleicht nicht gewählt. Aber bitte: In meinem Buch ist jetzt alles leblos, keine Oase mehr. Und was ist leblos? Franz Horn? Alle Personen? Oder die Ereignisse? Nichts erfährt man. Er beurteilt die erzählte Geschichte nicht, er verurteilt sie nur. Er ist so sehr Institution. Seine Leser werden ihn nicht nach Gründen fragen. Die nehmen ihm ab, was er ihnen gibt. Die vertrauen ihm einfach. Anders kann das Verhältnis zwischen ihnen und ihm nicht sein, sonst müsste er sich um mehr Raison bemühen.

Als er gerade anfangen will, die Handlung zu analysieren, kommen ihm sofort zwei Namen dazwischen: «Wahrscheinlich sollen die Namen begriffsstutzigen Walser-Lesern auf die Sprünge helfen.» Moment: Was sind «begriffsstutzige Walser-Leser»? Sind das überhaupt Begriffsstutzige? Oder sind die nur begriffsstutzig, wenn sie mich lesen? Ist das denkbar, dass es eine solche Spezialität von Leuten gibt? Ich kann sie mir nicht vorstellen. Ich halte diese Prägung für reines Bla-Bla-Bla, weil sie nichts, gar nichts sagt. Weiter: «So ist Horn einer, der sich die Hörner abgelaufen hat und dem das Leben (in der kapitalistischen Bundesrepublik) in jeder Hinsicht die Hörner aufsetzt. Liszt ist, versteht sich, ein listiger Mensch.» Warum heißt nach dieser doch fast schon ein wenig Mitleid erpressenden Interpretation (O Studenten in Tübingen!) der eine nicht gleich einfach «Hörner»? Und der andere nicht einfach List? Den Namen gibt's doch.

Ich werde mich hüten, R-R eine Einführung in jenen Bereich

der Prosa zu halten, in dem die Namen entstehen. Es ist, das gebe ich zu, der am schwersten aufzuschließende Bereich der Prosa. Oder der irrationalste. Und wenn etwas grundfalsch ist, das sollte auch R-R schon aufgegangen sein, dann ist es seine Übung, einen Namen auf die trivialste Weise beim Wort zu nehmen. Aber ich werde wirklich zu ernst für diese R-R-Stelle. Sie verdient allenfalls, in die Sammlung unfreiwilligster Komik aufgenommen zu werden. Aber dass man über so etwas nachdenken KANN, will ich doch noch andeuten. Nicht im Fall des Helden Horn, das würde zu weit führen. Aber was Liszt angeht. Er stammt von der Insel Juist, und seine Frau ist eine geborene von Müller, und Liszt kommt dem Helden Horn eine Zeit lang als Fra Angelico vor, und er heißt mit Vornamen Horst, und seine Frau verrät Franz Horn, dass ihr Mann unter seinem hässlichen Vornamen leide. Verstehen Sie jetzt, Herr Dr. h. c. M. R.-R., dass ich Mitleid mit Ihnen nicht völlig unterdrücken kann, wenn Sie mein Namensfeld Liszt, Horst, Juist, Fra Angelico, geborene von Müller, wenn Sie das von «Liszt» auf «listig» kurzschließen und diesen Kurzschluss offenbar von Samstag zu Samstag erneut Ihrem vertrauensseligen Publikum als sarkastischen Gedankenblitz verkaufen? Nein, ich fürchte, Sie verstehen immer noch nicht. Ich glaube, Ihnen muss man einfach gestatten, von «Liszt» auf «listig» zu schließen. Tun Sie's. Sie sind ja eine Institution. Und bitte, ich habe Ihnen das Liszt-Namensfeld lediglich zeigen wollen, ich habe keine Interpretation angestrengt.

Ich rief gestern Abend von Frankfurt aus Käthe an. Sie hat, nachdem ich weggefahren war, also auch die *FAZ* gekauft. Sie erkundigt sich besorgt nach meinem Zustand. Ich gab mich etwas fester, als ich war. Sie meinte, dass sich die Leute diese Kritik nicht gefallen lassen würden. Es klang so, als glaube sie an einen Aufstand der R-R-Leser gegen ihren samstäglichen Literaturrichter. Und das zu meinen Gunsten. Liebe Käthe, wo denkst du hin. Das ist eine sogenannte Gemeinde. Seine Gemeinde, bitte. Nicht meine. Ich habe – und hatte nie – Talent zur Gemeindebildung. Ich habe einzelne Leser. Die meisten Leute, die Bücher von mir lesen, haben als Gemeinsamkeit Separationsbedürfnisse. Also, bitte, keine Illusionen. Da wird sich, da soll sich kein Finger zu meinen Gunsten rühren. Ich selber bin der Einzige, der befugt und verpflichtet ist, diesem institutionalisierten Armseligen ein wenig beizuspringen.

14 Uhr 28, wir passierten gerade das liebliche Hornberg! Der Schwarzwald scheint zu wissen, dass heute Sonntag ist. Ich dagegen will das nicht wissen. Ich muss versuchen, mich innerhalb der Literatur festzuklammern. Einmal, in den 50er Jahren, hat ein Franz Schonauer in der *FAZ* einen Artikel gegen ein Buch von H. E. Holthusen geschrieben. Immer wieder hörte ich, mit diesem Artikel habe Schonauer Holthusen für immer erledigt. Seitdem gebe es keinen Schriftsteller Holthusen mehr. Das hörte ich sagen von solchen, die das für eine dankenswerte Leistung halten, und von solchen, die das bedauerten. Über die Effektivität jenes Artikels waren alle einer Meinung.

Ich habe noch eine schöne Menge Arbeitspläne in meinen Tagebüchern. Ich würde diese Arbeiten gern noch tun und sie dann wie bisher zum Gebrauch oder zur Ablehnung anbieten. Dazu muss ich aber innerhalb der Literatur verbleiben. Schon in der Literaturwissenschaft, mit der ich mich immer wieder gern beschäftige, könnte ich die Arbeiten, die ich vorhabe, nicht tun.

Mir fällt ein Motiv ein für den R-R-Artikel. Das *Sauspiel* war im Dezember in Hamburg von führenden Theaterkritikern verrissen worden. Von den Intellektuellen also, gegen die das Stück geschrieben ist am Beispiel der 1525 in Nürnberg kollaborierenden Intellektuellen. Wenn ich mich so drastischer Bilder bedienen darf wie der *FAZ*-Referent, kann ich sagen: Ich blutete aus einigen Wunden. Und das ist, heißt es, wenn noch Haie in der Nähe sind, gefährlich. Vielleicht dachte der *FAZ*-Referent, der Augenblick sei günstig, schwächer in der Feuilleton-Gunst stand MW schon lange nicht mehr da, jetzt also drauf wie noch nie. Vielleicht dachte der von mir zum Hai ernannte *FAZ*-Referent auch gar nicht, sondern er witterte mehr in die Gegend und folgte der Witterung, und dann riss es ihn hin. Ist eine Erklärung in dieser Richtung eine reine Einbildung? Paranoia-Anflüge?

Man sieht, der Autor verfällt immer der gleichen Vorstellung: Anstatt sich einzugestehen, dass er sich durch sein miserables Buch aus der Literatur hinauskatapultiert hat, sucht er immer wieder dem *FAZ*-Referenten vorzuwerfen, der habe einen bösen Anschlag gegen ihn vollführt.

Inzwischen sind wir 832 m über dem Meer. Bald geht es hinunter und durch den interessanten und kapriziösen Hegau hin zum frommen See. Ich hoffe, Schwarzwald und Hegau werden mich schirmen. Vielleicht kommen mir dann gerechtere Gedanken. Morgen (Montag) muss ich nach Zürich, im Theater am Neumarkt das *Sauspiel* lesen. Ja, so ist es. Während ich noch unterwegs bin, um durch einsatzfreudiges Vorlesen die jeweils Versammelten auf den Gedanken zu bringen, dieses *Sauspiel* sei vielleicht nicht ganz so, wie es in der Zeitung stand, werde ich schon vom neuen Schlag … ich möchte sagen: ereilt.

Die Lesungen aus dem *Sauspiel* sofort einstellen und dorthin rennen, wo *Jenseits der Liebe* in höchster Gefahr ist. Oder ist es schon zu spät? Ist der Spruch des *FAZ*-Referenten unwiderruflich? Wohlgemerkt, ich verzichte darauf, dass der von der *FAZ* mir «immer noch eine Hoffnung» einräumt. Als er im Jahr 74 in seiner Zeitung meinen Offenen Brief an Erich Honecker kommentierte, unterstellte er mir schlicht, ich hätte diesen Offenen Brief nur geschrieben, um zu sagen, Honecker habe von der Guillaume-Mission nichts gewusst, und das hätte ich so angefangen wie weiland die Nazis, die den Führer in Schutz genommen hätten, mit dem Spruch: Davon hat der Führer nichts gewusst. Ich hatte, empört von dem Streich, den man Willy Brandt gespielt hatte, wirklich eine Wut auf Honecker. Aber der *FAZ*-Säbler las

Ich

Unter Haifischen darf man
nicht bluten.
, Haifischkinnlade;
Die ge Augen liegen auf,
` Blick ist gelagert.
, Ärmchen rudern. 6 , gefährlich.
, Kinnlade klappt.
Wer hat u Angst Blut geschnüfft?
` ist dran, wir's wissen.
wird es wissen. " dran ist.
` zu Erledigende. — frecher
Collegegeist. Der Gewunden.

Nasenbluten

wieder genau das Gegenteil von dem, was geschrieben stand. O deutsche Sprache, warum machst du es ihm so schwer! Ich will sagen: In diesem Kommentar, den er als ordentlicher Literaturwebel nicht im Suff verfasst haben wird, bezeichnete er mich als einen Schriftsteller, der seine Zukunft längst hinter sich hat. Deshalb darf der Satz, dass sich hinter seinen kaputtmachenden Wörtern noch Hoffnung für mich verberge, als von ihm selbst widerlegt gelten.

Das ist ein Umstand, der beim Aufarbeiten des von Herrn Doktor ehrenhalber Angerichteten immer wieder freundlich stimmt. Der *FAZ*-Literatur-Seite-Chef ist bei der Widerlegung seiner selbst nicht faul. Nehmen wir das doch gar nie hoch genug einzuschätzende Politische. Erfreulich, dass der Autor da nicht bloß auf die ja auch beschränkte Erscheinung des *FAZ*-Literaturwärters starren muss, sondern den milden Michaelis von der *Zeit* in Hamburg wieder einmal einbeziehen kann. Beide erzählen viel Politisch-Biographisches des Autors aus den Jahren 1970 bis 1975. Er, der Autor, muss in diesen Jahren ganz schön drauflosgelebt haben. Unachtsam in hohem Maß. Der Frankfurter Literaturwebel und der Hamburger Literaturwaibel … Der Autor in seiner berüchtigt hemmungslosen Art macht wieder Unterschiede, wo keine sind und die keine sind. Wo keine Unterschiede sind, hat auch der Autor das Recht verloren.

In Immendingen flattert eine rote Fahne. Für Peugeot.

Reise ins Innere des Webels. Papierwebel. Schreibwebel …

Ich will nicht nur spazieren gehen, sondern auch geschichtsschreibend tätig sein. Plötzlich kommen mir der Webel und der Waibel wie zwei Mädchen vor, die Hand in Hand vor einem Fotografen stehen, die Blicke einmütig in die Linse gerichtet, zum Erinnerungsfoto bereit, so sieht der hemmungslose Autor die zwei stehen, die ihm keinen Anlass geboten haben, sie als Transvestiten ins exponierende Licht zu treiben. Da sieht man's wieder einmal. Den *FAZ*-Webel zum grämlichen Mädchen, den Hamburger Waibel zum Grübchen tragenden Gretchen zu machen! Und sich

dann damit entschuldigen, dass er das tue, um die beiden Origi-
nale freundlicher anschauen zu können.

Ein an einem kühn gebogenen Waldrand entlanglaufendes Feld
macht mit allen Reihen seiner junggrünen Saat den Waldrandbo-
gen mit. Im Schwarzwald sahen Stämme und Felder aus, als hätten
gestern noch alle gefroren, im Hegau grünt's, am See ist es grün.
Wie es sich gehört. Engen lag schon hinter uns, wir rollten mit
rasch vernichteter Wucht schon auf Singen zu, da dachte der Autor – vielleicht weil draußen Erdarbeiten auffielen –: Einfach nicht
mehr besprochen werden von ihm, das wäre die Lösung, für ihn
und für dich. Aber so wäre jeder Mensch: Nicht von den Wür-
mern gefressen werden, was! Ja, wo kämen wir denn da hin? Die
Würmer müssen auch leben.

29. 3. 1976

Käthe hat mich in Singen abgeholt gestern. Du lachst ja, hat sie gesagt, als sie mir in der Bahnhofshalle entgegenkam. Als sie das
sagte, spürte ich, wie meine Gesichtszüge zusammensackten wie
etwas Morsches, was plötzlich berührt wird.
    Ich konnte auf dem Heimweg nicht viel sagen. Ich spürte plötz-
lich, wie viel angenehmer es gewesen war, im Zug allein über die
Lage nachzudenken. Jeder Zeuge wirkt erschwerend. Geteiltes
Leid ist multipliziertes Leid. Das war mir schon öfter aufgefallen.
Aber bisher hatte sich das immer auf alle Menschen, aber noch nie
auf Käthe bezogen. Sie hatte ich bis jetzt immer als Zuflucht, als
Asyl, als Schutzinsel empfunden. Sie wollte natürlich mit mir über
den *FAZ*-Mann sprechen. Sie hat schon mit einer Freundin telefoniert. Ich merkte, dass ich nicht über das alles sprechen wollte.
Aber über etwas anderes wollte ich erst recht nicht sprechen. Offenbar wollte ich's Maul halten. Hocken und meinen inneren Monolog weiterlaufen lassen. Ich habe das Gefühl, das Hilfreichste sei
dieser innere Monolog. Die ununterbrochene Tätigkeit meines

eigenen Bewusstseins. Als Arbeit. Als Arbeit gegen die *FAZ*-Drohung.

Heute Morgen um halb zehn rief mich der junge Journalist (das schließe ich aus seiner Stimme, dass er jung ist) aus Freiburg an, der mich in den letzten 14 Tagen schon zweimal in ein von seiner Seite hartnäckig geführtes Telefongespräch verwickelt hat. Er hatte möglichst sofort mit dem Mikrophon ins Haus kommen wollen, und ich sollte etwas über die «Kulturregion Alemannien» sagen. Ich hatte mich damit gewehrt, dass ich sagte, das sei etwas zum Ausarbeiten, nicht aber zum Dahinreden. Weil er nicht lockergelassen hatte, hatte ich gesagt, es gebe zwei Aufsätze, die seien beide in dem Büchlein *Heimatkunde* erschienen, edition suhrkamp, wenn er, was da drinstehe, mir gegenüber hart bestreite, könne es sein, dass ich, um meine Auffassung zu verteidigen, einen Anlass zum Sprechen sähe. Und das ließe sich machen, wenn ich am Montag, dem 29. März, von Frankfurt nach Zürich fahre. Da könnte ich in Freiburg unterbrechen. So weit war ich ihm, seiner milden, nicht lauten Hartnäckigkeit entgegengekommen. Die *FAZ*-Veröffentlichung machte es dann ganz selbstverständlich, dass ich am Sonntag heimfuhr. Als er heute Morgen anrief, sagte ich, die *FAZ*-Polemik habe es mir unmöglich gemacht, mich jetzt mit so idyllischen Themen wie Alemannien zu beschäftigen. Er sagte sofort, ja, ja, das habe ich mir schon gedacht. Ich war fast überrascht. So stark wirkt ein solcher Artikel also auf einen anderen. Ich frage mich fast, ob er auf mich nicht stärker wirken müsste, als er es tut.

Nach diesem Telefongespräch war ich auf jeden Fall fast glücklich. Das ist der Vorteil einer solchen öffentlichen Misserfolgsbehauptung, man wird leichter in Ruhe gelassen. Die Leute entwickeln eine Art Trauerfalldiskretion. Es ist, wie wenn man plötzlich in eine ebenso grüne wie stille Waldlichtung träte. Der umschließende Wald verstärkt beides: das Grüne und die Stille. Ich gehe so weit, diese Stille und Eingeschränktheit bzw. die Stimmung, die sie erzeugt, die Seligkeit des Misserfolgs zu nennen.

Gerade, 13 Uhr 05, hat Frau Brackmann vom Schriftstellerverband angerufen. Am 23. 5. soll in Frankfurt am Main in der Paulskirche eine Rede gehalten werden über die Bedrohung der verfassungsmäßigen Rechte in der BRD. Gollwitzer spreche auch. Und ich? Ich müsse auch. Ich sagte, tatsächlich sei die Zeit vom 20. bis 26. Mai die einzige Zeit, in der ich keinen Termin habe. Aber so eine Rede müsse natürlich vorbereitet werden. Ich sei gestern und vorgestern in Frankfurt gewesen, habe mit dem Verlag eine Lesereise ausgemacht zur Verteidigung des Buches. Diese Reise finde statt zwischen dem 26. 4. und dem 19. 5. Wie also soll ich da diese Rede vorbereiten?

Sie, sofort: Gar keine Frage, Sie müssen Ihre Reise machen. Sie wird also weitertelefonieren. Ich bedankte mich für ihr Verständnis.

Sie: War er wieder sehr lustig, der Reich-Ranicki?

Ich: Fast mehr als lustig.

30. 3. 1976
Heute Morgen das Tosen der Wellen, das auf Windstärke 5 schließen lässt. Dahinein noch das hohe Rauschen der Uferbäume. Westwind. Nach Süden und Südosten hin versinkt der Anblick im Sonnenglast. Der Burgunderwind wühlt den See auf, dass die Sonne in jedem Quadratzentimeter zurückgestrahlt wird. Durch den Wind hat der See eine vielfach so große Oberfläche, als wenn er daliegt als ein ebener Spiegel, der die Sonne in einer einzigen begrenzten und geraden Bahn spiegelt. Jetzt gibt es keine grüne, keine blaue Stelle, überhaupt keinen Wasseranblick mehr, nur noch kochendes Silbergold, ein explodierendes Gefunkel, ein gleißendes Geschiebe, man wird blind vom Hinschauen.

Gestern Abend in Zürich kamen Max Frisch und Marianne zur Lesung. Wir trafen uns zufällig schon vorher in der Kantorei beim Essen. Nachher saßen wir wieder dort. Weder vorher noch nachher wurde der *FAZ*-Artikel erwähnt. Ich empfand es als Schonung. Aber vielleicht haben sie in Zürich diese Zeitung einfach noch nicht gelesen. Nach Zürich ziehen.

Ich sollte heute antworten:
1. auf die Aufforderung, einer Fördergesellschaft für die Frankfurter Hölderlin-Ausgabe beizutreten;
2. auf eine Einladung zur SPD-Wählerinitiative nach Bonn;

3. auf eine Aufforderung, einen Brief an Außenminister Genscher zu unterschreiben, in dem die geplante Reglementierung des Goethe-Instituts durch das Außenministerium kritisiert wird;

4. auf eine Einladung zu einer Anthologie «Hallo Nachbar», je 4 Schriftsteller, Journalisten und Cartoonisten aus Deutschland, Österreich und der Schweiz sollen sich in persönlicher Form über ihre Nachbarländer äußern. Eine Schweizer-Gruppe, die sich Team 7 nennt, hat dazu eingeladen;

5. auf einen Fragebogen der «derzeit größten niederländischen Literaturzeitschrift» (De Revisor).

Da ich sitze und an nichts anderes denken kann als an die öffentliche Beschädigung des Buches *Jenseits der Liebe*, da ich mein Bewusstsein nicht hindern kann, andauernd Gegenmeinungen zu entwerfen, der Schadensstelle Kräfte zuzuführen, kann ich mich diesen Beantwortungen gar nicht erst zuwenden. Ich fühle mich wohler, wenn ich daran denke, dass ich alle diese Aufforderungen einfach verfallen lassen werde. Den Wunsch danach hätte ich unter allen Umständen gehabt. Aber ich hätte nicht den nötigen Mut gehabt. Ich wäre mir bequem vorgekommen, faul. Also hätte ich geantwortet. Durch den Artikel fühle ich mich irgendwie dazu ermächtigt, mich vor dieser unerquicklichen Beantworterei zu drücken. Schön. Das sind also schon wieder die Seligkeiten des Misserfolgs.

Heute kamen Zuschriften zum *FAZ*-Artikel. Von Dieter E. Zimmer: gegen R-R, und: «Ihrem Horn meinen solidarischen Gruß». Von Gerhard Zwerenz: «... nach dieser *FAZ*-Kritik werde ich Ihr Buch unbedingt lesen.» Von Arnfried Astel gegen «den Giftzwerg im Vorgarten einer Zeitung für Deutschland», endet: «Mein Gott, hat der ausgeschissen.»

Ein möglicher Titel:
Das hast du keinem Toten getan
Oder:
Die Seligkeit des Misserfolgs
Heute Abend um 22 Uhr kommt in der Sendung «Aspekte» das Interview über *Jenseits der Liebe*. Ich habe Angst davor.

Morgen um 14 Uhr 45 wird E. Rudolph, *SDR* Stuttgart, ein Telefon-Interview mit mir machen über eine Kritik von J.P. Wallmann. Er hat mir die Kritik vorgelesen. Sie referiert genau und urteilt ungenau, glaube ich. Die Kritik an einer Stelle über einen Betriebsvorgang finde ich berechtigt. Die Stelle klinge wie aus einem Drehbuch für eine Fernsehserie. Da hat er schon recht. (Wie der Unternehmer Thiele mitteilt, wer wohin fährt oder fliegt.) Das hat zu offensichtlich Expositionscharakter.

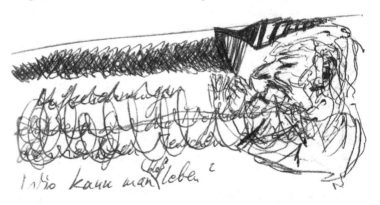

Herr Luczak, der Verkaufsleiter des Verlags, rief heute zweimal an, Herr Carlé, der Werbeleiter, einmal. Zwischendem 3. und 20. Mai soll eine Werbeaktion für das Buch stattfinden. Ich soll in verschiedenen Städten lesen. Herr Luczak ist der Meinung, dass der *FAZ*-Artikel den Verkauf des Buches überhaupt nicht beeinträchtige. Er kam gerade zurück von einer Reise durch Nordrhein-Westfalen und hat den Eindruck, dass die Buchhändler das Buch mögen und glauben, es gebe sehr viele Interessenten dafür, wenn die Leute nur erführen, was es für ein Buch sei. Dazu soll also etwas getan werden durch Lesungen und Werbung. Für die Werbung soll der außerordentlich hohe Betrag von 30000 DM eingesetzt werden. Ich glaube nicht ganz an solche Mittel, weil ich gehört habe, dass Büchererfolge heutzutage mit Werbeetats von 100000 bis 300000 Mark pro Buch produziert werden. Mir kommt es vor, als bleibe man mit 30000 Mark unterhalb der Wahrnehmungsgrenze. Andererseits kommt mir der Betrag auch sehr hoch vor. Wenn ich in zwanzig Städten aus dem Buch vorlese, und es stellt sich heraus, dass sich einiges aus dem Buch zum Vorlesen eignet (was ich noch nicht weiß), dann hat das eine kalkulierbarere Wirkung als die Werbung durch Inserate. Ich glaube einfach nicht an die Wirkung eines Inserats. Dagegen glaube ich an Schaufensterwerbung und an die Wirkung von Plakaten in Buchhandlungen.

Das Bedauerliche an diesen Unternehmungen ist, dass sie so spät stattfinden. Das hätte geplant gehört für den Monat, in dem das Buch erschien. Das vorzuschlagen, konnte nicht meine Sache sein.

Telefonisch drückten ihre Solidarität bis jetzt aus: Elisabeth Endres, Roland Lang, Uwe Timm, Eckart Rudolph. Das ist ungewöhnlich. Dadurch wird das Extreme des *FAZ*-Vorgangs objektiv bestätigt.

1. 4. 1976

Gestern um 14 Uhr 45 das Telefoninterview mit Eckart Rudolph, *SDR*, nach der Wallmann-Kritik zu senden. Rudolph redet von den Zwängen der Industriegesellschaft, aber auch davon, dass vielleicht manche Menschen, z. B. Franz Horn, zu schwach sind und dann der Gesellschaft die Schuld an ihrem Versagen geben. Ich hätte sagen müssen: Wenn Menschen und Gesellschaft nicht zusammenpassen, was soll man dann ändern? Das fiel mir nicht ein.

Zu den 99 Sprüchen: R-R geht so lange zum Brunnen, bis er riecht.

Hellmuth Karasek, telefonisch: Er hätte das Buch gern besprochen. Aber er hat eben nicht.

R. Baumgarts Trostbrief: «Jedes *FAZ*-Wort ist Unsinn, Verleumdung, hat mit Dir und dem Buch so viel zu tun wie ein Schlagring, der Deinen Kopf trifft.»

Käthe: Dabei hat er doch über das *Kinderspiel* eine genau solche Kritik geschrieben wie jetzt R-R.

R. Augstein sagte gestern Nacht, er werde mich heute Nachmittag um 3 Uhr anrufen. Ich: Das sei überhaupt nicht nötig. Er: Aber ich werde dich doch anrufen dürfen. Und jetzt sitze ich und warte, und er ruft nicht an. Das heißt, ich bin immer in der schwächeren Position.

Käthe fragt jetzt des Öfteren: Warum man bloß von Herrn Saueressig nichts höre. Der hat doch sonst immer angerufen. Herr Saueressig war im November hier, seitdem kein Kontakt mehr. Das wäre, hätten wir Erfolg, überhaupt nicht bemerkt worden, glaube ich. Wenn man Misserfolg hat, wird man empfindlich. Man bemerkt, was man sonst nicht bemerkt hätte. Aber man bemerkt es nicht nur, man deutet es auch; ob man das dazusagt oder nicht. Dagegen schreibt Herr Ficus, der seinerseits so wenig Erfolg hat wie ich, klagende Karten von irgendwoher und teilt mit, dass er noch bis 10. 4. dort sei, er und seine Frau, und dass man sich dann doch wieder einmal sehen sollte. Natürlich sollte man. Andererseits gibt es für den Misserfolgreichen nichts Schöneres, als allein zu sein. Also wirklich.

Stücke ohne gesellschaftlichen Inhalt wären noch zu schreiben, leichter zu schreiben. Falls die Not uns erreicht.

Der Abendzug nach Paris, der immer, wenn wir spazieren gehen, an uns vorbeidonnert, dass Timon vor Schreck jedes Mal in die

Knie geht und sich erst wieder aufrichtet, wenn der Zug verschwunden ist.

Ich kann nicht für alles bezahlen. Leiden ist eine Münze, die fast nichts wert ist.

Heute steht es 1 zu 0 für das Bauchweh.

Wenn so viele mit einem unzufrieden sind, entfällt die Frage, ob man mit sich selber zufrieden sei. Da ich der Einzige bin, der ALLE Unzufriedenheit mit mir zur Kenntnis nimmt, weiß ich, wie jemand über mich denken müßte, wenn er all das auch erfahren würde. Zum Glück lesen nicht alle Leute alle Zeitungen, in denen etwas Negatives über mich steht. Aber viele lesen doch viele Zeitungen, das merkt man schon. Aber alle lese wirklich nur ich.

Wie lange werde ich mich noch ertragen? Ich glaube, noch eine ganze Zeit. Erstens, weil ich muss. Ich habe noch Pflichten. Zweitens, weil die Schläge auch müde machen. Man liegt und kann sich nicht mehr rühren. Auch nicht gegen sich selbst. Ein weiterer Vorteil des Misserfolgs. Hitler hat immer behauptet, die Deutschen seien durch das alliierte Trommelfeuer in den Schützengräben des 1. Weltkriegs «zusammengeschweißt» worden. So etwas erlebe ich vielleicht jetzt auch. Ich werde mit mir zusammengeschweißt.

Es ist in dieser Abendzeit wie ein Anfall, wie etwas mich Hinreißendes. Ich rechne ab und ab.

Ich darf nur nichts von dem, was sich jetzt in mir entscheidet, je rückgängig machen. Ich muss mir treu bleiben. Dem, der ich jetzt bin. Das alles darf nicht ohne Wirkung bleiben. Das muss etwas hervorbringen, woran mir gelegen ist.

Über und über besudelt, rutsche ich einen schlimmen Kanal hinab.

Dass meine Mutter tot ist, also nicht mehr zu erreichen ist von dem, was jetzt gesagt wird, ist ein Vorteil. Ein weiterer Vorteil des Misserfolgs, dass man den Tod seiner Mutter nicht nur leichter erträgt, sondern ihn sogar angenehm empfindet, als einen Vorteil. Ach ja, der Misserfolg hat schon sein Gutes.

Günter Schöllkopf war bei Hajek auf einer SPD-Party mit Brandt, Eppler usw. Günter Schöllkopf hat mir im Lauf der Zeit einmal gesagt, dass er in Gefahr sei, als Baader-Meinhof-Helfer verhaftet zu werden, dass die «Bullen» bei ihm gewesen seien, ein anderes Mal, dass er CDU-Mitglied sei, und hat Gespräche mit dem Chefredakteur von *Christ und Welt* erwähnt, auch dessen Urteile über mich, und schließlich arbeitet er ja mit W. J. Siedler, mit Propyläen, also mit dem Springer-Verlag, eng zusammen. Die SPD hat noch gefehlt, jetzt fehlt nur noch die DKP. So weit wird es aber nicht kommen. DKP, das ist eine Art Erfolglosigkeitsmarke, der sich jemand, der es noch weit bringen will, nicht nähert.

Ich trinke meinen wohlschmeckenden Gallentee.

Ich kauere. Auch das Bewusstsein kann kauern. Die Haltung mit der kleinsten Oberfläche, also mit dem geringsten Wärmeverlust.

Für 468 Mark ein Radio plus Cassettenrecorder für Johannas Geburtstag. Das Verkaufsgespräch war beschämend kurz und simpel. Er hat ein billigeres, von einer unbekannten japanischen Firma, aber das mag er mir nicht geben, weil er mir doch, wenn einmal etwas kaputt ist in ein paar Jahren, auch Ersatzteile verkaufen will. Ich hätte gerne gefragt, welchem schlimmen Kunden er dann das billige Gerät zumuten will, denn das will er doch, sonst hätte er es nicht auf Lager. Und ich hätte gern den Namen der «unbekannten japanischen Firma» erfragt, weil er mir doch vor einem Jahr ein teures Gerät der japanischen Firma Hitachi (ein Name, der mir bis dahin vollkommen unbekannt gewesen war) verkauft hatte, mit der Begründung: Wenn an diesem Gerät einmal etwas kaputt sei, könne er mir eben jederzeit jedes Ersatzteil liefern, da sei ich also so sicher wie bei einem Mercedes.

Ich kann einige Leute finden, denen mein greller Misserfolg angenehme Empfindungen bereitet. Sie freuen sich herzlich. Sie lesen die Artikel ihren Frauen vor, um auch die an ihrer Freude teilnehmen zu lassen. Ein weiterer Vorteil des Misserfolgs. Du machst Leuten eine Freude, denen du auf keine andere Art hättest eine Freude machen können. Das ist ein eindeutiger, durch keine andere Wirkung geschmälerter Vorteil, weil nämlich die Leute, die einen etwas lieber mögen, die sich also über meinen Misserfolg nicht freuen, nicht im mindesten leiden unter meinem Misserfolg. Ich bin sogar fast sicher, dass auch Leute, die mir sehr nahestehen, sich über diesen Misserfolg ein wenig freuen. Nicht natürlich auf die R-R'sche Art, sondern auf eine stillere Art, auf Freundes Art eben. Sie gönnen einem so etwas, aber sie gönnen es einem herzlich.

2. 4. 1976
Ich habe es wirklich schön. So ein Freitag, so ein 2. April, an diesem warmen Tag, der See ein vollkommen ruhiger Spiegel, über den man sich andauernd beugen möchte. Drei Schwäne starten, fliegen eine große Kurve, peitschen die Luft mit ihren riesigen Flügeln, landen laut und schwer. Wie schön ist es hier. Osterglocken, Gänseblümchen, Hyazinthen, Primeln … kein eiliger Schritt. Die Autos, die hintern Haus vorbeifahren, werden nur mit einem Geräusch hörbar, das zwischen unserem Haus und dem Nachbarhaus durchschlägt und schon wieder verschwunden ist. Das klingt, als würden diese Autos so rasch wie möglich aus dieser Stille fliehen.

Käthe hat gerade ganz überraschend zwei Zimmer vermietet, die wir im Sommer als Ferienwohnung vermieten wollen. Und das schon vor Ostern. Das kann eine gute Saison werden. Diese Gäste kommen aus Hamburg. Na bitte, ein Hauch von Unabhängigkeit vom Kulturbetrieb weht aus dieser Nachricht, die Käthe mir genauso aufgeregt überbringt, wie es die Nachricht verdient. Familie Schaufuß, drei Personen, Neffe des Schauspielers H. H. Schaufuß.

Am meisten wallt das noch nicht völlig verarbeitete Unangenehme am Morgen gleich nach dem Aufstehen auf. Es ist, als habe es darauf gewartet, dass man endlich aufwache; als habe es sich, da es während des Schlafs in den Träumen nicht genug zum Zug komme, gestaut, und jetzt, da man endlich wach ist, überfällt es einen, es kann sich gar nicht bremsen bzw. du kannst es nicht bremsen. Hilflos siehst du dich verstrickt in dein unangenehmstes Thema. Du kannst alles versuchen, nur loswerden kannst du es nicht. Nicht auf dem Weg des Abdrängens, Verdrängens, Abwiegelns, Betrügens. Du musst einfach mitmachen. Versuchen, so gut wie möglich davonzukommen bei dem Streit, der in deinem Kopf rast. Was rast, das sind die Argumente zu deinen Gunsten. Die haben gewartet wie die roten Blutkörperchen. Jetzt rasen sie zu der Stelle, an der sie die Verletzung spüren. Dabei wäre es dir lieber, wenn du dich mit dieser blöden Stelle gar nicht mehr abgeben müsstest. Aber so ist es: Am hilflosesten ist man einer Verletzung gegenüber.

Jedes Mal meint man, das Schlimmste sei vorbei. Das ist die Illusion, die uns am Selbstmord hindert. Man sagt sich: Jetzt hat man das alles hinter sich gebracht. Das Schlimmste hat man durchgemacht. Es wäre doch idiotisch, jetzt, wo noch ein paar ruhige, wenn auch graue Tage kommen, aufzuhören. Dann wäre ja die ganze Plackerei umsonst gewesen. Also komm! Und macht weiter. Und die nächste Kalamität bricht herein. Und sie ist schlimmer als die vorige. Und du denkst: Also die hätte ich mir ersparen können, wenn ich …

4. 4. 1976
Da sitze ich wieder
kann weder das eine
noch das andere tun
die Notwendigkeit
ist schon zu groß.

Ich will nichts
Einzelnes mehr.
Was für sich ist
stößt mich ab.
Ich bin für die Luft
und für das Licht.

Statt etwas, Wörter. Ein Ort aus Wörtern, eine Zeit aus Wörtern, die in Wasserburg vertretenen Dialekte.

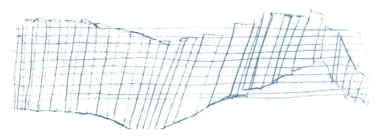

Mir wird nahegelegt
zu verleugnen, was ich
von meiner Mutter erfuhr.
Ich soll das Elend vergessen
das der Kapitalismus
meinen Eltern bereitet hat.
Ich soll mir's besser gehen lassen
bei denen, die meinen Bruder
erschießen ließen.

Thomas Thieringer ruft an: J. Kaiser wird das Buch besprechen. Goldschmied habe gesagt: Kaiser wird gegen R-R vorgehen. Aber am Schluss sei das, was er sagt, noch gemeiner als das, was R-R sagt: und zwar durch Wohlwollen.

Ein Buch über diese Wirkung muss heißen: Von den Läusen auf meinem Kopf. Ich kann froh sein, dass ich im Unrecht bin. Mein Gesicht fühlt sich schief an, verformt, geschwollen.

Er sah sich in den Scheiben der Schaufenster deutlicher, als wenn er nur an sich dachte.

Es ist aus. Wieder einmal aus. Diese Modeschriftsteller à la Beckett, die Nichtssagenden sind beliebt. Lass uns nichts sagen. Zwischen Rosen nichts sagen. Das zu einer ganz harten Stelle konzentrierte Bauchweh verleugnen und die allgemeinen Parfüms des Nichts verströmen lassen. *Montauk* loben sie in den Himmel. Diese Eleganz! Vielleicht finde ich etwas in Amerika. Und wie das Todesdatum mitteilen? Das soll keiner von denen erfahren.

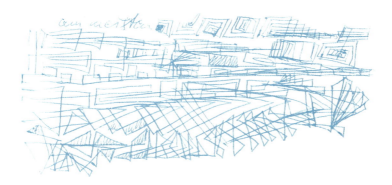

Ich möchte flussaufwärts gehen. Ins Innere über die Steine. Jedes Mal habe ich so viel eingesetzt, und jedes Mal habe ich verspielt.

Ich habe nichts mehr einzusetzen. Mir sind die Regeln immer noch fremd. Lass das nur. Lass das. Ich will nicht mit dir reden. Ich will zum Fenster hinausschauen und die Äste zählen und die Blätter, die Blätter an den Ästen. Ich hatte sowieso keinen Freund. Ich wusste, dass ich keinen Freund hatte. Was hab ich also verloren? Nichts. Wollte ich herrschen? Macht haben? Bewunderung von Leuten, die ich nicht schätze? Ich wollte wohl allen möglichen Zimt. Dass ich nichts von dem kriege, was ich wollte, muss mir recht sein. Was wäre aus mir geworden, wenn ich alles, was ich wollte, bekommen hätte? Das darf ich mir gar nicht vorstellen. Eine Art Joachim Kaiser plus Karajan plus, plus, plus wäre aus mir geworden. Ja, muss ich nicht allen dankbar sein, die das verhinderten? Nicht, dass ich so, wie ich bin, besser bin als die in München, Hamburg, Frankfurt usw. Ich bin nur näher bei den Leuten. Auch wenn das nicht mein Verdienst ist. Mein Gesicht ist heiß. Alles fühlt sich zerschlagen an. Geschwollen. Für Fassbinder tritt Kaiser voll ein. Klar. Lass nur, Freund. Wir sprechen uns nicht wieder. Es muss schön sein, wenn ich weit weg bin. Ich muss fort. Rasch fort. Flussaufwärts. Das Geld wird fehlen. Schon morgen. Ich spüre, wie alles erstarrt. Die Härte herrscht. Über mich.

Man wird sich doch beerdigen lassen können, ohne dass das jemand erfährt. Der Ehrgeiz, denen keinen Anlass zu einem Nachrufartikel zu liefern. Die gemeinsten drei sind R-R, Rolf Michaelis und Joachim Kaiser. Ein unüberbietbares Trio. Das lassen sie los auf mich. Nein, niemand lässt etwas los auf mich.

Die Unverhältnismäßigkeit. Noch besitze ich 80000 Mark, bei 60000 Schulden. Wenn ich jetzt 200000 Mark hätte, würde ich spazieren gehen, usw.

«Sellerliste» am 2. 4. in der *Deutschen Zeitung*, «jeweils aus der größten Buchhandlung einer Region»: *Jenseits der Liebe*, Platz 1; *Montauk*, Platz 2.

Wahrscheinlich werde ich von *Jenseits der Liebe* einen Teil II schreiben müssen, in dem ich R-R Abbitte tue und ihm erzähle, wie angenehm er ist, verglichen mit Rolf Michaelis und Joachim Kaiser. Kein Wort von Teil I zurücknehmen, aber sagen, wie sympathisch er ist, gegen die beiden anderen: weil er eben doch ein Stalinist ist, also ein Gläubiger, während diese zwei «Liberale» sind, also Unfassbare. Warum hat R-R diese Kritik nicht 1973 geschrieben? Der *Sturz* ist doch viel leichter zu erledigen. Na ja, für R-R ist alles, was er erledigen will, leicht zu erledigen. Aber der *Sturz* ist ein schwerfälliges und teilweise aus irrsinnigen Verzerrungen bestehendes Buch. Es enthält Sünden gegen den Realismus, die durch nichts aufgewogen werden. Warum hat er das nicht angegriffen? *Jenseits der Liebe* ist ein viel stabileres Gebilde als der *Sturz*. Das glaub ich schon.

Ach, dieser 6-Uhr-Zug. Wie der hereinschlägt durchs offene Fenster. Und man weiß, so rast der jetzt, bis er in Paris ist.

Jeder hat recht. Warum dann das Bauchweh? Streck dich doch endlich aus unter den Ästen, anstatt sie zu zählen. Jeder hat recht. Es hat jeder recht. Also du auch.

Ich habe die Unterhaltung mit H. Karasek verpatzt, weil ich mich wieder einmal nicht beherrschen konnte. Gleich schrie ich los, als er den Namen Michaelis nannte und dessen Kritik positiv beurteilte. Ich schrie – und ließ mich längere Zeit nicht unterbrechen –, dass ich keinen Unterschied machte zwischen R-R und Rolf Michaelis, weil beide ihre Kritiken damit begännen, dass sie meine letzten 5 Jahre rezensierten, meine Person anstatt mein Buch. Und beide finden DKP und UdSSR am interessantesten. Dass ich viel, viel länger in Texas war, dass ich über die USA geschrieben habe, über die UdSSR aber nicht, das alles interessiert sie nicht. Ich versuchte H. Karasek zu beweisen, dass Rolf Michaelis noch schlimmer ist als R-R, weil er in den letzten Wochen in der *Zeit* immer wieder für Liberalität, für Demokratie, gegen den Radikalenerlass usw. eintrat, und jetzt beweist er, dass er es selber gar nicht mehr bemerkt, wenn er denunziert.

Karasek: Das Einzige, was die drei Besprechungen gemeinsam haben (in *FAZ, Zeit, SZ*), dass sie von den jeweiligen Chefs geschrieben sind. Und das ist eben das Schicksal, wenn man Martin Walser heißt, dass man dann ernst genommen wird, und der Chef will das selber machen.

Mir fällt dabei ein, dass mein Buch von den Leiden eines Angestellten handelt, der keinerlei Fähigkeit hat, Chef zu sein. Das ist seine wichtigste Charakteristik. Besprochen aber wird das in den Zeitungen von Chefs. Im *NDR 3* und im *ZDF* und im *Stern* von jungen Angestellten, und alle fanden Horn unheimlich typisch.

5. 4. 1976

Der nächste Roman. Die Selbstwertdifferenz zwingt Karl (Chauffeur) dazu, den Chef umzubringen. Das ist etwas, was nachher nicht mehr erklärt werden kann. Alle hatten immer das Gefühl, dass das Verhältnis Karls zum Chef ein besonders gutes Verhältnis ist. Auch der Chef. Aber Karl hat nie irgendeinem Menschen das Wichtigste gesagt: das Allerallerwichtigste, dass er von sich anders denkt als alle anderen Menschen. Er kann nicht davon sprechen, weil der Unterschied zu groß ist. Auch seine Frau weiß nichts davon. Deshalb ist die Verstümmelung des getöteten Chefs nur noch ein psychopathologisches Datum.

H. Karasek bezeichnete die R-R-Kritik als eine stalinistische Kritik. R-R habe sich offenbar nicht geändert.

6. 4. 1976
Überlingen 10 Uhr 40 – Zürich 14 Uhr 20 – Frankfurt 15 Uhr 15.
Für *Hessen 3.*
3 Fragen. 1. Das Buch. 2. R-R. 3. Kritik seit 1970.
Links, das sind ja keine Inhalte, die sonst nicht vorkommen, das ist auch eine andere Sprache, ein anderes Verhältnis zu allem: Leiden, Gemeinheit, Zynismus, Grausamkeit, Erschöpfung …
Zu R-R: Ich weiß auch nicht, seit ich diesen Artikel gelesen habe, überlege ich, wem er wohl mehr schadet damit, sich oder mir? Nur muss ich natürlich mein Mitgefühl zügeln. Dieser Kritiker hat sich ja nicht wenig vorgenommen. Er will mich draußen haben aus der Literatur. Also, auch wenn ich das Gefühl habe, er tue mir jetzt nur noch leid, muss ich mich beherrschen, und zwar wegen meiner Arbeit. Er befiehlt dem interessierten Publikum heftig, mein Buch nicht in die Hand zu nehmen. Es lohne sich nicht, auch nur eine einzige Seite zu lesen. Das darf ich diesem Buch zuliebe nicht zulassen. Ich habe mir etwas gedacht, als ich das Buch schrieb. Und es käme mir wie Verrat vor an meinem Helden Franz Horn, wenn ich mich jetzt aus Mitleid mit R-R oder aus vornehmer Zurückhaltung davon abhalten ließe zu sagen, was ich denke. Aber ich habe Hemmungen. Man wird so erzogen als Autor. Dem Kritiker widerspricht man nicht. Das tut man einfach nicht. Der alte Herr Suhrkamp hat mir das, als ich ein junger Autor war, direkt eingeflößt. Das sitzt. Also zitiere ich lieber, zum Beispiel, was Rolf Becker im *Spiegel* über diese Kritik geschrieben hat:

dass sie «nur knapp diesseits der Literaturkritik» blieb. Ich könnte auch Briefe von Lesern vorlesen. Kopien, die sie mir zugeschickt haben, weil sie fürchten, dass die *FAZ* nichts bringt, was die tönerne Autorität ihres Literaturwarts anzweifelt. Ich will mich aber nicht nur hinter anderen verstecken.

7. 4. 1976

Der, der immer alles falsch macht, müsste mein Held sein. Tatsächlich ist Joachim Kaiser gemeiner als R-R, weil er dessen Gemeinstes ohne jede Erregung, also ganz vernünftig übernimmt, wie man das bewährte Ergebnis eines anderen Naturwissenschaftlers übernimmt, und dann zweifelt er doch noch an diesem Ergebnis, aber nur, um zu einem für mich noch schlimmeren zu kommen.

Anstatt über Schaffhausen, Singen nach Überlingen, finde ich schon um 11 Uhr 12 einen Zug über Winterthur, Weinfelden, Konstanz, nach Radolfzell, 13 Uhr 43. Sonst wäre ich um 14 Uhr 10 in Überlingen. So bin ich früher bei Käthe. 37 Minuten früher. Das ist 12,30 Aufpreis wert.

Was Joachim Kaiser bei mir als Wiederholung durch Erschöpfung eines älteren Autors kritisiert, wird, wenn er über Max Frisch spricht, zur Treue zum Thema, zum Frisch-Thema. Die R-R-Kritik nennt er «vernichtend scharf». Sie genügt also seinen professionellen Anforderungen. Jetzt kann ich nur noch auf W. Schütte in der *FR* hoffen.

Ich werde noch den Mord beschreiben, den der Chauffeur an seinem Herrn begeht, an einem Herrn, der immer so gut zu ihm war. Der Chef ist ein Musikfreund. Speziell Mozart.

Was habe ich wirklich falsch gemacht? Wie vermeide ich es, die falschen Schlüsse zu ziehen? Es ist unmöglich, etwas Schweres zu ernst oder zu wenig ernst zu nehmen. Ich gehe plötzlich langsam, um eine alte Frau, die hinkt, nicht einfach überholen zu müssen. Der, der alles falsch macht, verliert alles Vertrauen in seine Sprache. Kann man das so sagen?

Eine Baracke im Regen, Tiefbau AG. Nasse Stämme. Siegershausen, Weichkäserei. Lengwil mit riesigen Tanks und einer Fabrik, in der Holz verarbeitet wird. Zwischen zwei Äckern eine Panzersperre aus Stahlpalisaden. Die Thurgau-Bahn pfeift oft. Links oben ein Schlösschen mit überladenem Turm. Drunten im Regendunst schon das Konstanzer Münster. Kreuzlingen. Im Abteil die Reproduktion eines Gemäldes, das Bodensee-Ufer im Winter, aus einer Schneefläche im Schatten tritt eine dunkle Figur, eine mit den dunkelsten Winterfarben vollgesogene Figur, in eine helle Schneefläche. Ob die Helligkeit von Sonne oder Mond kommt, ist nicht feststellbar. Dass das nicht festzustellen ist, ist der Reiz dieses Winterbildes. In Konstanz rasch zur Bushaltestelle. Die Fähre ab 13 Uhr. Also Telefon. Franziska am Apparat. Käthe soll nicht nach Radolfzell, sondern nach Meersburg kommen, gegen 13 Uhr 30. 13 Uhr 35 bin ich in Meersburg, statt 13 Uhr 43 in Radolfzell oder 14 Uhr 10 in Überlingen. Allerdings noch eine Mark für den Bus und eine Mark für die Fähre und 50 Pfennig für das Telefon. Das Wasser transportiert uns am weichsten.

Karl, der Chauffeur. Wenn der Chef zur Familie kommt, beurteilt er die Kinder, das gibt den Ausschlag. Karl sieht, dass auch die Kinder nicht herauskommen werden aus dem Leben, das er führt. Seine Frau und seine Kinder werden ohne ihn ein besseres Leben führen als mit ihm. Als er in die Anstalt eingeliefert wird, als sich die Gittertür schließt, drückt er dem Beamten die Hand und sagt: Danke. Das sagt er ganz leise.

Wie man mit einem Gegner umgeht. Ich brauche 10 Jahre Geduld und Enthaltung. Dann kann ich kurz vor dem Erlöschen noch einen Gnadenblick bekommen. Ich will von diesem Blick unabhängig werden. Ich will meine Komödie vollkommen allein erleben.

Der Chauffeur. Als die Familie noch beim Abendessen saß, läutete es. Karl schaute seine 15-jährige Tochter an, triumphierend schaute er sie an und machte dazu eine Handbewegung, die heißen sollte: Bitte, was sage ich immer, die kommen jetzt schon zu jeder Tag- und Nachtzeit ins Haus. Eine Rücksicht gibt es nicht mehr. Wenn ich den, der jetzt eindringen will, hinauswerfen will, muss ich schreien, mich lächerlich machen. Wenn ich nur rede, geht der nicht. Alle schauten Karl an. Die Stille nach dem grellen Klingelgeräusch war besonders spürbar. Karl: Ja, geh doch, lass ihn doch herein, aber ich geh ins Bett. Karl stand auf, ging hinüber ins Schlafzimmer; bevor er die Tür erreicht hatte, war die 15-jährige an der Haustür, hatte geöffnet, Karl hörte die Stimme, es war sein Chef. Herr Direktor, rief Karl und war in zwei Sätzen drunten an der Tür. Ja, so was, bitte, kommen Sie doch herein. Agnes! Mögen Sie Musik? Fragte der Direktor. Mein Gott, dachte Karl, so was fragt man doch nicht. Er spürte, dass sich sein Gesicht verzog. Der Direktor sagte, offenbar um Karl zu Hilfe zu kommen: Oder so gesagt, brauchen Sie Musik? Karl konnte nicht antworten.

Danach ist Karl still. Die Frau sagt aus, dass er nicht bloß still war, sondern wütend. Er stöhnte. Der Direktor hat ihm in ein paar Sätzen die Zukunft seiner Kinder vorausgesagt. Und der Direktor versteht etwas davon. Eine Tochter so, die andere so.

An einer Stelle auf der Alb muss immer gehalten werden. Da passiert es. Man spürt, wie sich das vorbereitet. Man hat Angst davor. Es muss das Messer sein. Und wenn der tot ist, zurück zum Auto, die Handschuhe aus dem Fach geholt und schneidet dem die Ohren ab. Und das Geschlechtsteil. Ein Ohr legt er dem auf den Mund, eins bringt er der Polizei, das Geschlechtsteil bringt er der Frau, aber er legt es in die Dose, in der er sein Vesperbrot hat.

Stuttgart–Zürich ist seine Lieblingsstrecke.

8. 4. 1976

Käthe hat mich in Meersburg abgeholt, hat mich flüchtig, aber nicht gedankenlos mechanisch, sondern eher scheu mit der Hand berührt. Und zwar, während sie bei strömendem Regen fuhr. Wir sprechen nicht viel. Ich sagte nichts von der J.-Kaiser-Kritik. Sie sagte nichts. Ich dachte: So unschuldig, so gesund, so weit weg ist sie, sie hat noch nicht in die *SZ* hineingeschaut, obwohl wir doch durch den Thomas-Thieringer-Anruf beide wussten, dass diese Kritik da drinstehen würde. Erst als wir schon zwei Stunden mit Franziska beim Kaffee saßen, fing ich davon an. Erwähnte die Kritik. Franziska fragte: Wo, wann? Käthe stand sofort auf und ging in mein Arbeitszimmer, da lag die *SZ* zusammengefaltet, wie sie der Postbote bringt, unter der übrigen Post. Das hatte ich gleich, als ich heimgekommen war, bemerkt. Das hatte mich ja in der Annahme bestätigt, dass Käthe noch nichts wusste. Jetzt holte sie die Zeitung, gab sie Franziska und ließ durch Bemerkungen keinen Zweifel daran, dass sie sie gelesen hatte. Die von R-R schade mir nicht, aber die von Joachim Kaiser. Durch diese Behandlung, durch diese sinnlose Schonung machte sie mir erst klar, wie schlimm diese Kritik ist. Man selber denkt ja immer, dass man so eine Gemeinheit nur selber so empfindet. Aber wenn um einen herum so reagiert wird, dann ermisst man erst, was für eine Gewalt in so einer Gemeinheit wirkt.

Abends rief Heinar Kipphardt an und sagte mir, ich solle mir aus dem Geschmier dieses Eunuchen nichts machen. Das sei Politik. Die ganze Initiative dieser neuen Kampagne gehe auf Fest zurück. Dann sagte er, dass jetzt sein Roman herauskomme. Es sei nicht nur ein verarbeitetes Drehbuch, sondern etwas Neues. Ich versprach, den Roman zu lesen.

Gestern Nachmittag rief, betrunken, L. Reinisch an und wollte, dass ich etwas über Benn mache, es beteiligen sich noch drei oder vier andere. Ich lehnte ab. Er sprach immer wieder ohne jeden Übergang von seinen vier Kindern, die jetzt ohne Mutter seien, abends komme er heim, und dann sei keine Frau da, er halte das nicht mehr aus, und warum ich denn nicht mitmachen könne, bei der Sendung über Benn, er sei enttäuscht, beleidigt, ich hätte doch auch Kinder, aber er habe vier und keine Frau ... Oft versagte seine Stimme, es hörte sich an, als heule er jetzt ganz leise vor sich hin.

Franziska hat ein Darlehen von der Dresdner Bank über 3000 Mark, 8,85 % Zins, monatlich 125 Rückzahlung.

Das Einzige, was die schwere Schuld, Kinder zu haben, mildert, ist, dass es schön ist auf der Erde: das Grüne, der Regen, die Sonne, auch das Vogelzwitschern gehört dazu, das sogar ganz besonders. Wirklich, ohne das Vogelgezwitscher möchte ich nicht sein.

Und trotzdem muss ich gestehen, dass mir, in meiner jetzigen Lage, das Wort Gezwitscher furchtbar lächerlich vorkommt. Nicht das, was ich von den Vögeln draußen höre. Diese ganz bestimmten, keine Sekunde lang missverständlichen Laute sind schön, ich kann nicht genug davon hören. Das Wort, das wir dafür haben, zeugt schon davon, was für eine überhebliche Art wir sind. Ich verstehe wieder einmal die Sprache der Vögel. Sie reden zu mir.

Wo verberge ich mich? Ich bin jetzt noch getrennter. Ich will nichts mehr wissen von den Opportunisten. Ich weiß, dass *Jenseits der Liebe* ein richtiges Buch ist. Ich habe, was ich geschrieben habe, zuerst erfahren. Aber es nützt nichts, das vor mich hinzusagen.

Auch Hans Gottschalk hat gestern angerufen. Er hält *Jenseits der Liebe* für mein bestes Buch. Er ist seit drei Jahren von der Bavaria weg. Das klingt sehr überraschend und sehr bitter. Aber das ist es eben. Man kann sich nie genug vorstellen.

Dass man immer meint, die anderen müssten teilnehmen, an dem, was einen selber betrifft. Das ist noch ein altes Gefühl. Von ganz früher, als man noch in der Herde oder Horde wohnte und die Schnauzen aneinanderrieb. Und einander streichelte. Bis jetzt sieht es nicht so aus, als könnten wir etwas vom alten Kontakt wiedergewinnen. Aber noch lebt der Instinkt, der diesen Kontakt sucht, und dann findet er nichts.

Verwirrt, verwirkt
lass mich liegen, geh
ich bleib gern, wo ich bin.

Ohne jeden offenbaren Anlass schrie ich gestern Abend Alissa an. Ihr Freund Wolfgang war auch am Tisch. Ich attackierte sie dadurch, dass ich sagte, als wir ihr vor 3 Jahren sagten, dass wir ihr Timon nicht kaufen wollten, weil wir wüssten, dass sie sich in 3 Jahren überhaupt nicht mehr um ihn kümmern werde, weil sie sich dann um jemand anderen kümmern werde, da habe sie damals hysterisch reagiert, habe uns praktisch gezwungen, den Hund ins Haus zu nehmen, alle Hinweise auf das Beispiel Franziskas habe sie nicht gelten lassen, sie sei anders. Und jetzt: keine Sekunde mehr Zeit für Timon. Der Hund komme, wenn sich nicht sonst jemand erbarme, tagelang nicht aus dem Garten hinaus. Und genau so werde es in drei Jahren sein mit Problemen, die es heute durch sie gebe … Sie aß nicht mehr weiter, drehte sich eine Zigarette, ich sagte, wieso sie nicht esse, warum sie jetzt schon wieder rauchen wolle. Sie: Ich dreh mir ja nur eine, aber bitte, wenn es dir nicht passt, kann ich sie mir auch droben drehen. Und ging. Später schicke ich Theresia hinauf zu ihr, mit einer Schachtel L+M aus der Schweiz. Dann kommt Johanna mit ihrem Referat: Christen und Christentum in der spätkapitalistischen Gesellschaft. Für den Religionsunterricht muss sie ein Referat machen über einen Aufsatz in einer DDR-Zeitschrift. Ich bitte Franziska, uns das Referat vorzulesen. Dazu lasse ich Alissa und Wolfgang herunterbitten. Johanna hat wieder einen schönen Abstraktionsgrad durchgehalten in dem Referat. Wolfgang möchte lieber Stichworte und dann darüber reden. Bei Johanna ist aber jeder Satz streng geschlossen. Sie hat die Meinung des DDR-Wissenschaftlers rein im Indikativ, ohne jede Distanzierung und Einschränkung, referiert. Sie ist noch nicht fertig. Ich saß noch lange mit etwas Wein und ließ mich treiben.

Wie werde ich das später einmal beurteilen? Ich behaupte, auf meinem Gebiet kann es nicht mehr schlimmer kommen. Dezember 75 bis April 76, das ist der absolute Tiefpunkt der beruflichen Laufbahn. Da man sich wahrscheinlich auch an den unerträglichsten Punkten einrichtet, muss also, damit es so schlimm weitergeht, auf einem anderen Gebiet etwas Schlimmes passieren. Es sind ja vier Kinder da, denen etwas zugefügt werden kann. Die Gesundheit. Ja, vielleicht wird es die Gesundheit sein. Das würde am meisten passen. Dass ich dann liege und täglich 12 Stunden vor mich hin sage: Wie schön war es, in aller Öffentlichkeit von R-R und Joachim Kaiser heruntergemacht zu werden, wie schön war das, verglichen mit diesen hundsgemeinen Schmerzen, unter denen ich jetzt liege.

Ich darf die Logik, die in einer solchen Entwicklung sichtbar wird, nicht weiter bedenken, sonst fängt die Krankheit noch heute an. Mein Bauch wäre sofort bereit, das spüre ich, der wartet nur darauf, wieder einsetzen zu dürfen.

Ich werde nichts von dem tun, was ich mir vorgenommen hatte. Ich werde nichts schreiben gegen R-R und J. Kaiser. Jetzt nicht. Es hieße, deren Vergnügen mit mir verlängern, wenn ich mich jetzt zu wehren suchte. Das Schwerste ist dieses Stillseinmüssen. Aber ich habe es doch gelernt. In der Fiktion kann ich mich ja der Herren erinnern. Aber alles Unmittelbare unterbleibt. Ich bin der Unterlegene. Ich bin Franz Horn. Wenn ich's noch nicht gewesen wäre, hätten die mich dazu gemacht.

Meine Schwere liegt hinter der Stirn
und drückt auf die Augen.

Zu den *99 Sprüchen*
Klug geworden, wendet sich Enzensberger
den Problemen der Erfinder zu. Uwe hat immer
gedichtet. Grass verfolgt die Frauen durch
die Jahrtausende. Das wird wohl noch erlaubt sein, oder?

Das Schönstebeste stammt von Wolfram Schütte, *FR*: dass dieses Buch von einem selbst erzählt. Mehr ist nicht zu wünschen.

Die Überschrift in der *SZ* war nicht von J. Kaiser, wetten? Gemurmel.

9. 4. 1976
Der Chauffeur-Roman. Das Ende des Direktors als eine Oper in der Tannenschonung.

Es gibt keinen Sinn für Zukunft. Alle unsere Sinne sind ausgerüstet für das Verständnis der Vergangenheit. Er empfindet es so: Die Vergangenheit rollt in immer höheren Wellen heran, der Strand namens Gegenwart wird immer kleiner. Er möchte sich hügelaufwärts flüchten. Aber alles Begehbare ist schon begangen. Die Wellen der Vergangenheit rollen daher mit donnerndem Getöse. Schwer verständlich, aber voller Gewalt. Er wird sich nicht mehr lange halten können. Er wird zurückgerissen werden in dieses Element. Es wird keine Gegenwart mehr geben. Er wird untergehen, ertrinken. Im Gewesenen. Es wird keinen Unterschied mehr geben. Es wird gleichgültig sein, dass er gelebt hat. Aber solange er sich noch hielt, war es noch nicht gleichgültig, dass er lebte.

Morgen nach Sarn. Nietzsche lesen in Graubünden. Nahe am Südkamm.

Anruf des Komitees für Indochina. Zu unterschreiben wäre sofort ein Protest-Telegramm an das Außenministerium, weil zwei Vertretern der kambodschanischen Botschaft in Paris die Einreise zu einem Indochina-Kongress nach Dortmund (für morgen) verweigert wurde. Ich unterschreibe das nicht. Begründung: Das Außenministerium wird sich nicht davon umstimmen lassen, und eine aufklärende Wirkung in der Öffentlichkeit hat es auch nicht. Ich mag nicht mehr. Vielleicht bin ich jetzt feig, oder nur müde.

Johanna protestiert, sie will nicht mit nach Sarn. Schnee, Nässe, Matsch, Kälte. Und hier Grün, Frühling. Ich bin eben ein Frühlingsmensch, ruft sie. Sie ist wütend. 2 Stunden später: Sie geht mit, wenn sie nicht gezwungen wird, Ski zu fahren. Sie will einen Studienurlaub, keinen Sporturlaub. Ich sage etwas von Ausgleich und Nichtverabsolutieren. Sie: In einer Demokratie ist das erlaubt. Ich: Aber nicht gesund. Sie: Mir egal.

Siegfried erpresst mich zu kleinen Diensten: zwei Seiten für die Suhrkamp-Literaturzeitung, die den Autoren Peter Handke, Uwe Johnson, Max Frisch gewidmet ist. Ich soll zwei Seiten darüber schreiben, dass Brechts *Galilei* ein nützliches Stück ist für die Schule. Und da der Verlag im Mai «gewaltige» Anstrengungen machen wird für mich, kann ich mich dieser Nötigung nicht entziehen. Ich werde also ein bis zwei Seiten über *Galilei* schreiben. Leicht sollen sie sein. Vom kritischen Wissenschaftler bis zum Radikalen im öffentlichen Dienst sei, sagt Siegfried, im *Galilei* alles drin, er sei also rundum empfehlbar. Also: PR für BB.

Ich halte den Schreiber auf dem Papier, wie ein Durstiger die Flasche nicht vom Mund kriegt, auch wenn sie schon leer, der Durst aber noch nicht gestillt ist.

Theresia singt oben irgendwo, Alissas Badewasser gluckst und rieselt durch die Wände, die Katze springt vom Fenstersims auf den Boden, ein weicher Laut, Käthe hantiert mit Besteck, nur von Johanna hört man nichts.

O Freunde, wie schießt ihr schlecht.

Ich wäre gern schon in Sarn, obwohl ich das Buch dann allein zurücklasse in den Händen meiner Feinde …

13. 4. 1976

Seit Samstag in Sarn. Franziska in Chur abgeholt, wo sie aus Hamburg (ab 22 Uhr 45) um 11 Uhr 35 eingetroffen war. Sonntag, Montag und heute in Flims über Startgels nach Grauberg und La Siala, 2800 Meter. Abends noch einmal ALLE. Aber heute ein Anruf: Franziska muss morgen wieder fort: 6 Uhr 39 ab Chur, 7 Uhr 02 an Sargans, ab 7 Uhr 16, an Basel 9 Uhr 42, ab 10 Uhr 13, an Hamburg 18 Uhr 13.

Am Samstag in der *SZ*: *Jenseits der Liebe* sofort auf der Bestenliste April auf Platz 2. In der Basler *National-Zeitung* die Platzwertung: Platz 1 James Joyce, Übersetzung H. Wollschläger, 106 Punkte. Platz 2 *Jenseits der Liebe*, 105 Punkte. Rühmkorf Platz 3: 64 Punkte ... Empfehlung von 26 Kritikern!
Daran muss ich mich jetzt halten.

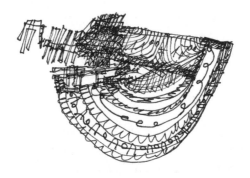

Siegfried am Telefon: Ein Frankfurter Buchhändler habe gesagt, er habe geglaubt, man höre nicht mehr auf R-R, aber er müsse jetzt mitteilen, dass noch nie so viele Bücher auf einen Verriss hin gekauft wurden wie auf diesen. Ich führe das nicht auf die Reaktion der Leser zurück, sondern auf die der Buchhändler. Es bedarf, um so einer aberwitzigen Kritik zu widerstehen, doch einer Art professioneller Empfindlichkeit. Die Gemeinheiten J. Kaisers zu durchschauen, dazu gehören 8 Semester Germanistik oder politische Erfahrung mit CSU-Methoden. Nein, nicht CSU-, sondern *Bayernkurier*-Methoden.

14. 4. 1976

Theresia, als Käthe sie fragt, ob sie das Tier, das sie gezeichnet hat – es ist ein phantastischer Drache –, irgendwo gesehen habe: Ich mal einfach drauflos, dann schau ich, nach was es aussieht, dann mal ich dazu, was noch fehlt.

Das ist auch meine Methode.

Franziskas Erlebnisse im Zug. In Aulendorf drei Junge, die zurück nach Ulm ins Bewährungsheim mussten. Sie sprechen mit Franziska. Einer hat, weil Franziska liest, auch ein Buch gelesen, von einem Clown, Böll also. Der sagt, er fahre mit Franziska nach Hamburg. Zu den anderen: Na klar, die seh ich doch nie wieder, die g'fallt mir, da fahr ich mit. Franziska versucht, ihm das auszureden. Sie könne ihm die Fahrt nicht bezahlen. Die anderen: Du traust dich ja doch nicht. In Ulm alle drei mit Franziska zum Zug nach München. Und der steigt mit Franziska ein. Als der Schaffner kommt und die Fahrkarten kontrolliert, zeigt Franziska die ihre. Der Junge kontert: Wo sind wir denn jetzt? Zwischen Ulm und Augsburg. Dann hab ich ja noch Zeit, sagt der, und der Schaffner glaubt, dass der schon lange im Zug ist. In München steigt er mit um nach Hamburg. Aber dieser Zug wird in München eingesetzt, da kann er nicht sagen: Wo sind wir denn jetzt? Als der Schaffner kommt, hat er keine Karte, also muss er in Augsburg raus, da hilft nichts. Als der Zug in Augsburg abfahren will, will der wieder rein. Der Schaffner passt auf, drängt ihn weg. Gehen Sie von meinem Zug weg! Bleiben Sie von meinem Zug, sag ich. Und stößt ihn zurück. Nach 5 Minuten Fahrt ist der wieder bei Franziska im Abteil. Der ist hinten aufgesprungen. Der Schaffner kommt zum Kontrollieren, entdeckt ihn. Das wird Sie teuer zu stehen kommen. In Nürnberg werde die Bahnpolizei ihn übernehmen. Der, zu Franziska: Ist doch mir egal. In Nürnberg kenn ich jemand. In Nürnberg können die mich ruhig rausholen aus dem Zug. In Nürnberg bleib ich gern. Aber doch nicht in Augsburg, da kenn ich überhaupt niemand. In Nürnberg kommt dann die Bahnpolizei und nimmt ihn mit. Franziska kann dann fast die ganze Nacht nicht schlafen.

Ein *Gallistl*-Traum. Er soll in seiner Heimatgemeinde eine Willkommensrede für Nikita Chruschtschow halten. Er weiß den Vornamen nicht. Er denkt, Nikita, aber er sieht Breschnew vor sich, nennt ihn aber Chruschtschow, das tut er ohne den geringsten Zweifel. Ihm ist er Chruschtschow. Also wie soll er ihn anreden, von ihm sprechen? Herr Chruschtschow? Genosse Chruschtschow? Das wäre zu viel, dann würden ihn alle für einen Kommunisten halten, das ist er doch nicht. Er hat ein Manuskript. Er lässt aber die Tasche, in der das Manuskript ist, im Zug liegen. Er muss ja mit dem Zug in seine Heimatgemeinde fahren, um dort die Willkommensrede zu halten. Dort sitzen schon an einem langen Tisch die Herrn von der Partei. Zum Glück wird noch irgendwoher ein Durchschlag seines Manuskripts gebracht. Er schaut die erste Seite an und sieht sofort: Das kann er hier nicht vorlesen. Dieser geschwollene Schreibstil. Diese aufgedonnerte Stilistik. Diese eitle Eleganz. Diese furchtbar gewählten Bilder. Die Leute in seinem Dorf würden schon nach dem zweiten Satz nur noch lachen und grinsen. Die meisten würden beschämt vor sich hin blicken. Und das würde furchtbarer sein als das Grinsen. Er selber sah, dass kein Satz glaubhaft war. Bevor das Manuskript von einer ehemaligen Jugendfreundin, die jetzt 5 Kinder hat, gebracht wurde – Irmgard heißt sie –, versuchte er die Rede in seinem Gedächtnis wiederherzustellen. Aber soviel er auch an Sätzen zusammenkratzte, das gab keine Folge, keinen Inhalt. Er beschließt, während schon die ersten Reden gehalten werden, dass er aus dem

Stegreif sprechen wird. Worüber? Über sich selbst. Sein Verhältnis zu Chruschtschow. Da vorne sieht er aber Breschnew sitzen, der heißt einfach nicht Nikita, das ist ganz klar. Dass der da vorne auch nicht Chruschtschow heißt und dass Nikita nicht passt, darauf kommt er nicht. Er wird hinaufgestoßen auf das Podium, sieht seine Verwandten, seine alten Nachbarn, tote und lebendige, im weiten Saal, er senkt den Blick, er schaut zuletzt noch seine Hände an, er spricht von seiner Erfahrung. Er wendet sich an Chruschtschow und sagt: Nehmen Sie's nicht übel, wenn hier ein paar, wenn hier sehr viele, ganz junge, prächtige, wohldurchblutete, gesunde Burschen sitzen, die nur hierhergekommen sind, um Sie, Herrn Chruschtschow, zu verachten. Das sind ganz prima Kerle. Er sprach nur noch darüber, dass Herr Chruschtschow das bitte verstehen möge. Die hätten auch Erfahrung. Ihre Väter ebenso. Also man müsse die Leute hier auch verstehen. Ob das jemand aus Moskau könne, scheine ihm selbst zweifelhaft. Ja, ja. Dabei sah er auf und sah dem Ortsvorsitzenden der CSU ins Gesicht. Ein junger Bauer mit einem hohen Kopf und firmen Augen, der aufrecht vor ihm saß, ohne sich an der Stuhllehne anzulehnen. Jakob Stadler hieß er. Ein ganz stiller Mensch. Seit Jahrhunderten werden so die heiligen Josefs dargestellt. Er verstummte. Die Veranstaltung hörte auf.

Ich erwachte mit Schmerzen in der linken Seite. Von dem Traum wusste ich nichts mehr. Ich sah lediglich meine Tasche im Zug davonfahren und war überzeugt davon, dass es nicht gelingen würde, sie jemals wiederzukriegen. Als ich der Tasche nachdachte, fiel mir ein, dass das Manuskript einer Rede darin war. Und als ich der Rede nachdachte, stellte sich der ganze Traum wieder her.

Bei Begräbnissen in Mali imitieren die Trauernden Schreie von Neugeborenen, d. h., so schreie der Tote in der neuen Welt, in die er jetzt gekommen ist.

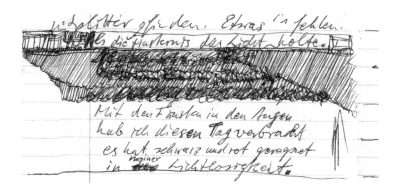

In Flerden auf dem Friedhof: Pauli Lareida, 1936–1937.
Als der liebe Gott die Engel zählte
Sah er, dass ihm einer fehlte
Und er kam und wählte.

Im März, wenn die Bäche klingen.
Meiden macht Freude.
Ich bin verstummt.
Unter dem nächsten Laub.
Will keinem begegnen.
Er müsste mir, ich ihm
zu viel erklären.

Selbstmordforschung heute in *SWF 2* um 20 Uhr 15. In der BRD jährlich mehr als 14000. Um 18 Uhr eine Lesung aus der heiligen Schrift. Kreuzabnahme und Grablegung. Ein Tag wird überpinselt mit der Kirchenjahrsfarbe. Dieser Karfreitag ist überhaupt kein Tag mehr. Wenn man Radio hört. Das ist eine Gruselveranstaltung. Jedes Referat steuert das Schlimmste bei. Dass draußen die Sonne scheint und Enzian und Löwenzahn blühen, wirkt wie eine Blasphemie. Seit morgens um neun rufen die Prediger in allen Dialekten aus dem Radio Eli eli lama sabaktami ... oder so ähnlich ...

17. 4. 1976
Als die Finsternis das Licht einholte.
Mit den Fäusten in den Augen
hab ich diesen Tag verbracht
es hat schwarz und rot geregnet
in meiner Lichtlosigkeit.

Was sich Nietzsche alles zu sagen getraut über Musik. Kein Wunder, dass er dann bald auch über Religion daherredet, als könne er für alle sprechen. In nichts sollte man vorsichtiger sein und nur für sich selbst sprechen als in Sätzen über Musik und Religion.

Auf dem Balkon nebenan lösen sie Kreuzworträtsel. Die Tochter: Persönliches Fürwort mit *e*.

Theresia: Ich möcht's Kind sein von mir, dann tät ich sagen: So, Theresia, jetzt kriegst du zwei Hasen.

Je weniger ich beanspruche, desto gerechtfertigter bin ich. Abends immer die Angst anschwellend, mein Gesicht zerreißend. Wenn sie mich wenigstens fortschwemmte.

Ich wollte nicht jetzt vor meinem 50. Geburtstag noch schnell einen Erfolg haben. Jetzt ein Kapitel: Die Abrechnung. Wie die Großen das Buch kleingemacht haben, indem sie es groß besprochen haben in der Aufmachung.

Über dem Berg das Engadin, das Feuilleton
der Glanz der Spuren, das Seufzen
der letzten hölzernen Häuser unter
der Vollpension. Plauderer aus München
aus Basel, aus Frankfurt
gewöhnlich landend im Infarkt.

Ich liege im Wind auf den Alpen
und verbrenne. Auf meinem Bauch
gleißt die Eiszeit. Fliegen sammeln sich
ungeduldig um mich.
Liebe Sonne, trockne mich
bis ich ungenießbar bin.
Warum springt jetzt nicht von der Hand
etwas Munteres, sich immerzu kräuselnd?

Wenn ich etwas nicht kann
dann ist es, über die Natur hinauszugehen.

Warum lebe ich nicht jede Stunde?
Wer nistet in mir, macht sich breit?
Auf meiner Stirne fühl ich den Glanz
der Erschöpfung. Die Schwere strömt.
Himmel und Erde scheinen einig zu sein.
Ein Blatt wirkt fliehend.
Jetzt noch in den Zähnen stochern
nichts bleibt unversucht
gleich danach fällst du
zusammen, um wild zu verfaulen.

23. 4. 1976
Wenn er sieht, dass er mit denen übereinstimmt, die er, um seiner
selbst willen, bisher immer ganz abgewertet hat.

Der Affe des Herakles turnt auf der Bühne des Bewusstseins. Wir
sind klein geraten, weil wir viele sind. Es gibt von allem genug. Vor
allem von mir.

Mit Harfenfingern spielt der Wind
auf mir, als gehörte ich zur Natur

und klänge. Ich zünde das Zigarillo an
und huste ihm eins.

Theresia sagt zu einem Hausierer, Mama sei nicht da. Der sagt,
dann komme er in einer halben Stunde wieder. Als er wiederkommt, sagt Käthe, Theresia soll sagen, sie sei nicht da. Theresia
sagt es. Der Hausierer sagt: Aber ich habe sie doch gerade gehört.
Also muss Theresia sie holen, und Käthe muss Wäscheklammern
kaufen.

Ich habe Franz Horns Frau Hilde genannt. Hilde Unseld glaubt,
ihretwegen. Hans Nossack habe das auch so gelesen, weil sie einmal gesagt habe, kein Autor nenne mehr eine wichtige Figur
Hilde.

Das Leben ist eine Entzündung, die wandert in einem herum. Da
tut sie mehr weh als dort. Es gibt Stellen, an denen sie ganz angenehm ist. An diesen Stellen hält sie sich seltener auf als an den
schmerzhaften.

Frank Barth aus Garmisch hat einen Leserbrief geschickt, den er
gegen eine offenbar auch wieder «vernichtende Kritik» im
Münchner Merkur geschrieben hat. Vielleicht, wenn noch mehr solche Briefe kommen, eine Sammlung davon unter dem Titel: Jetzt
nur so viel.

Was sollen denn die Beispiele von draußen? Aber in meinem
Kopf wächst buchstäblich nichts. Ich muss alles von draußen haben. Ich könnte sonst nichts unterscheiden. Aber gerade danach
habe ich eine Sehnsucht, nach Gegenstandslosigkeit, ja nach Un-
unterscheidbarkeit.

Alissas Angaben, wenn sie krank ist, sind zuverlässig. Bei Theresia
ist das nicht so.

26. 4. 1976

Elvis Presley läuft. Herzenswunsch: Ich möchte gern nach Memphis und am Mississippi stehen. Unter keinem Himmel gibt's steilere Brücken und rötlichere Häuser. Ich möchte im Jahr 1900 lautlos den Lesesaal der Staatsbibliothek betreten und lesen, wie es mir gehen wird. Ich möchte Elvis Presley die Hand schütteln, am Grab meiner Mutter, singend auf dem Friedhof Memphis-Wasserburg.

Das Bauchweh unter den Rippen. Ich fühle mich entschuldigt. Bewegungsunfähig. Also hat der Gegner erreicht, was er wollte. Ich bin ausgeschaltet. Seit jenem Gespräch mit Fest, Kaiser, Horst Krüger, bei Raddatz in Hamburg, weiß ich, dass die diese Gegnerschaft viel, viel ernster nehmen, als ich sie nahm. Horst Krüger sagte: Wenn Sie einmal an der Macht sind und Sie haben uns alle einsperren lassen, lassen Sie sicher zu, dass man uns Bücher in die Zelle schickt, es müssen ja nicht Ihre eigenen sein. Vielleicht sind alle drei Männer ernst geworden, ich aber nicht.

Am liebsten ließe ich, was ich halte, entgleiten, mich auch.

Dieser gezielte Schmerz. Es hat jetzt aber keinen Sinn mehr, zum Arzt zu gehen, so kurz vor der Reise. Soll es schiefgehen. Dass ich immer noch glaube, ich könnte mir ein gut verlaufendes Leben erschwindeln. Ich muss zur Ernsthaftigkeit gezwungen werden. Mir muss zehnmal so viel passieren wie einem andern, um mich ernsthaft werden zu lassen.

Karl Zürn: Wenn ich sage, es sei heute genauso schlimm wie gestern, lüg ich doch, weil es heut schlimmer ist. Aber ich erinnere mich, dass ich gestern dachte, schlimmer kannst du nicht mehr kauern als jetzt. Selbst wenn ich lese, meldet sich die Krankheit. Mitten ins Lesen drängt sich ein Elendsbewusstsein. Aber es ist Eitelkeit dabei. Du wagst zu lesen. Du liest! Du bringst es fertig, dich abzuwenden von mir, deiner Krankheit.

Mein Material hält nicht durch. Das ist das Gemeine. Mitten im Kampf zerbricht mein Material. Jetzt, wo ich's bräuchte. Heute vor 4 Wochen erschien die von Joachim Kaiser «vernichtende Kritik» genannte Rezension. Und jetzt sieht es aus, als sei ich geliefert. Ich will nicht geliefert sein.

Es gibt Schriftsteller, die stellen immer kostbare, auf jeden Fall teuer zu verkaufende Dinge her, aber im Wahljahr sind sie dann ganz SPD. An ihren Büchern hat man davon nichts bemerkt. Ein Anruf genügt. Irgendein Anruf. Der rührt sofort in meinen Eingeweiden herum. Mit einem Stahlprügel.

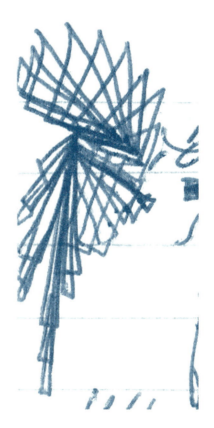

Der Weg war lang, mühsam, oft genug wollten sie aufgeben, das war doch gar kein Weg. Das war eine andauernde feindselige Weglosigkeit. Da hätte man immer nur umsinken können. Und dann noch diese Überraschung: Zwischen zwei furchtbaren Sumpfstrecken waren sie durch einen eigentlich undurchquerbaren Dschungel allmählich auf härteren Grund gekommen. Der stieg rasch an. Gebirge. Jedem Schritt wurde von der Erde mit vorwärtstreibendem Widerstand entgegnet. Hinauf, hinauf. Immer schöner, lohnender. Herrliche Steinwelt. Auf einem Sims entlang. Nicht gefährlich. Immer auf die niederste Stelle, dem nicht mehr fernen Südkams zu. Schneefrei, die Stelle. Und sie schnürten sich in immer enger werdendem Zickzack hinauf. Sie erreichten den Kamm. Sie sahen hinaus. Es ging abwärts. Einfacher Weg. Nichts als Belohnung. Sie sangen. Unter freundlichen Bäumen übernachteten sie. Erwachten in der warmen Morgensonne. Jetzt war alles überstanden. An einem über Steine hinabklingenden Bergbach entlang gingen sie hinunter. Sie schauten einander immer wieder an. Dass wir das geschafft haben. Siehst du, wenn wir aufgegeben hätten. Siehst du, man darf nur nicht aufgeben. Hab ich's nicht immer gesagt. Dann wurde ein Donner hörbar. Sie hörten ihn alle gleichzeitig. Sie schauten alle gleichzeitig hinauf. Von der Wand auf der anderen Seite des Bachs. Eine dunkle Masse wälzte sich, stürzte herunter. Sie konnten sich nicht rühren. Aufwärts, abwärts … die Stein- und Geröll-Lawine war zu breit. Vielleicht bleibt sie auf der anderen Seite liegen, das Bachbett ist tief. Obwohl sich alles ziemlich rasch entschied, dauerten die Augenblicke, in denen es sich entschied, so lange wie der ganze übrige Weg. So kam es ihnen vor. Die Stein- und Geröllmasse spritzte, polterte herunter, füllte das Bachbett im Nu, drang auf ihrer Seite herauf. Zwei von ihnen wurden sofort zerquetscht. Die anderen vier wurden von leichterem Geröll verschüttet. Es gelang ihnen noch, ihre Köpfe wieder ins Freie zu bringen. Aber da zu viele Knochen gebrochen waren, gelang es ihnen nicht, sich zu befreien. Sie verdursteten, einer nach dem anderen, dann fanden wir sie.

28. 4. 1976

Jedes Anzeichen von Schwierigkeit kocht mir sofort die Galle auf. Ein Telefongespräch mit Dr. Bärs Sekretärin, sie sagt: Am Montag. Ich: Da bin ich schon auf einer Reise. Ich brauch den Termin heute oder morgen. Sie: So schnell geht's bei mir nicht. Ich: Dass ich den Chef sprechen will.

Es gibt die Verhältnisse. Aber anscheinend nicht die Handlung. Aber erfinden darf ich sie nicht. Man kann die Handlung nicht erfinden. Sie muss sich aus dem Material der Verhältnisse bilden. Man muss sie sich bilden lassen. Vielleicht muss ich mich zu einem Abstraktionsgrad bekennen, der mir neu ist. Vielleicht muss ich zur Enge der Ich-Figur zurück.

Übermorgen 7 Uhr 30: Röntgen. Dr. Bär vermutet ein Zwölffingerdarmgeschwür.

Das Schlimmste: wenn eine Telefonnummer andauernd besetzt ist. Wie einen das staut. Man empfindet es als eine persönliche Beleidigung. Man denkt nicht daran, man kann nicht mehr daran denken, dass diese Nummer jetzt für alle Anrufenden besetzt ist. Man glaubt, die sei nur gegen einen selbst besetzt. Ich soll nicht durchkommen. Die wollen mich nicht durchkommen lassen. Die wollen mich abweisen. Schon am Telefon soll ich scheitern. Und man verfällt der kochenden, atemraubenden Wut und würde am liebsten alles zerschlagen.

Es ist jetzt halb elf. Ich habe noch nichts zustande gemacht als zwei Anrufe bei Dr. Bär. Beim zweiten ist es mir gelungen, ihn selbst zu erreichen. Aber das ist das Negativste, was mir gelingen konnte, ein Arzt-Termin. Ein Termin, der dazu führen wird, dass ich irgendetwas Niederschmetterndes, die Sache Verschlimmerndes erfahren werde. Nur weil ich es nicht ausgehalten habe, mit diesen kleinen, wenn auch andauernden Schmerzen auf die Reise zu gehen. Wenn es ein Zwölffingerdarmgeschwür ist, wie er am Telefon meint, kann er so schnell nichts heilen. Das braucht Zeit und Ruhe. Dass ich das weiß, belastet mich auf der Reise. Aber dass ich den Anruf beim Reisebüro nicht schaffe, ist typisch. Der Nüchternschmerz. Das andauernde Stechen unterm Rippenbogen. Und dass man zum Arzt als Besiegter kommt, das ist das Gemeinste. Dass der vielleicht die Gründe erörtern will. Und genau

269

die will man für sich behalten. Über diese Gründe gibt es keine Diskussion. Die sind meine Sache. Die gehen ihn nichts an. Wahrscheinlich stellt er sich auf die Seite der anderen. Er gehört ja zu den anderen. Er ist mit Professor H. befreundet, dem liberalen Reaktionär. Die haben sicher schon oft zusammen gelacht, über das, was sie von mir und über mich hörten. Wenn der so tut, als sei das ganz klar, als könne man, so wie die Sachen stehen, so wie meine Sachen stehen, nichts anderes als ein Zwölffingerdarmgeschwür kriegen, dann stehe ich auf und gehe. Er glaubt wohl, ich komme zu ihm, um ihm eine an Gewissheit grenzende Vermutung zu bestätigen. Er sagt, wenn ich eintrete: Endlich sind Sie da, ich wusste, dass Sie kommen. So, wie Sie es treiben, das muss zu einem Zwölffingerdarmgeschwür führen. Lassen Sie mal sehen. Ganz klar, ein Zwölffingerdarmgeschwür.

Aias. Geschändet.

Ich habe den ganzen Tag Homer gelesen und bin müde, als hätte ich auf der Ebene vor Troja mitgekämpft. An der Seite von Aias war mein Platz. Nicht des bogenstarken Aias, sondern des anderen, des schlechthin starken Aias.

29. 4. 1976
Drucker-Streik. Aussperrungsmaßnahme des Druckverbandes.

Aias wird verdächtigt. Ein Schatten genügt, und schon wird Athene angesetzt, über Odysseus, den Aias zu kränken. Kränkt mir den Aias! Einsame Stelle am Strand. Aias beobachtet die Sandkrebse, die nach jeder Richtung fliehen können, ohne sich umdrehen oder wenden zu müssen. Für sie ist jede Richtung vorwärts. Der schnelle Aias weiß das zu schätzen. Sein Schwert im Sand. Wie ist es so weit gekommen? Alles noch einmal. Man sieht, wie er sich verstrickt, wo die Punkte sind, an denen sich sein Leben so wendete, dass es auf diesem Sandstück, in diesem Schwert enden muss.

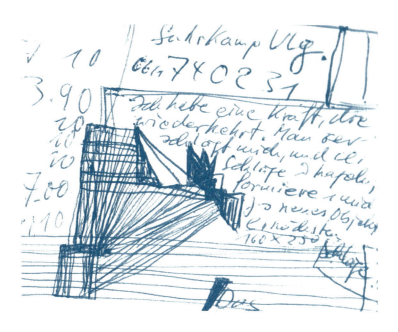

Wenn ich die Suppe aus meiner Schale gelöffelt habe, kommt die Katze und leckt die Schale aus.

30. 4. 1976
1633 Seiten Taschenbuch von Anselm Kristlein. Das ist Chronik 1958 bis 73. Dann sind es 100 Seiten im Jahr. Das ist nicht zu viel. Das ist nicht beschämend viel. Das klingt, als handle es sich um eine Konzentration.

Ergebnis: Es ist die Galle. Am 24. 5. Gallenröntgung. Als ich aus dem Röntgenraum, den Mund mit weißem Kontrastbrei verschmiert, zurückkomme, macht er mich auf die Clown-Schminkung aufmerksam und sagt: Ich sag's Ihne bloß. Was nichts anderes heißen konnte als: Sie müssen's ja nicht wegmachen, nur dass Sie's wissen.

Seit Donnerstag streiken 20000 Drucker, und der Druckverband hat 120000 ausgesperrt. IG-Mahlein: Keine Verhandlungen, solange die Aussperrung dauert. Ich am Montag auf Lesereise. Das ist die Woche, in der die seit März vorbereitete 30000-Mark-Inseraten-Kampagne meine Lesereise begleiten sollte. Die Widerlegung der R-R-Behauptungen durch die Meldung von der Bestenliste. Und jetzt ist nichts. Keine Tageszeitungen erscheinen. Die Leute können nicht einmal erfahren, dass ich lese. Die Buchhändler haben nicht viele Werbemöglichkeiten. Die sind darauf angewiesen, dass so eine Nachricht im Feuilleton steht. Also keine Benachrichtigung des Publikums und keine Besprechung der Lesung, die dem Verkauf des Buches nützen könnte. Also nichts.

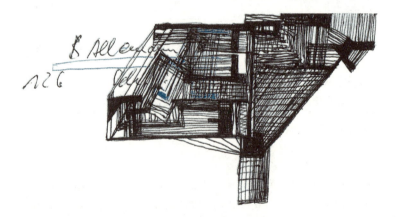

2. 5. 1976
Hesse *Kurgast*: «Naive Orgie der Selbstbejahung.»

6. 5. 1976, Düsseldorf.
Burgel Zeeh ruft an: Auf der *SWF*-Kritikerliste steht *Jenseits der Liebe* im Mai auf Platz 1.
Das war nötig, weil die Lesung gestern Abend nicht so gut gelang wie die vorgestern in Münster und davor die in Duisburg.

Ob es an mir lag, am Mikro oder an der Zusammensetzung des Publikums, 230 in einem Raum für 150. 50 mussten weggeschickt werden.

8. 5. 1976, Berlin.
Gestern Abend die Lesung in der TU, davor Einführungsgespräch mit Herrn Preuß, nachher Diskussion, hart, aber nicht schlimm. Einer sagte, er habe das Buch beim Selberlesen viel stiller empfunden, nicht so dramatisch, wie ich das gelesen habe. Der hat wahrscheinlich recht. Das kommt von meinem mangelnden Vertrauen zu meinem Text. Ich sagte: Weil es so heiß und überfüllt sei (heiß durch die TV-Scheinwerfer), hätte ich die Leute am Wegwelken verhindern wollen. Das Riesenbaby, der Veranstalter, sprach breit berlinisch. Ich zu ihm: Jetzt sprech ich auch gleich Dialekt, vielleicht versteh ich Sie dann besser. Er: Warum sagen Sie das so? Sie hätten ja auch einfach sagen können: Sprechen Sie doch bitte hochdeutsch. Meine Galle kochte. Er fragte auch, wie viel ich verdiene. 4–6000, sagte ich. Sagte aber nicht, wie viele verschiedene Tätigkeiten ich ausüben muss, bis ich so viel verdiene.

Akademie der Künste. Günter Grass hat als Einziger aus unserer Abteilung etwas gesagt zu der Diskussion um die Gesamtschule in Berlin, für die die Akademie offenbar eine Art Patenschaft übernommen hat. Nachher einer, den ich nicht kenne: Also, Günter, du kannst einfach zu allem etwas sagen. Grass hatte den Ausdruck eines Verteidigers des offenbar nicht billigenswerten Zustandes aufgenommen und hatte gesagt: Jetzt mögen es Kinderkrankheiten sein, aber in ein paar Jahren ... beschwörend, im Vollton, ungeheuer besorgt. Dann tauschen er und ich unsere Erfahrungen mit Uwe und Hans Magnus Enzensberger aus. L. Gustafssons Klagewirkung wird hauptsächlich dadurch erreicht, dass er aus einer Silbe immer zwei macht. Er sagt: der Mo-hond, die Lie-hiebe. Der Neueinsatz der 2. Silbe geschieht nicht jäh, sondern er wird müü-sa-am angeschleppt. Jemand von uns bemerkt das ungeheuer gute Gedächtnis von Scholem. Ich steure bei: Ich habe geglaubt, ich hätte Scholem noch nie gesehen, aber als Hans Mayer mich ihm jetzt vorstellte, sagte er: Wir kennen uns, Walser war einen Tag in Tel Aviv. Ich war sicher, dass er das nur so sagte und damit rechnete, dass ich auch nicht mehr wüsste, ob wir uns da gesehen oder nicht gesehen hatten. Aber er fuhr fort: Und ich habe ihn lesen gehört in Zürich. War das vor Tel Aviv oder nachher? Ich wollte sagen: Nachher, aber da redete er schon mit dem Nächsten. Karin Kiwus hat gefragt, ob ich beim Vorlesen geschauspielert habe. Also muss ich das doch anders versuchen, stiller. In Köln vielleicht. Ich lese bis jetzt immer noch, als handle es sich um das *Sauspiel*. Idiotisch.

Ich schlug Günter vor, in ein Pornokino am Ku'damm zu gehen. Günter wollte nicht. Ich habe Phantasie, ich geh doch in keinen Porno. Ich hätte nicht gedacht, dass du so altmodisch bist und in einen Porno gehst. Ich wusste nicht, was ich darauf sagen sollte. Ich hatte nicht das Gefühl, als müsse ich mich jetzt genieren.

Gershom Scholem war 1916 zum ersten Mal bei Martin Buber, dessen Vorzimmer war übervoll von Madonnen. Dazu Luise Rinser: Maria war immerhin eine Jüdin. Luise Rinser: Günter, gehst du Ende Mai zur Wählerinitiative? Hans Mayer, unser Vorsitzender, begrüßt Gershom Scholem und Reiner Kunze zum ersten Mal. Zu Reiner Kunze: Sie dürfen doch jetzt die ganze Tagung über hierbleiben, Sie müssen nicht jeden Abend wieder zurück. Reiner Kunze: Ich darf gar nicht, ich habe nur eine Aus- und eine Einreise. Hans Mayer dankt noch Stephan Hermlin, der das für Reiner Kunze erwirkt habe. Gershom Scholem: Die Kinderbuchsammlung Walter Benjamins ist bei der letzten Frau des Sohnes von Walter Benjamin, Stefan Benjamin. Diese Frau ist Malaiin und hat von Tuten und Blasen keine Ahnung.

Gestern Abend, als Ernst Jandl ging, ging er in der Mitte des Raums an uns entlang und schaute, während er ging, immer zu uns her, und zwar mit zu uns geneigtem Kopf, mit immer tiefer sinkendem Kopf und von Schritt zu Schritt immer gleichbleibendem Lächeln, d. h., er schaute wirklich nicht zu uns her, neigte sich und lächelte nicht zu uns, sondern ausschließlich zu Günter Grass. Die eher bösen Verse Jandls sind vielleicht ein Ausgleich zu seinem entgegenkommenden, immer ein bisschen buckelnden Benehmen in Wirklichkeit. Hans Mayer gibt Jandl das Wort über die Vorlesungsreihe Grazer Autorenversammlung. Jandl dankt unserem Direktor Hans Mayer, der sich auf jeder Sitzung und sicher auch außerhalb der Sitzungen mit großer Mühe eingesetzt hat. Hans Mayer: Karin, Sie waren ja auf diesen Veranstaltungen, wie war's? Karin Kiwus: Sehr gut. Hans Mayer: Zustande gekommen ist das Ganze ja nur durch die integrierende Kraft von Ernst Jandl. Karin Kiwus referiert über die Dialektveranstaltung. Hans Mayer: Eine neue Literatur, das ist nicht Provinz, sondern Regionalliteratur. Er hat das Interesse dafür in Japan erlebt, wo er über aufklärerische Tendenzen in der deutschen Literatur ein Seminar hielt. Günther Anders zu Heißenbüttel: Ham Sie eine Ahnung, worüber Sie mich damals interviewten? Jemand will Mascha Kaléko lesen lassen. Günther Anders und Gershom Scholem: Die ist doch gestorben. Übers Vatersein. Günter Grass: Mir fällt erst jetzt auf, dass ich erst jetzt, mit fünfzig, reif zu werden beginne, ein Vater zu sein. Gershom Scholem: Ich bin ja Vater eines 6-jährigen Sohnes und sehe, dass ich noch nie so viel von jemandem gelernt habe wie von meinem 6-jährigen Sohn. Scholem ist jetzt ein grandioser Kasper. Anders ist eine leise keifende alte Jungfer. Canetti ist ein aufgedonnerter Bub, der einen neuen Gürtel hat und deswegen ununterbrochen mit zurückgerissenen Schultern und vorgestrecktem Bauch geht. Günther Anders am Tisch in der S-Bahn-Wirtschaft immer zu leise: Gehen wir doch, der Wirt hat doch gesagt, es dauere eine Stunde, seine Familie sei verunglückt, bei Helmstedt. Der Kellner sei nicht gekommen, er sei ganz allein. Gehen wir doch, in der Stadt gibt es genügend Gaststätten. Ich kann doch nicht hier eine Stunde sitzen, ich muss mich doch noch hinlegen, ich habe eine furchtbare Nacht hinter mir, ich dachte, es ist wieder ein Herzinfarkt, aber es war keiner, sonst säße ich nicht hier ... Als keiner mitgehen will, geht er, bitter, alleine. Holt seine Baskenmütze vom entferntesten Haken, presst sie mit seiner von der Gicht deformierten Hand flach gegen die linke Brusthälfte auf das infarktmarkierte Herz und geht bitter lächelnd an uns vorbei, hinaus.

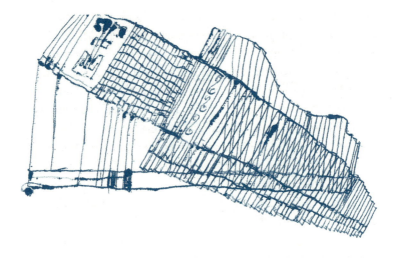

9. 5. 1976
10 Uhr 45 in einer violett-rosé ausgeschlagenen Caravelle der AF nach Köln. Selbst die Sitzgurte sind in dieser Boudoirfarbe.

Michel Krüger hat berichtet von einer Aktion der Buchhandlung der Autoren: Die R-R-Kritik ins Fenster, dazu ein Turm aus *Jenseits der Liebe* und eine Unterschriftenliste für Intellektuelle, die sich mit dem Buch gegen R-R solidarisieren. Alle diese Bücher waren rasch verkauft.

Franziska hat heute Leseprobe *Sturm*. Sie ist aufgeregt.

11. 5. 1976

Roman. Wenn Karl den lachenden Direktor mit seinem lachenden Prokuristen sieht, sieht, wie sie beide lachen, dann spürt er sofort, dass er sich beherrschen muss. Er findet das Lachen der beiden Herren unanständig. Er weiß nicht, worüber die gesprochen
haben, aber ihr Lachen ist unanständig, das ist sicher. Er fühlt sich
plötzlich so verlassen. Seit die lachen. Es ist, als falle er. Ein nicht
enden wollender Fall. Er schwankt ein bisschen während dieses
Falls. Es geht frei durch die Luft. Aber in der Nähe ist doch eine
Art Felswand. Er fällt also immer tiefer in die Erde hinein, in eine
tiefe Erdfalte hinein. Das Lachen der beiden Herren hat längst
aufgehört. Jetzt darf nicht noch einmal etwas kommen, denkt
Karl. Jetzt nichts mehr, bitte. Aufhören jetzt, sagt er vor sich hin.
Wenn ihr jetzt nicht aufhört, dann weiß ich nicht, was ich tun
werde.

Wie sie alle Günter Grass nach seiner Lesung schmeichelten. Sicher sind in den beiden Kapiteln sehr schöne Stellen, aber im Gro-
ßenganzen kann es seine Notwendigkeit kaum beweisen.

Ich brauche dringend die Versetzung auf die Bestseller-Liste im
Spiegel und dort einen Aufenthalt von 3 Monaten. Jede Woche
muss dort stehen, dass das Buch verkauft wird. Sonst ist es nicht
mehr auszuhalten. Die Nachrichten stechen mich ganz direkt. Ich
kann nichts mehr zwischen mich und die Nachrichten bringen.
Ich fühle mich schutzlos. Es hat keinen Sinn mehr. Heute in der
Deutschen Zeitung die Besprechung von Werth. Eine Art Joachim
Kaiser. Er gibt ein Gastspiel auf meine Kosten. Ich werde ruhig
sein müssen. Sonst ist dieser Tag nicht durchzustehen.

Der Zug ist voller Rentner. Der Tag ist zum Glück grau. Ich danke
für Kopf- und Bauchweh. Ich will nirgends mehr sein als im Zug.
Wenn ich doch bloß schon einen anderen Namen hätte. Sie haben

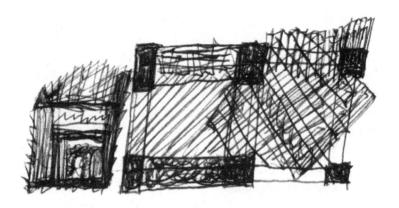

mich aus meinem Namen vertrieben. Mein Name ist eine zerhauene Rüstung, die zu nichts mehr taugt, als fortgeworfen zu werden. Was würden sie sagen, wenn sie nicht das Kapitalismus-Thema hätten? Dieser Walser behauptet ... ich behaupte also etwas nur, aber er, der Herr Werth, beweist auch nicht, was er nur behauptet.

Im Bahnhof Köln, in der Telefonzelle, jetzt fast keine Sexualschreie mehr, jetzt Hakenkreuze und SS-Runen, groß und dick: Tod den Kommunisten. Das nennt man Tendenzwende.

Für den Roman. Wie Karl es sieht: die Unbeschreibbarkeit der schönen Frauen. Die, die wissen, dass sie schön sind und ihre Schönheit noch sehr zu steigern vermögen durch selbstbewusste, d. h. geschmackvolle Maßnahmen. Make-up, Frisur, Kleidung, alles von fließender Vollkommenheit. Ja, da fehlt nichts. Da ist nichts falsch. Plötzlich wusste er, wie er diese Schönheit fand. Hässlich. Er spürte es einigermaßen grell, dass es nichts Hässlicheres gab als diese vollkommene Schönheit. Er dachte natürlich an seine Frau, an der es nichts gab, das nicht den Kampf verriet, den Widerstreit zwischen ihren Erfahrungen und ihrem Bedürfnis, schön zu sein. Und dieses keine Sekunde lang zur Ruhe kom-

mende Verhältnis zwischen Beschädigung, Natur und Verschöne-
rungswille, das war das Schöne, das Lebendige.

Ich hätt mal direkt 'ne Frage. Gestern einer in Köln.

Ich werde in Frankfurt wieder den Mund halten müssen. Ich
werde es bald können. Mit geschlossenem Mund zu leben. Schein-
bar teilnahmslos.

Nicht Karl, Xaver. Xaver Zürn.
Xaver: Wie schwer es ist, einen Brief zu schreiben an jemanden,
von dem man abhängig ist. Wie oft Xaver den Brief schreibt. Die
Fehler bzw. alles ist, wenn er es mit Maschine geschrieben hat, ein
Fehler. Eine einzelne Freundlichkeit des Direktors hat keine Wir-
kung mehr.

12. 5. 1976, 9 Uhr 40 ab Frankfurt.
Eine Frau, mit tiefer, fester Stimme, die aber doch angestrengt
wirkt, zu ihrem Mann, der auf dem Bahnsteig steht: Geh nur. Du
kannst gehen. Er geht.

Mir gefallen die Zähne, die Frankfurt Mainhattan entblößt: Nackt
treibt das Kapital seinen Beton in den Himmel des nächsten Jahrtausends, der alles gleichmachen wird.

Wenige Zuhörer, gestern im Amerikahaus. Eine tote Veranstaltung.
Die zweite tote Veranstaltung in diesem Jahr. Ich würde lieber
nicht mehr vorlesen, um diese Demonstration des geschwunde-
nen Interesses zu vermeiden.

Dieser überheiße Mai. Und ich habe die Kleider dabei für die kalten Tage. Es war ja kalt, als ich abfuhr, –2 bis +12, und jetzt 22 bis
28 Grad. Es ist, als wäre ich in ein südliches Land geflogen.

10 Uhr 20, Bad Nauheim. Schwarzgraue Schieferdächer, Betten in den Fenstern, da vermisst er sofort schmerzlich Dorfgeräusche und Hähnekrähen.

Marianne Frisch zu Siegfried: *Jenseits der Liebe* sei eben überhaupt nicht lektoriert worden. Siegfried fragt nach Beispielen für diese Ansicht. Einfach insgesamt, sagt sie. Max Frisch hat Siegfried im ersten Band seiner Gesammelten Werke bestätigt: Dem großen Verleger Siegfried Unseld in Freundschaft, Max Frisch. Mehr könne er nicht mehr erreichen, sagt Siegfried.

10 Uhr 30, Butzbach. Alle Jüngeren im Wagen schlafen. Die schweren Münder willenlos offen. Die Älteren sitzen wach. Ein Waggon: Verkapselungstechnik (Tankwagen). Ein Laster zieht auf einem Feldweg einen zarten Staubschleier hinter sich her.

Gestern: Siegfried wirft seine Mitarbeiter um 10 Uhr 15 hinaus. Er geht hinauf. Die Mitarbeiter gehen dann allmählich. Herr und Frau Zeeh, Elisabeth Borchers, Carlé, Herr und Frau Michels. Zuletzt Hilde und ich allein. Einmal hat sie ein Fotoalbum hereingetragen, als Siegfried gerade sprach. Da schnauzt Siegfried sie an, sie entschuldigt sich.

Heute Morgen sagte er: Also, ich komm um 6 zurück (aus Zürich). Hat schon gegessen dann. Aber dass sie's wisse, um 6 Uhr herum komme er. Das klang drohend. Siegfried zu mir: Elisabeth Borchers ist unbeliebt bei den Autoren. Peter Handke: Es ist wie eine Missachtung der Autoren, wenn sie Lektorin ist. Und als Thomas Bernhard erfährt, dass Rudolf Rach gehen wird: Wer ist Dr. Rach, ich kenne keinen Dr. Rach, für mich ist dieser Stuhl seit Jahren leer. Und Rach hat sich besonders für Thomas Bernhard eingesetzt. Jetzt soll, sagt Thomas Bernhard, nicht jemand gesucht werden, der etwas von Dramaturgie versteht, sondern jemand, der Stücke liebt, das Theater liebt. So weit Siegfried.

Ich wäre froh, mit diesem Berufsfeld nichts mehr zu tun haben zu müssen. Ekelhaftere Benehmensweisen kann es nirgends geben.

Gießen, Hotel Kübel.

Als die Bahnhöfe gebaut wurden, wusste man offenbar überhaupt nicht, woran man bei einem Bahnhof denken sollte. Meistens geriet man dann in eine Mischung aus Kirche und Burg. Das sieht man in Gießen besonders deutlich. Eine rote Sandstein-Kirchenburg mit Hauptschiff und Turm, der allerdings ein bisschen verrückt hingesetzt wurde, um das Kirchenhafte zu stören.

Lesung in der ehemaligen Zigarrenfabrik. In die Türfassung aus rotem Sandstein ist ein Schillervers eingemeißelt:
Von der Stirne heiß
Rinnen muss der Schweiß,
Soll das Werk den Meister loben,
Doch der Segen kommt von oben.
Hier wurden wahrscheinlich für Schandlöhne im 19. Jahrhundert und weit ins 20. hinein Zigarren gewickelt, wahrscheinlich von Frauen und Kindern. Dazu tat Schiller gute Dienste.
Da rätselt man immer noch herum, wozu Literatur gut sei.

Herr Schormann hätte letztes Jahr gern Max Frisch zur Lesung gehabt in Gießen, aber der, sagt Herr Schormann, der geht nur nach Marburg, wo er Dr. h. c. ist.

13. 5. 1976
Die Bahnfahrt durch das Wiesental, die Windungen der Lahn mitmachend, mal auf dieser, mal auf der anderen Seite des Flusses. An den Ufern entlang, Seerosenblätter. An den Talwänden Eichen und Weißdorn, rötliche Steinwände. Weilburger Tunnel, 300 m, der Zug stößt einen Schrei aus, bevor er hineinfährt, als müsse er sich Mut machen. Arfurt, Villmar, Kerkerbach, Eschhofen, unter

der Autobahnbrücke durch, Limburg. Der Dom über der Lahn. Wie bescheiden die Bahn war im Vergleich mit der Autobahn: Sie blieb auf dem Boden, in der Landschaft, hatte Zeit. Die Autobahn sticht hoch und gerade durch Landschaft und Raum. Sie hat keine Zeit mehr. Fachingen, Laurenburg, Nassau, Bad Ems, Nievern, Niederlahnstein.

13 Uhr 02 über den Rhein, wo ist die Lahn? 13 Uhr 06 Koblenz, Hotel Hamm. Zimmer 45, 4. Stock, DM 45.

14. 5. 1976
Bestenliste Mai, Platz 1: *Jenseits der Liebe*, 148 Punkte. Platz 2: James Joyce, *Ulysses*, 102 Punkte. Platz 3: 68 Punkte.

9 Uhr 12 ab Koblenz, 12 Uhr 31 Stuttgart.
Xaver. Am Morgen fühlt sich der Ringfinger ganz nackt. Es ist, als seien alle anderen Finger der linken Hand in der Wärme und er allein stehe ins kühlere Freie. Er sehnte sich wieder nach dem Ring.

Gestern an der Lahn, heute am Rhein entlang.

In Stuttgart: Gespräch mit H.M. Braem und Dr. Lehner über *Jenseits der Liebe.*

17 Uhr 18 ab Stuttgart, 18 Uhr 38 Mannheim, Augusta-Hotel.
Ins Hotelzimmer kommend, sich in den nächsten Sessel fallen lassen, Beine starr ausstrecken, auf eine Stelle stieren, das ist schön. Die Bilder an der Wand beginnen zu kochen, weil sie nicht angeschaut werden. Das ist recht so. Ich werde die Abwärtsentwicklung nicht aufhalten können. Wenn ich hier bis Montag bleibe, habe ich einen schönen Teil eines Abendhonorars verbraucht. Sehr gut so. In mir flutet Blei. Jeden Abend enttäusch ich die politischen Frager. Ich entziehe mich ihnen. Sie kriegen mich nicht

mehr zu fassen, hoff ich. Ich musste während der Lesung einen Professor anschauen, bis er aufhörte, mit seiner Nachbarin zu lachen und zu reden. Als er aufhörte, sagte ich: Danke. Bald darauf verließ er den Saal. Der Saal war überfüllt. Der Gescheiteste war ein Kommunist. Aber reiner Illusionist.

15. 5. 1976
10 Uhr 39 ab Mannheim, 11 Uhr 52 Frankfurt.

16. 5. 1976
Vormittags Lesung in Marburg, Hilde fährt mich hin und zurück. Zwei Portionen Schwarztee, zu wenig gegessen, die ersten 30 Minuten Schwindel und Atemnot beim Lesen.

R-R zu Siegfried: Alle mögen Walser so gern, deshalb schreibt keiner die Wahrheit. Also musste einer einmal aufstehen und sich gewissermaßen opfern, um der Wahrheit willen. Als Zeugen führt er an Kaiser und Michaelis.

17. 5. 1976
Vor dem Fenster in der Klettenbergstraße die gotische Pappel und eine Trauerweide im Jugendstil.
Hilde beim Frühstück, plötzlich: Ich hab so Bandscheiben. Das hab ich noch nie gehabt. Gestern Abend, als wir Schach spielten, schaute sie *Robinson* im Fernsehen an. Am Spätnachmittag sagte sie: Wenn ich 6 Männer hätte, würde vielleicht einer mit mir sprechen. Siegfried: Sie hat Torschlusspanik. Hilde: Siegfried sagt immer: Schau nach rechts. Da kommen dann kalte Girls, Werbebranchen-Mädchen, und er sagt, wenn er das nicht mehr hat, kann er seinen Beruf nicht mehr ausüben. Hilde macht immerzu auf sich aufmerksam als Vernachlässigte. Das hört man sich mitleidlos an, weil sie selber so viel Mitleid hat mit sich. Und wie sie ihre Brauchbarkeit betont. Sie hat keine ruhige Minute in diesem Haus.

Jedes Dienstmädchen hat mehr Freizeit als sie. Den ganzen Nachmittag hat sie gebügelt. Hilde, als ich Frau Hoesch rühme: Pass aber auf, wenn du mit ihr ins Bett gehst, du musst eben daran denken, dass sie alles, was du mit ihr machst und was du sagst, in ein Tagebuch schreibt, das sie nachher ihren Mann lesen lässt. Als ich staune und frage, woher sie das wisse, sagte sie: von Herrn Hoesch, der sich ihr genähert habe, um mit Siegfried gleichzuziehen.

Gleichziehen ist wahrscheinlich ein Ausdruck aus dem Schachspiel.

Obwohl ich glaube, dass Siegfried ein sehr ergiebiger und angenehmer und gar nicht genug zu empfehlender Mann ist, bin ich wie enttäuscht, dass Frau Hoesch mit ihm geschlafen hat. Sie kannte ihn längst, bevor sie mich kannte. Ich habe sie nie berührt und nie berühren wollen. Trotzdem ist jetzt jedes Wort, das sie in unserem langen Gespräch sagte, einigermaßen entwertet. Sie ist jetzt eine Frau, die in dieser Villa oder in ihrem Chalet in Gstaad lebt und wartet, dass jemand kommt, mit dem sie schlafen kann, um es aufzuschreiben und ihrem Mann zu zeigen. Und ich hatte wieder einmal alles nach der Art eines Zwölfjährigen ganz idealisch gesehen und empfunden. Die alte Unreife.

18. 5. 1976, Saarbrücken. Hotel Am Staden, Zimmer 5.
Als der Veranstalter die nächsten Lesungen ankündigt, Peter Handke und Max von der Grün, ging bei der Erwähnung Peter Handkes ein kleines Beben durch die Gruppe der Schüler. In der Diskussion sind die Intelligentesten ganz und gar Adepten der Problematik der Individual-Krise à la Hesse, Frisch, Handke. Es interessiert sie nur die Krise als solche, nicht die Bedingung der Krise. Die Krise produziert Schönes, einzig Annehmbares. Alles Fragen nach Bedingungen ist für sie ein Niveauverlust. Ich versuche, Hesse wegen seines empfindlichen Gewissens und wegen seiner nicht so schonungsvollen Selbstdurchschauung und wegen seiner Legitimitätsbedürftigkeit von den eher selbstgenügsameren

Frisch und Handke zu trennen. Rational gelingt das. Aber was ich sage, gilt nur so lange, wie ich rede. Danach sind sie wieder Ich-Krisen-selig. Über meine Geschichtserwartungen lächeln sie wie alte Weise. Es ist wichtig, sich so ausrangiert zu sehen bei diesen gescheiten, wohlversorgten Bürgerkindern. Sie haben alles, was sie brauchen, von selbst, also zündeln sie müßig in ihren Ichs herum mit den zärtlichen, Dunkelheit stiftenden Streichhölzern von Frisch und Handke.

Der Stich unterm Rippenbogen sitzt. Was er bedeutet, ist mir ein Rätsel. Sollte das ein endgültiger Stich sein?

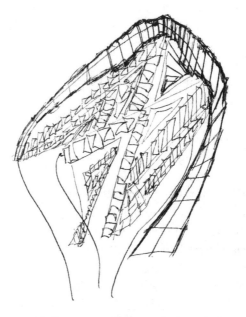

19. 5. 1976, Heidelberg. Hotel Europäischer Hof, Zimmer 325, DM 79.
Lesung in der Stadtbücherei. Frau Schmieder, die 1. Gehilfin bei Braun, möchte noch etwas trinken. Zum Glück habe ich schon am frühen Abend gesagt, dass ich keinen Alkohol trinke.

Herr Professor Böschenstein sagt: Max Frisch hat ihm geschrieben, dass er nicht nach Genf kommen könne, weil man dort seinen Namen kenne. Er könne nur an Orte gehen, wo er nicht auf seinen Namen festgelegt sei. Einen zwei Seiten langen Eitelbrief habe er geschrieben.

20. 5. 1976, Heidelberg ab 10 Uhr 37, München 14 Uhr 46. Im Abteil zwei bärtige Araber, die abwechselnd aus einer Zweiliter-Kunststoff-Flasche ein fahlgrünes Zeug trinken. Beide haben ihre Schuhe ausgezogen, einer auch die Strümpfe. Ich habe den Eindruck, es rieche im Abteil nach Petroleum.

Frau Schmieder trinkt abends 3 Viertel Wein und schreibt Briefe, solange sie trinkt. Wenn sie dann noch ein 4. Viertel trinkt, zerreißt sie die Briefe wieder.

Der Stich unterm rechten Rippenboden sitzt wieder. Er ist so fein wie ein Nervenschmerz.

Wie oft bin ich schon an der rötlichen Salamander-Fassade zwischen Ludwigsburg und Stuttgart vorbeigefahren. In Stuttgart regnet es.

Das Hippie-Mädchen mit dem Querriss überm Knie stellt sich im Gang genau vor unsere Tür ans Fenster, um dann und wann mit einem der Araber einen Blick zu tauschen.

Jedes Mal, wenn ich Hans Mayer sehe, sagt er, dass er ja zu den Befürwortern Gallistls gehöre. Er sagt das jedes Mal so, dass ich spüren soll, wie wenige solche Befürworter es gibt und wie dankbar ich Hans Mayer zu sein habe, dass er einer dieser wenigen ist.

Die Araber stinken so, dass der Türke, der in Ulm zugestiegen war, längst vor Augsburg wieder ging.

Hans Mayer ist in der Jury für den Friedenspreis. Jetzt hat er als Herausgeber der Gesammelten Werke Frischs die Ausgabe zu Frischs 65. Geburtstag fertig, und pünktlich zum Geburtstag und zur Ausgabe erscheint auch die Nachricht, dass Max Frisch den Friedenspreis bekommt. Der Text für die Begründung der Preisverleihung ist von Hans Mayer. Das alles sagte mir Siegfried in Frankfurt. Die Buchhändler wollten den Text noch ändern. Hans Mayer besteht auf seinem Text. Entweder ganz oder gar nicht.

Grüß Gott, bitte die Fahrausweise, Prüfdienst.

21. 5. 1976, 9 Uhr 51 nach Gauting.
Gallistls Verbrechen. Er darf nicht so tun, als sei es ihm ernst. Sobald ein Schlag ausbleibt, fängt er an zu pfeifen.

22. 5. 1976, Gauting ab 9 Uhr 12, Garmisch 10 Uhr 39.
Klaus Konjetzky erzählt: An Pipers Geburtstag, 25. 3. 76, waren auch Reinhard Baumgart und R-R da. Klaus Konjetzky hört ein Gespräch über *Jenseits der Liebe.* R-R: Ob Reinhard Baumgart das Buch schon gelesen habe? Reinhard Baumgart: Nein, noch nicht. Das wäre auch das letzte, was er besprechen würde. Ob R-R schon? R-R: Nein, noch nicht. Zwei Tage später erscheint die Besprechung. Einleitung dieser Konversation. R-R: Reinhard Baumgart finde so eine Geburtstagsveranstaltung sicher entsetzlich langweilig. Reinhard Baumgart: Schon Ihre Rede gehört zu haben, lohnte den Abend. R-R hatte die Geburtstagsrede gehalten.

In der 1. Klasse kann man von jedem Sitz aus die Heizung regulieren. In der 2. Klasse gibt es in einer Wagenhälfte nur zwei Hebel. Wer dort sitzt, entscheidet, ob die anderen schwitzen oder frieren.

Der Pater: Lassen'S lei. Als der Schaffner ihm von den 30 Schilling 2 zurückgeben will.

23. 5. 1976, Garmisch ab 15 Uhr 26, Lindau 20 Uhr 36. Untergreinau. Griesen. Ehrwald-Zugspitzbahn. Lermoos. Lähn.

In Garmisch Spaziergang mit Franz Barth. Er ist mir sehr ähnlich in seiner Ängstlichkeit. Wie ich bemüht er sich, auf den Besucher den Eindruck zu machen, den der Besucher am liebsten hätte. Und weil er nicht weiß, wie er das machen soll, ist er befangen. So befangen, dass er sich gezwungen sieht, das auszusprechen. Er wisse nicht, welchen Eindruck er mache. Seine Frau sei ja nicht so leicht drauszubringen, er aber müsse zugeben, dass er nicht er sei, solange ich da sei, also nicht so, wie er normalerweise sei. Er wisse nicht, ob er, wenn ich nicht da sei, besser sei, aber auf jeden Fall anders. Er ist 58. Die Belobigung, die er durch den Deutschlehrer erfahren hat, ist ein Erfolg, sagt er, den er seit seinem 14. Lebensjahr nicht mehr gehabt hat. Durch Lob und sanfte Kritik jenes Deutschlehrers wurde er entwickelt. Seine Aufsätze wurden in Stuttgart sogar im Gymnasium vorgelesen, im Stöckach, Reform-Gymnasium, obwohl er nur in der Realschule war. Beim Spazierengehen versuchte er immer wieder, wenn wir nicht mehr im Gleichschritt waren, umständlich in meinen Schritt zu fallen. Bergauf ging das leichter. Ich versuchte, mich seinen kürzeren Schritten anzupassen.

Ich fahre durchs Gebirge heim. Wieder Fluss, Straße, parallel. Über Steine schäumende Bäche, Wald.

Franz Barth immer wieder, dass er nie andere beneidet, weil sie mehr haben.

Der Bach kämpft verzweifelt um seinen Lauf. Aber man kann sich auch vorstellen, die Steine kämpften verzweifelt darum, an Ort und Stelle bleiben zu dürfen. Der Bach ist die Loisach.

F.B.: Dass ich meine Frau habe, hat wiedergutgemacht, was mir an Schlimmem passiert ist.

Nach Lermoos geht es noch steiler hinauf, der Zug ächzt geradezu bzw. der Motor rattert.

F.B.: Er braucht den Zwang, um sein Leben aufzuschreiben, jemanden, der darauf wartet, dass er ihm sage, wie es gewesen sei. Er brauche die Noten wie damals vom Deutschlehrer. Er könne mit dem Geld von anderen Leuten wirklich gut umgehen, das habe er bewiesen. Mit den paar Mark, die er selber habe, umzugehen, sei ja keine Kunst.

Hahnenfußwiesen. Weiße Fäden ziehen die steilen Bäche durchs Grün.

Es geht jetzt abwärts, die Bäche fließen jetzt mit dem Zug, nicht mehr gegen ihn. Im breiten Hochtalgrund verstreut die Heuhütten. Noch eine Schneezunge streckt sich ein steiles Kar herab.

F. B.: Seine Frau hat ihn nie ermutigt zum Schreiben. Sie findet, die Leserbriefschreiberei rentiert sich nicht. Das hat er 1940/41 angefangen, an Colin Ross. Dessen Reisebücher hat er alle gelesen, dann schreibt er dem seine Enttäuschung über die Zeitungsartikel, die der jetzt in den Nazizeitungen schreibt. Der schrieb zurück, jetzt sei die Zeit, da die Feder Waffe werden müsse. Nach 45 habe sich der am Walchensee umgebracht.

Heiterwang-Plansee.

Frau Schmieders dünne Stimme am Telefon. Und wie dick sie einem dann vorkommt, bloß weil sie nicht soo dünn ist wie ihre Stimme.

Wir stoßen auf den Lech. Gleich ein mächtiges Bett, das er momentan bei weitem nicht ausfüllt.

Ulrichsbrücke, Füssen. Vils. Schon wieder werden Ausweise kontrolliert, zum zweiten Mal. Schönbühl.

Pfronten-Steinach. Das Gefühl, dass die Wirklichkeit meinen schlimmen Träumen bald folgen werde. Unbedingt folgen müsse. Dass die ganz alten Leute so nah am Rand ihrer endgültigen Vernichtung so heiter sein können. Sie tun, als könnten sie vergessen, dass sie schon die Schaufel berühren.

Pfronten-Ried. Der bayerische Schaffner und der Allgäuer Stationsvorsteher. Wie fremd kommt mir da der bayerische Schaffner vor. Pfronten-Weißbach. Der österreichische Schaffner, der jetzt Pause hat, bis man auf der Rückfahrt wieder durch Österreich fährt, fläzt sich faul in die Ecke und schaut Bilder in *Reader's Digest* an. Ohne Mütze und in dieser Haltung wirkt er gemein. Zwoa null hoaßt's, kommt der bayerische Schaffner herein.

Erster Birkenwald mit ein paar Tannen. Das alte Paar macht sich bereit.

Nesselwang.

Wenn der österreichische Schaffner einen sähe, der so aussieht wie er jetzt, dann würde er, ohne daran zu denken, dass er auch so aussehen kann, sagen: Der hat ein Gfrieß. Er hat *Reader's Digest* weggelegt, er liegt jetzt mehr, als er sitzt, die Hände auf dem Bauch, den die offene Dienstjacke freigibt, gefaltet, schlafend sieht er überhaupt nicht gemein aus, hat kein Gfrieß mehr, sondern einen Mund, dessen Winkel bitter herabgezogen sind, ein Bärtchen, das diese Bitternis betont; ermattete Augenlider, die die schweren Augen jetzt bedecken, aber fast zu schwach zu sein scheinen, um das noch lange tun zu können.

Wertach-Haslach. Mit einem schönen See. Grüntensee. Keiner fährt außer mir mit diesem sich dahinschleppenden Zug von Garmisch nach Kempten. Alle anderen benützen ihn nur, um ein kleines Stück zu fahren.

Oy-Mittelberg.

Der Kopf des schlafenden österreichischen Schaffners liegt direkt auf den gegen die Rückwand gepressten Schultern, ein bisschen schief, wie wenn er nicht mehr festsäße.

Zukunftsroman. Im Jahr 24327: Wir haben alles vorgefunden. Die vor uns waren so gemein, alles zu tun, was sie gar nicht selber brauchten. So haben sie uns alle Möglichkeiten, tätig zu sein, weggenommen. Wir werden das nicht tun. Wir enthalten uns jeder

Tätigkeit. Dass unsere Kinder oder Kindeskinder wieder ein wenig Gelegenheit haben, zu arbeiten. Hoch bezahlt wird, wer es auf sich nimmt, ohne Arbeit zu leben, das sind die meisten. Die Privilegierten sind die Arbeiter. Das sind die Professoren, Doktoren, Präsidenten usw. Die ordinären, die wenig geachteten Leute sind die, die nichts tun. Die Masse tut nichts.

Zollhaus-Petersthal.
   Jodbach-Sulzbrunn. Sulzberg.
   Sie wollen das Positive aus dir herausfoltern. Du musst widerstehen. Du musst alle Foltern ertragen und sagen, dass du das Positive nicht siehst, nicht kennst, nicht erlebst, und dass sie dich durch keine Folter dazu bringen werden, etwas Positives zu erdichten bzw. zu erschwindeln.
   Durach. Maibaum mit flatternden Bändern am Kranz unter dem Wipfel.
   Wenn ich Bungalows sehe mit Stores vor breiten Fenstern, kann ich nur denken, dass dahinter koitiert wird, sonst nichts.
   Kempten empfängt mit Industrie, Eisen, Chemie, Rauch.
   St. Mang. Einen Zug, der öfter hält, gibt's nicht.
   Kann man sich zu viel vornehmen?

Auf der Heimfahrt, 11 Minuten vor dem Eintreffen des Zuges in Lindau, als der Zug schon manchmal die Bremsen zog, um die sausende Fahrt das Allgäu hinab allmählich wieder unter Kontrolle zu bringen, starb er an einem Herzschlag.
   Oder: Die letzte Stunde vor der Heimkehr ist die schwierigste. Jetzt kann man sich wirklich mit nichts mehr ablenken. Bei allem, was man probiert, denkt man nur daran, dass man sich ablenken wolle, weil man das pure, sozusagen gegenstandslose, das nackte Warten nicht 60 Minuten lang erträge. Nach einer halben Stunde wird es noch schlimmer. In der letzten halben Stunde wird man mehr und mehr von dem lähmenden Gefühl beherrscht, dass man

zu sehr gewartet habe, dass nichts bei dieser Heimkehr den Erwartungen, die man hat sich bilden lassen, entsprechen wird.

29. 5. 1976
Gestern, *ZDF*: Anti-Kissinger-Demonstration in Schweden. Im Vortext: dass gegen Kissinger demonstriert wird wegen Vietnam.

31. 5. 1976
Die Amsel schreit und tanzt wieder um die Katze herum, sobald die außer Haus auftaucht. Das sieht wieder einmal aus, als verfolge die Amsel die Katze.

Meine grünen Wälle rauschen. Dahinter rauscht der See. Ich bin nicht gelähmt. Ich bin wie gelähmt. Vorbei. Welch ein Wort. Vor Bei.

Irgendetwas, was so schwer und unlohnend wäre wie das Leben, würde man sofort einstellen.

Meine Gedanken gehen in bleiernen Schuhen
mein Kopf liegt längst irgendwo.
Liebes Leichtmotorrad, unterwegs
von einem Ohr zum anderen, steh und dreh durch.

10. 6. 1976
Ich bin allein. Ich habe dafür gesorgt, dass ich nicht mehr von den falschen Leuten eingeladen werde.

Vorgestern, spät am Abend, hat Günter Schöllkopf angerufen. Er war über Pfingsten auf einer Nobeleinladung bei Frau Klein in Bad Teinach. Da waren Palitzsch, Rettich usw., und es war dort die Rede von meiner Rede. Schöllkopfs Kommentar: Die sitzen am längeren Hebel.

Wenn ich mich für den bevorstehenden Kampf mit der SPD verbände. Lüg nicht. Es gibt nur die Gewerkschaft, und die ist weit.

13. 6. 1976
Wenn der Hubschrauber vorbei ist, hört man das Klavierkonzert wieder.

J. P. Eckermann. Goethe rät Eckermann: Immer nach unten heiraten, nie hinauf heiraten. Eckermann: Von da, wo ich herkomme, kann man nicht mehr nach unten heiraten. Goethe: Das ist schlecht. Dann werden Sie's nicht leicht haben.

21. 6. 1976
Das Bauchweh ist so deutlich da wie eh und je. Und es nützt nichts mehr, dass ich daran denke: *Jenseits der Liebe* hat heute nach 12 Wochen zum ersten Mal wenigstens noch den 10. Platz der *Spiegel*-Liste erklommen. Mühsam genug. Kleine Anfangsauflage. Härteste Verrisse. Kein Vertrauen vom Verlag: Das waren die ersten 6 Wochen. Dann Lesereise und allmählicher Umschwung. Jetzt wird die 3. Auflage gedruckt: 19. bis 24. Tsd. Das ist nicht überwältigend. Aber 25000 wären 50000 Mark. 30000 werden es sicher nicht sein. Jetzt hängt alles davon ab, dass es von dem Plätzchen auf dieser elenden Liste nicht gleich wieder herunterrutscht. Aber wie soll es sich festhalten? Im Juni wieder an der 1. Stelle der Bestenliste. 119 Punkte. Der Zweite: 79 Punkte.

Siegfried ruft an. Er wundert sich, dass *Montauk* auf der *Spiegel*-Liste noch so weit oben steht, wo wir doch schon eine ganze Zeit viel mehr *Jenseits der Liebe* verkaufen als *Montauk*.

Piontek: Büchnerpreis.

Ich habe nichts zu melden. Wenn mir jetzt nichts wehtäte, fühlte ich mich wohl. Verwöhnter Lümmel. Der Erniedrigte auf der Bestseller-Liste. Wahrscheinlich geht es mir besser als 90 Prozent der Bevölkerung. Und nur 9 Prozent geht es besser als mir. Ich muss Bille im *Kinderspiel II* härter machen.

Der Schmerz verteilt sich, wird diffus. Scharfer Zentraldruck und peinliches Seitenstechen. Ich liebe meine Schmerzen an diesem schwül-heißen Junitag. Schmerzen sind doch genauso schön wie sonst was. Was gibt es denn noch, was so eindrucksvoll ist wie Schmerzen? Musik. Aber sogar Musik spürt man weniger als diese Schmerzen. Diese Schmerzen graben sich von Sekunde zu Sekunde tiefer ein. Nicht nur in den Bauch, sondern auch ins Bewusstsein. Das Einzige, was sie von der Musik unterscheidet, ist, dass sie im Bauch erlebt werden und nicht im Kopf. Und was im Kopf ist, wird immer irgendwie höher bewertet.

Dr. Bär: Eine Fermententgleisung. Ja, das gibt es.

22. 6. 1976
Übermäßige Hitze. Dürre in Europa. Dürreschäden überall.

24. 6. 1976
Ich könnte auf Tätigkeit verzichten und nur zuschauen, wie ich lebe. Das wäre ein Leben. Nichts tun als leben. Aber ich höre Alissas Heilandzack! Den ewigen Wortwechsel mit Johanna.

Wenn sie mich stören, reagier ich gereizt, als hätten sie mich in einer Arbeit gestört, die eine ungeheure Konzentration erfordert. Dabei haben sie mich bei nichts als Nichtstun gestört. An den Schläfen zieht sich die Haut zusammen, als würde gebohrt.

Das Gefühl, dass das Leben in unserer Gegend unwichtig ist. Das gleiche Gefühl auch von mir selbst. Ich bin so uninteressant wie

unsere Gegend. Dabei weiß ich irgendwo in einem Abstraktions-
zentrum in meinem Kopf, dass es keinen Unterschied dieser Art
gibt. Jeder Mensch, jede Gegend ist interessant. Trotzdem weiß
ich auch noch, dass meine Gegend und ich eben nicht interessant
sind.

Immer braust der Juni
in den grünen Kronen
dass man aufschaut und
sagt: Ja, ja, der Juni.

27. 6. 1976
Siegfried erzählt, wie er bei Bloch im Sanatorium war, zum 91. Geburtstag. Sohn und Enkel waren da. Der Enkel kriegt die Flasche.
Bloch kriegt Haferschleim, weil er Durchfall
hat. Bloch: Da wird man nun 91, dann kriegt
man zum Geburtstag Haferschleim.

Siegfried über Peter Handke: Der gehe in Paris am liebsten ins
Ritz, weil dort das Nachtgeschirr vergoldet ist. Zu Hause habe ein
Topf gedient als Nachtgeschirr und zum Backen. Drei Ängste
habe Handke: dass ihm nichts mehr einfalle, dann seine Bücher
nicht mehr gekauft würden, dass er kein Geld mehr habe.

Siegfried hat jetzt eine Freundin (Germanistik-Studentin, die
als Lektorin in den Verlag will), die war zuerst die Freundin Joa-
chims, acht Wochen lang, jetzt ist sie schon eineinhalb Jahre die
seine.

28. 6. 1976
Jenseits der Liebe wieder nur auf Platz 10 der Commerzliste.

Gestern Jürgen Habermas und Frau. Habermas sagt, dass er bei
der R-R-Kritik einen Augenblick lang vermutet habe, das sei mit
Einwilligung von Siegfried Unseld geschehen. Als ich sage, dass

Günter Grass mich gefragt habe, ob ich sicher sei, dass mich mein Verleger nicht verkaufe, sagte Habermas: Genau das habe er auch gedacht.

29. 6. 1976
Wenn ich die Treppen
aus reinem Marmor barfuß
hinaufgehe, hör ich den Tod
in meinen Knien knirschen.

1. 7. 1976
Max Frisch hat es abgelehnt, strikt abgelehnt, das Treffen mit Peter Weiss
und Siegfried Unseld in Nußdorf zu
machen. Schon bei dem Gedanken
daran werde er von Klaustrophobie be-
fallen.

Ich, einer der Trottel, die den öffentlichen Dienst tun.

Karasek-Anruf: Ich soll etwas über Scheels dumme Rede in Kiel schreiben. Offenbar hat er dort gesagt, dass das Theater nicht kritisch sein soll, usw. Mich interessiert das nicht. Das sagte ich H. Karasek. Er: Er will ja nur etwas gegen Scheel, weil der die Koalition für die CDU vorbereitet.

Heute ist der Wind ein Gluthauch. Der passt am besten zu meinem Sitzen und Nichtstun.

2. 7. 1976
Stadtverwaltung Esslingen, eine Sekretärin ruft an im Auftrag, wegen einer Autorenlesung im November: Hätten Sie da noch was frei?

10 Uhr 36 Überlingen, 12 Uhr 55 Zürich. Hotel Sonne, Küsnacht, Zimmer 18, das letzte im Gang vor dem Abort. 35 Franken mit Frühstück.

Ein Eifersüchtiger bringt alle gegen seine Frau auf, und nachher, als sie tot ist, war es nur seine Rechthaberei.

Bauchweh. Deshalb will ich heim, obwohl Max Frisch und Peter Weiss möchten, dass ich noch bleibe. Es war auch sehr erträglich. Alle Aggressionen wurden auf die Person, die politische, Enzensbergers gelenkt, der dann von Siegfried verteidigt wurde. Das zwingt zu dem Schluss, dass sich HME so geändert haben muss, wie unsere Angriffe behaupteten. Siegfrieds Verteidigung war zwar vehement, aber nicht ohne Künstlichkeit, die er am Schluss sogar gestand. Er mag ihn nicht mehr seit 68. Wir mögen ihn nicht seit neuestem. Peter Weiss wieder sehr lieb. Zart. Kindlich. Er tut nicht weh. Max Frisch unheimlich gesund, wach, präsent, voller kleiner, immer gerade noch gebändigter Boshaftigkeiten. Er lässt das Böse nur aufblitzen, lässt es sofort wieder verschwinden. Der Riesenerfolg macht ihn so elastisch. Ich bin das Gegenteil.

Eine alte, mehlweiß gekleidete Ordensschwester mit schwarzer Haube wird beim Rangieren und Bremsen in Schaffhausen mir fast auf den Schoß geworfen. Sie fällt neben mir auf den Sitz. Das ist grad noch mal gut ganga, sagt sie. Der junge Grenzer, der die Pässe kontrolliert, sagt: Im Oktober verfällt er, da müssen'S ihn verlängern lassen. Wenn i no leb, dann, sagt die Schwester. Sicher, sagt der Grenzer.

An vielen Stellen kam das Gespräch auf letztwillige Verfügung. Das Testament. Dem Verlag gegenüber. Obwohl Siegfried es Ingeborg Bachmann immer gesagt habe und sie auch versprochen habe, ihren Letzten Willen zu formulieren, habe sie nichts von dem getan. Und jetzt sei es schwierig. Max Frisch redete von schlechten Verfilmungen, die verhindert werden müssen, von Briefen und Tagebuch-Veröffentlichungen, die geprüft werden müssen. Er habe ein Gremium von Freunden eingesetzt, die das übernähmen. Er arbeitet an seiner Friedenspreis-Rede. Ob er das Geld (10000) Amnesty International spenden solle? Siegfried ist dagegen. Erstens sei es zu wenig, zweitens entstehe für andere der Druck, das auch zu tun, und die bräuchten das Geld vielleicht. Peter Weiss schlägt vor, das Geld den Hinterbliebenen der in Südafrika gerade von der Polizei Erschossenen zu geben. Max Frisch mehr zu sich, fast leise: Ich kann's ja dann jemand geben, ohne es öffentlich bekannt zu geben. Peter Weiss: Diese Sorgen haben wir zwei, die noch nicht den Büchner-Preis bekommen haben, nicht. Max Frisch stellt sich sehr erstaunt darüber, dass wir den noch nicht haben. Aber mir kommt das Erstaunen gemacht vor. Ich könnte jetzt den Büchner-Preis nicht annehmen, weil ich vermute, dass Peter Weiss ihn dringender erwartet als ich. Max Frisch kommt mir jünger vor als Peter Weiss und ich. Peter Weiss und ich sind Leidende, verglichen mit Siegfried Unseld und Max Frisch.

Ich habe vorgeschützt, ich müsse um 10 Uhr 11 schon wieder fahren, weil heute 5 Sommergäste kämen, und ich hätte dafür noch einiges im Haus und im Garten zu richten, ich dürfe das nicht meiner Frau aufladen. Auch fahre morgen für 3 Wochen eine zurzeit schwierige Tochter weg. Beides stimmt, aber beides ist nicht der Grund, warum ich wegfuhr. Eigentlich wäre es schön, heute noch ruhig mit Max Frisch und Peter Weiss in Zürich zu sein, ruhig reden, ein wenig lachen. Aber ich habe erstens Bauchweh, zweitens kommt es mir vor, mir werde in Max Frischs Gegenwart andauernd bewusst, dass ich weniger glücklich bin. Schon wenn sie von Berufserfahrungen sprechen, bin ich der mit dem geringsten Erfolg. Sie wollen alles andere, als mir das vorhalten, aber ich höre nichts als das. Deshalb ist es besser zu gehen. Obwohl beide so nett sind.

Bei dieser Hitze sind, besonders auf den Nebenstrecken, nur noch Türken und Italiener unterwegs. Wenn man neben zwei solchen jungen bockprächtigen Südländern sitzt und einer von denen fängt plötzlich an zu stinken, dann ist man förmlich erbittert; besonders, weil dieser Gestank trotz der offenen Fenster wie eine Rauchschwade einfach hängenbleibt im Abteil.

Peter Weiss kam mit einer Eau-de-Cologne-Fahne an seine Zimmertür, als ich heut Morgen klopfte. Er sah aus, als habe er schlecht geschlafen oder sei gefoltert worden.

Max Frisch: Er habe *Jenseits der Liebe* noch nicht gelesen. Respektvoll zur Seite gelegt. Er könne jetzt nicht. Aber Marianne habe. Auch eine, die nach der R-R-Kritik zugegriffen habe. Und sie sei begeistert. Ob sie's mir gesagt oder geschrieben habe? Nein. Siegfried Unseld hatte mir das Gegenteil gesagt.
    Wie dieser Zug das Bauchweh schüttelt. Als kompakte Schmerzgegend.

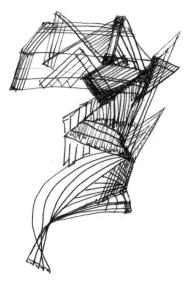

3. 7. 1976

Überlingen 9 Uhr 22, München 12 Uhr 50.

14 Uhr Frau Dhan, Artus-Film, Sophienstraße 2, über das *Einhorn*-Drehbuch wieder einmal. 18 Uhr Hubertusstube im Excelsior. Das wird wahrscheinlich 40 Mark kosten, das Abendessen. Ich bin der einzige Gast. Der Ober und eine Bedienung unterhalten sich über das, was ihnen von einem, den sie nie beim Namen nennen, zugemutet wird. Sie sehen in ihren grünen Jacken eher wie Grenzschutz-Soldaten oder Zollbeamte aus.

Die Selbstverständlichkeit, mit der Peter Weiss Max Frisch fragt, wo er hier (in der Wohnung) nach Stockholm telefonieren könne, zeigt, dass er schon lange keine Geldprobleme mehr hat.

4. 7. 1976

Exzentrisch, abstrakt, kraftlos, tragisch.

5. 7. 1976

Immer noch auf Platz 10 in der *Spiegel*-Liste. Schlusslicht.

Alissa beim Ausfüllen des Passantrags: Was habe ich für eine Gesichtsform? Oval? Oder??

7. 7. 1976

Abends.
In den Sträuchern wetzen die Zikaden
der Mond hält Hof in goldenem Dunst
die Malven falten ihre Kelche
zusammen auf Trompetenmaß
langsam wird die Wärme kühl.

Jeden Tag schläft, wenn ich an den Schreibtisch komme, die Katze in meinem Sessel. Ich lege sie dann auf die Schreibtischplatte. Sie steht kurz auf und lässt sich rechts vorne auf Papieren nieder und schläft weiter. Wenn ich von diesen Papieren brauche, ziehe ich sie vorsichtig unter der Katze hervor. Das stört sie nicht.

Meine rechte Seite sticht und kocht bei jedem Satz. Ich bin völlig ungeeignet für Auseinandersetzungen.

10. 7. 1976
Heute Morgen Peter Weiss wegen der 10 Prozent für seinen Roman. Erst ab 10000 12 Prozent. Er hat Siegfried Unseld geschrieben, dass wir, Max Frisch, er und ich, darüber gesprochen haben.

Wenn jemand aus einem anderen Jahrhundert in dieses Jahrhundert hineinschaut, z. B. auf dieses Blatt, wenn er die Stenokürzel lesen kann, dann hört er doch noch nicht den aufheulenden und verschwindenden Ton der vorbeirasenden Leichtmotorräder. Das ist Samstag. Ich fühle mich außerhalb des allgemeinen Lebens. Ich nehme an nichts mehr teil. Früh verstorben bin ich. Und müsste der Kinder wegen noch am Leben bleiben. Alissa z. B. kriegt es zu spüren, dass ich nicht mehr besonders lebendig bin. Mich beherrscht etwas Bitteres durch und durch. Ich kann sagen: Von jetzt an werden keine Versuche mehr gemacht, dieses ungerechte Haus zu verkaufen. Ich bin jetzt böse genug, um hier wohnen zu können. Ich werde meine Wirtschaftsgeschichte schreiben. Titel: Das Schaf im Trockenen.

Die Prospekte melden West-Virginia als eine finstere und kalte Gegend. Jahresdurchschnittstemperatur 10 Grad. Das vernichtet bei Käthe noch den letzten Rest der Reiselust. Wenn schon hier weg, dann nur in ein südlicheres Land. Der Friedhof dort (seit 1942) wird besonders gepriesen, Grabsteine aus Vermonter Granit. Der Fluss Monogahela River.

12. 7. 1976

Im *Spiegel* auf dem Schlusslichtplatz 10. Und man muss froh sein, dass das Buch wenigstens auf diese Weise präsent bleibt. Wenn alle oder viele für das Buch gewesen wären, wäre diese Platzangst nicht nötig. Irgendetwas braucht man. Und das, was man kriegt, kann man für das Bessere halten.

Ingrid Weckerle ruft an, gerade gelandet, ob ich ihren Brief bekommen habe, um 12 könne sie von Zürich weg, um 2 sei sie da, und um 6 führe sie wieder zurück nach Zürich. Da ich nicht genau weiß, wer das ist, sie aber so anspruchsberechtigt tut, widerspreche ich nicht. Jetzt ärgere ich mich wahnsinnig, weil ich diesem Überfall nicht besser widerstanden habe.

Ich habe nichts in der Hand. So wenige Jahre sind es noch, und die sehen aus wie ein Schrecken.

15. 7. 1976, Augsburg. Holiday Inn, Zimmer 311, 62,50 DM.
Alt oder älter. Richard Burton rühmt sich, dass er jetzt ein besserer Liebhaber sei als früher. J. Kaiser richtet mich hin wegen Älterwerdens. Zweimal wörtlich und einmal mit dem Epigonen meiner selbst. Ich selber schäme mich auch dieses Umstands. In Ehren alt werden, gibt es das in dieser Gesellschaft? Ich bin sehr müde. Ich kann nicht mehr. Ich muss. Geständnisse. Die sind sowieso nichts wert. Verwendbar gegen mich.
   Gestern Abend ein Augsburger, der viel über mich gemacht hat: *Jenseits der Liebe* habe ihn entmutigt. Kein Ausweg mehr. Zum ersten Mal. Er habe sich Sorgen gemacht um mich.
   Wenn jemand wie der in München eine kritische Frage stellt, mache ich ihn zuerst einmal lächerlich. Der in München: Für wen schreiben Sie? Da doch ein Arbeiter dieses Buch nach drei Seiten aus der Hand legen bzw. wegwerfen werde. Der alte Einwand.

Ich spüre, dass man mich für aggressiv hält. Ich selber bemerke das nicht mehr. Gestern Abend meine karikierende Schilderung des Goethe-Menschen, der jetzt Karriere macht. Ich kann nichts dagegen tun, dass ich einen völlig unschuldigen Menschen in seiner Abwesenheit lächerlich mache. Nur gut, dass ihn die alle nicht kennen. Außer denen vom Goethe-Institut, die werden es ihm sagen. Ich habe einen Feind mehr. Die Ausländer sind gut unterhalten durch meine Darbietung.

Thomas Rothschild, *Evangelische Kommentare*, Juli 1976, über *Jenseits der Liebe*: «Selten war Walser so wenig ausschweifend, selten so wenig sarkastisch, selten so mitfühlend menschlich wie in diesem zugleich ergreifenden, spannenden und erhellenden Roman.»

Zukunftsroman. 24327. Sie lebten damals paarweise zusammen. Männer und Frauen. Das muss damit zu tun haben, dass sie glaubten, die Fortpflanzung am besten durch solche Wohngemeinschaften sichern zu können. Ganz klar ist das nicht. Aber vielleicht entstanden solche Wohngemeinschaften, die man Ehen nannte, dadurch, dass die Fortpflanzung jeder selber mit seinem Geschlechtsteil besorgte. Für uns heute ein grotesker Vorgang.

14. 8. 1976

Siegfried meldet, dass Bloch in Not ist, kann nicht mehr urinieren, liegt mit Windeln im Bett und jammert und schreit. Er, der dem Tod mit der Neugierde des Forschers entgegensehen wollte. Er wird in den nächsten Tagen sterben. Aber weil er 91 ist, schütteln wir die Köpfe, wenn er schreit. Womit wir sagen wollen: Er soll doch zufrieden sein, schließlich ist er 91 geworden. Als ob es, wenn man stirbt, eine Rolle spielte, wie alt man ist. Das Sterben ist so schlimm, dass das Alter, in dem man stirbt, dagegen völlig unerheblich ist. Nur ein bisschen übertreibend kann man sagen: Ob man mit 19 oder 91 stirbt, ist egal, d. h. gleich schlimm. Nein, dagegen wehre ich mich. Noch. Ich möchte 65 werden. Die Pläne realisiert haben. Das möchte ich. Das heißt aber nichts.

> Wenn man mich blind in tausend Seen würfe
> den kennte ich immer
> geliebter See, der das nicht weiß.
> Mit dem Haubentaucher-Pärchen schwimmen.

18. 8. 1976
Morgen die große Reise. Sich von Johanna verabschieden. Wenn ihr das so schwerfiele wie uns. Wir lassen sie zurück. Sie tut, als sei das nichts. Aber es kann viel sein, auch für sie. Von ihr erfährt man nichts.

19. 8. 1976
Presley: No one else can understand me.
Don't cry daddy.

22 Uhr 15 ab Radolfzell. Mit Hermann und Irene dorthin. Um 6 Uhr 23 in Köln. Um 8 Uhr 30 am Busbahnhof, gegenüber vom Rheinbahnhof am Breslauer Platz. In der Info nur: Bus am Breslauer Platz, dort warten. Einer kommt und sagt, dort müssen alle hin.
In Brüssel zuerst hinter den anderen mit Gepäck. Als wir dran sind, heißt es: Nebenan in Halle 5. Dort wieder Schlange mit Gepäck. Aber kein check-in, nur das Ticket und die Gebühr. Ich gehe in die belebte Normalhalle zurück. Erfahre: in row D. Hole die anderen. 14 Uhr 30 Start.

33 000 feet, 8 hrs. dinner will be served.

Als wir als Letzte in der Zollschlange auf dem Kennedy Airport anstanden, kam einer vorbei, sah uns, stellte eine Frage, machte das Kreuzchen auf unsere Papiere, und wir durften einen Pfosten lösen und an der Schlange vorbei unseren 11-Stücke-Gepäcktransport hinausführen. Spontanität eines Beamten. Der Puerto-Rico-Gepäckträger, auf die Frage, wie viel, das überlasse er ganz uns. In einer Art Edelmasochismus. So schlecht ist also der Tarif, dass er es ruhig uns, den nicht gerade reich aussehenden, mit einer Chartermaschine angekommenen Ausländern, überlassen kann.

Saturday, 21. 8. 1976

Mittagessen im Metropolitan Museum, mit Kutsche dorthin. Zuerst ein junger Kutscher mit Mädchen: I'm not to hire this moment. Dass ich das nicht selbst gesehen hatte! Rousseau, Monet. Violette Büsche, die sich spiegeln. Im Museumsrestaurant: der Kellner, der nur die verwüsteten Tische abzuräumen hat, schlank, und eine Haltung, als serviere er Kaviar in einem englischen Schloss.

Spielzeugparadies an der 5. Ave. Ecke ca. 59th. Theresia drängt hinein, weiß, dass wir folgen müssen, weil den ganzen Tag bis dahin nur Alissa dran war: Schuhe, Ohrringe im Indianergeschäft, Madison Ave., eine Tasche aus Mexico, eine Kette im Rockefeller Building. Sie kann in den Schuhen keine Meile gehen, dann hat sie Blasen. Abends Madison-Bar: der Besitzer ein alter Abiturient.

23. 8. 1976

Gestern zu Avis 43rd E. Avis hat kein Office in Morgantown. Einer: zuerst eine Karte beschaffen, dass man sieht, wo Morgantown ist. Sie haben eine Liste ihrer Filialen, aber keiner weiß, wie nah eine bei Morgantown ist. Ich soll eine Karte an einer Tankstelle holen. Wo? Die sind nur an der Westseite. Also zu Hertz. Bei Hertz anstehen. Als ich dran bin, gibt sie mir das Telefon, das zur Zentrale

führt. Ich soll die reservation selber machen. Das tu ich. Nicht vor
11 Uhr. Wir zurück ins Hotel. Dann Käthe und ich zurück. Wieder anstehen. Jetzt lese ich das Plakat, dass home address und telefonisches verifying Voraussetzung sind für einen Mietwagen. Hinter mir einer mit *New York Times*-Sonntagsausgabe. Bis ich drankomme, ist noch ein Wagen da. Aber es ist firm-policy: an Sonntagen keine Wagen ohne Rückflugkarte. Alle haben ihre kleinen
Bankausweise dabei und die Tel.-Nr. solcher Institute, die am
Sonntag besetzt sind und jedes Mal sofort Auskunft geben können,
dass dieser Kunde mit dieser Nr. ein solider Kunde ist. Ich gebe
den Brief mit Elkins' Nummer und die Uni-Nummer. Warum rufen Sie nicht Elkins an, fragt der hinter mir. Der würde, wenn ich
keinen Wagen bekomme, jetzt gleich einen bekommen. Aber sie
sagt, da könnte jeder so was ausmachen. Am Montag, wenn sie mit
der Uni telefonieren könnte, ja. Wir also zurück zu Avis. Das
Mädchen hat einen Anstecker: We try harder. Der Farbige schaut
sich alles an. Telefoniert. Er wird um 6 einen Wagen haben. Dann
sogar gleich in der 66th Street E. Wir hin. Sie trauen dem Brief.
Und wir kriegen den lindgrünen Plymouth mit air-condition und
zahlen ein deposit von 140 $.

Pa Turnpike, 30 Coatesville, Lancaster, York, Gettysburg,
Chambersburg, 81 Inter State, Hagerstown, 70 IS, 40 Cumberland,
Frostburg, Morgantown.

In Fairmont bei Avis den Plymouth abgeliefert. Zum deposit
von 140 $ noch 5 $ dazubezahlt. Ein Wagen für länger würde pro
Woche 140 $ kosten. Er sagt selber, dass das zu teuer ist, was die
Zentrale da durchgegeben hat. Wild and Wonderful West-Virginia: der Spruch des Staates.

Tuesday, 24. 8. 1976
Seit gestern in der guest suite des Mountainlair. Ein Uni-Quartier.
Heute ein Auto von Prof. Gabor Foder, Chemie: ein Pontiac Catalina (nicht mehr convertible), gefahrene 81 000 Miles: 650 $. Ga-

bor Foder hat ein winziges Gerät, mit dem er von unten das Tor öffnen kann. Die Treppe geht dann schon eher senkrecht als schräg hinauf. Er findet seinen title nicht mehr. Kann also nicht verkaufen. Muss bei Triple A (American Automobile Association) einen title beantragen. Der 1,86 große Ungar bezirzt die schwer fettsüchtige Angestellte, scheußlich. Please rush!, schreibt sie auf ein Papier in großen roten Lettern und heftet das an das Formular. 10 Tage, dann hat er wieder seinen title, dann kann ich die license plate beantragen und er die seine für seinen Volvo nehmen, den er letzte Woche in Baltimore geholt hat, wo er ihn hinverschiffte von seinem sabbatical in Deutschland. Er fährt mit der Zoll-Nummer. Beide Fahrzeuge werden jetzt von Gabor Foders Versicherung gedeckt. Ich beantrage eine Versicherung, die in 14 Tagen beginnt. Der Verkauf kann erst dann abgewickelt werden. Geräusche von den Vorderrädern. Das würde 120 $ kosten, wenn man die weghaben will.

Gabor Foder lebt in Scheidung. Solange er in Darmstadt war mit der 11-jährigen Tochter, ging die Frau mit einem Rechtsanwalt. Sie sollte, solange er in Deutschland war, doktorieren. Das hat sie nicht geschafft. Jetzt ist sie weg. Alles, was wertvoll war, hat sie mitgenommen. Wollte auch den Pontiac verkaufen. Vielleicht hatte sie den title nicht. Sie ließ ihn verhaften. Er musste zum Peace Justice und 500 $ hinterlegen, weil sie behauptete, er versorge sie nicht. Sie ist aber weggelaufen, zu Hause hätte sie alles, sagt er. Die Puppen, die er von allen Reisen mitbrachte, sind noch da. Und die Salamander der 5-jährigen Tochter in einem trüben Aquarium. Und der Bernhardiner, dem die Frau zu wenig zu fressen gegeben habe aus Rache, sagt er. Jetzt ist bald Termin, dann sieht man, ob sie die Tochter behalten darf. Die 11-Jährige ist glücklich in Deutschland bei der Familie eines Superintendenten, der selber 4 Kinder hat. Die Frau des Superintendenten schreibt: Wir alle haben Gabriele ins Herz geschlossen.

Die bei AAA weiß nicht, wie lange man die Zoll-Nummer fahren kann. Das weiß nur die Polizei.

Gestern bei Department-Chef Bob Elkins. Seine Frau Elfi und der Kollege Axle und Frau. Elfi und Bob Elkins waren auf Hawaii. Aus einer Truhe den ganzen Abend Beatle-Musik. Die Vorderwand der Truhe offenbar Lautsprecher. Heute Morgen, als wir kamen, lief immer noch Musik aus der Truhe. Allgemeine Schlagermusik. Wahrscheinlich hört das nie auf. Eine silberne Polstersitzgruppe, die einen großen Kreis bildet, der an einer Stelle gerade so weit offen ist, dass man eintreten und Platz nehmen kann. Stahlreliefs. Riesige, ganz fremde Zimmerpflanzen, eine mit durchsichtigen Blättern.

Frau Elkins zu Alissa: Bist du immer so still?

Alissa (stolz und mit Kraft zurückweisend, was in dieser Fragestellung an Frechheit enthalten sein konnte): Ja.

Theresia plappert ununterbrochen.

Steile Straßen, heiß und schwül, verstopft von Autos, die einander im Weg sind. Ampeln regeln nichts mehr. Es geht nichts mehr. Die arme Fettsüchtige, die auch eine kleinere jüngere Fettsüchtige in der Lehre hat, lacht grell, als wir an die Theke treten, hinter der sie ihren Schreibtisch hat: How do you like the traffic today? Offenbar spricht sie als AAA-Angestellte.

One of these has got to be right.

Danke schön sagen hundertundeinmal am Tag.

Schon hinter den Bergen und immer noch in ihnen. Vollkommen neu die IS 79 nach Süden. Der Pontiac, 259 PS, ist 6 m lang. Außen rot. Innen schwarz. Wahrscheinlich 4½ l.

Theresia: Niemand ist zu mir lieb.

25. 8. 1976

Theresia: Mir tut alles so weh, weil ich die Stadtluft einatmen muss, weil ich in den schlechten Restaurants essen muss, weil ich

auf fremden Klos sitzen muss, weil ich dieses Scheißpopcorn gegessen hab, weil ich dieses Scheißsinalco getrunken hab, nur wegen euch.

Walk through downtown. Highstreet. Temperatur mindestens 92.
Vielleicht 95.
    Heute Morgen: Dean, Benefits, Payroll, Personnel. Account
opening at Farmer's and Merchant's Bank.

    26. 8. 1976
Theresia hatte den ganzen Tag gestern Bauchweh, abends 38,2
Fieber. Wir müssen aus dem Mountainlair ausziehen. Eine Reise
machen. Am Montag dürfen wir wieder einziehen hier. Es fällt
mir schwer, mit der Limonadefarbigen (hellgrünes Kleid, blausil-
bernes Haar) freundlich zu bleiben, als sie mir sagt, sie könnten
unsere Koffer nicht im Haus behalten bis Montag.

Wegen unbalanced tires und ausgeschlagenen Lagern an den Vorderrädern eine übermäßige Vibration am Pontiac, sobald man
schneller fährt als 50 Meilen. Also in Fairmont umgekehrt und bei
einem Händler einen Ford Mercury Marquis, 6 m lang, 1970 mi-
leage, 1287 $. Jetzt fehlt es nur an Geld. Wir können von morgen
bis Montag nur fortfahren, wenn die Farmers' und Merchant's
Bank uns auf den 2000 $-Bankscheck morgen Geld gibt.
    O Franziska, wie weit du bist. Dort unter den Feinden, eine
Geisel. Wir geborgen und vom Geldausgeben erschöpft im Holiday Inn für 24,75 $, Zimmer 144.

Der Autoverkäufer war wie so viele in Frankfurt und Wiesbaden.

Alfred Hitchcock: I'm still scared of policemen. I tend to drama-
tize things. The villain doesn't kick the ding anymore. Evil has
spread. Every town has it's share of evil.

27. 8. 1976

In der Bank ohne weiteres 500 $ auf den 2000-$-Bankscheck von der Württemberger Zentralbank, von Chase Manhattan eingereicht am Mittwoch. Um 13 Uhr zum TÜV: Inspection. Bei Joe Reed an der 119. Es fehlt an den Lichtern und an den Bremsen. Ich finde den idle-run zu laut. Wir können das Auto erst um 16 Uhr haben. Auf dem Weg nach Südost fällt die Klimaanlage aus. Ein bisschen schüttelt's den Wagen auch. In einer Linkskurve rollt uns scheppernd die Riesenradhaube des rechten Vorderrades davon. Gleich nach dem Wegfahren von Joe Reed's Happy Face Place. Über die 119 und die 250 nach Staunton (Va.). Immer auf und ab und kurvig, dunstig. Nach dem Abendessen, 22 Uhr, badet Theresia im Pool. Alissa im Zimmer TV, Käthe und ich am Pool. Die Zikaden schmettern. Aber auch ein Air-condition-Geräusch mischt mit. Gereizt, weil Käthe behauptet, wir seien jetzt auf der Höhe von Washington. Das bestreite ich mehr, als recht ist.

Buffet: All You Can Eat 3,50 $.

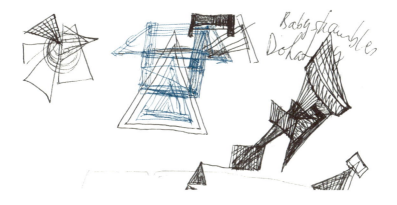

28. 8. 1976, Virginia Beach. Atlanticfront, Schooner Motor Inn. Ankunft kurz nach 2 Uhr. Ich drehe die Autotürscheibe hoch, es geht etwas schwer. Als ich die Tür schließe, zerspringt die Scheibe mit einem Knall wie bei einer Explosion. Aufsammeln der kleinen

Stücke. Sie ist ja aus dem Material, das nur kleine Stücke ergibt. 45 $ das Zimmer mit 2 Doppelbetten.

Sunday, 29. 8. 1976

Auf dem Meer ein begrenzter Glanz. Irgendwo findet die Sonne eine Lücke. Gestern Abend in The Lighthouse. Wir werden in den 1. Stock und dort bis zur Stirnseite des schmalen Gebäudes geführt, also an den besten Tisch, werden auch die erste Viererpartie. Käthe: Da hast du dir wieder den kältesten Platz ausgesucht. Es stellt sich heraus, dass sie nicht bemerkt hat, dass wir geführt wurden. Ich: dass ich diese ewige Meckerei satthabe.

31. 8. 1976

Die Panikmache. Wenn er telefoniert und eines der Kinder rückt das bunte Telefonbuch zur Seite, und dadurch wird die Schachtel verschoben, von deren Rückseite er gerade die Nummer abliest. Er tut jedes Mal, als wenn ein nicht mehr gutzumachender Schaden verursacht worden wäre. Die Kinder sind, je kleiner, desto zerschmetterter nach seinen Panikanfällen. Er fingiert die ja nicht nur. Er ist selber ganz geschüttelt von der jeweiligen Panik. Er weiß, dass er keine Münzen mehr haben wird für einen 2. Anruf. Andererseits hängt von diesem Anruf alles ab. Alles. Wenn es sich wenige Sekunden später herausstellt, dass die Münzen unten ja wieder herauszunehmen sind, weil er den Hörer erschöpft auf die Gabel knallte, dann sehen alle, dass alles grundlos war und dass er mit diesen Münzen jetzt in Ruhe wählen kann und nichts passiert ist. Nichts als ein Aufschub von 7 Sekunden.

1. 9. 1976

Alissa auf die Vorhaltung, dass sie so viel Zeit vor dem Spiegel verbringe: Dabei geh ich nie in ein Café, in dem man sich im Spiegel sieht, z. B. ins Armbruster bringst du mich nicht hinein, weil du da, wo du hinschaust, dich selber siehst.

Im Mountainlair sitzen und warten, bis es 7 Uhr ist, dann bis halb zehn vor Studenten herumreden, dann noch ein Bier in einem stickigen Studentenzimmer, mit aufgedrehten Studenten, den Augenblick erwischen, den ersten, der es erlaubt, dass ich mich unauffällig entferne. Zurückkommen in die Suite A, vom Donnerstag etwas mehr erwarten, als der Mittwoch gebracht hat. Franziska müsste in diesem Augenblick ihre Premiere haben. Bis man erfährt, wie es ist, ist es nicht mehr. Alle vier hier sind im Augenblick mit Papier beschäftigt, zwei malen, zwei schreiben. Das Papier als Partner. Eine krankmachende Bedingung. Und das, weil man glaubt, am ehesten sei noch das Papier zu ertragen. Das Papier, mein everything.

2. 9. 1976
Mit Alissa in ihrer Schule. Sie schreibt den Wandspruch ab, das Motto für diese Schule.

My Creed.

I do not choose to be a common man. It is my fight to be uncommon if I can.

I seek opportunity not security. I do not wish to be a kept citizen, humbled and dulled by having the state look after me …

Und hört auf: All this is what it means to be an American.

Gallistl's Verbrechen. Nachts aufwachen, die Gelegenheit nützen, den letzten Traum ganz frisch zu fassen kriegen und dann spüren, dass das geradezu schmerzt, das immer noch frei strömende Bewusstsein nach rückwärts auf solche kleine Einzelpunkte, wie es Inhalte sind, zu konzentrieren. Die Inhalte wären zwar jetzt zu fassen, und neugierig wäre man auch, aber das Strömen, dieses Bewegungserlebnis innen … man verzichtet auf die Traumrecherche und lässt sich weitertreiben in dieser eisgrünen, aber warmen Bewegungsvorstellung.

4. 9. 1976

Traum. Man schimpft das Kind, und ein anderes, fremdes Kind kommt sofort her und sticht mit dem Messer ein auf das eigene Kind, das man geschimpft hat.

Gestern Nacht: R-R rennt mir im Traum nach und will mit mir reden. Ich bin schon fast versucht, darauf einzugehen. Aber ich spüre: Wenn ich mit ihm rede, rede ich mit ihm wie immer. Alles, was er mir getan hat, löst sich dann auf in ein intellektuelles Hin und Her. Es ist dann nur noch eine Frage, wer mehr recht hat, er oder ich. Eine Frage also, wer besser formulieren kann. Und darum kann es nicht gehen, das merke ich noch rechtzeitig und renne fort. Er immer hinter mir her. Ich merke, je länger die Jagd dauert, dass ich richtig gehandelt habe. Ich spüre bei jedem Schritt, wie wichtig es für ihn ist, mit mir zu sprechen. Ich spüre es als eine große Annehmlichkeit, ihn so leiden zu lassen. Ich stelle sogar fest, dass er jetzt darunter, dass er nicht mit mir sprechen kann, genauso leidet wie ich, wenn ich mit jemandem, mit dem ich unbedingt sprechen müsste, nicht sprechen kann. Er ist jetzt genauso abgeschnitten, isoliert, wie ich es oft bin. Was er empfindet, wenn er so hinter mir herrennt, ohne die geringste Aussicht, mich zu erreichen, solange ich es nicht will, das kenne ich so genau, das wird mir jetzt so intensiv bewusst, das fühle ich im Augenblick so stark, dass ich plötzlich das Gefühl habe, der, der da hinter mir herrennt, ist gar nicht R-R, das bin ich. Ich bin ganz bei dem, der hinter mir herrennt. Ich spüre nur noch, was er empfindet. Ich empfinde nicht mehr den Genuss, ihn nicht herankommen zu lassen. Ich bin der, der hinterherrennt. Der Traum erlischt.

5. 9. 1976

Gestern geschwommen im Cheat Lake. Wieder geritten mit den Kindern. Alissas Nummer: On a wagon bound for the market ...

6. 9. 1976, Labour Day.
Gestern an dem nur aus Seitenarmen und länglichen Buchten bestehenden Deep Creek Lake. Theresia sieht ein Opossum. Weil ich ohnehin falsch gefahren war, fahr ich dahin zurück. Es liegt am Straßenrand, als wäre es nur an einem Nasenbluten gestorben.
    Alissas Nummer: Atomheart Mother.

Mich brennen meine Zehen, die vom US-Fußpilz rot sind und sich schälen. Der Drugstore-Puder nützt nichts. Alissa ist krank vor Erkältung. Niemand sitzt richtig, wie bei den Verdammten. Wenn zwei einander zu nahe kommen, schreien sie vor Zorn. Ein kurzes Schlachten würde uns erlösen. Mir kommt alles unerfreulich obszön vor. Frisky, der Hund der Eigentümer, der im Haus blieb, hasst uns. Er kommt ins Schlafzimmer, kriecht auf meiner Seite unters Bett und lässt sich nicht mehr vertreiben. Er knurrt und fletscht, wenn ich ihn nur leicht berühre. Am Morgen hinaus und kommt nicht mehr her, wenn man ihn ruft. Wenn man sich nicht um ihn kümmert, nähert er sich wieder. Er betrachtet uns am liebsten aus fünf Metern Entfernung.

Käthe öffnet den alten dish washer in der Küche und zeigt, wie
dreckig er ist. Es stinkt faul aus dem rostigen Inneren herauf. Auch
sonst Dreck. Wenn sie mit dem Lappen über den Boden fährt, ist
der schwarz. Ich habe die ganze Nacht Urin gerochen, sagt sie.
Deshalb konnte sie nicht schlafen.

I'll build a stairway to paradise, with a new step every day.
(G. Gershwin)

Mit Johanna telefoniert. Der Eisschrank ist kaputt. Sie haben einen
alten aus dem Keller geholt.

Die Spannungen dieser isolierten Familie explodieren nach innen.
Einerseits ist die Isolation die Bedingung meines Friedens hier.
Andererseits steigert sie die Spannung.

8. 9. 1976
Der Hund hat Flöhe und die Gewohnheit und das Recht, sich in
jedes Bett zu legen, in das er sich gerade legen will.
    Keine Ausgaben mehr. Nur noch Einnahmen. Was wäre, wenn
die Einnahmen einmal hemmungslos überwiegen würden? Obwohl es sich dabei angeblich nur um Geld, also um etwas Äußer-
liches, handeln würde, könnte es sein, dass ich das für eine Erfüllung halten würde. Allerdings käme dann das schlechte Gewissen.
Und der Tod. Der Tod des reichen Mannes, der unverständlicher
zu sein scheint als der Tod des armen. Wieso soll ein Reicher sterben? Einer, der keinem lästig fällt. Der nur noch Gutes tun kann,
da er ja nichts mehr tut, als Geld auszugeben. Solange er lebt, verdient jemand an ihm. Und so was muss sterben!

Ich sammle mich zusammen. Ich finde mich zerstreut. In NY, in
Häfen, an Schiffswänden hinaufschauend, ich klopfe kennerisch
dagegen, ich bin schon ein großer Reisender. Man sieht mir nicht

an, was ich denke. Das ist nicht verwunderlich, denn meistens
denke ich nichts. Ich reise ja. Also konstatiere ich nur, was ich sehe.
Spannungslos. Ich gähne. Dabei fällt mir ein, dass es das Wort
UNENDLICH gibt. Leider habe ich dafür keine Verwendungs-
möglichkeit. Immer wieder Wörter, die ich nicht verwenden
kann. Und schon lande ich bei der Feststellung, die Zahl der Wörter, die niemand brauchen kann, nehme zu. Also verkleinert sich
die Zahl der Wörter, die man noch brauchen kann. Also haben die
vor uns irgendwie den Mund zu voll genommen. Wir sind eine
schrumpfende Epoche.

Ich will, wenn ich meine Brille abgelegt habe, immer noch eine
ablegen. Die Hände greifen in die bloßen Augen und finden nichts
mehr.

Gallistl's Verbrechen. Gallistl: Wenn ich mehr Zeit hätte, würde ich
auch für unsere Ernährung arbeiten.
    Die Zeit, in der er für die Ernährung arbeiten würde, ist verlo-
rene Zeit. Man muss etwas tun, was einen nicht von sich selbst ab-
lenkt. Jede Stunde, in der man von sich selbst abgelenkt ist, ist verloren.

Warum bin ich so müde? Weil ich so interesselos bin. Oder bin ich
so interesselos, weil ich so müde bin? Was Käthe jetzt in der Küche schneidet, ist eindeutig lettuce. Das Messer rauscht hörbar
durch den Widerstand und klingt jedes Mal, wenn es durch ist und
auf das Hartholz trifft, hell auf. Es klingt, als werde geschnitten nur
wegen des harthellen Schlusslauts. Der gibt den Rhythmus an.
Dann lässt sie Wasser über das Geschnittene laufen. Dunkel tönt
die Leitung, hell und scharf schießt's aus dem Hahn. Sie stellt
einen Teller bereit. Wasser wird abgelassen. Orgelt den Abfluss
hinab. Sie schneidet Dünneres als den lettuce, Karotten. Leicht
und schnell. Kein hartheller Endton. Sie streift mit der Messer-

schneide das Geschnittene vom Holzteller. Sie lässt das Messer fallen. Wieder Wasser. Diesmal poltern Kartoffeln in das Ausgussbecken. Ja? Ich weiß es nicht.

9. 9. 1976

Gestern Abend nach dem Colloquium reagierte der Münzautomat der Garage nicht mehr auf die 35 cent. Und gleich kreisten 10 bis 20 Autos durch das riesige Parkhaus. Aber keiner der Balken ging in die Höhe. Eine Falle. Eine halbe Stunde später kam jemand in Uniform, und der Balken hob sich wieder.

10. 9. 1976

Traum. Jemand sagte, mein Englisch sei so exzellent, dass er mich nicht für einen Ausländer gehalten hätte. Er sagte mir das vor meiner Familie. Ich bedankte mich für diese freundliche Meinung mit einem Satz, in dem ich einen groben Fehler machte. Des Weiteren gab es eine Reise nach Peking … Gestern war gemeldet worden, dass Mao gestorben sei.

11. 9. 1976

Alissa wurde abgeholt zum Spiel: Mountaineers gegen Wildcats, 33 000 werden im Stadion sein. Als ich noch sage: Pass auf wegen Kälte und Hitze, er: I'll take care of her.

13. 9. 1976

Xaver-Roman. Als er vom Hausmädchen (Aloisia?) erfährt, wie bei Dr. Gleitzes über ihn gesprochen wird, kann er nicht mehr Auto fahren. Er sitzt in der Sonne und spürt, wie sich alle seine Innereien umstülpen wollen. Sie ziehen sich zusammen. Sie wollen kleiner werden. Sie wollen sich zusammenziehen, bis sie ein einziger entschlossener Schmerzpunkt sind. Alle Gedärme ein einziger Punkt. Er lockert die Finger. Denkt an Heu. Heu ist schön. So trocken und leicht und duftig wie Heu. Was gibt es Schöneres als

Heu? Es gibt nichts Saubereres als Heu. Sich ins Heu werfen. Sein Heuboden daheim ist leer. Seine Eingeweide geben nicht nach. Er kann denken, was er will. Es ist, als habe das, was er über Doktor und Frau Gleitze erfahren hat, einen Nagel in seine Innereien geschlagen. Und es gibt nichts, womit er diesen Nagel wieder herausziehen könnte. Er muss ihn verdauen, fällt ihm ein. Vergessen kann er ihn nicht. Aber weniger direkt an ihn denken. Mehr durch eine Hülle hindurch. Ihn einwickeln. Bis er nur noch zu ahnen ist. Kein Nagel mehr, sondern etwas Runderes. Tatsächlich nahm der Schmerz jetzt eine weniger spitze Form an, wurde fast eine Kugel.

Die Schwächung, die von dieser abträglichen Rede des Chefs über ihn ausgeht. Es ist, als werde man ausgeräumt. Alle Räume und Stellen in einem, von denen man sonst Kraft ausgehen spürt, sind mit einem Schlag leer. Man ist nur noch eine schwere, leere Masse. Nur nicht tot. Man murmelt: Ich werde schlagen, schlagen, schlagen. Schlagen werde ich. Da es Gott offenbar nicht gibt, bleiben nur die Russen. Er wusste eine Zeit lang nicht, ob es noch Tag sei oder schon Abend.

Wovon, warum. Die Totenfarbe rinnt
herab. Die Tür zittert. Stahl springt hell.
Ein Feuer leuchtet. Ich knie nieder
meine Blässe in einem Bodenspiegel
zu betrachten, und zur Trauer
stell ich ein Telefon ins Bild. Aber
Holz ist schön, ist schön. Nichts
reicht mir die Hand und schwingt mich
hinüber über Schwärze. Ich wate auf
dem Fels der Trennungen und warte
bis ich trocken bin von allem, was war. Ich
möchte mich unnennbar machen. Sorgsam
folge ich dem Haar im Licht. Mais scheint.
Pythia hat den scharfen Dreifuß mir

auf den Bauch gestellt. Ich schweige, bis ich
nicht mehr kann. Das Maishaar weht. Rauch
im Tal. Durcheinander dessen. Keine Fragen.
Gesessen wird auf einer sonnenwarmen
Mauer, zwei Fuß hoch, rötlich und rau. Zwei
demnächst Sterbende bleiben noch stehen, ob
das Licht im Schulhaus von der Sonne komme
fragen sie. Einander. Die Antwort interessiert
sie nicht. Wir reiten über die Hügel, uns trägt
die Schwärze der Täler, die immer härter wird.
Die jungen Leute im Bonanza sind ganz schön fertig
heute. Der Brater schafft kaum mehr die Steaks.
Wo gibt's Luft? Bis zum Ohio hat's nicht gereicht.
Wie lange werd ich das noch probieren. Gute Nacht
Pennsylvania. Guten Abend, West Virginia.

Cornered rat again.

Rainer Nägele schrieb, dass ich nach Columbus kommen solle.
Lesung.

21. 9. 1976
Professor Renahan klopfte. Mit seinem weißen Bart sieht er grie-
chisch-orthodox aus. Auch armenisch ist möglich. Er: Do you
know some topics which you would like to be mentioned on
Thursday, you see, I have to moderate this discussion about novel
and commitment, about which I know really nothing.

Die Katze auf dem Boden vor Chitwood Hall passt gut zu den
jetzt fanatisch fallenden Blättern. Es ist, als wollten die Bäume ihre
Laublasten an einem Tag loswerden. Sich blank machen. Oder als
müsste die Stadt daran erinnert werden, dass sie in einen Wald
hineingebaut worden ist. Der Tag ist bright. Es ist klar, dass wir die-

ses Wort nicht haben. Wir haben dieses Licht nicht. Eine von Winden blankgefegte Atmosphäre.

23. 9. 1976
Es ist Wahljahr. Die Kandidaten-Show: Carter-Ford-debate. Ford braucht zum Formulieren keine Lippen, Carter hat zu viel Lippen und wagt seinen Mund nicht wirklich aufzumachen, weil er offenbar Angst hat, so viel Lippen zu zeigen.
Carter: Fords Steuerpolitik is a welfare program for the rich.

24. 9. 1976
Gestern Abend Colloquiums-Eröffnung mit banquet bzw. buffet im Rhododendron-Room. Dann, im Little Theater, «Author versus Critic»: Martin Walser versus Jack Kolbert. Es ging. Er schilderte das Verhältnis als ein einträchtiges. Seine Generalitäten wirken eher durch Gutgemeintheit als durch Inhalte. Er ist, sagt er, in der Kommission, die Vorschläge macht für den Nobelpreis. Er hat schon öfter, sagt er, Elie Wiesel vorgeschlagen, weil der eine wichtige Entdeckung gemacht habe: Nicht nur die Deutschen seien schuld am Holocaust, sondern die ganze Welt. A conspiracy of …

Die Männerblicke wollen sich wie Balken vor die Mädchenleiber legen. Die Mädchen gehen durch diese Balkenblicke durch, als existierten die nicht.

29. 9. 1976
Die Nebel nässen die Hügel.

Ich will nicht warten, bis die Bekanntschaften einschlafen, ich will sie zerreißen. Nicht weil ich vorführen will, wie böse ich jetzt bin, sondern weil ich Zeugen nicht mehr ertrage. Sobald ich allein bin, werde ich ruhiger. Und wenn ich in der Sonne bin, spüre ich sogar das Leben unter meiner Haut.

Käthe wehrt sich gegen das Verwohnte, gegen die Luft. Ich darf an die Luft nicht denken, sonst höre ich auf zu atmen. Die Luft in diesem Haus hat eine Farbe. Die kleinen Schiebefensterchen auf zwei Seiten des Hauses am Boden bringen nicht genug frische Luft. Wahrscheinlich soll die Klimaanlage, die an jeder Zimmerdecke mit kleinen rechteckigen Öffnungen vertreten ist, für unsere Luft sorgen. Wenn man die Kühlungs- und Heizungsmaschine im Keller sieht und die Öffnungen in den Zimmerdecken, dann kennt man die Luft, die man atmet. Man atmet vorsichtig. Wenn man tief einatmet, riecht die Luft. Das heißt, sie hat eine Farbe.

Xaver-Roman. Es kommt darauf an, dass es sich von selber löst, auf jeden Fall sind das die feinen Leute, die nichts dazu tun müssen. Du siehst sie nicht schwitzen, nicht warten, nicht zittern. Sie sitzen auf Stühlen mit hohen Lehnen und führen eine Tasse Tee zum Mund und freuen sich des herbstlichen Dämmers und des strömenden und perlenden Regengeräuschs. Sie wissen von selbst die Sekunde, in der sie aufstehen und zum Schreibtisch gehen müssen, um ein Telefongespräch zu führen und eine Notiz auf einen bereitliegenden Block zu schreiben. Sobald sie das getan haben, sehen sie ihre junge Frau an der Tür stehen, zwei Cocktails tragend und glücklich lachend. Die Frau gratuliert dem Mann, weil er's wieder einmal geschafft hat. Am Abend kommen Freunde, deren Tag genauso vollkommen verlief. Man lacht laut, man berührt einander. Alkohol. Dann geht man auseinander, zieht sich um zum Geschlechtsverkehr, der in gewaltigen Umgebungen stattfindet. Endlich schlafen alle ein und atmen vollkommen regelmäßig durch die freien Nasen und werden die Nacht durch besucht von Träumen, in denen es wunderbar zugeht. Wenn es Zeit ist, bringen sie sich um.

30. 9. 1976
Der Hund immer auf dem Bett, das jetzt unser Bett sein soll.

1. 10. 1976
Ich gebe alles Geld aus, um uns durch ständigen Konsum voneinander abzulenken.

Mit Alissa zum Zahnarzt. Der will sofort den Weisheitszahn ziehen. Wir wollen bis Montag Bedenkzeit.

2. 10. 1976
Theresia: Kein Mensch hört mir zu.

Zurzeit plant sie eine Angorahasenzukunft. Yellow Chicken Snake und Pilot Black Snake which make excellent pets, laut Buch, sind Gottseidank vorbei.

Ich sage: Theresia überwindet ihre Wünsche selber, wenn sie sich ihnen nähert. Das bewahrheitet sich seit langem und jetzt wieder. Was nach den Angorahasen kommt, weiß Theresia auch noch nicht. Andererseits könnte sie Angorahasen bekommen.

3. 10. 1976
Am Morgen, wenn der Nebel tropft und die weichen Schnallen in den großen cars langsam durch das Viertel brausen, wird's mir ly-

risch. Dann elend. Dann unmenschlich. Politische Auffassung, die mir nicht gehorcht, würde das Bild rasch trockenlegen, ich wär gefasst, könnte fühlloser durchs Viertel gehen, wenigstens als meines Fotoapparates Funktionär.

Wenn man vor den Studenten das Wort Arsch gebrauchet, grinsen sie, und einige schauen einander aufatmend und glücklich an.

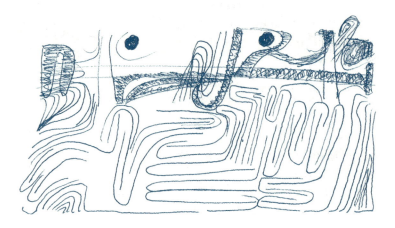

Warum heute wieder etwas Bauchweh? Nicht fragen. Ich will das nicht mehr wissen. Ich will die Pseudofreundschaften nicht weiter pflegen. Kontakte zur Erledigung des Beruflichen sind die besten. Manche davon sind herzlich geworden. An die denke ich vollkommen unbetrübt. Das geht bis zur Liebe, ohne dass die Bestätigungsbedürfnisse einträten, die bis jetzt noch jede Freundschaft ruinierten.

Gestern mit Franziska telefoniert. Wilfried Minks bedaure, dass sie nach München gehe, weil er damit gerechnet habe, dass sie noch in Hamburg bleibe. Er wolle das *Käthchen von Heilbronn* mit ihr machen.

Alissa hat gebeten, dass wir nicht an den Briefkasten gehen sollen, bevor sie heimkommt. Auch unsere Post sollen wir nicht holen. Sie will die Erste sein, die an den Briefkasten geht. Bitte, haben wir gesagt. Sie lebt von der Post.

Unsere Feinde sind unsere wirklichen Freunde. Das ist überhaupt kein Paradox. Unsere Feinde treiben uns dem Tod entgegen. Sie bringen es fertig, dass wir lieber sterben. Sterben müssten wir ohnehin. Und es gilt als ausgemacht, dass nichts im Leben schwerer und furchtbarer sei als das Sterben. Und ebendas erleichtern uns unsere Feinde. Sie bringen es so weit, dass wir den Tod als erwünscht empfinden. Und ebendeshalb, weil sie uns das Schwerste leichter machen, sind sie unsere Freunde.

Any last request?

Die Familie sieht *Gilligan's Island*: eine Mischung aus Lach- und Schießgesellschaft und Ohnsorg-Theater. Käthe kann da nicht lachen, sagt sie. Sie versteht nicht, dass man da lachen kann, sagt sie. Es ist düster, wie die zwei Kinder und ich herumhängen und diesen baren Unsinn anschauen. Und danach Käthe: Gehen wir hinaus, ein paar Schritte, frische Luft.

Ich kann nichts mehr tun als mich überfressen und dann dösen, dösen, dösen und darauf warten, bis ich mir nach dem Abendessen den Alkohol einschenken darf.

4. 10. 1976
Vom Vorplatz vor meinem Büro geht ein Fire-escape-Türchen in die Wand. Das war einmal offen. Eine riesige Röhre in gebrochenen Rundungen führt wie ein Darm steil abwärts. Nichts angenehmer, als in dieser Röhre ins Freie zu rutschen.

Jürgen Habermas und Ute und Rebecca und Judith zu Besuch aus Haverford, Pa., wo Habermas zurzeit lehrt. Die Kinder reiten, die Eltern reden.

Judith sieht vollkommen bedeutend aus. Wie ein junger Goethe.

Habermas über die nicety der Amerikaner. Dass sie eine wirkliche Qualität sei. Und wie gescheite Professoren sich um reiche Collegeboys kümmerten. Die Boys behandelten die Professoren als ihre Hauslehrer. Es sei schwer, sich dem Charme dieser perfekt erzogenen Boys zu entziehen.

Er glaube, sagte er, Siegfried Unseld hasse mich wegen Arthur Thiele, der Unternehmerfigur in *Jenseits der Liebe*. Ich versuche, ihm das auszureden. Er besteht dann nicht mehr darauf. Mir fällt ein die *ZDF*-Journalistin. Nach dem Interview fragte sie, ob sich Unseld dazu geäußert habe, dass er im Buch als Unternehmer erscheine. Ich fragte sie, wie sie auf so eine Vermutung komme. Sie: Im Roman heiße es, wenn Herr Thiele lacht, sieht es aus, als habe er alle Zähne zweimal bekommen. Ich gratulierte ihr zu ihrer Beobachtungsgabe, sagte aber dazu: Man kann von einem die Zähne brauchen, ohne dass man ihn deshalb schon als Romanfigur brauchen kann.

5. 10. 1976

Da ich heute keinen Scheck von Lynn bekommen habe, bekomme ich offensichtlich jedes Mal in der Monatsmitte einen Scheck. Wenn das wieder nur 1000 Dollar sind, wird es knapp. Wegen Miete und Auto. Soll ich fragen? Ich müsste Bob Elkins fragen, aber ich bringe das nicht fertig.

Der Hohn Art Buchwalds über die Mittelmäßigkeit der beiden Kandidaten Ford und Carter. Das ist ein scheußlicher, widerwärtiger Hohn. Pressehohn. Als er diesen Artikel in der *NYT* herausbrachte, wurde er sicher an allen Plätzen seines New Yorker Lebens begeistert begrüßt. Ich stehe hinter denen, die sich die Finger am wirklichen Feuer verbrennen.

Wie man einem wehtun kann. Man lobt einen, den er nicht ertragen kann. Der ihm sein Leben schwer macht.
　Ich werde stumm sein, sobald ich es mir leisten kann. Keine Nachricht mehr. Eine Ausstrahlung von nichts.

Die Mobile-home-Parks haben große Namen: Independence Court, University Court …

　6. 10. 1976
In 50 Jahren ist alles Fernsehen. Eine Weihnachtsgeschichte.

Wenn der Reinigungsmann seinen Schlüssel in mein Schloss steckt, umdreht und auch schon die Tür aufmacht – tatsächlich vergeht zwischen dem Geräusch des Schlüsselhineinstoßens und Drehens und dem Türöffnen überhaupt keine Zeit –, dann bin ich jedes Mal vor Überraschung wie gelähmt, und jedes Mal denke ich: Was, wenn ich jetzt gerade onaniert hätte. Sein *hi* kann ich nur mit extra mobilisiertem Atem beantworten.

7. 10. 1976
Dr. Martin Luther King may have been the victim of «security stripping», a technique used by intelligence agencies to expose a victim to assassination by removing his protection ...

8. 10. 1976
Im Arboretum. Die Bäume des Viertels: gelb flammend der Hickory, der Sugar Maple, der Colorado Blue Spruce, die Magnolien (größere Blätter als bei uns), American Elm, Black Walnuts, Pine (Umbrella Pine), Firs, Dogwood (mit den roten Beeren) ...

10. 10. 1976
Ironie
Th. Mann, in *Betrachtungen eines Unpolitischen*, S. 565: «Melancholisch und bescheiden ist auch die Kunst, sofern sie ironisch ist, – oder sagen wir richtiger: Der Künstler ist so. Denn das Gebiet des Sittlichen ist das des Persönlichen. Der Künstler also, sofern er Ironiker ist, ist melancholisch und bescheiden; die ‹Leidenschaft›, die große Geste, das große Wort versagen sich ihm, ja, geistig kann er nicht einmal zur Würde gelangen. Die Problematik seiner Mittelstellung, seine Mischlingsnatur aus Geist und Sinnlichkeit, die ‹zwei Seelen in seiner Brust› verhindern das. Ein Künstlerleben ist kein würdiges Leben, der Weg der Schönheit kein Würdenweg.» Salvatorialquatsch in Reinkultur.

13. 10. 1976
Xaver, der Chauffeur. Auf der Nachtfahrt über die Schwäbische Alb. Wenn der Direktor seine Notdurft verrichtet, rücksichtslos das Wasser auf breite Blätter prasseln lässt, weiß Xaver plötzlich, dass er jetzt handeln muss. Er nimmt das Messer aus dem Handschuhfach, geht langsam auf Dr. Gleitze zu, es gibt kein Problem mehr, das Mondlicht liegt voll auf dem Rücken des Chefs, der helle Anzug wirkt geradezu grell im Mondlicht, zwei-, dreimal unters

linke Schulterblatt hinein, dann ein Ohr abschneiden und es dem
tot Daliegenden auf den Mund legen, als höre Dr. Gleitze sich sel-
ber zu. Dann das Geschlechtsteil abschneiden, es in die Vesperdose
legen, langsam in der Villa Säntisblick in Tettnang vorfahren, Frau
Dr. Gleitze herausläuten und, wenn sie dann im phantastisch roten
Frühlicht im fast durchsichtigen Morgenmantel erscheint, sich die
Haare aus dem Gesicht streicht, ihr die Vesperdose überreichen.
Aber vorher den Deckel abnehmen. Bescheiden lächeln. Kennen
Sie das? Diese Frage mehr denken als sagen. Und so stehen blei-
ben, bis du abgeholt wirst. Und du wirst so freundlich lächeln wie
noch nie, aber nichts sagen, überhaupt nichts. Dann nach Weiße-
nau. In die Anstalt. Dann hast du's geschafft. Während Xaver das
überlegte, dachte er noch, dass der Doktor irrsinnig lang saiche.
Der Doktor drehte sich um, Xaver hob das Messer, der Doktor
sagte: Wollen Sie sich eine Flöte schnitzen, Xaver. Nur zu, lassen
Sie sich nicht aufhalten. Es hat prächtige Haselnusssträucher hier.
Schnitzen Sie sich eine schöne Tamino-Flöte. Wir haben Zeit.
Wissen Sie was, Xaver, schnitzen Sie zwei Flöten, ich möchte auch
eine. Oder haben wir noch ein Messer dabei, dann schnitz ich sie
mir selber. Haben wir noch ein Messer dabei? Xaver sagte: Nein.

14. 10. 1976
Auf dem Platz zwischen meiner Tür und dem Fire-escape-Türchen an der Wand entlang jetzt Pappschachteln, übervoll von Büchern und Zeitschriften aus dem 19. und 20. Jahrhundert. Die
warten auf den Abtransport. Ich nehme manchmal was mit. Vor
allem Zeitschriften.

16. 10. 1976
Im Fernsehen die zwei Zweiten: Debate Dole (Rep.) and Mondale (Dem.).
   Mondale: Heute 8 Millionen who can't find work. Als die Republikaner an die Macht kamen, war Vollbeschäftigung.

Dole: Ja, durch einen Krieg in Asien. Das ist nicht die Art Vollbeschäftigung, die die Republikaner wollen.

Mondale wirft Ford vor, dass er als Präsident Solschenizyn nicht empfangen, ihm nicht die Hand geschüttelt hat.

Herr Saueressig und Herr und Frau Jones aus Pittsburgh waren hier, drei Thomas-Mann-Fans. Saueressig war in Kalifornien bei Viktor Mann, der über mich geschimpft habe. An jedem konkreten Punkt merke ich die auseinanderfliehenden Meinungen. Herr Jones sagt, weil sein Brief hier nicht angekommen ist: Ich habe noch den Neger im post office nach dem zip code gefragt. Seine Frau hat ihre Doktorarbeit über «Thomas Mann in Italien» geschrieben. Saueressig und Herr Jones haben sich offenbar als Thomas-Mann-Sammler kennengelernt. Herr Saueressig, der ja durch die Welt reist, um für Thomae in Biberach Lizenzen für Pharmazeutika zu erwerben, hat in Boston in einer Hautklinik die records von Updikes Psoriasis gesehen. Saueressig fliegt morgen von New York nach Zürich, ist übermorgen daheim, einige von uns, genau zwei von uns, beneiden ihn. Ich streite nicht ab, dass es jetzt schön ist daheim. Aber wo liegt dieses Daheim?

Bei jedem Drink, der seiner Frau schmeckt, fragt jeder Mann gierig nach dem Rezept.

Wie Ahnen stehen die riesigen Bäume um die Häuser und machen sie klein. Im blauen Himmel verbrennen die Bäume. Lohend. Wer etwas mit Bäumen erleben will, muss hierherkommen. Dass Bäume fromm machen, bemerkte ich lang, bevor ich es wusste. Wer löscht die Bäume, die in hellen Flammen stehen?

Nachts, als ich heimfuhr, stoben die Blätterrudel in Scheinwerferhöhe quer über die Straße und verschwanden im Dunkel.

Die Ahornblätter schweben wie lauter leichte, ein wenig nach oben gekrallte Hände langsam und schaukelnd zu Boden.

Frühling blüht, Sommer sprüht, Herbst glüht, Winter müht.

19. 10. 1976

Immer, wenn ich heimfahre um halb eins, im Radio: I close the door, she steps in, I dim the light, she turns to me, I hold her knee, she looses my tie, she's honey hungry, I'm honey hungry and she's mine.

26. 10. 1976

Aus den vom Stapel mitgenommenen Zeitschriften: In Königsberg. Ehregott Andreas Christoph Wasjanski, 1755–1831, Kants Amanuensis und seit 1790 sein Tischgast und Leiter seines Hauswesens und Kant-Biograph. Wasjanski war musikalisch, war der Erfinder des Bogenflügels, den dann der Königsberger Mechaniker Johann Ludwig Garbrecht baute. Das Kant-Zimmer in Molitten, in einem winzigen Haus, das zu einem Forsthäuschen gehörte, in dem Kants Freund, Forstmeister Wobser, wohnte. In einem winzigen feuchten Loch von Zimmer schrieb Kant 1763 *Beobachtungen über das Gefühl des Schönen und Erhabenen*. Darin: «Gemütsarten, die ein Gefühl für das Erhabene besitzen, werden durch die ruhige Stille eines Sommerabends, wenn das zitternde Licht der Sterne durch die braunen Schatten der Nacht hindurchbricht und der einsame Mond im Gesichtskreis steht, allmählich in hohe Empfindungen gezogen, von Freundschaft, von der Verachtung der Welt, von Ewigkeit.»

Christian D. Rauchs Kant-Denkmal ist verschwunden von seinem Sockel, steht jetzt auf dem Bismarckplatz in Maraunenhof, einem der neuen Zentren Königsbergs. Die Büste Thälmanns in der Kopernikus-Straße. Heute ein Flügel aus Königsberg in Hottingen bei Zürich. Und Xaver muss Dr. Gleitze endlich sagen, dass sein Bruder bei der Verteidigung Königsbergs gefallen ist.

331

29. 10. 1976, Halloween Night.
Jeden Morgen, wenn ich in der zu engen Kabine dusche, sehe ich das Wasser über meinen Leichnam laufen, und ich seife mich ein und wasche mich ab wie eine Leiche.

31. 10. 1976
Man stirbt nur, weil man lebt. Das Negative ist das Positive. Es sind nicht zwei Seiten einer Medaille, sondern es ist eins. Das eine ist das andere. Das Leben ist die Bedingung des Todes. Und umgekehrt. Die Sprache ist so bifrontisch.

Xaver muss den Königsberger Flügel aus Hottingen bei Zürich holen. Dr. Gleitze soll ihn von seiner Frau zum 60. Geburtstag geschenkt bekommen.

Life goes to the movies.

1. 11. 1976
Man verleiht allen Verhältnissen, wenn man sie ausdrückt, eine Würde, die sie in Wirklichkeit nicht haben. Auch noch der schlimmste Ausdruck verschönert die Wirklichkeit.

There will be no reason weatherwise to stay home tomorrow.

3. 11. 1976
Carter, der 39. Präsident der Vereinigten Staaten. Press conference. Ford and family, sie müssen die Niederlage eingestehen, er kann kaum sprechen. Man kann es für Heiserkeit halten. Das Telegramm von Jimmy Carter muss Betty Ford vorlesen, die zeigt sich viel unangetasteter. Eine Tochter hinten weint tränenlos. Während Betty liest, muss Ford auch Lippen kneifen, um Weinen zu vermeiden. Dann Carter: Er kann auch nicht mehr weitersprechen an seinem Siegerpult, und seine Frau weint auch, ABER der

Sieger und seine Frau dürfen zeigen, dass sie weinen, der Verlierer und seine Frau müssen zeigen, dass sie lächeln können. Das ist der Unterschied.

7. 11. 1976

Uniquely American. Am Sonntag, wenn der Professor den Collie an die Leine nimmt und in seinen viel zu kurzen Hosen die *New York Times* vom drugstore holt.

He came to do good and he did well.

8. 11. 1976

Heute an Betty Weber, Austin, geschrieben, dass ich nicht zu dem Brecht-Kongress komme. Als ich das Programm las, wusste ich, dass ich da nicht hindarf. Vorher hatte ich bloß etwas gegen die weite Reise. Aber jetzt las ich die Namen, die Themen, die dichte Folge der Veranstaltungen, die Erwartung, etwa 5 Minuten lang etwas sagen zu müssen, ich soll eine Veranstaltung ernähren, ich soll verbraucht werden, ich will lieber nicht. Ich bringe keine richtige Ablehnung zustande. Ich sage nicht, warum ich nicht hinfliege. Ich sage es nicht einmal mir.

Theresia liest jetzt laut. Sie gerät manchmal in die englische Intonation. Sie weiß nicht mehr, was ein Ross ist.

Das Winterlicht. Ein Licht, das Dunkelheit enthält. Ich will vielleicht nicht mehr arbeiten. Ich habe nie viel gearbeitet. Ich war tätig. Leichthin. Ich scheue Arbeit. Ich verlange von mir nur Tätigkeit, nicht aber Arbeit. Arbeit wäre z. B. Konzentration auf etwas. Ich mag mich nicht mehr konzentrieren. Auf nichts mehr. Ich mag nur noch dasitzen und mich gehenlassen. Ich mag mir vorkommen wie im Urlaub oder wie im Ruhestand. Mir fällt ein, dass Habermas gesagt hat, Siegfried hasse mich, wegen Arthur Thiele, der Unternehmerfigur in *Jenseits der Liebe*.

333

9. 11. 1976
Im Jahrbuch der Albertus-Universität zu Königsberg gelesen, dass Kants Urgroßmutter, Anna Maria Nothelfer, väterlicherseits aus Hödingen bei Überlingen stammt. Dr. Gleitze aus Königsberg, der Stadt der reinen Vernunft. Endlich hat Xaver eine Verbindung zum Direktor.

10. 11. 1976
Der Briefträger ist hörbar durch die Musik seines Radios, das er mit sich trägt.

Ohne Entgegensetzung entsteht nichts.

Wenn ich eine Säge in einer gewissen Entfernung höre, bin ich sofort daheim. Daheim bin ich im Jahr 1935 mehr als in jedem anderen Jahr.

In seinen Versversuchen verrät jeder Prosaist, wes Geistes Kind er ist.

Die Wirkung der Schlager. Get out of my mind. You are much too young, girl. I've got a whole lot to say …

Ich habe die Bewegung der Hand längst zum Stellvertreter des Lebens gemacht. Zum Ersatz. Ich würde das Leben vorziehen. Jetzt sage ich das. Und selbst jetzt ist es eher unwahr als wahr.

Von einer Riesenreise in halböffentlichem Auftrag nicht zurückzukommen, das wäre die beste Lösung. Auch wenn es ein paar unausdenkbar schlimme Minuten sein sollten, bis das Flugzeug explodiert ist, es wärn doch nur Minuten. Höchstens Minuten.

11. 11. 1976

Heute werfen Studenten, brüllend und lachend vor Spaß, die vielen Schachteln voller alter 1900er-Bücher in den Fire-escape-Schlund hinunter. Die Bücher donnern in dem Blechdarm abwärts mit einem dumpfen grollenden Geräusch. Die, die unten warten, hört man lachen, wenn sie die ankommenden Schwarten in Empfang nehmen. Die oben lachen und johlen auch.

Ready. Here comes a whole box. Unten steht offenbar ein Truck. Die Bücher werden also fortgebracht auf einem offenen Lastwagen. Es schneit. Da kann das nichts Gutes bedeuten. Ich sollte aufspringen, die Lessing-Bände der Cotta'schen Bibliothek der Weltliteratur retten oder irgendwelche 1890 in Philadelphia gedruckten deutschen Romane oder das Buch über Immermann oder das Königsberg-Archiv. Ein paar habe ich gerettet. Ich dachte, die hätte ich gestohlen. Jetzt sehe ich, ich habe sie gerettet.

It sort of reminded me an Schlimmeres.

Abschlüsse. Geschäfte. Befriedigungen. Dickichte. Autolärm von Straßen, die weit weg sind. Zwischen Wolkendecke und dunklem Grund etwas Licht. Nichts überlegt. Ich gehe einfach weiter. Nicht dass ich hoffte. Ich gehe nur, weil das guttut. Es regt mich zum Atmen an. Und ich bin froh über jeden Atemzug, zu dem ich mich nicht aufraffen muss. Kleine Brücken. Ich gehe leicht hinüber. Wassergedächtnis. Meine Schritte schürfen im Gras. Ich höre Schritte auf nacktem Parkett. Eine Musik muss aufgehört haben. Es sind immer die gleichen Wälder, die die Wiesen umstehen. Winterberg. Röhrach. Namentragende Hügel. Getaufte Weiler. Ich komme nicht von der Stelle. Was mir im Kopf klingt, gilt nicht. Der Einsatz war pseudo. Vielleicht haben sich die Ketten bewegt. Des Gefangenen. Die schlafvollen Bilder murmeln ununterbrochen. Lebensweise. Weicher Boden. Ideen, Bohnenstangen, man bückt sich, weiß nichts voraus. Gedachte Befriedigungen in wirklichen Dickichten. Rötlicher Nadelboden. Der ist trocken wie etwas, das noch nie nass geworden ist. Licht vom Nadelboden. Wärme. Jeder Schritt gelingt. Ich könnte überall bleiben, wo Dickichte sind.

Jefferson: Science is my passion, politics is my duty. A president's statement.

12. 11. 1976

Snow flurries. Temperatur zwischen 24 und 34 angesagt. Ein Tief mit Schnee von Nordarkansas und Tennessee auf dem Weg nach NO streift uns im Süden. Eine Schlechtwetterfront von Kanada über die Seen auf dem Weg nach SO streift uns im Norden mit Schnee. Und wir wollen dazwischen nach Westen, Columbus, Ohio, dann morgen nach Norden, Oberlin, Ohio, und am Sonntag über Cleveland und Pittsburgh zurück. Lesungen. In Columbus Rainer Nägele, in Oberlin Sidney Rosenfeld. Eltern aus der Ukraine, machen schon Fehler im Jiddisch, und er kann's gar nicht mehr. Als wir dann an der Kreuzung mitten in Oberlin abbiegen, steht Sidney Rosenfeld auf der Westseite der Kreuzung, nimmt die Hände aus den Taschen seiner bis zu den Knien reichenden Manteljacke und winkt. Er sieht aus, als friere er. Seine Ohrenränder sind rot von der Kälte. Er sieht aus, als winke er Leuten nach, die nach Kiew fahren, er aber müsse zurückbleiben in Oberlin. In Pittsburgh downtown fast nur Schwarze. Elend und Marmorbanken dicht nebeneinander. Im Carnegie Museum of Natural History. Wir bei den Dinosauriern aus Utah. Vier Riesen, kleines Gehirn. Oben die Indianer. Nachgemachte Indianer, die in den Vitrinen stehen wie unten die Pelztiere. Einer hat eine Schlange im Mund. Carnegie hat den Leuten dieses Museum geschenkt, nachdem er ihnen vorher das Leben in seinen Fabriken schwer gemacht hat.

Irony as an attitude towards history.
There's nothing better once you're the best.

16. 11. 1976

Er fährt am liebsten nach Westen. Wenn eine Nord-Süd- oder Süd-Nord-Strecke zu fahren ist, spürt er seinen Fahreifer erlahmen. Sobald die Straßen wieder nach Westen biegen, fährt er wieder begierig. Er will weg vom Osten, vom Zurückliegenden. Er spürt jede Meile, die er nach Westen hin gutmacht, als eine Erleichterung. Wenn er am Morgen von der Zimmertür des Motels auf sein vor der Tür wartendes Auto zugeht, muss er nicht nachzählen, wie viele Meilen er jetzt fort ist, er spürt, dass es mehr sind als gestern Morgen. Jeden Morgen wacht er lieber auf.

Wenn schon alles klar ist oder ziemlich klar, dann trifft er einen, wie er einer ist, und schon sind sie in hemmungslosem Streit. Ungeschlichtet prallen sie auseinander. Auf der Weiterfahrt ist es, als müsse er jetzt von dem so weit wegkommen wie von ganz Europa. Aber schon am ersten Tag spürt er, dass diese Furcht übertrieben war. 300 Meilen genügen. Und doch noch nicht ganz. Seine eigenen Gemeinheiten rezitieren sich noch nach 300 Meilen, nur die Gemeinheiten des Anderen werden weniger spürbar.

17. 11. 1976
Ich muss verkaufen, also ein classified ad: 1970 Mercury Marquis 4. Dr. must sell before Nov. 23rd. Leaving country. Any reasonable offer will be accepted. 599–2663.

18. 11. 1976
Mein Vortrag in der Philological Society über *What makes a writer.*

Er hatte so einen Hut auf, von dem der Blick unwillkürlich zu den Stiefelabsätzen schwenkt, um zu sehen, welche Art Sporen der Mann trägt.

19. 11. 1976, Austin.
Brecht-Kongress. Driskill Hotel. Der Frühstückssaal so 1890haft zierwütig wie der Chrystal Ballroom. «Brecht's Political Philosophy.»
Einer aus Hongkong: Hegel dit not express himself with the memorable clarity of the Chinese.

Wenn Douglas Kellner vom panel herunterschaut, sieht man, dass er ganz genauso aussehen will wie Brecht. Und tatsächlich, er hat eine Chance, so auszusehen. Aber ohne diese Schildmütze aus schwarzem Leder, die er nicht abnimmt, weder beim Referat noch im panel, ohne die hätte er diese Chance nicht.
Guntram Weber, Betty Nancys Mann, muss bei unwichtigen Veranstaltungen, wenn nur Ton und kein Video nötig ist, den Toningenieur machen. Er hat die Kopfhörer auf und sieht mit seinem Wilhelm-II.-Schnurrbart aus wie ein Pilot 1910 bis 20. Grotesk, wenn er, in die Hände klatschend, nach einem Referat in den all-

gemeinen Beifall einstimmt. Das ist man nicht gewöhnt, dass der Toningenieur mitklatscht.

20. 11. 1976

Austausch der Sonderdrucke. Plötzlich das Gefühl, dass ich dieses Fröhliche nicht aushalten kann. Aber mit mir müssten viele fortrennen. Ich bleibe natürlich. Und werf es mir vor.

Es gibt, sagt Siegfried, nur fünf schwarze Germanisten in den USA.

Nachmittags im Schatten auf einer lehnenlosen Steinbank auf dem Campus. Es ist sehr warm. Autos voller junger schwarzer Mädchen fahren langsam durch den Campus und hinaus. Wahrscheinlich ins Land. In diesen Klimalagen wäre ich lebensfähiger. Im *El Rancho* eine Margarita: 1/3 Zitrone, 1/3 Tequila, 1/3 Curaçao, plus Eis, plus Salz.

Brecht continues to exert his influence.

Es dürfte regnen. Wolken schlössen sich wie ein Vorhang. Jemand müsste lachen. Nebenbei. Ich hätte das Kribbeln im Magen, das ich bei Auftritten habe.

Marion Michael muss, um Peter Weiss zu kennzeichnen, immer wieder sick, sick, sick sagen. Professor Michael: Die erste Frau des Vaters von Professor Michael war eine Freundin der Frau Sacher in Wien. Die zweite Frau seines Vaters, seine Mutter, kriegte von ihr das Rezept für die Torte. Sie habe versprechen müssen, das Rezept nur innerhalb der Familie weiterzugeben.

Kontingent = zufällig
Diskret = nicht zusammenhängend

Dass man eitel ist, kann man nicht verbergen. Es zuzugeben, sieht aus, als rühme man sich. Man müsste glaubhaft machen, dass man mit der eigenen Eitelkeit nicht einverstanden ist. Wer das könnte, der hätte es weit gebracht.

21. 11. 1976

Dass man eine Nacht lang und den nächsten Tag lang immer nach-
holen muss, was zu sagen vor aller Öffentlichkeit man versäumte.
Das Gefühl der grenzenlosen Niederlage. Nach stundenlangem
Nachtkampf versucht man zu sagen: Füge dich in die Niederlage.
Man möchte endlich von sich in Ruhe gelassen werden. Aber man
wird nicht. Gib doch alles zu. Er gab es doch zu. Aber das nützte
nichts. Er wollte sich einschmiegen in das Niederlagegefühl.
Trotzdem konnte er nicht aufhören, andauernd aufzusagen, was er
dort im Saal hätte sagen müssen. Er sagte es nicht nur einmal auf
und wiederholte es dann, sondern er musste sich beweisen, dass er
ungefähr 100 Möglichkeiten gehabt hätte, das zu sagen, was er sagen wollte oder konnte. 100! Und nicht eine war ihm gelungen.

In diesen Hotels sind nur Leute, die einem das Leben verleiden
können. Durch ihre Schönheit. Kraft. Stärke. Gelassenheit. Hei-
terkeit.
    Das Weite suchen. Er dachte, es könne in der ganzen deutschen
Sprache keine schönere Formel geben als: das Weite suchen. Er
psalmodierte das.
    Bye-bye be in touch.

Fürs Ironie-Seninar
    Wenn jemand etwas gegen sich tun will, führt das unwillkürlich
zur Ironie. Man kann im Ernst nichts gegen sich tun. Das Einzige,
was man gegen sich tun kann, ist, sich umbringen. Falls man das
nicht schafft, wird aus jedem Versuch, gegen sich selbst vorzugehen, Ironie. Und sie wird umso größer, umso wahrer, je ernster
einer versucht, gegen sich selbst vorzugehen. Ich rede vom Schreiber. Der muss schriftlich gegen sich vorgehen. Meistens versucht
er, das, was die Welt gegen ihn hat, zu begreifen, zu bejahen, zu
unterstützen. Je ernster er das Urteil der Welt gegen sich durch-
setzt, desto ironischer wird das Dokument dieser Durchsetzung.

Das Urteil der Welt ist ein Urteil im Namen der Moral, der Kunst, der Leistung, des Anstands usw. Er muss es sich zu eigen machen. I'm here all by myself. Wow.

Mit einem blauen Branniff-plane wackeln wir auf Dallas hinab. Ich steige um nach Pittsburgh. Jetzt mit der AA. Durch die Ebene schlängelt sich so ausbauchend wie möglich der Mississippi nach Süden. Er würde schließlich nur noch nach Ost und West ausbauchen und gar nicht mehr nach Süden fließen. Eine gleißende, die allergrößte gleißende, goldgleißende Riesenschlange, so bleibt er jetzt hinter uns zurück. Wir fliegen bis Nashville über Tennessee, dann biegen wir nach Norden, folgen dem Ohio Valley und biegen dann über West-Virginia hinüber nach Pittsburgh. Sagt der Kapitän. Manche Flüsse sehen von oben aus, als sei es eine Qual, über die Erde zu fließen. Manche Flussbiegungen führen fast in sich zurück. Ein paar Meilen Land durchstechen, und man würde dem Fluss viele Meilen Umweg ersparen. Aber diese Flüsse in den Ebenen leben von Umwegen.

Fromm fliege ich über Amerika hin. Welchen Kongress entwerfe ich? Ich bin voller Ichweißnichtwas. Jetzt schweben schon Weißmullwölkchen unter uns, wie bei einem Gefecht im Siebzigerkrieg Schrapnellwölkchen schwebten. Sterbende singen verzückt zu kleiner werdenden Fürsten hinauf. Es gibt schon Krankenschwestern. Wer möchte da noch sterben? Information wälzt sich heran. Paris hat etwas begriffen. Deutschland nicht. Weil es siegt. Wer noch begeistert sterben will, muss es jetzt tun. Es wird serviert. Wir fressen. Wir wischen uns die Münder. Unter uns weltweit die Decke aus windgekämmter Watte. Das Brötchen fühlt sich an, als ob's von gestern wäre. Das macht mich ganz glücklich. Unter der Decke schneit es wüst. Gegen stiebenden Schnee landen wir.

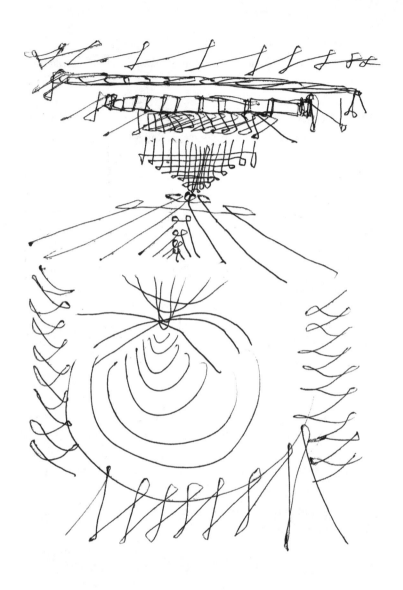

22. 11. 1976

Morgen nach Florida.

Tim und Linda Squarcette wollen unser Auto sehr gern für 500 $ kaufen. Und wir müssen darüber sehr froh sein.

Siegfried oder die Komik des Erotischen oder der sexuellen Präsenz. Wie er wohl seine Frauen belohnt? Wahrscheinlich fürstlich.

Immer noch reformuliert der Kopf etwas, was man auf dem Kongress hätte sagen sollen.

23. 11. 1976

Ein heller Schnee- und Eistag. Wir sollen nach Pittsburgh fahren in unserem fast schon verkauften Auto. Ich hätte es gleich hergegeben, Käthe will, dass wir's noch benützen.

Für das Seminar

Das häufige Lesen macht den Kafka-Text reicher, stärker. Je öfter ich ihn lese, desto ernster muss ich ihn nehmen. Die Kraft, die ich in ihm durch nichts als Lesen und Wiederlesen wecke, ist auch von mir abhängig, nicht nur von ihm. Mein Bedürfnis, mein Zustand, meine Erfahrung, das alles präpariert mich, macht mich fähig zum Lesen und Gebrauchen dieser Texte. Amalia im *Schloß* ist mehr als ein Trost. Solange ich nichts wusste als das, was in Büchern steht, solange war ich nur beeindruckt, beglückt, gerührt und berührt von der Größe Amalias. Wenn ich jetzt die Barnabas-Episode wieder lese, dann ziehe ich aus Amalias Haltung eine Kraft, die ich brauchen kann. Ich fühle etwas bestätigt, was zu erproben, zu praktizieren ich durch manche Erfahrung gezwungen bin. Ohne die Amalia-Haltung wäre ich mir sehr vereinzelt und bald sehr verschroben vorgekommen. Amalia legitimiert das in mir, was ihrer Haltung ähnelt. Obwohl das Wichtigste der Amalia-Haltung die unabhängige Vereinsamung ist, kann man sich, wenn auch in irdischeren Abmessungen, in einer Entwicklung, die nach Vereinzelung tendiert, durch Amalia bestätigt sehen. Auf der Ebene der Figur gesprochen, kann man sagen: Einsame sind einander gute Gefährten. Amalia will nichts mehr wissen. Weder von Rechtfertigung noch von Anklage. Amalia hat die Nase voll. Sie lässt sich auf kein Gespräch mehr ein. Sie dient nicht mehr mit Argumenten. Sie hat aufgehört, auf Verständlichkeit zu dringen. Was auch immer ihr über mich denkt, sagt diese Figur, es ist mir gleichgültig. Eure Schlüsse und Rückschlüsse, euer Vermuten, Urteilen und Meinen ist mir gleichgültig. Amalia ragt. Olga leidet. Olga häuft Leid auf. Olga leidet sozusagen im Akkord. So viel als möglich Leid pro Sekunde. Weil sie hofft, es gebe ein allerhöchstes Lohnbüro, in dem abgerechnet wird. Der allerhöchsten Registratur entgeht nichts, hofft sie, glaubt sie. Dieses Schielen hat Amalia hinter sich. Sie ist frei. Sie ist so frei, als man unter den Bedingungen der Negation überhaupt sein kann. Noch gibt es keine anderen Bedingungen. Nirgends. Alle sozialen Bedingungen negieren den Menschen bis jetzt. Die besten Vorschläge für die Aufhebung dieser Negation hat bis jetzt das Christentum gemacht. Die zweitbesten vielleicht der Marxismus. Weitere Vorschläge sind dringend erwünscht. Wer daran nicht mitarbeiten kann, der findet Amalia. Natürlich findet er auch K. Die herrschenden Bedingungen favorisieren die Amalia-Tendenz. Man wehrt sich natürlich, aber weniger als vorher.

24. 11. 1976, Daytona Beach, Florida.
Sheraton Motor Inn, Atlantic Ave. In jedem Stockwerk steigen amerikanische Ehepaare in den Lift, jedes wie aus dem Eisschrank entsprungen, so frisch und so neu. Alt, aber neu. Alles ist neu an ihnen. How's the temperature. Anybody knows? Ninetyfive sagt einer, und alle lachen, weil sie wissen, am 24. November gibt's das nicht. Aber sie wissen, es hat mindestens seventyfive, und das ist mehr als genug.

Auf dem Nachbarstrand wurde gestern einem 18-jährigen Surfer von einem Hai ein Arm abgebissen. Und wieder angenäht.

Bis das Meer den Horizont erreicht, ist es schwarz.
Zwei küssen einander ernsthaft auf einer Decke im Sand.

29. 11. 1976, Sankt Petersburg, Florida.
Sandpiper Hotel. Gestern über Miami und die 41, am Schluss 19, hierher. Durch die Everglades. 30 Minuten, 5 $ each, ein Krach über Sumpf und Streuwiese. An den Indian villages der Seminolen und Muscogeas vorbei.

Gestern Abend und heute Abend wurde West-Virginia als einziger Staat in der Wettervorhersage genannt wegen zu erwartende schwere Schneefällen. 1 foot Schnee wird für die kommende Nacht erwartet. Das sind 32 Zentimeter. Und morgen müssen wir von Pittsburgh nach Morgantown fahren. Abends um 8. Mit glatten Reifen.

30. 11. 1976
Gut heimgekommen. Die Batterie drehte nicht mehr. Aber einer fuhr schon durch die Parkreihen mit einer Superbatterie, legte eine Leitung zu meiner, gab ihr einen Stromstoß, da lief sie wieder. 4 $, ich gab 5.

2. 12. 1976
We'll miss you: der Vater einer Klassenkameradin von Theresia.
Die Schwarze an der Kasse: He needs a guiding hand. Doesn't he? Die andere: Sure he does.

4. 12. 1976, New York.
Wieder im Prince George Hotel, Zimmer 339, wieder mit einem Klappbett, wieder klemmt die Tür zum Bad und kann nicht ge-

schlossen werden, die Vorhänge können nicht aufgezogen werden, kein Fenster kann aufgemacht werden, sie sind zugekittet und dreckig, die Heizung funktioniert nicht, also melden wir es; nachher, als sie gemacht ist, ist es kaum auszuhalten vor Hitze. Ich musste 200 $ vorausbezahlen, die Rechnung wird 192 $ machen, 8 für eventuelle Telefongespräche. Als die 12 Gepäckstücke vom Taxi auf dem Trottoir vor dem Hotel lagen, begann der riesige schwarze Portier mit dem Goldtressen-Zirkusmantel die Stücke nach innen zu tragen. Ich nahm 2 Stücke, 2 schwere. Er hörte sofort auf und sagte: Was tun Sie? Ich sagte, dass ich ihm helfen wolle. Er habe schon 2 Stücke hineingetragen, sagte er. Er glaubte offenbar, ich wolle ihm, wenn ich selber mithelfe, kein Trinkgeld geben. Also hörte er ganz auf und trug keines der Stücke mehr hinein.

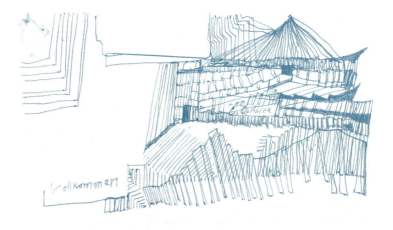

Bei der Abschiedsparty in Morgantown ein kichernder Literaturwissenschaftler, der aufgehört hat und zur Farm übergeht. Man bewundert ihn und fragt: Was für Schweine? Was für Schafe? Dann erzählt er nur noch von den Schönheiten des Kastrierens. Wie man die männlichen Ferkel separiere, eins nach dem anderen

in den Fresstrog lege, einer hält das Ferkel, er drücke die Testikel
in den Sack, und ritsch-ratsch, weg sind sie. Sobald die Kleinen
quiekten, beginne die Muttersau wie verrückt gegen die Tür zu
rennen. Sie würde, wenn sie hereinkäme, rücksichtslos angreifen.
Rücksichtslos, wiederholt er noch einmal. Sein Nachbar beiße die
Hodensäcke seiner Schafböckchen mit den Zähnen ab.

You don't have to be rich to be perverse, but position helps.

Das Büro unserer Fluggesellschaft teilt durch einen Anschlag an
der Bürotür (Zimmer 232) mit, dass sie im Dezember wegen Be-
triebsferien geschlossen haben. Man soll alle Fragen in ihr Hotel-
fach legen.

Am Sonntag um 10 Uhr zu Siegfried und Joachim ins edelfeine
Algonquin in der 44. Straße. Mit Siegfried auf das Empire State
Building. Er war, solange wir zusammen waren, übermäßig be-
müht, uns etwas zu bieten. Den Kindern Erklärungen, Belehrun-
gen, drei Charakteristika von NY: die Wasserspeicher auf den
Dächern, die dampfenden Subway-Schächte in den Straßen, das
Dritte war, glaube ich, dass die Straßen so uneben sind oder die
Feuerleitern oder sonst etwas dergleichen. Manches wussten die
Töchter sogar schon von mir, aber sie hörten sich Siegfried an, als
wüssten sie noch nichts. Joachim über unsere Fluglinie Sabena:
Such A Bloody Experience Never Again.

8. 12. 1976

Die Boeing 747 soll um 6 Uhr 45 in Brüssel sein. Im Kopfhörer:
Bach, *Brandenburgisches Konzert Nr. 2*, Dirigent: Benjamin Britten.

In Köln mit 12 Gepäckstücken auf Gleis 7 b; als wir drin sind,
sehe ich, der Zug fährt über Würzburg nach München, nicht über
Stuttgart–Ulm, also wieder raus, in Bonn eine Minute Aufenthalt,
die 12 Stücke hinausgewuchtet. Dann 18 Uhr 31 Friedrichshafen.
Bei starkem Schneefall fahren wir langsam im geliehenen VW-
Bus heim.

10. 12. 1976
Wieder da.

Ihn freute nur noch Negatives. Beleidigendes, Polemisches. Vernichtendes. Er brauchte es wirklich. Sein Kreislauf, die Säfte. Es löste sich dann einfach etwas in ihm, etwas Verkrampftes, Hartes. Sobald er etwas Herabsetzendes, Bösartiges las – egal, von wem, über wen –, fühlte er sich wohl. Etwas Lobendes, gar Preisendes konnte er nicht mehr zu Ende lesen. Das hätte ihn erstickt. Seine Magengegend versteinerte förmlich, wenn er las, wie ein Mensch für irgendetwas gelobt wurde. Er knirschte dann unwillkürlich mit den Zähnen. Aber ganz so einfach, so eine Lobhudelei wegzuwerfen, war das nicht. Er musste weiterlesen. Er spürte, wie es ihm von Satz zu Satz schlechter ging. Aber aufhören konnte er nicht. Bis er endlich mehr tot als lebendig die Zeitung oder die Zeitschrift fallen ließ und zum nächsten Fenster ging und das Fenster öffnete. Dann stand er eine ungemessene Zeit lang am offenen

Fenster und dachte: Ich kann froh sein, in einer Zeit zu leben, in der es noch Fenster gibt, die man öffnen kann. Irgendwann wird man nur Fenster haben, die man nicht öffnen kann. Alles wird immer schlimmer. Ja, warum freute ihn das denn nicht? Er verstand sich einen Augenblick lang überhaupt nicht mehr.

16. 12. 1976

Was für eine Welt, in der einem hauptsächlich beigebracht wird, dass man überflüssig sei. Die Unternehmer jammern und veröffentlichen in ihren konkurrenzlosen Blättern, wie teuer heute ein Arbeitsplatz sei, so teuer, das kann bald kein Unternehmer mehr bezahlen. Im Vorstand des Boehringer-Konzerns, sagt Herr Saueressig, wird stundenlang diskutiert, wegen eines einzigen Arbeitsplatzes. Im Vorstand eines Konzerns! Natürlich wird man nicht erschossen, wenn man einer Familie 4 Kinder entspringen lässt, aber die Kinder müssen es büßen. Diese Gesellschaft bestraft nicht die Schuldigen, sondern nur die Bestrafbaren.

Der neue Tasso (Dasso)

Alles, was sich für ihn anführen lässt, und alles, was er nicht erlebt in seiner großen Sensibilität. Wie viel Unempfindlichkeit ist eingeschlossen in die neue Empfindlichkeit oder ist sogar deren Voraussetzung. Antonio ist der Sozialist. Der Chef ist natürlich für Tasso.

Wenn man dann nach langer Zeit doch wieder einmal die Zeitung liest. Ein bemerkenswertes Erlebnis.

Überall Schnee. Wenn man aufschaut, ist man schon geblendet.

Warum lebe ich nicht jede Stunde? Wer nistet in mir, macht sich breit?

Auf meiner Stirn fühl ich den Glanz der Erschöpfung.

349

Nächstes Jahr werde ich fragen: Was hast du letztes Jahr getan? Dann kann ich sagen: Ich habe an diese Frage gedacht.

18. 12. 1976

Ich weiß ja, dass ich's malen müsste oder fotografieren, damit mir's jemand glaubt, was ich im Garten sehe. Was da auf was sitzt und es gut hat. Was da was ertragen muss. Mein Gott. Und ich, anstatt ein Bolívar, bin ein durch Thermopaneglas getrennter und noch mehr geschützter als getrennter Zuschauer. Dämonologie. Wo soll'n ich hinschauen? Glaubt man mir, dass ich leide? Nein. Glaub ich mir ja selber nicht. Ich bin ein Fröhlicher. Endlich ist es heraus. Jetzt ist es mir wohler. Wenn auch in Prosa. Ich will keinerlei Gewimmer mit mir verbunden wissen. Lieber Sprünge. In die Höhe, Weite usw. Kein Denken an das, was gerade dem und jenem passiert. Dass andere weniger fröhlich sind, kann schon sein. Wenn jemand ganz bedeutend ist, dann kann er nicht ohne Unfröhlichkeit auskommen. Mich zieht es in alle Mauslöcher hinein. Ich muss mich richtig sträuben. Ich würde hineinpassen, das ist meine komische Furcht. Ich bin so wendig und schlüpfig. Mit Ahoi hier hinein und Hurra dort hinaus. Einen intakten Maushaufen nenn ich gefühllos Golgatha. Drei gekreuzigte Mäuse unterm Gewitterhimmel sind für mich vorstellbar. Aber es ist Dezember und bitterkalt, also liegt in der Krippe im unterirdischen Stall erst das Mäusejüngelchen und lässt sich warm halten, bestaunen und mit hochtönenden Chören besingen. Zufällig sterbe ich gerade, während in meinem Garten etwas geboren wird. Zur großen Überraschung.

Im Traum: Ich stand auf, hatte keine Luft mehr. Mehrere Leute saßen wie in einer geschmackvollen Tschechow-Inszenierung um mich herum. Ich streckte schon lange die Hände aus. Ich hatte keine Luft mehr. Konnte schon länger nicht mehr atmen. Konnte auch keinen Laut hervorbringen. Mein Gott, bis das einer von die-

sen altmodisch schön angezogenen Leuten begriff. Bis endlich einer sagte: Einen Arzt, sofort einen Arzt! Ich konnte nichts antworten. Ich dachte nur: Lächerlich, in 10 bis 15 Sekunden werde ich erstickt sein, und da sagt der wie in einer Theateraufführung: Einen Arzt! Dann stürzte ich und erwachte atemlos, sozusagen am Ersticken.

Ich muss die Texte nachsagen, die herrschenden. Ich bin abhängig von meinen Feinden. Oder kommt das neueste Bauchweh von dem Wein, von dem ich am meisten gekauft habe. Vielleicht kriegen alle Bauchweh, die diesen Wein trinken.

Ich möchte wieder nach Amerika. Auch wenn das heißt, dass ich fertig bin und ohne Erklärung. Keine Gründe. Nicht dass sie sich fragen sollen usw. Drei Monate Oberlin, ein Jahr Hamilton, ein Semester Houston, ein Semester San Diego. Vielleicht entstehen dadurch neue Möglichkeiten.

Jedes Bauchweh mit dem Auswanderungswunsch beantworten. Und mit diesem unmöglichen Tagebuch, das sich ausgewachsen hat zu einem Ausweichgelände.

26. 12. 1976
Wie könnte Xaver komischer werden? Nur dadurch, dass sein Verhältnis als vollkommen unverhältnismäßig gezeigt wird. Er glaubt nicht, dass die Herrschaften sind, wie sie sind. Dass er sich denen mehr zugehörig fühlt als den Kollegen. Das möchte er sie merken lassen. Danach sucht er. Findet keine Gelegenheit. Das schlägt dann wieder um in Wut. Weil man mit denen nicht reden kann, weil sie alles falsch verstehen, muss man sie umbringen. Alle.

Theresia hat gestern 5 Bussarde gefüttert. Fleischstücke und Salamischeiben mit einem Stückchen Fell zusammengebunden, und das alles an eine Schnur, die vom Strand bis zu ihrem Balkon reicht. Wenn die Bussarde vorbeifliegen, bewegt sie das Paket mit ihrer Schnur, und die Bussarde kommen herunter und fressen.

Wenn die Katze nicht da ist, wenn wir heimkommen, befürchten wir immer gleich das Schlimmste. Wenn ich sie mir dann vorstellen will, bemerke ich, dass es schwer ist, sich die schwarze Tigerung in dem braungraugrünen Fell vorzustellen. Auf dem Rücken eine gerade schwarze Linie mit seitlichen Abzweigungen … Aber wenn sie dann wieder da ist, sieht man, dass jeder Versuch, sich diese Maserung vorzustellen, lächerlich ist. Sie hat ja außer diesem Pelz, der graubraungrün ist, aber eben doch weniger grün, als man dachte, grün, das war wirklich nur eine Vorstellung, nichts als ein nichtsnutziger Ausdruckswert, also außer diesem Pelz hat sie ja noch, aus ihm wachsend, mit wenigeren, aber längeren Haaren einen weißgrauen Bewuchs, der einfach einen hellen Glanz über den sattfarbenen Pelz gießt. Jetzt schläft sie wieder auf einem aufgeschlagenen Tagebuch auf meinem Schreibtisch. Das heißt, ich kann dieses Tagebuch wahrscheinlich heute den ganzen Tag nicht benützen. Sie schnauft wie jemand, der ein bisschen Katarrh hat. Ich gehöre nicht zu den Menschen, die Katarrh ohne jede Überlegung sofort richtig schreiben können. Ich muss jedes Mal nachschauen. Ich weiß natürlich, dass ein – rh – vorkommt, aber ich glaube nicht, dass ich es weiß. Und was man weiß, nützt nichts, wenn man nicht weiß, dass man an das, was man weiß, auch wirklich glauben kann.

29. 12. 1976

Die anderen waren in meinem Alter tot oder verrückt. Was soll ich noch? Wie lange soll ich noch den Schein ertrotzen, alles sei in Ordnung? Wann werde ich zugeben, dass alles auf dem Kopf steht, zerstürzt ist? Wie lange gelingt es noch, meine Lüge aufrechtzuerhalten nach so vielen Seiten hin? Ich tu alles für meine Lüge. Und es ist immer noch zu wenig. Sie keucht, ist fadenscheinig, löchrig, es zieht durch durch meine Lüge. Es wird die Wahrheit sein, die da durchzieht. Beziehungsweise.

Brot essen. Kauen. Nicht sprechen mit vollem Mund. Bitte. Es ist das Hässlichste, was es gibt, sprechen mit vollem Mund.

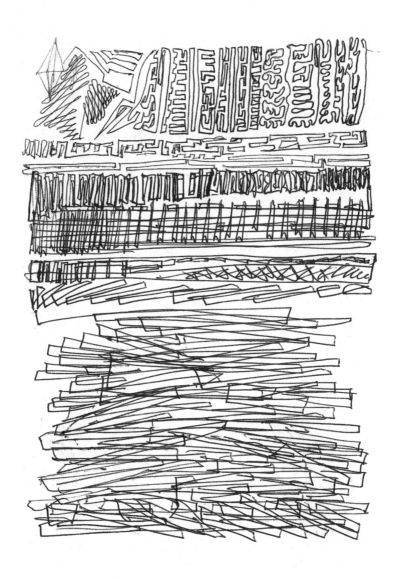

1977

2. 1. 1977

Wenn das Telefon läutet, nehme ich nicht ab. Aus reiner Erfahrung. Leider öffne ich Briefe immer noch. Nicht weil ich glaube, da stünde etwas drin, was mich freute, sondern weil ich leider der Ansicht bin, wer einem schreibt, habe dadurch ein Anrecht erworben, gelesen zu werden, ja, sogar ein Anrecht darauf, eine Antwort zu bekommen. Das ist das Schlimmste. Aber den Hörer lasse ich mit festem Gewissen liegen. Der Anrufende hat kein Recht irgendwelcher Art.

8. 1. 1977, 9 Uhr 21 ab Überlingen, 14 Uhr 41 Frankfurt.

Zu Siegfried Unselds 25-jährigem Verlags-Jubiläum. Im Abteil ein Türke, 4 Kinder, eine Südländerin, ein Kind mindestens ist, da es keinen Platz hat, immer im Gang. Deshalb die Tür offen. Kalt im Abteil. Ich sitze an der Tür.

9. 1. 1977

Gestern der ganze Auftrieb. Zuerst Verlag, dann Siesmayerstraße. Glimpflich verlaufene Feier. Die Schriftsteller der Belletristik halten sich zurück. Die Philosophen werden direkt. Dann die zwei Hesse-Clowns. Zuerst dachte ich, es gibt nur einen, den kenne ich von der Klettenbergstraße. Ich sage: Grüß Gott. Der reagiert nicht. Also sage ich nicht erst meinen Namen, nur, dass ich ihn kenne. 15 Minuten später kommt er und begrüßt mich freundlich mit Namen. Jetzt zeige ich eine möglichst kalte Schulter. Später sehe ich zwei solche zu Hildes Füßen auf der Treppe. Es gibt also zwei.

Vollkommene Diffusion. Mit Peter Weiss und Siegfried in der

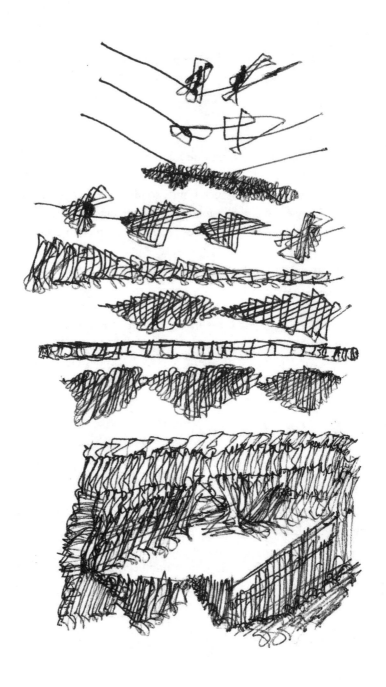

Klettenbergstraße. Uwe war schon im Bett. Heute Morgen kaum ein paar Worte mit Uwe. Er wird als Max-Frisch-Privatlektor nach Berzona fahren, mit Max und Marianne Frisch. Ich versuchte, unverbindlich ablehnend zu sein gegen Baumgarts. Auch gegen Marianne Frisch. Ich bin nicht mehr der Ewig-Nette. Das versuchte ich zu spielen. Es ist mir wahrscheinlich nicht ganz gelungen.

14. 1. 1977
Franziska rief an: Sie soll in *Fast ein Poet* die Tochter spielen. Eine große Rolle, sagt sie. Clement als Regisseur, das gefällt ihr auch.

Drei Tage am Ironie-Buch, das Romantik-Kapitel weitergeschrieben. Seit einer Woche kein Xaver mehr. Ich soll für Karasek Sartre besprechen, das Drehbuch, die Ablenkung von der Ablenkung von der Ablenkung.

15. 1. 1977
Ich fahre nicht nach Stuttgart zur VS-Jahresversammlung. Hoch verschneit.

Traum heute Nacht, dass es ununterbrochen läutet, ich sehe, dass schon jemand in der Halle vor der Wohnzimmertür steht, trotzdem geht das Läuten weiter, ich gehe irgendwie hin zu dem. Es gelingt mir, ihn zu einem Schuppen zu führen, der vor dem Haus unter Waldbäumen steht. Wir kommen sogar aus unserem Tor hinaus. Er steht draußen im Wald. Zwei phantastisch große, wie aus Lederstreifen gemachte, technisch graue Spinnenkäfer nähern sich unserem Tor. Käthe springt vor und dreht die Käfer im Laufen einfach um. Jetzt rennen sie genauso von uns weg, wie sie vorher auf uns zugerannt sind. Als Käthe zu mir zurückwill, zieht der, der immer noch zwischen den Bäumen steht, eine Pistole, hält sie mit beiden Händen und zielt auf Käthe und schießt zweimal. Sie stürzt und ruft: Hilf mir, hilf mir doch. Ich kann nicht. Und erwache. Von da an kein Schlaf mehr.

Thomas Bernhards Händedruck beim Begrüßen und Auf-Wiedersehen-Sagen erwischte mich zweimal zu früh. Er drückte immer schon vollkräftig zu, als er erst vier Finger und noch nichts vom Handteller in der Hand hatte. Vier Finger kann man leicht quetschen. Das tat er dann auch mit aller Kraft.

20. 1. 1977
Früher drückte mich die erste Zigarette nieder, aber die weiteren Zigaretten richteten mich wieder auf. Jetzt drückt mich nichts mehr nieder, und nichts mehr richtet mich auf. Ich versuche aus dem Abgrund, in dem ich mich jeden Morgen finde, hinaufzukommen. Dabei möchte ich viel lieber einfach unten bleiben. Aber ich muss arbeiten.

21. 1. 1977
Wenn ich alle falschen Entscheidungen rückgängig machen wollte, müsste ich mich so ziemlich ruinieren.

Die Sonntagssprache ist verloren.

25. 1. 1977
Johanna hat gestern Abitur gehabt. Integralrechnung. Morgen Deutsch. Sie ist guter Dinge. Hatte aber nur Knäckebrot und schwarzen Kaffee gefrühstückt. Deshalb war sie weniger konzentriert als sonst, sagt sie.

Vollkommenheit fällt nicht auf.

Die vielen Seitentäler in West-Virginia
tausend runs
die Höhen, auf denen noch niemand wohnt
dort könnte man Blicke baden
ich kann mir immer weniger vorstellen.

Irgendwo musst du dein Leben verbringen.
Obwohl du weißt, dass du nicht viel verderben
und nicht viel nützen kannst
bist du andauernd bis zum Äußersten
auf deine Arbeit gesammelt
du gehst andauernd davon aus
dass du eine Aufgabe hättest.
Dieser Irrtum widerlegt sich selbst.

Meine Dialoge schildern immer nur Charaktere oder Situationen,
es ist immer schon alles entschieden. Die Personen kommen nur
noch auf die Bühne, um davon zu erzählen. Selten entscheidet es
sich auf der Bühne. Das ist eine Fatalität.

26. 1. 1977
Für später, für später. Das es
nicht gibt. Aber so geübt
bin ich im Verschieben, dass
ich das beibehalten werde
bis zum Schluss. Für später.

Seit neuestem schreibe ich so matt und indirekt wie ein Beamter,
der für eine Partei, die sich nicht auskennt, ein Formular ausfüllt.

Von innen drückt es mir die Augen zu.
Mich weckt keine kapitolinische Gans.
Schlafend treib ich den Rubikon hinab.
In einem schweren Meer versinke ich.
Den Sauerstoff, den ich noch brauche,
können mir die Algen liefern, auf denen
ich einschlafen will.

Gallistl's Verbrechen. Aufgerichtet zu bleiben ist eine Überanstrengung. Alles Unglück kommt davon, dass wir uns aufgerichtet haben. Er möchte sich andauernd hinlegen. Aber das wäre der Rückfall, der bestraft wird.

27. 1. 1977
Johanna hat gestern das Verhältnis Fausts und Galileis zur Wissenschaft als Thema gewählt. Nicht Werbung. Nicht Begriffsdefinition, Hartnäckigkeit, Eigensinn, Ausdauer, Standhaftigkeit. Nicht Thomas Mann/Döblin-Großstadtbeschreibung.

Ich fange den Tag erst an, wenn er anfängt, aufzuhören.
Es gibt jeden Tag eine demütigende Nachricht.

Vernichtet von den Kinderkämpfen liegt das Ehepaar im Bett. Sie können nicht einmal mehr reden miteinander. Es ist, als hätten sie, als sie gegen die Kinder kämpften, auch gegeneinander gekämpft.

30. 1. 1977
Vorgestern waren die zwei Bulgaren da. Eine Liste soll zusammengebracht werden, Autoren, die zu einer Konferenz in Sofia einladen: Schriftsteller und Frieden. Writer and Peace. Offenbar ein Gegenzug gegen den Schaden, den die Dissidenten anrichten. Und das vom unschuldigen Bulgarien, das keine Dissidenten-Affären zu beklagen hat. Ich sage: Man kann nur einladen, wenn

man auch bestimmen kann, wer eingeladen wird. Und wenn die Dissidenten fehlen, wenn Biermann nicht eingeladen wird, dann ist das Ganze eine präparierte Harmonie und nichts als langweilig. Das nehmen sie zur Kenntnis und fahren zurück nach Frankfurt.

Gestern von 5 bis 12 Janker. Er lädt seinen Schmerz ab. Seine Frau hat offenbar vor vielen Jahren ein paar Zusammenstöße oder weniger gehabt mit den anderen im Haus, und heute noch spielen die Sätze eine Rolle. Frau Janker wirft ihm vor, dass er sich nicht gegen die anderen durchsetzen kann.

Der Narrentag-Umzug. Zuerst die Rottweiler mit ihren runden wohlhabenden sonnenfarbenen Masken. Ratsherren in Brokat, aber mit Maske.

Ein Dorf, das nur Greisenleiden-Masken hat, Leinengewänder mit runden Flecken, und alle gehen, als sei ihr rechtes Bein aus Holz. Das erfüllt ganz genau das bitter grinsende Maskengesicht. Das Stöhnen der Tiermasken, wenn sie an den Menschen herummachen wollen.

Die Türken schauen ängstlich starr zu. Ihre Kinder bücken sich nicht nach den Bonbons. Die deutschen sind immer schneller. Nur wenn ein Türkenkind direkt betroffen wird, reagiert es. Aber nicht einmal dann gelingt es ihnen.

31. 1. 1977

Nachts, wenn er aufstand und sich hinaustastete, die Nähe zu seinem Tod. Das Erlebnis war immer so stark, dass er zitterte, wenn er sich wieder in seinem Bett barg. Aber er zitterte überhaupt nicht aus Angst, sondern nur von der unmittelbaren Stärke seines Erlebnisses.

Es klingt nichts im Haus, man hört nur Technik. Man wohnt in einer Maschine, hat trockene Schleimhäute, das Licht sticht in die Augen. Wenn die Heizung einsetzt, gerät alles in Bewegung. Die

Saurier-Seelen brüllen im Kamin hoch und streuen sich über das Land als schadenfroher Ruß.

1. 2. 1977
Siegfried Unseld, Telefon: Die zwei 21-Jährigen, mit denen ich jetzt zusammen bin, mögen sogar Bauch. Du weißt, Bauch ist das, was die 20-Jährigen am meisten verachten. Aber die zwei mögen sogar Bauch. Generell gibt es für eine 21-Jährige nichts so Schlimmes wie auch nur den geringsten Bauchansatz. (Ich habe dann nie eine Chance gehabt, denn diesen Ansatz hatte ich immer.) Uwe war bei Siegfried, als der anrief. Siegfried gab ihn mir. Ich blieb so förmlich wie möglich. Soll er bleiben, wo er will.

Memoirentitel: Lüge und Wahrheit.

Ich muss an Gott glauben, sonst könnte ich doch nicht so leben. Der Verbrecher ist immer ein Gläubiger, sonst könnte er sich ja nicht für einen Verbrecher halten.

Xaver-Roman. Die Schmerzen müssen so sein, dass er ganze Nächte in der Hocke verbringt und der Schweiß auf seinen Schläfen abwärtsläuft. Heilandzack.

Wenn ich jetzt wieder nach Amerika will, dann heißt das, mir ist nicht mehr zu helfen.

Meine Helden wohnen jetzt immer schlechter als ich. Wie lange kann das gut gehen? Entweder muss ich umziehen, oder ich muss meine Helden umquartieren. Gallistl wohnt jetzt in Friedrichshafen in der Zeppelinstraße. Gottlieb Zürn wohnt hier bei mir. Horn wohnte schlechter. Xaver Zürn wohnt auf dem Hof.

5. 2. 1977

Das Wirtsehepaar in Seefelden, innerhalb weniger Stunden, beide
an Herzschlag gestorben. Beide über 70. Voll synchronisiert. Ideal.

7. 2. 1977

Ein gleißender Föhntag. Die Wassermassen der letzten zwei Tage
sind im Nu weggetrocknet. Im Himmel fahren Wolkenfedern
und Wolkenpappeln und schlierige Bänke in silbernen Tinten. Es
ist so warm wie im Juni.

8. 2. 1977

Das Hans-Mayer-Gastmahl zum 70sten kann im Fernsehen nicht
stattfinden, weil Jens bis Oktober eine Geschichte der Uni Tübingen schreiben muss, Böll krank in einem Schweizer Sanatorium
liegt, Frisch an Mayers Geburtstagsempfang in Frankfurt am 19. 3.
eine Rede hält und so, wie er sagt, kein schlechtes Gewissen haben
muss, wenn er nicht kommt. Woran ich sehe, dass ich Verbindlich-
keiten übertrieben erlebe. Jens ist seit Jahren sein befreundeter
Kollege in der gleichen Stadt, Böll wurde vom deutschen Nobel-
Komitee-Korrespondenten Mayer für den Nobelpreis vorgeschlagen, dem 70-Jährigen Frisch hat Mayer die Werkausgabe gemacht:
Verglichen damit habe ich mit Hans Mayer nichts zu tun. Und ich
hatte zugesagt. Was ist mir Mayer! Und trotzdem tut es mir leid,
dass er seine Geselligkeitsvirtuosität nicht im Fernsehen zeigen
kann.

Der Wind reibt die trockenen Äste an meinem Fenster. Heute der
pure Sturm, immer noch eher warm als kalt, wenn auch nicht
mehr so schlagend warm wie gestern. Von dem Glanz des gestri-
gen Tages kann ich noch lange zehren. Gold ist der Grund der
Föhnfarben. Gold mit blauen Tinten. Das Wetter ist mir das
Liebste. Ich hänge auch an Western, aber jeder lässt mich gequält,
wenn auch befriedigt, zurück. Am Wetter hänge ich fast leidlos.

S. Kierkegaard, *Tagebuch I*, S. 253: «Nächst dem, mich gänzlich nackt auszuziehen, nichts in der Welt zu besitzen, auch nicht das mindeste, und dann mich ins Wasser zu stürzen, behagt es mir am meisten, eine fremde Sprache zu sprechen, am liebsten eine lebende, um auf diese Weise mir selbst entfremdet zu werden.»

9. 2. 1977
Alissa ist zum ersten Mal heute Nacht nicht heimgekommen. Ich habe bis ein Uhr gewartet. Nachmittags hat sie angerufen und zu Theresia gesagt, sie sei im Café, nachher komme sie. Gestern rief Franziska an, sie musste in der Probe eine Whisky-Flasche auf den Tisch hauen, die zerbrach, sie wollte die Hand noch wegziehen, weil Pasetti ihr auf die Hand hauen musste, aber der haute schon, haute ihren Daumen noch in eine spitze Scherbe.

Von meinem Schmerz kann man nicht reden, er ist zu klein. Aber schweigen kann man von ihm.

11. 2. 1977
Jagdnovelle. Da muss er in Schwierigkeiten kommen, eine Tochter an einen zu verlieren, wie er selber ist. Vielleicht auch endlich der Tausch: Zwei 50-Jährige vermachen einander ihre Töchter.

Blauester Himmel, weißeste Wolken, heftigster Wind, Aufbruchswetter. Der Hass gegen den überlegenen Tod.

Mich lähmt, oh, wie mich die Aussicht lähmt
auf das Kommende. Schreien verboten.
Der Himmel frisch gemalt, die Zweige
wie aufgeregt, weiße Wolken stellen die Eile dar.

Wenn mir einer seinen Besuch ansagt, erschreckt er mich. Ich will seinen Besuch nicht. Das kann ich nicht sagen. Mein Leiden nimmt zu mit jeder Stunde, bis zu seinem Eintritt. Wenn er hereinkommt, bin ich völlig wund. Um ihn nicht spüren zu lassen, wie wenig ich seinen Besuch ertrage, hindere ich ihn immer wieder am Gehen. Erst nachts um drei, wenn wir beide erschöpft sind, darf er hinaus. Ich fall in mein Bett und weine vor Freude.

14. 2. 1977

Durch einen Satz von Jürgen Habermas zum ersten Mal das Bewusstsein, dass ich der Ältere bin. Er sei zu mir gekommen, um zu erfahren, was er tun solle. Obwohl das nur eine Scherzbemerkung war, verschob sie die Gewichte zum Natürlichen hin. Bis zu diesem Satz glaubte ich immer, er sei, weil er der Philosoph sei, der Intelligentere, also der Weisere, also der Ältere. Instinktiv. Durch die Scherzbemerkung zog ich gleich. Und sogar optisch kam er mir jetzt jünger, viel jünger vor. Reinhard Baumgart hat ihn bzw. Ute offenbar beauftragt, sein Verhältnis zu mir zu klären. Ich verweigerte eine Klärung mit dem Hinweis auf das Baumgart-Ranicki-Gespräch bei der Piper-Geburtstagsfeier.

Das Du habe ich nicht geschafft. Ich konnte nichts dazu tun. Habermas auch nicht. Eine Konfrontation drohte, als er Peter Hamm als eine Art Münchner Salonopportunisten beschimpfte. Dadurch stellte er sich in eine Reihe mit Figuren, zu denen er nicht gehört. Das versuchte ich zu erklären. Am zweiten Tag erzählt er von Schelling, am dritten über die Anforderungen der Wissenschaftlichkeit in der Philosophie. Man muss immer noch ein Buch lesen, ein einschlägiges. Offenbar erwürgen die Wissenschaftler einander dadurch, dass sie einander zwingen, alles zu lesen, was jeder von ihnen schreibt. Wer schneller publiziert, zwingt den anderen mehr als der ihn. Der kann ihn erst fürs nächste Buch zwingen.

18. 2. 1977

Heute gibt es wahrscheinlich keine Stelle im Haus, an der die schreibende Hand keinen Schatten würfe.

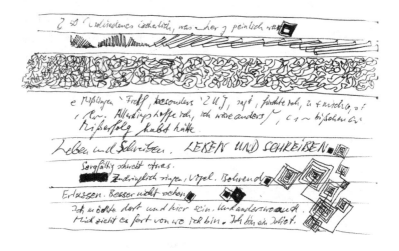

In der New-York-Sendung von Walter Sedlmayr: ein Penthouse für 3 Millionen Dollar und dreitausend Dollar Unterhaltskosten pro Monat. Ist im Bau für einen Auto-Industriellen. Man wird 8 Meter hohe Bäume pflanzen können in dieser Anlage, hoch über New York.

Die schön gemachten Lügen des armen Wolfgang Koeppen. Die oratorische Prosa. Man weiß ganz genau, was man daran schön findet. Man wusste es, schon bevor man das las.

19. 2. 1977
Thomas Mann, das ist vor allem die Möglichkeit, sich über andere lustig zu machen auf eine mitleidsfreie Art. Das Bedürfnis danach wird in unserer Gesellschaft täglich erzeugt. Die Literatur erfüllt es gratis.

25. 2. 1977
Siegfried träumte letzte Nacht: Er ist in einem großen, fast hallenartigen Raum mit Joachim und Max Frisch. Plötzlich ein Mann

mit Pistole, ruft: Hände hoch, Siegfried hat sofort Angst um Joachim, will ihn retten. Sag nicht, dass du Joachim Unseld bist, flüstert er Joachim zu. Sag bloß nichts. Und da tritt schon Max Frisch vor und ruft: Nicht, nicht schießen, das ist Joachim Unseld, hören Sie, nicht schießen. Der hebt seine Pistole an, da, ein Schuss, dem wurde von der Seite die Pistole aus der Hand geschossen. Von allen Seiten stürmen Polizisten mit Hallo herein, man ist gerettet.

So gehen Träume bei mir nie aus.

Siegfried: dass Hans Mayer vier Festschriften zu seinem Geburtstag organisiert habe. Und eine Feier in London und eine in Frankfurt und eine im Fernsehen.

26. 2. 1977
Gestern in Wewelsfleth, im Haus von Günter Grass. Mit Ivan
Nagel, Fritz Raddatz, Walter Höllerer, zum Gastmahl, mit Hans
Mayer, zu seinem Geburtstag. Ich habe zu viel getrunken und bin
nicht einverstanden mit dem, was ich gesagt und getan habe. Es
kommt mir fremd vor. Ich möchte der nicht sein, der dort gesprochen und agiert hat. Ich ahne oder weiß sogar, wie ich denen vorgekommen sein muss. Ich bin genauso angewidert von mir wie
die, die sich das anmerken ließen. Meine Art pompöser, lauter, alle
überfahren wollender Diskutiererei. Das bin ich, muss ich zugeben. Das möchte ich nicht sein, behaupte ich.

2. 3. 1977, München.
Nachmittags mit Thomas Thieringer bei Wolfgang Werner in
Bernau. Übermorgen wird er mit 147 Mark entlassen. Ich habe
drei Sachen vorbereitet. Aber noch kein Geld. Ich gebe ihm
nichts, obwohl ich möchte. Aber dann wird alles wieder eine
Pumpexistenz. Er will 2000 Mark, mit zwei- oder dreihundert ist
ihm nicht gedient, die versäuft er bloß. Er braucht 2000. Die sind
nicht da.

3. 3. 1977
Ich habe alles überall erzählt und hinterlasse eine wüste Schneise
der Geschwätzigkeit.
    Am liebsten war mir in diesen 9 Tagen Michel Krüger, der im
Weinhaus Schneider beim Reden über meine Kinderprobleme
einen heftigen Anfall nach Kindern bekam.

5. 3. 1977
Der Dialekt als das höhere Mittel. Gestern Abend Thaddäus Troll
in Friedrichshafen. Die hochdeutschen Texte neigten zum Ka-
lauer. In den Dialekttexten keine einzige Zeile dieser Art. Alle
schwer von ihm selbst. Und das Erlebnis eines Volksautors. Von

Stück zu Stück steigende Stimmung und jedes Mal Beifall nach einem Lesestück. Auch nach dem gegen Filbinger plus Solschenizyn, also auch nach kritischen Gedichten, nichts als Beifall. Die Worttrümmer des Dialekts sind überhaupt nicht naturalistisch, das ist die Überraschung, sie sind poetische Mittel. Das Hochdeutsch ist ärmlich dagegen.

6. 3. 1977
Franziska war da. Ein gewaltiger Sonnentag. Wir waren draußen am Tisch und haben das O'Neill-Stück, die Übersetzung, durchgesprochen. Abends der Westhimmel aus Gold.

17. 3. 1977
Das Blitzen des Messers in den Gedanken Xavers. Titelsuche.

Der bevorstehende Aufbruch wirft seinen zerquetschenden Schatten voraus.
Alles, was man zu Hause tun kann.
Alles, was nicht frieren macht.
Tannenharzströme. Nadelbett. Heckenpflanzen.
Das Ticken des Geschirrs durch die Wände. Alles durch die Wände.

Das hat er immer überschätzt. Wenn er einen Freund geliebt hat, kann der tun, was er will, auch gegen ihn tun, was er will, er kann seine Liebe nicht zurückpfeifen. Wen man rechtzeitig geliebt hat, gegen den ist man machtlos, sagt er.

Stille, Stille, pflegt er zu sagen, wenn er allein in seinem Zimmer ist. Wenn er auf seinem hellen Kirman spazieren geht, kann er sich nicht gegen die Vorstellung wehren, er führe an seiner rechten Hand einen Menschen von der Größe eines siebenjährigen Kindes, und dieser Mensch sei Friedrich Nietzsche. Es sei nicht Hochmut, was ihn Nietzsche zum Kleinknaben machen lasse, sondern

Ehrfurcht vor dem Verstorbenen. Tote eins rauf, pflegt er zu sagen, wenn er allein ist, Tote eins rauf.

Er konnte die gleichaltrige oder ein wenig jüngere Frau nicht berühren, weil die so lange mit einem über sechzigjährigen Mann befreundet gewesen war, das stieß ihn ab.

Er lebt allein unter Menschen und wartet. Zum Glück kommt nichts.

Wie grell Kinder werden, wenn sie etwas mit schlechtem Gewissen tun. Sie brüllen geradezu: Schaut her, Erwachsene, wir sind im Begriff, etwas Verbotenes zu tun.

West Virginia liegt in den Wäldern. Ein Land für Geflohene. Täler für Flüsse. Berge für Bäume. Schlupfwinkelland. Das hätte ich nicht mehr verlassen dürfen.

Von wem spricht das Licht?
Schwarzblau die ersten Hyazinthen
dümmlich blau die Primeln
skrupellos gelb die erste Osterglocke
die Zeit des Krokus ist vorbei.
Käthe sagt: Während du fort bist, kommen alle Blätter heraus.
Und wies auf die grünen Zweigspitzen überall.

Je weniger er davon hatte, umso mehr fühlte er sich hingezogen zum Vergangenen. Er hatte gehofft, es werde ihm gelingen, irgendeinen Teil dieser Vergangenheit wieder zum Leben zu erwecken. Eine Geschichte schreiben, noch einmal die Farben, die Geräusche, die Körper aufleben lassen. Aber er wusste, dass es eine unsinnige Hoffnung war. Er würde die herumliegenden Toten, die mehr als Toten, die Gedächtnisfragmente zusammenfügen, zusammenkleben, anmalen, behauchen, ihnen Texte erfinden ... ein lächerliches Puppentheater würde er veranstalten müssen. Was

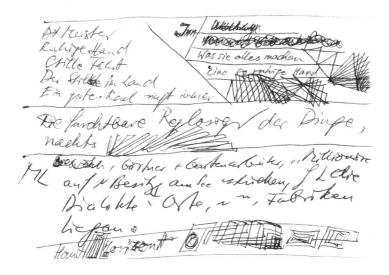

würde aus seinem Volksschullehrer werden, wenn er den auftreten lassen würde? Ein deutscher Volksschullehrer der Jahre 1933 bis 1957. Der würde dann mehr Ähnlichkeit haben mit den schon schriftlich vorliegenden deutschen Volksschullehrern dieser Jahre als mit dem, der wirklich sein Lehrer gewesen war. Von seiner Mutter ganz zu schweigen. Die Vergangenheit in einer Kunstlebendigkeit, und weggelogen wird der furchtbare Schädelstättenzustand, in dem in ihm das Vergangene existiert. Noch nirgends hat er die Abgestorbenheit des Vergangenen dargestellt, zugegeben gesehen. Er sah nur Fetzen, Gebleichtes, Vererbtes, Vernichtetes. Er tat seit Jahr und Tag nichts anderes, als sich vorzubereiten auf den Umgang mit dem Vernichteten. Ihn zog nichts so an wie dieses Vernichtete. Aber was wollte er denn? Die Gegenwart in einen Zustand überführen, der dieser Vernichtetheit so ähnlich wie möglich war. Schon jetzt wollte er vergangen sein. Das war sein Traum. Es sollte um ihn, in ihm so leer sein wie im Vergangenen. Man ist ja viel länger tot als lebendig. Es ist grotesk, wie winzig die Gegenwart im Verhältnis zur Vergangenheit ist.

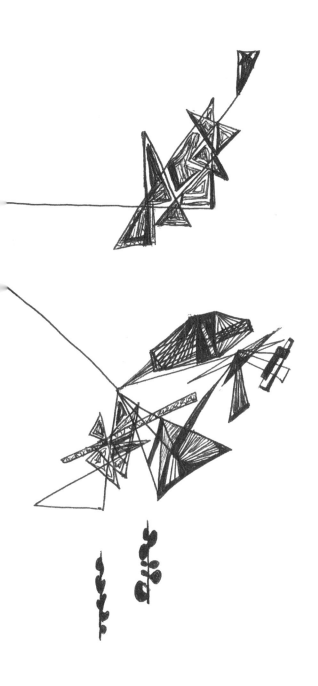

19. 3. 1977

5 Uhr 10 Abfahrt Nußdorf, 6 Uhr 30 an Flughafen Kloten,
7 Uhr 40 nach Hamburg. Von dort um 12 Uhr weiter nach Tokio.
Tabi wa ui nono, tsurai mone: Das Reisen ist eine traurige,
schmerzensreiche Sache. Japanisches Sprichwort.

16 Uhr 35: We are exactly over the north pole.

Wenn einer aufspränge und tobte und schriee, und man bändigte
ihn und fragte ihn, warum, und er antwortete: Mit einer Bach-
instrumentierung eines Vivaldi-Konzerts für 4 Cembali und einer
Rindsroulade mit 4 Beilagen, 1 Vorspeise und 2 Nachspeisen über
das Eismeer! Dann hielte man IHN für verrückt.

Sie werden einmal zwischen Sternen gondeln wie wir zwischen
den Kontinenten. Eine Zeitlang wird noch große Freude sein,
wenn wieder ein Raumschiff eintrifft. Aber dann wird aus dem
Lachen das Grinsen werden, das wir kennen.

Anchorage. 20 Uhr 20. Besatzungswechsel. Ich hätte einen
schönen Ring kaufen können für 30 Dollar. Auch Parker-Schrei-
ber und Shaeffer-Ballpens. Warum jetzt nicht nach Alaska?

Guten Morgen, meine Damen und Herrn, sagt Flugkapitän
Hennings, noch 7 Stunden und 10 Minuten bis Tokio. Die Crew
fliegt schon seit 3 Monaten zwischen Tokio und Anchorage auf
und ab, 7 Stunden hin, übernachten, 7 Stunden zurück. Die Ansagen des Kapitäns sagen, dass ihm nichts so schwerfällt bei seinem
Beruf wie diese Ansagen. Er möchte bei jedem Wort aufhören.

Frau Yoshio Koshina und Herr Keizo Miyashita. Dr. Beckermann
und Frau und Herr Christian Schmitt vom Goethe-Institut und
Herr Hielscher von der *Süddeutschen Zeitung*. Herr Hielscher will
mir helfen, weil der Immigration Officer mit meinem Aufent-
haltszweck, lectures, nichts anfangen kann. Was das sei? Ich er-

kläre es ihm. Worüber? Über Literatur. Ob ich Geld dafür kriegte? Ja. Das interessiert ihn. Er holt sein Lexikon. Jetzt will er's doch genau wissen. Notiert einiges. Wahrscheinlich werde ich dann alles abliefern müssen.

Die zwei japanischen Germanisten sprechen deutsch, aber wenn man sieht, wie sie sich dazu um den Mund herum konzentrieren müssen, möchte man es ihnen lieber erlassen.

Hotel New Otani.

Überall Mädchen in phantastischen Kimonos. Frau Koshina: Sie tragen nichts darunter. Ich spiele, blöd, wie ich nicht will, als könne ich es dann hier nicht mehr aushalten. Und fluche über die elektronische Musik, die jetzt überall läuft. Man zeigt mir das Mädchen, das an der Orgel sitzt und spielt. Ich bin blamiert, weil ich von der Automatik faselte.

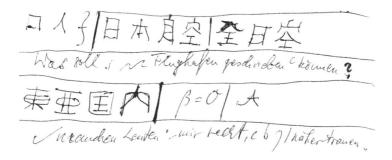

21. 3. 1977, Feiertag in Japan.
Mit Frau Koshina und Herrn Miyashita und der Familie Beckermann herumgelaufen, kurz in eine Kabuki-Aufführung hineingeschaut, im Foyer die Blumenaltäre für die Darsteller, dann im No-Theater, viel schöner als erwartet, das Schönste die Bambusflötenschärfe und die produzierte Spontaneität der Stimmeinsätze der drei Instrumentalisten.

Dann Empfang, zum Essen die Schuhe auszuziehen, auf flachen Kissen sitzen, ich hatte ein Loch im linken Socken, das hatte ich schon am Morgen gesehen, aber nicht daran gedacht, dass ich zu einem traditionellen Essen eingeladen werden würde. Ich bog die Zehen ein. Uns Europäern wurde das Ausstrecken der Beine unter die Tischchen gestattet. Die Japaner im Yogasitz. Koshina sogar im ganz zeremoniellen, die Japaner sagten «gehorsamen» Sitz auf den Hacken. Wurzeln, Früchte, Fische, Muscheln und Shrimps als Vorspeise, dann Shibu-Shibu: zarteste Rindfleischscheiben (dünn wie Bündnerfleisch) in kochendes Wasser zweimal getaucht (onomatopoetisch dafür ist Shibu-Shibu), dann in eine Sauce, die man selber präpariert. Dann Chrysanthemenblätter und Bündel winziger weißer Pilze und sonstiges Grün hinein und wieder heraus. Nachher gibt's den Sud zum Trinken. Wunderbar. Dann noch Reis und Pickles. Dann Orangenschnitze.

23. 3. 1977
Auf die Frage, ob man und wie viel Bedienungsgeld man gebe, Miyashita: Wir glauben, wenn man für eine Bedienung bezahlt, dann ist es keine Bedienung mehr.

Der Journalist vom deutschen Fernsehen: Eine dramatische Story über Tokio wird eben abgenommen. Vergiftete Umwelt, Randalierende, in Hamburg will man die Welt spannend, also machen die Kollegen den Teil der Welt, für den sie verantwortlich sind, spannend.

Es gibt 60 Unis in Tokio. Eine mit 1000 Studenten.

Herr Friese, Kulturattaché, war 10 Jahre Generalkonsul. Er hatte für jeden gestorbenen Deutschen den Totenpass auszustellen. Den Zinksarg zu besorgen, um den Zinksarg eine Kordel in den Bundesfarben, dann den Zinksarg nach Verlötung in einen Holzsarg und ab.

藤橋裕美　YUMI FUJIHASHI

角谷尚美　Naomi Kadoya

中山明美　Akemi Nakayama

宮阪薫　Kaoru Miyasaka

植田陽子　Yoko Ueda

In den drei Nächten im Otani mit dem nicht zu öffnenden Fenster, von Wahnsinn geträumt.

Als vorgestern Herr Schmitt sich selbst einschenkte, war des zarten Präsidenten nächster Satz: Wie lange er schon in Japan sei. Herr Schmitt merkte nichts.

Heute regnet es. Um 12 Uhr Flug nach Osaka.

Überall trippelnde Großmütter in Reisekimonos, winzige Enkel an der Hand.

24. 3. 1977

Auf dem Weg nach Kyoto. Hotel Fujita.

Früher waren immer andere 50, jetzt bist es du.

Den Fotoapparat in Tokio vergessen. Er ist nicht mehr aufzufinden. Soll ich jetzt einen neuen kaufen?

Die blauen Dächer von Osaka, die blaulasierten Ziegel glänzen wie lackiert. Der Hotelturm ist 38-eckig, das wirkt massiv rund, aber schlanker als wirklich rund.

Yoko: Wenn man nur -mi- hört, weiß man noch nicht, was das heißt, in einem Namen. Erst die Schreibweise sagt das dann. Es gibt 5 bis 10 verschiedene Schreibweisen für -mi-. Im Namen weiß man natürlich, dass es Schönheit bedeutet. Naomi entschuldigt sich: Das sind die Eltern, die diese Namen wählen. Yoko: Eine Zeitlang waren Namen auf -ko Mode, jetzt solche auf -mi. Naomi und Yoko, die schönsten Germanistinnen, die ich je sah.

Ich blute wieder einmal durch die Gegend.

Der Sexualkomiker: Wie er erstirbt, weil er Angst hat, unanständig zu werden. Er muss sich in einer erstickenden Weise zügeln.

25. 3. 1977, Kyoto. Hotel Fujita.
Gestern Nacht zuerst in der altjapanischen Bar, dann in der neuen Bar, dann kalten und warmen Fisch. Mit Mönch Heinz, der ein allergischer Hautkranker war, bis er hierherkam.

Er erzählt. Der Meister schlägt die Hände zusammen und sagt: Mit zwei Händen machen Sie diesen Knall. Wie nennen Sie das, was Sie mit einer Hand machen? Dabei schlägt er mit einer Hand bis zu der Stelle, wo vorher die Hände aufeinanderschlugen. Als ich fragte, was er geantwortet habe, sagt er, das dürfe er nicht sa-

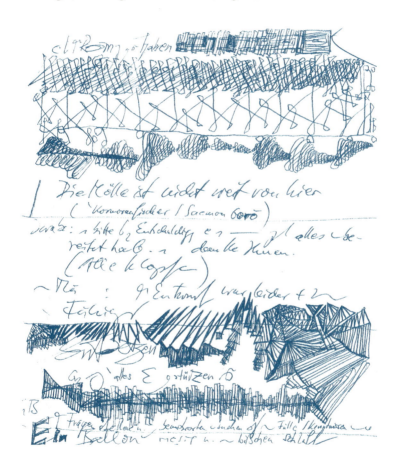

gen. Für die Antwort habe er drei Jahre gebraucht. Es nütze mir auch nichts, wenn er mir die Antwort sage.

Ein Wanderer sieht einen, der, mit seinen Zähnen in einen Ast verbissen, über einem Abgrund hängt. Der Wanderer fragt den Jünger nach dem Weg. Der müsste eigentlich das sagen, weil er zum Helfen verpflichtet ist. Aber dann stürzt er in den Abgrund.

Die Jutta aus Vancouver: Darf man auch ganz normal fragen, warum nimmt er nicht die Hände.

Der Mönch: Zur gesuchten Antwort trägt das nichts bei. Die Antwort darf er wieder nicht sagen.

27. 3. 1977, Tateshina. Seminar mit ca. 60 Germanisten.
Eine Lehrerin: Sie sind bei uns sehr berühmt, aber fast unbekannt.

Zuletzt war Hans Mayer hier. Herr Schäuffele sagt: Hans Mayer habe gesagt, wie schwer es ihm gefallen sei, in seinem Buch nun doch noch und sozusagen endgültig von Bloch sich zu trennen, sich gegen Bloch auszusprechen. Wie denn? In der Einleitung habe er ausgedrückt, dass Bloch eben doch über den Einzelnen hinweggehe, den Einzelnen nicht gelten lasse.

Ich: dass ich das nicht bemerkt hätte beim Lesen. Ich glaubte es auch gar nicht. Ich glaubte vielmehr, dass Hans Mayer damit ein Gefühl gegen Bloch ausgedrückt habe. Er wollte vielleicht nicht zugeben, wie sehr er neben einem Mann wie Bloch verschwinde.

Damit habe ich wieder einmal über niemanden als über mich selbst gesprochen.

Jetzt verteidigt Herr Walberer Hans Mayers Buch *Außenseiter*. Ich fange rasch, hektisch eine große Lobessuada auf das Hans-Mayer-Buch an, aber diese Suada endet wieder damit, dass ich Hans Mayer kritisiere als impressionistischen Denker, von jedem etwas, Beweisführung per Buntheit, glänzender Schriftsteller, alles steht ihm zu Gebote, so leicht, und erst die Pointen, wann hat man je so was gelesen, er kann leichter formulieren als jeder andere, schade nur, dass er sein Thema nicht ein bisschen ernster nimmt, nur das Juden-plus-Homosexuellen-Thema nimmt er ernst, das macht den Wert dieses Buches aus, das unterscheidet dieses Buch von jedem anderen, das er bisher geschrieben hat ... Dann merke ich, was mir passiert ist, ich will den Rückwärtsgang einschalten, zu spät, angewidert steht der andere auf und verabschiedet sich kurz. Das Sake-Glas in meiner Hand war warm geworden. Je wärmer das Glas wurde, desto besser schmeckte der Sake.

Der junge Hosaka, der das *Einhorn* ganz genau kennt, so genau, wie Hans Mayer es vorausgesagt hat, über die Kenntnisse der japanischen Germanisten. Hosaka ist der Übersetzer von *Prinzip Hoffnung*. Er sieht aus wie 20.

Inschrift für ein Hans-Mayer-Denkmal in Japan

Während vom Tateshina die Wasser fielen
stieg Hans Mayer zu Berge und sprach:
Lasst uns Germanistik spielen
mir ist so wohl als auch danach.

Von meinen Sätzen merkt euch diesen:
Die Fahne in der Hand des Zwergs macht ihn nicht zum Riesen.
Also sprach Hans Mayer und zog weiter.
Hier lebt er fort als Riesendeuter.

Er nimmt sich vor, nur noch positiv zu sprechen. Völlig unmerklich kommt er vom Loben wieder ins Kritisieren.

Japanisch
Vom treibenden Schnee der Blüten bedeckt
Ziehen weit sich hin die Berge von Shiga.
Schnee fiel auf das Nest
Des alten Kranichs im Morgengrauen.

Nach neuer Botschaft fragt
Der Küstenwind in den Kiefern.
Verwehte Nadeln, sie fallen
Auf den Ärmel meines Gewandes.

Kostbar ist unsere Zeit
Werft nun die Angeln aus!

Aus den Schriften Indiens wurden die Gedichte und Oden Chinas gemacht. Aus den Gedichten Chinas entstand das Licht unseres Landes. Da in ihm die drei Länder harmonisch verschmolzen sind, nennen wir es Yamato-uta, Japans Lied, das Lied der großen Har-

monie. Doch sicherlich wisst ihr das alles schon und wollt nur die
Einfalt eines alten Fischers auf die Probe stellen.

Lo-tien will ein chinesisches Gedicht vortragen:

Das grüne Moos, wie ein Gewand
Liegt um die Schultern der Felsen.
Weiße Wolken, gleich einem Gürtel
Umgeben die Flanken der Berge.

Das sei wirklich sehr schön, in einem japanischen Gedicht würde
man das so ausdrücken:

Das Moosgewand
Tragen die Felsen
Ungegürtet.
Die nackten Berge aber
Sie schließen den Gürtel eng.

Ein alter Fischer hört eine Nachtigall im Pflaumenbaum vor sei-
nem Fenster singen:
Shoejo maicho rei
Fuso gembon sei.

Schwebend über Meerestiefen tanzen.
Mondlicht strömt durch die Zweige.
Blütenschnee treibt durch die Nacht.
Von Tränen ist der Ärmel nass.
Geschlagen kehre ich zurück und weine,
Heimlich muss ich mich nach Hause schleichen.

So betet sie und wälzt sich schlaflos auf dem Kissen, das Zeuge
ihrer Liebe war.

383

Taira und sein Bruder Tsunemasa fielen am 20. 3. 1184 in der
Schlacht von Ichinotani.

Rensei (Lotusleben)
Die Welt ist nur ein Traum
Erst wer sie von sich wirft, erwacht.

Vom Krieger zum Mönch geworden: Als von meiner Hand Atsumori im Kampfe fiel, überwältigten mich Schmerz und Reue.
Nach Ichinotani reisen und für Atsumori beten.
Über der weiten Heide ist der Klang einer Flöte zu hören. Ich
will auf den Flötenspieler warten und ihn nach dem fragen, was
einst hier geschah.

29. 3. 1977
Gang über die Vorberge des Tateshina.

Halte dir fern den schlechten Freund
Zieh den guten Feind an deine Seite!

Die Zeit vergeht am langsamsten, wenn man unterwegs ist, und
am schnellsten zu Hause.

30. 3. 1977
Jeder, der einen Vormittag oder einen Nachmittag lang die Diskussion leitet, sagt zuerst, wie es japanische Sitte will: Ich muss
mich entschuldigen als Diskussionsleiter, weil ich mich wirklich nicht kompetent fühle, und das Wort Diskussionsleiter hasse
ich wirklich ... Oder: Ich muss gestehen, dass ich zur Leitung
dieser Diskussion nicht geeignet bin. Ich habe es versucht, aber es
ist mir bis jetzt noch nicht gelungen, einen gemeinsamen Nenner
zu finden. Mir ist zwar eingefallen ... aber ... ich hoffe, dass von
Ihrer Seite ... Oder: Ich bitte Sie um Entschuldigung, dass ich al-

les so schlecht vorbereitet habe. Ich danke Ihnen. Alle klopfen. Oder, ein Mädchen: Dieser Entwurf ging leider über meine Fähigkeit ... Oder: Dr. Thomas Beckermann, schon ganz japanisch: Diese Fragen zu stellen und zu beantworten zu versuchen, setzt eine Fülle von Kenntnissen voraus, über die kaum jemand verfügt ...

Der beschämendste Beitrag: Es ist objektiv falsch und lächerlich, dass ich hier bin. Wenn er Mitschüler aus seinem Gymnasium trifft, können sie, wenn sie getrunken haben, Hymnen an die Nacht von Novalis und Aphorismen von Nietzsche aufsagen. Wenn er heute seine Studenten fragt, was sie gelesen haben, dann ein Achselzucken, so eine Geschichte mit einem Weihnachtsbaum oder wo ein Nobelpreisträger einen Mord begeht, den Namen wissen sie meist nicht ...

Ein anderer: die Möglichkeit, aus dem Überflüssigen die Kritik am Nur-Nützlichen.

«Die Hölle ist nicht weit von hier.» Der Kormoranfischer

Nun kann ich mir natürlich Schweigen nicht leisten: Ich werde bezahlt dafür, dass ich hier spreche. Der Anlass dieser Reise war ein Telefongespräch mit Thomas Beckermann. Wie immer war ich nicht geistesgegenwärtig am Telefon. Ich hätte nicht hierherkommen dürfen. Jetzt weiß ich etwas über Ostasien. Ahne etwas, was ich sonst nicht ahnen würde. Der Preis für diese Ahnung ist riesig.

Wenn man freundlich ist zu mir, spüre ich, dass ich nicht mehr so freundlich sein kann, wie ich einmal war. Ich behaupte, ich sei einmal freundlicher gewesen. Das hat sich geändert. Ich glaube, jetzt scheine ich freundlicher, als ich bin. Es tut mir noch leid, dass ich nicht so freundlich bin, wie ich scheine. Wenn jemand freundlich ist zu mir, geniere ich mich wie ein Fleischesser unter Vegetariern. Was alles passiert ist, sage ich nicht. Ich habe einen Stein auf der Zunge, wenn ich daran denke. Auch hieß es, um Verständnis werben für meine Erfahrungen, wenn ich sie ausbreitete vor jemandem. Etwas zu verschweigen kommt mir allmählich schön vor. Mein Ideal wäre es, ruhig zusehen zu können, wenn man falsch verstanden wird. Dem Missverständnis zustimmen, das möchte ich lernen. Sogenannte Feinde sogenannten Freunden vorziehen, das möchte ich auch noch lernen.

Tateshina. Gott vom Berg. Schrein von Suwa am Suwasee.

Manchmal versuche ich ein Wort, das mir durch den Kopf geht, festzuhalten. Abdanken, zum Beispiel. Ungnade. Zerfressen. Ausfransen. Sich krummlachen. Sich gehenlassen. In einem No-Spiel (Der Kormoranfischer) von Saemon Gorō kommt der Satz vor: Die Hölle ist nicht weit von hier. Ich bin an der Hölle interessiert. Die Entschiedenheit, die zur Hölle gehört, zieht mich an. Vielleicht bin ich ein halbherziger Fanatiker. Ich bete nach, was man mir vorsagt. Also sollte man vorsichtig sein, wenn man mir etwas vorsagt.

Xaver-Roman. Wenn er sich sieht, fällt es ihm ein, dass er Agnes braucht wie nichts sonst. Dass sie ihn liebt, kommt ihm unwahrscheinlich vor. Er ist ganz sicher, dass er außer Agnes keine Frau fände, die ihn lieben könnte. Vielleicht liebt auch Agnes ihn nicht. Sicher liebt sie ihn nicht. Er wirkt gewissermaßen nicht auf sie. Das erlebt er ja immer dann, wenn er spürt, wie sie auf ihn wirkt. Noch wirkt. Immer noch wirkt. Wie er sich nach ihr sehnt. Wie er an ihr herumzerren möchte. Sie zerreißen möchte er vor lauter Nicht-von-ihr-genug-kriegen-Können. Wenn es ihr genauso ginge, dann würden sie einander tatsächlich einmal zerreißen vor Nicht-von-einander-genug-kriegen-Können. Aber ihr geht es nicht so. Das weiß er. Sie erträgt ihn. Sie erträgt ihn gern. Er ist ihr nicht widerlich. Überhaupt nicht. Das ist schon viel. Wenn er sich so im Spiegel sieht, kommt es ihm unwahrscheinlich vor, dass er seiner Frau nicht widerlich sein soll. Er glaubt im Grunde genommen nicht daran. Er wird sich jeden Tag ein bisschen widerlicher. O Agnes.

Über Ironie

Es gibt keine direkte Mitteilung. Auch nicht für den sogenannten Literaturwissenschaftler. Was er über Goethe schreibt, ist zwar auch eine direkte Mitteilung über Goethe, aber auf die könnte ich verzichten. Wichtig in dem Direkten über Goethe ist nur die indirekte Mitteilung des Wissenschaftlers über sich selbst. Was er direkt über Goethe sagt, ist eine indirekte Mitteilung über ihn selbst.

Xaver-Roman. Er nannte sich Tonne oder Fass. Von den Schultern bis zu den Schenkeln war er ein aufrechtes Fass, sonst nichts.

Das Wichtigste: das Training zur Zustimmung zur Erfolglosigkeit. Wann auch immer mich Erfolg von fern berührte, wurde er mir peinlich. Also bitte, gib nach. Sei mit Freude erfolglos. Ich weiß, du möchtest ja gar keinen Erfolg. Du möchtest lediglich Erfolg.

Japanisch: Der Schriftsteller trägt seine Bücher immer wie eine Flüssigkeit, die er verschütten könnte.

Ich möchte mich verbergen. Wenn ein Wunsch sich so oft meldet, sollte man ihn ernster nehmen, als ich es tue. Ich entscheide mich von Mal zu Mal rücksichtslos gegen diesen immer wiederkehrenden Wunsch. Ich nehme Einladungen an nach Japan, Frankreich, Österreich, Einladungen, die mich zwingen, täglich vor neue Leute hinzutreten, sichtbar zu sein, mich zu entblößen. 1973 USA. 1975 England, Essen. 1976 USA, deutsche Lesereise. 1977 Japan, Frankreich, Österreich.

Der Gott des Sake hat mich straucheln lassen.

1. 4. 1977

Über Suwa Kofu nach Tokio ins New Otani, Zimmer 1173.

Mit Frau Koshina und Herrn Miyashita gegessen, rohen Thunfisch und Heilbutt. Die Abschiede in Tateshina waren wie noch

nie. Der schöne Junge noch am Bahnhof, leise: Ich bin glücklich,
dass ich bei Ihnen sein darf. Ein anderer vor dem Hotel noch: Ich
war immer stumm, aber ich danke Ihnen, ich habe unendlich viel
bei Ihnen gelernt. In Shino am Bahnhof waren weitere zehn, die
noch einmal Auf Wiedersehen sagen wollten. Und was sie mir alles wünschten! Und der schöne Mishio schenkte mir am Schrein
ein Amulett, in der Stadt dann Zigarillos. Fujimoto schenkte mir
ein Gedicht, ein altes Haiku, 31-silbig. Noch nie wurde ich in der
Fremde so beschenkt. Herr Schäuffele stolperte mit meinem Gepäck.

Wenn ich Frau Koshina in den Mantel helfe im Zug, geniert sie
sich vor den Mitreisenden. Übereifrig will sie dann mir in den
Mantel helfen. Sie will auch meine schwersten Gepäckstücke tragen. Sie ist vielleicht 40 und klein und zart. Sie ist Frauenrecht-
lerin. Sie arbeitet in einer Gruppe, die schon erreicht hat, dass
Frauen nach der Scheidung den Namen des Mannes beibehalten
dürfen. Das ist für Wissenschaftlerinnen, für berufstätige Frauen,
die unter diesem Namen bekannt wurden, wichtig. Sie motiviert
es anders: Wenn eine Frau sich scheiden lässt, dann zeigt der Na-
menswechsel der Öffentlichkeit diese private Veränderung an.
Darauf hat die Öffentlichkeit kein Recht.

2. 4. 1977
Tokio–Moskau, 10 Stunden und 10 Minuten.
    Sibirien. Sonnig, wolkenlos. Mondlandschaft.

Drunten ein gewaltiger Fluss, der sich wilde Bettverzweigungen
leistet.
    Fast das ganze Flugzeug ist leer. Der LH-Mann, ein Japaner,
sagt: Tokio–Moskau ist keine frequentierte Strecke. In Moskau
steigen 105 Personen zu.

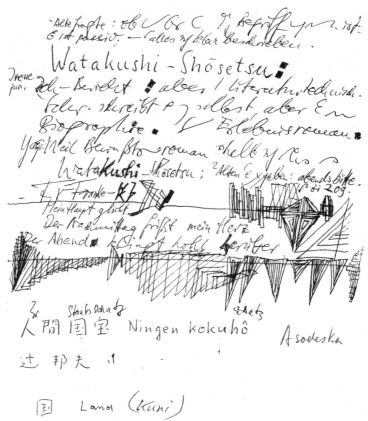

Mir vergeht vor Weiterem die Welt.
Ich schaue wie unbesiegbar.
Die Illusion zu leben füllt mich
bis zur Unbegreiflichkeit aus.
Ich möchte stiller stehen, als je
jemand stand. Ich möchte in die Tiefe
sehen, in die noch niemand sah.
Ich möchte sagen, ich sei da.

Außer meiner Familie fehlt mir nichts,
hoch über Sibirien fühl ich mich
zum Schreien wohl. Wir fließen
im Sonnenglast um die Erde.
So gering wie heute war der Schmerz
noch nie. Stürzten wir, zerginge
der Schnee im Mund eines Glücklichen.

Davor ein Traum von einer Russin, die daran interessiert war, mit
mir zu schlafen, aber Käthe verhinderte das auf die gemeinste
Weise.

In Japan der furchtbarste Traum, so weit ich zurückdenken
kann: Eine vielzimmrige Ärztepraxis mit romanisch hohen Räu-
men. Alles weiß und elektrisch grell. In allen Ecken lagen Leute.
Nur Nackte. Aber auch nackte Körperteile, blutige, kotige. Niemand stand. Einzelne lagen und stießen sich Spritzen in den Arm,
sie versuchten es vergeblich, sie waren zu gierig, zu süchtig, sie
schafften es nicht mehr, sich zu befriedigen. In den schmaleren
Zimmern stand der Urin kniehoch. Darin lag ich. Und im Urin
trieben Brocken Drecks jeder Art und Körperteile und Innereien
auf mich zu.

Takashimaya-Boutique im Hotel, drei Stockwerke unter der
Lobby, im Arkadenstockwerk. Ab 10 Uhr geöffnet. Um 9 Uhr 35

sind schon drei junge Burschen und drei junge Mädchen drin. Die Buben alle im gleichen Anzug, die Mädchen im gleichen Kostüm. Die Mädchen kämmen, schminken sich an den Tischen, an denen sie ab 10 Uhr Max Factor und Pariser Blusen, aber auch Japanisches verkaufen werden. Alle sechs wie Schauspieler. Um 9 Uhr 45 treten die drei jungen Herrn und die drei Mädchen vor einen quer stehenden Verkaufstisch. Hinter dem eine, die genauso eine, ganz blass ockerfarbige Bluse hat wie die anderen. Die spricht jetzt zu den drei jungen Herrn und zu den drei jungen Mädchen, die richtig aufgestellt stehen. Zwischen Mädchen und Buben 2 m Abstand. Die Sprechende verbeugt sich öfter vor den jungen Leuten. Aber da verbeugen die sich auch schon. 4- bis 5-mal in den ersten 2 Minuten. Dann spricht sie länger ohne solche Verbeugungen. Am Schluss wieder ein gegenseitiges Verbeugen. Sie hat, solange sie spricht, immer ein lachendes Gesicht. Jetzt geht einer zu den zwei Glastüren, schließt auf, die Mädchen gehen an ihre Plätze, um Porzellan, Shawls, Blusen oder Parfüms zu verkaufen. In der Morgenandacht war alles enthalten: Kirche, Militär, Firma, Familie, Generation. Aber was sie gesagt hat, ist mir schlechterdings unvorstellbar.

Von Tateshina kann ich nichts schreiben, weil ich selber ununterbrochen gesprochen habe dort. Furchtbares Zeug.

In den Schnee beißen. Todesart in Sibirien.

Ich weiß überhaupt nicht, ob irgendetwas gelungen ist dort. Dass ich es verstehe, mich gerade noch so zu benehmen, dass ich den Leuten sympathisch bin, weiß ich. Das heißt, ich glaube, die Leute meinten es wirklich, wenn sie mir beteuern, wie sympathisch ich ihnen geworden sei. Das dürfte gerade in Japan, bei diesem nationalen Freundlichkeitstalent, nicht viel bedeuten. Meine Bücher bedeuten ihnen deswegen nicht mehr. Ich reise nach Japan, um mir von Menschen, die das gerne tun, versichern zu lassen, ich sei ein sympathischer Mensch. Dazu reise ich 25000 km.

19 Uhr 20: Das Flugzeug macht eine Kurve nach links, wie ein Auto auf einer Straße.

MEZ: Wir sinken auf Moskau zu. Wir müssen noch 15 Minuten herumfliegen, weil wir keine Landeerlaubnis bekommen. Wegen der phantastischen Flugsicherung, sagt der Kapitän.

4. 4. 1977

Johanna hat sich zum Geburtstag Mussorgskis *Bilder einer Ausstellung* und Dostojewskis *Der Idiot* gewünscht.

Dann mein Geschenksegen: 2 Seiden-Yukata, 4 aus Baumwolle; 2 Shawls; 1 Bluse; 1 Puderdose; 2 große Haarspangen, 1 aus Holz, 1 aus Horn; 1 Fächer; 2 Goldschalen für Sake; 2 Steingutbecher für Sake; 2 alte emaillierte Sakekrüge; 1 Zier-Notizbuch; 1 Ölkreidesortiment; 1 unendliches Klapperspiel; 1 Sony-Recorder; 2 Flaschen Sake; 3 Amulette in Gold; 1 Windglöckchen; 2 Paar Ess-Stäbchen, 1 Holzlöffel; 1 No-Maske; 1 Platten-Album mit No-Stücken.

5. 4. 1977

Zu fünft nach Sarn mit Hund und Katz.

Xaver-Roman. Xaver weiß, dass er durch Agnes gerechtfertigter ist als ohne sie. Er hat das Gefühl, er sei durch Agnes möglicher als ohne sie. Ohne sie käme er sich unmöglich vor, wie etwas, das der Natur wehtut.

Liegen und lesen, wie schwer es war, mit Natur und Geschichte so umzugehen, dass wir jetzt so liegen und lesen können. Die deutlichste Folge dieser schönen Entwicklung: Wir empfinden kleine Schmerzen wie große.

Im Radio, aus einem Altersheim, dass Hindemith bei ihnen als 19-Jähriger in Basel bleiben konnte, so lange er wollte. Hindemith sei ein Schwärmer gewesen. Was sie darunter verstehe? Einer, der Gedichte mache. Hindemith habe ihr Gedichte auf Zettel geschrieben und die am Morgen an ihre Tür geheftet. Jetzt darf sie noch einen Musikwunsch äußern. Die Schöne Blaue Donau. Das ist aber doch nicht von Hindemith. Nein, aber des hot er all gspielt, wenn er am Morge rabkumma isch und sich ans Klavier gsetzt hot.

9. 4. 1977
Warum, warum hast du mich nicht verlassen. Letzte Worte des Lustspiel-Ehemanns.

10. 4. 1977
Gestern noch in Splügen. Heute auf dem Weg hinab, ich sollte Ohrentropfen holen, versagt die Hydraulik. Wir kommen gerade

noch zur Tankstelle in Cazis. Dort läuft das Öl aus. Citroën gibt es in Cazis nicht. Wir kriegen einen kleinen Fiat. Es dauert eine Stunde, bis der Dachständer montiert ist. Bis dahin bin ich vollends erkältet. Die Stimme ist weg. Am 18. Lesereise. Beginnend in Brüssel. Der Fiat kostet 40 Franken pro Tag.

Der Vergangenheitsmann
Er möchte alles wissen. Er möchte verstehen, warum Fichte und Schiller einander nicht verstehen konnten. Goethe hat sich verstellt. Aber Schiller und Fichte wurden durch einander verzerrt. Die Unterwerfung Reinholds: Dann kann Fichte sagen, es sei kein persönliches Verdienst, die *Wissenschaftslehre* geschrieben zu haben. Aber zuerst muss einer sein System als das richtige anerkennen. Danach ist leicht, bescheiden sein. Wie er seinen Bruder Gotthelf striezt. Wie menschlich seine Frau ist, verglichen mit ihm. Ihm passieren nur Generalangriffe.

16. 4. 1977
Die Aufführung war schön. In den leichten Zeitungen wird Franziska schrankenlos gelobt.

18. 4. 1977. 12 Uhr 35 ab Zürich, 14 Uhr 44 Brüssel.
Ich möchte nicht gut sein müssen, das sollen die mir abnehmen. Per Verfassung. Ich will nicht vorsorgen müssen. Sobald ich Angst habe, kann ich nicht mehr aufhören mit der Vorsorge für später, für dieses lächerliche Alter. Die Angst, als alter Unfähiger vor jungen Spitzendienern zu müssen, regt mich auf. Ich will nicht mit den Ökonomen wetteifern. Ich gehe an diese Frage nicht nach Keynes oder Milton Friedman heran. Nicht die Geldmenge oder die Werttheorie interessiert mich, sondern das Lebensgefühl, das durch Arbeitsbedingungen entsteht.

19. 4. 1977
Um 8 Uhr nach Paris-de-Gaulle. 9 Uhr 15 Paris–Toulouse.

20. 4. 1977, Bordeaux.
Die Kastanien blühen hell und rot. Für den Vortrag um 10 Uhr vormittags habe ich eine Flasche Medoc für 11,60 Francs gekauft, in einer Bar mit Weinverkauf. Die Stimme hält sich gerade noch. Aber ohne Wein wäre sie nicht brauchbar. Professor Fèvre geht nicht mit zum Essen. Das erbittert Herrn Mensdorf. Der Professor sei so repressiv, wie man's überhaupt sein könne. Professor Fèvre ist auch mit Bertaux befreundet, der ein Buch schreiben will darüber, dass Hölderlin nie nervenkrank war und das alles nur fingiert habe, um vor politischer Verfolgung sicher zu sein. Ich halte dagegen, dass er vor politischer Verfolgung Angst hatte und wegen Erfolglosigkeit krank wurde.

Der Professor erzählt von der Verteidigung einer Habilitation. Eine Jury aus sechs Professoren. Sie konnten den Prüfling nicht zum Maître de Conférences machen. Er muss wieder Maître Assistant bleiben. Sechs Stunden dauerte die Prüfung. Nur wenn man dem Kandidaten très honorable geben kann, hat er bestanden. Und er kann die Prüfung nicht wiederholen. Er kann zwar in zwei Jahren an eine Stelle im Ministerium in Paris seine Akten mit diesem negativen Ergebnis und mit neuen Arbeiten einreichen, dann kann dort eine Kommission entscheiden, ob man ihm noch eine Gelegenheit geben kann. Professor Fèvre ist in Bordeaux und ist in Paris. Mit dem Zug ohne Halt 3 Stunden und 50 Minuten. Vielleicht im nächsten Winter sogar nur 3 Stunden und 40 Minuten.

21. 4. 1977, 8 Uhr 30 über Toulouse nach Lyon.
Es ist im Grunde genommen falsch, diese Reise zu machen. Das Repräsentative, das entsteht, wenn man von einem staatlichen Institut herumgereicht wird, ist schlimm. 50-jährig flieg ich herum.

Das ist sinnloser, als wenn ich 30 wäre. In Brüssel 500 DM per Scheck, 100 DM in Francs Belge. Toulouse 32 DM Hotelkosten. Bordeaux 600 DM in 1250 Francs. Lyon 600 DM per Scheck. Montpellier?? Marseille 300 in bar und 1500 überwiesen. Aix-en-Provence bezahlt mit Marseille. Nancy, Paris, Lille, Luxembourg?? Die Propeller übertragen die Vibration beim Start direkt auf den Fluggast. Er zittert mit. Er dröhnt. Und wir wackeln ganz direkt hinab.

Nachts jagender Puls. Bemühung, den Puls nicht zu zählen. Die Schreckvorstellung: nicht nach Montpellier weiterfahren zu können. Kosten und Kosten und keine weiteren Einnahmen.

23. 4. 1977, Montpellier. Hôtel de Noailles.
Eine weiße und eine rote Bluse und ein Ensemble. Weil ich mich festgelegt hatte, der Verkäuferin, zirka 22, zu sagen, es sei für ein Mädchen wie sie, musste ich nach einer Stunde alles umtauschen, alles bis auf die rote Bluse.

Zum Glück sind wir meistens nicht im Stande, unsere Lage zu empfinden. Augenblicksweise werden unsre Augen scharf, wir sehen, worauf wir stehen, aber schon bevor es uns schwindlig werden könnte, trübt sich der Blick wieder, wir halten den Boden für solide und treten drauf, als wär's für immer.

24. 4. 1977, Marseille. Hôtel Européenne.
In der Badewanne ein 2 cm langer, schwarzer Käfer, mit riesigen Fühlern. Er muss mühsam gerettet werden.
   Die Häuserreihe am Vieux Port haben die Deutschen weggesprengt, weil darin die Résistance wurzelte. Jetzt blöde Neubauten. Auf dem Bürgersteig ein schaumiger Blutfleck, gespuckt.

26. 4. 1977

Gestern in Aix-en-Provence. Vormittags Vortrag, nachmittags Fragestunde zu *Eiche und Angora* und *Zimmerschlacht*, abends Diskussion im Goethe-Institut.

Die Bronchitis besteht aus Schwitzen und Frieren. So nass geschwitzt wie heute Nacht war ich noch nie.

Uwe Johnson habe, sagt Herr Hartmann vom Goethe-Institut, in Schottland am Buffet nicht teilgenommen, weil er die Steuergelder des Steuerzahlers nicht vergeuden wollte. Aber er wollte direkt zum Whisky an die Bar, trank eine Flasche allein, sie mussten ihn nachher zu zweit ins Bett transportieren.

Uwe Johnsons moralischer Narzissmus.

Um 12 Uhr 20 in Paris gelandet, 13 Uhr 35 weiter nach Nancy.

Die Leute, die von Marseille nach Paris flogen, sahen aus wie französische Beamte, die ja nicht aussehen wie Beamte, sondern wie Geschäftsleute.

Es ist Dienstag und wird nie Samstag werden.

Ich darf nicht so sein, wie ich will. Wenn ich mich nicht beherrsche, brechen aus mir sofort mit lächerlicher Gewalt alle Meinungen heraus, die man mir je verboten hat.

Langsamer, als der Mond aufsteigt, möchte ich hinter den Hügeln versinken.

Mit einer Fokker 27 in 50 Minuten nach Nancy. Innen, als sei da der Friede von Versailles verhandelt worden. Außer mir noch 2 Passagiere. Wieder die direkte Gewalt der Propeller. Sie reißen uns vorwärts und hinauf. Droben ein Gewackel und Steigen und Fallen. Ob der Pilot auch so alt ist wie die Maschine? Ich passe gut in eine solche Maschine.

27. 4. 1977, Nancy. Hôtel de l'Europe et de l'Univers.
Der ausgeleierte Empfangs-Chef in mehreren Sprachen: Aha, der
Herr fährt nach Paris, Paris ist schön, im Frühling, wenn die Sonne
scheint, diese Sonne jetzt ist ja noch nichts, erst im Sommer, das ist
eine Sonne …
Auch die Hustenpastillen sind aus Paris, die Seife auch.
Herr Roos und seine Weine. Er weiß zu viel und muss deshalb
immer hastig sprechen, weil er mit Recht befürchtet, er werde uns
nicht halb so viel mitteilen können, wie wir wissen müssten. Über
Weine, Essen in Frankreich. Fritz J. Raddatz, sagt Herr Roos, ver-
steht so viel von französischen Weinen wie fast niemand sonst.
Herr Roos hat begonnen aufzuschreiben, was die deutschen
Schriftsteller, die nach Nancy kommen, zu erzählen haben. Uwe
Johnson hat auch bei ihm hemmungslos getrunken, eine bzw.
seine Flasche Whisky.
Gestern hier das *Sauspiel* gelesen, es ist gut gegangen, viel besser
als der Ironie-Vortrag. Die Leute haben mehr davon. Der Ironie-
Vortrag rauscht an den Köpfen vorbei.
Die Studenten für die Aggregationsprüfungen müssen nach
Paris.

28. 4. 1977, Paris. Zimmer im Goethe-Institut.
Vortrag im Grand Palais der Sorbonne. Etwas debalanciert. Zu viel
Thomas Mann, zu wenig Franz Kafka. Aber gute Stimmung.
Tückische Begrüßung durch einen Germanisten, freundliche Be-
dankung durch Herrn Buck. Viele Bekannte. Interview im Nebenzimmer, die Interviewerin erwartet linke Routinen, Deutsch-
landverdammung, ich versuche die Routinen zu vermeiden, mit
wenig Glück. Der junge französische Regisseur, der *Kinderspiel*
spielen will, macht einen guten Eindruck. Er hat das netteste Mädchen dabei. Der Professor, der komisch eingeleitet hatte, sagte auf
der Rückfahrt: Sie haben meine Einleitung hoffentlich nicht übel
genommen. Er war Ersatz für einen Erkrankten.

399

29. 4. 1977, Lille, Hôtel Grand Central.

«Bande à Baader» steht hier in der Zeitung.

Von Paris hierher mit einem Renault 8, ca. 1962. Von dem, der fährt, nachher, dass er einen künstlichen Ausgang habe, ohne den würde er nicht mehr leben.

Ob ich ein frisches Hemd anziehen werde oder nicht, hängt von meinen Lebensgeistern ab.

Die, die hier lehren und verwalten, tun so, als seien sie froh, hier zu sein. Lille, heißt es, hat nur ein einziges historisches Gebäude von Wert, die Industrie- und Handelskammer, 17. Jahrhundert. Alles andere 19. Jahrhundert. Warum hier nichts mit Gent und Brügge Vergleichbares entstanden sei, weiß keiner. Die Sozialisten fluchen immer noch wegen der Stilllegung der Bergwerke, 30 km südlich von hier. Seitdem große Arbeitslosigkeit. Die Besitzer haben ihre Stilllegungsprämien erhalten, denen sei nichts passiert.

Der Vortrag ist gut angekommen.

Ich begegne Leuten, die reisen mit ihrer Verzweiflung von einer Ausstellung zur anderen. Sie werden ausgezeichnet für ihre Verzweiflung. Man kennt ihre Verzweiflung schon. Man liebt sie. Endlich hat man diese wunderbare Verzweiflung in dieser Stadt. Man streichelt sie und fragt ihn, ob seine Verzweiflung uns auch einmal streicheln könnte? Oder ob sie, die in der glanzvollen, Weltspitzengeschmack beweisenden Koje kauert, wenigstens einmal die Augenlider heben könne, damit wir uns einmal von ihrem Blick getroffen fühlen könnten. Und während wir noch so zu ihm sprechen und sein Gesicht sich verfinstern sehen auf eine Art, die das Tageslicht im Umkreis von 8 Kubikmetern einfach wegfrisst, wissen wir schon, dass wir eine Fehlbitte getan haben. Wer sind wir, wie kommen wir dazu, von seiner ausgezeichneten Verzweiflung ein geradezu anbändelndes Benehmen zu verlangen. Das sieht uns gleich. Bitte, antworten Sie uns nicht erst, lieber Herr der Verzweiflung. Wir nehmen unsere törichte Bitte sofort wieder zurück, wir fühlen durch und durch, dass wir nicht würdig sind, von

Ihrer Verzweiflung angeschaut zu werden. Irgendeinen kräftigen, alle beleidigenden Spaß erwarten wir von Ihnen. Oder dass Sie gegen uns prozessieren, weil wir so blöd sind. Also, gute Nacht. Wir scheiden von Ihnen noch überzeugter, als wir gekommen sind. Während wir sprechen, merken wir den stummen Zorn des Besitzers der Verzweiflung. Die Verzweiflung selbst rührt sich nicht, lässt sich nicht anmerken, ob sie uns überhaupt bemerkt hat. Sie sitzt einfach, Hände zwischen den Knien, ein Bild ihrer selbst. Man kann sie nicht erreichen, nur verehren. Lieben. Umarmen. Vielleicht hat sie Ekzeme. Gerüche, schwarze Unterhosen. Tätowierungen, die Erdteile zeigen, in denen noch niemand war. Achselhöhlengewächse. Wir grüßen. Wir gehen. Wir träumen.

30. 4. 1977, Luxembourg. Hôtel Eldorado.
Vortrag in der Thomas-Mann-Bibliothek.

1. 5. 1977, TEE, 10 Uhr 30, kommt aber erst um 11 Uhr, fährt langsam und kalt bis Metz, alle raus und in einen Salonwagen, tatsächlich gehen alle hinein, um 11 Uhr 20 ab Metz.

Xaver-Roman. Tag der Heimfahrt. Wie ihm die Bewegungen Spaß machen. Alles tut er ausführlich. Packt ein, so umständlich wie möglich. Er zögert jetzt noch einmal alles hinaus. Seinem Geschlechtsteil flüstert er zu: Noch heute wirst du im Paradies sein.

Ist es nicht besser, in einem Alter zu sterben, in dem man noch nicht damit rechnen muss?

Xavers Erfahrung, dass die Gegend zu Hause nie ist, wie sie war, als man wegfuhr, auch wenn man bloß 3 Tage weg war. So schnell änderte sich hier alles. Xaver hatte das Gefühl, dass hier immer alles reißend schnell ging.

5. 5. 1977, München.

Gestern Abend überraschend gute Reaktionen auf die Lesung in Hannover. Einklagbar sind die Reaktionen nicht, aber sie tun jetzt gut, in diesem ehernen Jahr. Der Himmel will ein Gewölbe werden, aus dem nichts mehr hinausführt. Eine Frau dankte sehr für mein Kommen. Ich kann da nur nervös abwinken, wenn jemand so freundlich ist.

Alles einstellen. Auch das Leben.

Tagung der Bayerischen Akademie der Künste. Zuerst der Empfang im Rathaus. Beim Herumstehen warf ich Herrn de Mendelssohn ziemlich grob vor, dass er mir im Thomas-Mann-Jahr lausbubenhaftes Verhalten vorgeworfen habe. Bis ich mich dann seines Alters wegen unhöflich entschuldigte. Golo Mann versuchte, zwischen uns zu vermitteln.

Im Taxi, das ich dann bezahlte, zum Hotel Biederstein. Hinten saßen und unterhielten sich Professor Sternberger, Professor Zinn und Golo Mann über Opernhäuser. Golo Mann sagte: Nirgends so eines wie in München. Sternberger: In Frankfurt. Auch Epigonörö habe ein Recht. Zinn: Und Berlin. Das erinnerte Golo Mann und Zinn an die Witze der 20er Jahre. Golo Mann: Frau Neureich alias Raffke hat gesagt, dass sie in die Oper ein Bordellrot anziehe, weil sie die Prostitutionsloge bekomme. Herr Zinn: Eine Frau hat einen Ungarn geheiratet. Eine andere, entsetzt, wie sie das habe tun können, wo der Pengö zurzeit so schlecht stehe. Eine andere: Mein Mann hat mir Plein Pissoir gegeben.

Als darüber bei der Tagung diskutiert wurde, ob man den Preis für Germanistik im Ausland wirklich Friedrich-Gundolf-Preis nennen solle, machte ich den Vorschlag: Walter-Benjamin-Preis. Etwa 50 waren dagegen, nur 7 dafür. Gadamer hat, als ich den Walter-Benjamin-Vorschlag machte, zu mir herübergesagt: Das ist zu kurzfristig gedacht, so eine Preis-Benennung müsste ja auch noch in 30 Jahren verständlich sein, man darf sich also bei einer Benennung nicht nach einer augenblicklichen Mode richten. Also Friedrich-Gundolf-Preis.

7. 5. 1977

Gestern Abend im Vortragssaal der Akademie Referate von Kaiser und Rühle und Dorst über Theater als Literatur. Ich, mit Franziska, ganz hinten, werde aufgefordert zur Diskussion. Ich kneife: Ich hätte auch nur Anekdoten aus Paris zu erzählen wie Dorst. Und das trage zum Thema der Referenten nichts bei. Das war denkbar schwach. Ich hatte Angst, Rühle und Kaiser zu beleidigen, Angst wegen Franziska. Also blamierte ich mich lieber. Seitdem produziert mein schamzernagtes Hirn ununterbrochen Tiraden, in denen probiert wird, etwas zu sagen, was Rühle und Kaiser nicht beleidigen würde und mich in den Augen des Publikums trotzdem interessant erscheinen ließe. Es finden sich viele Möglichkeiten. Dass ich nicht gesprochen habe, wird mir immer ekelhafter.

Xaver-Roman. Xaver wird einmal gefragt, dann kann er nicht antworten. Es steht zu viel auf dem Spiel.

8. 5. 1977

Gestern Abend Heinar Kipphardt und Frau, aus Marseille kommend, unangemeldet. Bis nachts um 3 Uhr. Die Frau wollte schon lange ins Bett, aber er musste noch sprechen. Sie fahren einen Lancia. Haben in Südfrankreich nach einem Ausweichwohnsitz ausgeschaut.

Xaver-Roman. Der Unterlegene sitzt und denkt an den Überlegenen. Er lebt praktisch nicht, solange er an den Überlegenen denkt. Der Überlegene denkt nie an den Unterlegenen. Und wenn er es täte, dann in völliger Leichtigkeit, Ungebundenheit.

Dass Xaver immer hockt und an Dr. Gleitze denkt, wäre nicht
weiter schlimm, wenn er es freiwillig täte. Das Schlimme entsteht
erst dadurch, dass er mit seinen Gedanken nicht wegkommt von
Dr. Gleitze. Und wenn einem der gegen den eigenen Willen den
Kopf ausfüllt, dann ist es gleichgültig, ob das ein Engel oder ein
Teufel sei, er wird zur Qual. Xaver konnte sich nirgends festhal-
ten. Es gab nichts, was nicht eine Weisung enthielt, die ihn zu
Dr. Gleitze führte.

Ich habe in den Blättern von 1950 bis 1955 gelesen. Ich habe mir,
was ich damals notierte, sicher nicht geglaubt. Ich habe gedacht,
das schreibst du nur so hin. Das ist typisch schriftliche Dimension.
In Wirklichkeit ist und wird es doch anders. Aber von jetzt aus
gesehen hatte der naseweise Erfahrungslose recht. Und was von
damals bis jetzt passiert ist, hätte an einem einzigen Nachmittag
passieren können. In einem umschlossenen Hof. Das wäre ein er-
füllter Nachmittag, ein schön gefüllter, dichtgefüllter Hof.
    In diesen alten Blättern also eine Notiz aus dem April 1961: Wir
treffen uns im Zimmer von Dr. Bucerius. Wir, das sind die Diskussionsteilnehmer aus dem Westen. Das Podium in der Hamburger
Universität war eingeteilt, wie die Wirklichkeit eingeteilt ist. Herr
Bucerius hatte uns, wenn ich «uns» sage, kann ich nur die West-
mannschaft meinen, hatte uns schon um 4 Uhr zu sich gebeten.
Um 5 sollten die kommen, die man «Ost-Leute», «Freunde aus
dem Osten» oder auch einfach «unsere Gäste» nannte. Ich dachte,
hoffentlich werden sie nicht gleich misstrauisch, wenn sie sehen,
dass wir schon eine Weile zusammen sind. Am liebsten hätte ich
gebeten, die Kaffeetassen zu spülen, die Aschenbecher zu leeren,
bevor die «Freunde aus dem Osten» eintreten würden. Aber dann
dachte ich, wenn Herr Bucerius das nicht für nötig hält, ist es
sicher nicht nötig.
    Herr Bucerius versammelte ein paar Leute, die hier und dort
mit der Sprache zu tun haben, um ihnen Gelegenheit zu geben,

miteinander zu sprechen. Man wird Stephan Hermlin vorgestellt, und schon geniert man sich, weil man so überrascht ist. Mein Gott, ist der elegant. Nächster Gedanke: Das ist pure Provokation! Den schicken sie bloß, weil er so elegant ist. Und wie er die Pfeife zum Mund führt! Als gebe er einem Kammerorchester den Einsatz zu einem Adagio. Was hat man eigentlich erwartet? Einen Proletarier? Das nicht. Brecht soll ja auch ganz besondere Hemden getragen haben. Man sieht schon, ich bin ein Anfänger in Ost-West-Begegnungen. Ich falle genau auf die Krawatte herein, die man Hermlin um den Hals gebunden hat, dass er sie im Westen vortrage wie eine Weise von Debussy. Aber dieser Hermlin ist viel mehr als ein Journal-Ausschnitt. Die Augen, zum Beispiel. Die Gedichte. Ich spüre, wie das Verführbare in mir die Frage stellt: Wie kann dieser Mann dort leben? Das Verführbare in mir meint damit, wenn der dort leben kann, dann könntest du doch auch ... Warten wir zuerst einmal ab, was die Freunde aus dem Osten zu sagen haben. Da sind ja noch die Professoren Hans Mayer, Wieland Herzfelde und Kamnitzer, da ist Peter Hacks und dann Arnold Zweig. Noch sind wir im Zimmer bei Herrn Bucerius. Zuerst Verfahrensfragen. Das Vokabular von Genf. Zwei Diskussionen sollen stattfinden. Es geht um die Gesprächsleiter für diese Diskussionen. Mir wäre es völlig gleichgültig, welche Seite den Vorsitz für welches Gespräch übernimmt. Notfalls kann man sich gegen jeden Gesprächsleiter wehren. Aber vielleicht bin ich schon halb verführt. Besser, ich sage nichts. Ertrage lieber das Vokabular von Genf. Das Problem wird gelöst. Ich atme auf. Die Ost-Leute ziehen sich in ihr Hotel zurück. Sie wohnen natürlich nicht im selben Hotel wie wir.

Die Veranstaltung

Es ist eine Anmaßung, Eindrücke zu haben, ich weiß. Aber ich habe sie, obwohl ich weiß, dass nicht einmal ich ihnen trauen sollte. Ich muss sie passieren lassen, ob sie nun, wie Proust meint, zum Gesetz führen oder – was auch möglich ist – zur Unentscheidbarkeit.

Am ersten Abend wird über Tolstoi gesprochen, am zweiten über PEN-Probleme. Tolstoi ist ein Anlass, die PEN-Probleme sind ein Anlass. Ich lerne dazu: Bei einer Ost-West-Begegnung wird jede Sache zu einem Anlass.

Man tritt aufs Podium, der Hörsaal ist mehr als voll. So viele Zeugen. Sofort spüre ich, wie sich in mir die Argumente zuspitzen. Ich wage nicht mehr, den nächsten Gedanken allen seinen natürlichen Verästelungen zu überlassen. Hoffentlich fallen mir Hauptsätze ein. Ich bin insofern gerüstet, als ich zu wissen glaube, was ein Kollege aus dem Osten über Tolstoi sagen muss. Hoffentlich enttäuscht man mich nicht, sonst würden meine Argumente nicht mehr passen. Ich werde enttäuscht. Es ist kaum nötig, Tolstoi in Schutz zu nehmen. Ich lerne dazu: Tolstoi ist breiter als das Podium, auf dem wir alle sitzen. Tolstoi ist Ost plus West. Die Ost-Leute beschwören den Tolstoi, der an den Bauern gesund werden will, die West-Leute fügen dazu, dass dieser Tolstoi aus dem Salon kommt und dass er und diese Bauern Christen seien. Wir widersprechen einander, aber es ist spürbar, dass der Widerspruch in Tolstoi selber liegt. Und wenn eine einzige Person ihn ertrug, dann sollten wir ihn noch viel leichter ertragen. Die Podiumssituation begünstigt allerdings eher das Gegenteil. Da besteht jeder auf seinem Tolstoi. Aber vielleicht hat das Publikum bemerkt, dass wir alle vom gleichen Tolstoi sprachen. Ich lerne dazu: Tolstoi ist ein guter Anlass für Ost-West-Begegnungen. Falls man sich nicht nur an das hält, was laut hinausformuliert wird, kann man sogar hoffen, das Gespräch sei nützlich gewesen. Achtest du meinen Tolstoi, dann achte ich deinen Tolstoi.

Tolstoi ist vor allem deshalb ein guter Anlass, weil er das Genfer Vokabular ausschließt. Das PEN-Gespräch, das sich nicht auf *Anna Karenina*, sondern auf eine Charta beziehen muss, gerät auch sofort in den öffentlichsten Urteilston, dem ich kaum folgen kann.

13. 5. 1977

Weitere Umtriebe im Kopf zu München: Ich hätte sagen sollen: Das ist nicht mein Problem, also kann ich nichts dazu sagen. Wenn ich kühn wäre, würde ich sagen, es handelt sich überhaupt um ein Pseudoproblem, um ein Schattenproblem, ein Luxusproblem. Aber das wage ich von hier aus, von der letzten Reihe aus, nicht zu entscheiden, obwohl mich weder die beiden Referenten, noch Tankred als Anekdotenerzähler vom Gegenteil überzeugt haben.

Das verstehen. Da ist man nun einmal in München. Aufgefordert zu dem und jenem. Jetzt verschiebe ich alles um ein Jahr. In einem Jahr werde ich eingreifen, angreifen, durchgreifen, umgreifen, aufgreifen, mich vergreifen. Wo auch immer, worüber auch immer, was und an was auch immer. Wartet noch ein Jahr. Ich muss mir doch etwas vornehmen können.

14. 5. 1977

Im Traum heute Nacht eine Unterhaltung mit einem Nahezu-Engländer. Dabei spielte der Satz eine Rolle: The enduring I to my force. Das hatte einen Sinn.

Nach den leisen Sprachen fragen, die sich in den Ohren mischen. Unverständlich und voller Bedeutung. Die Feuer löschen der Weitergezogenen. Das Veröffentlichen als die Illusion eines Lebensersatzes. Aber das Schreiben ist wichtiger als das Veröffentlichen.

17. 5. 1977

Am Sonntagabend Thomas Michelsen von *Dagens Nyheter*. Ich sollte dem Journalisten offensichtlich nur dazu dienen, Aussagen gegen die BRD machen zu können. Ich müsste den Schweden anrufen, damit er wüsste, er kann nicht schreiben, was er will. Er müsste wissen, dass ich das vorher lesen will.

Seit gestern die Bronchitis wieder stärker. Ich friere unter allen Umständen. Sitzen und schreiben ist verboten. Am besten Arbeiten im Freien.

18. 5. 1977
Heute vom Luchterhand-Verlag: *Butt* und Begleitmaterial für den 50. Geburtstag von Günter Grass im Oktober. Wenn mich das härmte, hätte ich nichts gelernt. Es will mich härmen, wenn ich an das letzte Jahr denke.

Unverhältnismäßiges zu ertragen ist gewöhnlich. Im Löschteich eines einsamen Dorfes möchte ich liegen, bis ich aufgelöst bin, brauchbar für ein brennendes Haus. Erwarte nichts, dann erwartest du immer noch zu viel.

Alissa wählte als Abiturthema: «Gesellschaftskritik im neuen Werther».
Dass die Kinder so tief an den Zigaretten ziehen: zwei Kinder gleichzeitig!

19. 5. 1977, Christi Himmelfahrt.
Gregorianischer Choral. Ewig auf und ab. Innig und einförmig. Ein Ton immer nur über den anderen erreichbar.
Haydnmesse. Mit Trompeten beginnend.
Ich will sitzen bleiben und mich ducken unter die Diktate von früher. Ich habe den Kopf nie über meine Kirchenbank hinausgehoben. Mehr als Kyrie eleison habe ich nie gesagt. Gloria in excelsis Deo schlägt jetzt eine sanfte Männerstimme vor. Dann: Laudamus te. Mich reißen die Männerstimmen fort. Ein allerweitestes und doch ganz gefasstes Schweifen. Dann entschiedenes Auftreten. Rasch ein paar Treppen hinauf in den Himmel und ebenso rasch, aber nicht eilig, herunter. Zartes Aufstampfen im Licht. Du bist der Quell aller Heiligkeit. Wir danken dir, dass du uns berufen

hast, dir zu dienen. Geigen und Trompeten antworten einander immer heftiger. Dann entschwebt die Sopranistin ihrem Chor. Sie ist der Engel, die Frau. Wir sind nicht von hier. Ich nähe Schatten zusammen. Meine Kälte hat es warm bei dir. Liegen bleiben in den Unzurechnungsfähigkeiten. Unschuldig wie ein Musiker, der gegessen hat.

20. 5. 1977
Ihr habt den Genießenden gelobt.
Abendrosen blühen grau in
kalten Gärten. Der letzte Ton
der Glocken war laut. Wir warten,
bis man es uns besorgt. Vorher
reden wir darüber, ohne zu glauben,
es passiere uns je.

Ein Winter, der in einen Winter übergeht, so lief das Jahr bisher.
Theresia: Katzen sind so kleine Unwohltäter.
Zu leben ist etwas jenseits von allem, was dagegen spricht.

CDU und SPD wissen, dass die Arbeitslosigkeit strukturell bedingt ist.

27. 5. 1977
Es ist wahr, wenn die Leute an der Macht die gewöhnlichen Leute nicht andauernd als Vieh behandelt hätten, gäbe es die 1000 Weltwunder nicht am Nil, am Ganges, an Tiber und Rhein.
Als ich in Marseille war, spielte Marcel Pagnol eine große Rolle. Der letzte Band seiner Erinnerungen wurde gerade von seiner Frau und von seinem Bruder der Öffentlichkeit übergeben. Seit 1943 ist Marseille wegen der Sardine, der Sirene und Marius mit diesem Namen verbunden. Dann komm ich hin, und es gibt tatsächlich nichts anderes als Marseille und Pagnol.

Ich will nicht an die Arbeit. Darum treib ich mich auf diesem Freizeitpapier herum. Und habe schon mehr Geld ausgegeben, als ich heute, morgen, übermorgen, diesen ganzen Monat noch verdienen kann. Ich müsste mich eben kräftiger entblößen und so tun, als machte mir das Spaß.

1. 6. 1977
Jürgen und Ute Habermas sind durchgefahren.
Das Misslingen der Freundschaft, besonders der mit Uwe Johnson, sagt, fürchte ich, mehr über mich aus als über die anderen.

Leben und Schreiben
Der unschuldige See weiß nicht, wo ich bin
aber ich weiß, wo er ist. Ich bin im Gespräch
mit ihm. Der Wind redet uns drein.
Die Vögel sind vorlaut. Aber der See hat das Wort.
Die Rücksicht auf andere erwürgt mich.
Ich lasse den Vortritt dem Gegenteil
meiner Wünsche und nicke Ja-und-Amen.

Ich hab es gewusst, ich werde mich sehnen
nach dieser belanglosen Stadt in West Virginia
nach der täglichen Heimfahrt am Fluss entlang
nach dem Geschwätz der schönen Stimmen
im Radio, nach dem Gekläff des Hundes
der mir unangenehm war, nach dem Unterschied des einen Hauses vom anderen, nach
den Ahornbäumen, der High Street, den Hügeln
den Philologen, Apothekern, Polizisten, Zahnärzten.
Morgantown, ich melde, du hast gesiegt.

Wenn ein anderer tut, was ich gern getan hätte, schon immer, wie böse ich dann bin! Ich habe es nicht getan, nicht versucht, aus Rücksicht, aus Schwäche, aus Anstand sozusagen. Aber ich habe es in Gedanken hundertmal getan. Und wie ich es verurteile, wenn es ein anderer tut.

Einer muss zurückziehen, weil er das nicht sagen kann, was er denkt. Er hat kein Recht. Es gibt kein Recht auf diese Meinung.

3. 6. 1977

Gallistl's Verbrechen. Seine eingefädelten, ausgeklügelten Vergehen gegen die Leute, mit denen er lebt. Er will sein Gewissen beruhigen: seine Pseudoverbrechen, um seine wahren Verbrechen nicht zu spüren.

6. 6. 1977

Gestern und vorgestern Jürgen und Ute Habermas, Siegfried und Hilde Unseld, Max Frisch und Marianne, Judith Habermas ... Geburtstags-Nachfeier. Max Frisch bringt eine Faust aus Elfenbein. Siegfried bringt von Sebald Beham das Tochter-Vater-Bild. Jürgen Habermas bringt ein Buch über Fichte.

Siegfried: Sein Vater hat ihn, als er aus Tübingen vom Rigorosum kam, gefragt: Hast du jetzt den Doktor? Ja. Musst du jetzt nicht noch eine Prüfung machen? Nein. Also kein Mensch kann jetzt kommen und sagen, du musst jetzt noch einmal eine Prüfung machen? Nein. Du kannst dich also ab morgen Vormittag Herr Doktor nennen? Ja. Hast du ein Dokument? Nein, das nicht, das wird mir von der Universität zugeschickt. Trotzdem kannst du dich ab morgen Vormittag Doktor nennen? Ja, praktisch schon. Gut. 4 Stunden später starb er. Siegfried hatte sich vorgenommen, bei Buchinger eine Abmagerungskur zu machen. Das gibt er jetzt auf. Sein Bruder hat ein Bäuchlein. Also ist das offenbar Schicksal.

Um Johanna kümmerte sich besonders Jürgen Habermas.

Jetzt habe ich den einzig richtigen Satz, den ich auf jener Münchner Veranstaltung hätte sagen müssen: Ich muss mich als befangen ablehnen.

Immer noch kein Titel für den Xaver-Roman.

8. 6. 1977

Gestern Alf Brustellin wegen der Verfilmung von *Sturz*. Zuerst verwirrt, dann klären wir zusammen, was man am besten täte. Er sei jetzt reif für dieses Buch, meint er. Im *Einhorn* sieht er nur Kulturbetriebssatire. Das mit der Liebe sieht er nicht. Das kommt davon, wenn man alles, was zu einer Zeit für einen wichtig ist, in EINEN Roman fließen lässt, anstatt dass man mehrere thematisch enge Büchlein schreibt. Wenn ein Roman nur durch die Fülle seiner Themen und nicht durch die Fülle eines Themas dick wird, ist es ein Nachteil.

Zwei Dicke, Große, sehr Mitreißbare reißen einander mit. Sie weinen beide. Der, der zuerst weint, springt noch auf, will es verbergen. Aber dann sieht er, dass der andere sich schnell über die Augen wischt und sich beherrschen muss. Da ist er nicht mehr so beschämt und kommt an den Tisch zurück. Der andere sagt: Da krieg ich heut noch eine Gänsehaut, wenn ich dadran denk.

Die feine Prostitution blühe in München. Die 3- bis 4000 Mark verdienen, schicken ihre Frauen auf den Strich, auf den feinen. Die müssen dann für einmal 1000 Mark bringen. Die rothaarige Freundin von Adorno sei so eine.

Worauf warte ich? Auf nichts. Also, warum warte ich dann?

9. 6. 1977

Heute die Artus-Leute mit Patzak, dem neuen Regisseur für den *Einhorn*-Film. Anselm und Orli sind mit dem Motorrad ins Gebirge gefahren. Sie springt ab und rennt davon. Er denkt, sie kommt wieder. Sie verliert absichtlich Popcorn, das sie an der Grenze gekauft haben.

Gestern, Lodemann hat angerufen, er sei ein paar Stunden mit Reich-Ranicki spazieren gegangen. Der habe geklagt, dass er immer mehr isoliert sei und angefeindet werde. Er möchte im 3. Fernsehprogramm zusammenkommen, auch mit mir. Ich verstelle mich, sage im hellsten Ton, dass ich das sehr gut verstehe. Von isoliert könne man aber nicht sprechen. Exponiert habe er sich. Und noch viele Freunde habe er. Jens, Hildesheimer usw. Ich würde sehr gerne kommen, aber leider habe Reich-Ranicki mich in seiner Besprechung von *Jenseits der Liebe* ausdrücklich als ein Unterhaltungstalent im 3. Fernsehprogramm lächerlich gemacht; deshalb könne ich doch jetzt nicht mit ihm eben in der Eigenschaft auftreten, für die er mich so getadelt hat. Lodemann: Ich solle mir doch durch so was nicht das Fernsehen vermiesen lassen. Ich: Das habe ich auch nicht vor, ich war in diesem Jahr schon zweimal im 3. Programm, *WDR* und *SFB*, aber eben mit Reich-Ranicki kann ich nicht auftreten, wenn er mir doch solche Auftritte vorwirft. Ich empfehle Reinhard Baumgart.

Kurz geschwommen.

Man kann als ersten, zum Schreiben veranlassenden Mangel den nennen: Die Not ist so klein, dass sie einen nicht zum Handeln, sondern nur noch zum Schreiben veranlasst. Das ist die bequeme Version. Die andere: Weil es mir gut geht, schreibe ich, anstatt denen wirklich zu helfen, denen es schlechter geht.

Ich bin ein angebundenes Tier, das so tut, als möchte es gern frei sein, während es mit Genuss die Gefangenenkost frisst.

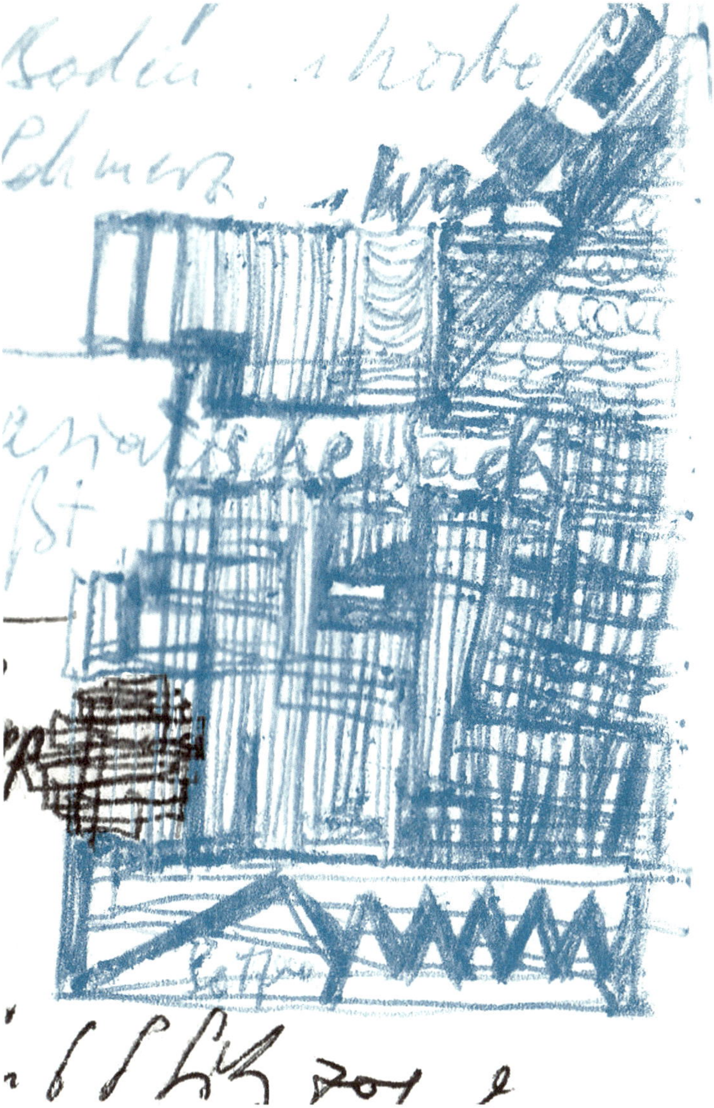

12. 6. 1977
Ich komme nicht dazu, an meinen Tod zu denken. Immer ist etwas.

13. 6. 1977
Ein prächtiger Tag wäre das. Die Hitze ist nicht ganz trocken. Das lähmt ein bisschen alles. Es könnte nicht schöner sein. Darf ich hier wohnen? Ein Freund von Alissa kennt einen, der mich verehrte, bis Alissas Freund sagte, wie wir wohnen. Jetzt ist es aus. Er hielt mich allerdings für einen Kommunisten. Also sollte ich wohl froh sein, dass das Haus Irrtümer über mich beseitigt, die ich selber zu beseitigen nicht fähig bin.

Lasst mich auch eine Zeit lang rücksichtslos sein. Ich wohne in dem tönenden Geschmeide der Vögel und bin vergesslich. Überall entfernt sich das Furchtbare. Einzig bin ich nicht, aber allein.

Warum es keinen Sieg geben kann. Ich weiß, dass meine Rehabilitationsbedürfnisse Folgen meiner Niederlagen sind. Je größer meine Niederlagen wurden, desto mehr wuchs das Bedürfnis nach Triumph über die, die mir die Niederlagen beibrachten. Das Bedürfnis nach Triumph und Sieg ist die schlimmste Folge der Niederlagen. Wenn ich mich von diesem Bedürfnis leiten lasse, dann arbeite ich mit an der Vervollkommnung meiner Niederlage. Mein Bedürfnis nach Erfolg ist also ein Sieg derer, die mir den Misserfolg bescherten. Wenn ich also das Bedürfnis nach Erfolg überwände, wäre das der erste Schritt zur Befreiung von den Wirkungen des Misserfolgs. Vielleicht käme dann der Erfolg ... Das ist schon wieder der Feind in mir, der von nichts anderem reden kann als von Erfolg. Dabei weiß ich fast sicher, dass eine Sache existiert. Das Paar Erfolg und Misserfolg ist ein Nihilismuspaar, ein Verzweiflungsgespann, eine Nichtigkeit. In der Stille muss ich, ohne mich an Gott wenden zu können, mit mir auskommen. Mit mir. Und mit der Sache. Etwas muss stimmen. Kann etwas stimmen? T. S. E. L. terra sit ei levis.

14. 6. 1977

Die Probefahrt mit dem gebrauchten Palace-Citroën, 37 000 km, 13 700 Mark. Bei 100 Geschwindigkeit fliegt die Kühlerhaube hoch, mit aller Gewalt, wird abgeknickt, wir fahren zurück.

Wenn es so weiterginge, müssten wir immer kleinere oder ältere Autos kaufen. Wir hoffen immer noch auf die Literatur-Lotterie.

16. 6. 1977

Siegfried: Als er mit Peter Handke telefonierte und ihm sagte, dass der Verlag doch schon viel für Peter Handke getan habe, schrieb der in seinem nächsten Brief, dieser Satz habe ihn sehr erschreckt. 100 000 hat Siegfried ihm für seinen Film gegeben. Das neue Buch hat Handke ganz dem Residenz-Verlag gegeben. In seinem Brief: Als er dort hingekommen sei, sei dort keine Bitte Siegfrieds gelegen, dass der Suhrkamp-Verlag die deutschen Rechte übernehmen dürfe, also habe er, Peter Handke, auch nichts gesagt. Ausgemacht war, nach Siegfrieds Meinung, dass Handke das mit dem Residenz-Verlag klären solle.

Unsere Büsche schütten Blüten aus.

Wenn man denkt, dass 77 Mitte Juni halb schon hinter uns liegt. Alles rutscht. Ein Abwärtsgeschiebe, das jeden Augenblick in ein haltloses Stürzen übergehen kann.

19. 6. 1977

Bodensee-Literaturpreis an E. Jaeckle.

Beim Mittagessen auch Ernst Jünger zwischen uns. Er sieht fast zu schön aus. Ich kann ihn nicht ansprechen. Nicht, dass ich das nicht möchte. Im Andenken an das wunderbare *Abenteuerliche*

Herz. Aber immer noch der Leutnant. Und er interessiert mich nicht wirklich, das muss ich auch zugeben.

Wahnsinn, schönes Wort
Weißglut, schönes Wort
Schönes Wort Irrsinn
Schönes Wort Geduld
Anfang schönes Wort
Schönes Wort Ende
Liebe, schönes Wort
Schönes Wort Hass

24. 6. 1977
Gestern Abend noch Thomas Brasch und Christoph Müller und ein Student bis nachts um drei. Wie Thomas Brasch gleichzeitig aus der DDR ist und nicht aus der DDR sein will. Er sieht genauer als wir, wie wir die DDR sehen.

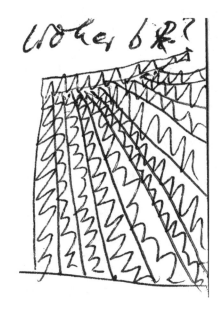

Eine leere Seite ist wie eine leere Kirche, sie hallt.

Wir sehen einander absichtslos an.

Nichts Politisches ist übrig. Ein Satz vielleicht. Der ist nicht auszusprechen, weil er dadurch falsch werden würde. Er darf sich nur noch an mich richten.

Frau Dhan und Herr Patzak, wegen *Einhorn*. Wir sind wieder nicht fertig geworden. Morgen kommt der junge französische Regisseur fürs *Kinderspiel*.

2. 7. 1977

Alissa gestern mit Siegfried und Hilde zum Bundeskanzler-Ball nach Bonn.

Es wird uns jetzt empfohlen, die 60er Jahre als eine Modephase zu sehen. Heute Innerlichkeit und Nostalgie. Damals Demokratie, Gesellschaft, Utopie.

4. 7. 1977

Zum ersten Mal bis zur Birke.

8. 7. 1977

München, Agnesstraße 4, bei Alf Brustellin. Über den *Sturz* geredet, weitergekommen. Im Hotel erzählt Herr Kaschinski aus Posen: Ein Dr. D. sagte zu Stalin, wenn Sie in Jalta so verhandeln, fällt meine Heimatgemeinde an die UdSSR. Also nahm Stalin einen Bleistift und zog den Bleistiftstrich ein bisschen weiter oben auf der Karte. Aus dem Bleistiftstrich ist eine Grenze geworden. Oben die karelische Republik.

10. 7. 1977

Ich werde Zeilen zur Verfügung stellen, in deren Leere man sich legen kann.

Die Segelfahrt von Friedrichshafen hierher an den Hügeln entlang. Das unübertrefflich Sanfte dieser Aufundablinie. Die meisten Hügel scheinen dadurch entstanden zu sein, dass größere Engel in langsamster Andacht auf eine noch formbare Erde knieten und so Eindrücke und Erhebungen schufen.

In München in der *Bild*-Zeitung: von einem Ingenieur in Düsseldorf, der tat, was ich vor 2 Jahren notierte: ein halbes Jahr lang zur Arbeit, die er nicht mehr hatte. Er genierte sich, das zu Hause zu sagen. Als das Kind wegen Blinddarmreizung ins Krankenhaus kam und die Frau ihn verständigen wollte, wurde er entlarvt. Er hatte jeden Monat 2000 Mark vom Konto abgehoben und nebenher durch Zettelverteilen ein bisschen verdient. Jetzt geht die Frau putzen, 8 Mark die Stunde. Und in Dänemark hat ein Arbeitsloser dem Arbeitsamts-Vorsteher das Ohr abgebissen und es eingewickelt und neben den Ohnmächtigen gelegt und auf das Einwickelpapier geschrieben: Dafür, dass du mich so behandelt hast. Dem Vorsteher wurde das Ohr wieder angenäht. Er war durch Schmerz und Schock ohnmächtig geworden. Ich wollte Xaver Zürn das Ohr seines Chefs auch abschneiden lassen usw. Anstatt nun zufrieden zu sein, dass meine Vorstellungen im Bereich des Wirklichen bleiben, bin ich enttäuscht. Ich weiß nicht, ob ich das, was passiert ist, noch brauchen kann. Es sähe aus, als bediente ich mich an dem, was andere erleiden.

Solange keine Lyrik im Heft ist, wiegt es noch nichts.
Der Westwind ist der gesprächigste.

23. 7. 1977
Aias ist auch ein Herr. Nur einer, der Pech hat. Seine Reaktionen sind die eines Herrn, der nicht gewöhnt ist, nachgeben zu müssen. Als er Priamus' Sohn Polydoros fängt, der dann gesteinigt wird usw., da ist er ganz der grausame, empfindungslose Herr. Erst als er

glaubt, ihm sei Unrecht geschehen, wird er empfindlich. Aber Odysseus ist schlimmer, weil vernünftiger, elastischer. Das dumme Brüderpaar der Chefs: Menelaos und Agamemnon.

Meine Briefe schreibe ich an mich.
Theresias Titelvorschlag: Leben ist ein Gewinn.
Wir wissen nichts von unseren Kindern.

25. 7. 1977
Theresia schlägt als Titel vor: Seele am Steuer.
Wenn man die Kraft hat, wirft man eine Decke über alles.

26. 7. 1977
Am 22. 7. war ich durch mit dem Xaver-Roman. Seitdem bin ich am Durchlesen. Er gefällt mir schon. Das kommt hauptsächlich von der Handschrift. Die erinnert ganz genau an das Schreiben. Nach drei Stunden Lesen bin ich so müde, dass ich nichts Verbesserungswertes mehr entdecke. Also jeden Tag nur die besten Stunden für das Durchlesen nehmen.

Die *Einhorn*-Filmleute haben schlechtes Wetter. Orli wird zu früh frieren.

In den Psalmen wird besonders deutlich, dass Gott nichts ist als das, was einem fehlt. Gegen Feinde, Krankheit, Alter usw. Gott wird umso größer, je größer mein Mangel wird.

Ich habe noch nie eine Nymphomanin getroffen, die sich dafür hielt, sagte der ältere Lebemann.

30. 7. 1977
Wenn die Katze draußen von den Kindern der Besucher gestört wird in ihrem Tagesschlaf, kommt sie zu mir auf den Schreibtisch.

Das Gefühl, dass man die Kinder schieben muss, sonst blieben sie an Ort und Stelle, das heißt, auf uns liegen. Und die Beobachtung, dass die Kinder anderer Leute ungeheuer anziehen und gierig vorwärtsdrängen.

Mich gähnt der Tod an. Ehrlich, sagt er, ich begreife dich nicht. Ich, sag ich, auch nicht.

Geigenstriche verglimmen in der späten Sonne. Mein Horizont singt. Ich gürte mich mit Opern für die Nacht und lass mein Rufen zu mir kommen.

Wer wird wissen wollen, wer ich war. Was hätte ich davon, was er? Nichts reicht von mir zu einem anderen. Angriffe gibt es. Ich hätte Afrika einsetzen sollen in meine Rechte. Wer nichts für Angola tut, tut nichts.

Es muss gepriesen werden die Wand, die mich trennt.

5. 8. 1977
Siegfried: Bloch ist gestorben.

Und: krasse Ablehnung, mit Mitarbeiterstimmen belegte Ablehnung des Messer-Titels. *Seelenarbeit* erinnere zwar an Traumarbeit, sei aber bei weitem besser.

O Herr, das Risiko ist groß. Es fehlt an allem, und von allem gibt es zu viel. Wenn man nicht leben müsste, wäre einem Anderen geholfen.

6. 8. 1977

Wenn ich mich von den Töchtern bedienen lasse, werden sie auch ihre Freunde bedienen.

Unter der Wählscheibe des Telefons schoss, als ich wählte, eine Spinne hervor.

8. 8. 1977

Ich kann mir eingestehen, dass meine Abneigung gegen Besuche jeder Art seit der Reich-Ranicki-Kritik existiert und nicht mehr abnimmt. Ich denke bei jedem: Der hat nicht versucht, mich vor dem Attentat zu schützen.

Ich finde außer Jürgen Habermas keinen mehr ganz erträglich. Mit Habermas in Amerika, das wär's.

Das Land weiß nichts von denen, die es haben.

11. 8. 1977

Es kann sein, dass den Unglücklichen niemand erreicht. Er zollt keine Respekte mehr. Herr Ficus z. B., das ist seine Vergeltung.

12. 8. 1977

Ich bin bereit. Ich lasse um mich einen Gürtel aus Leere entstehen. So geborgen war ich noch nie.

18. 8. 1977

Elvis Presley ist gestorben.

HAP Grieshaber: zwei Erlebnisse, wo er sich getrennt von sich sah. Einmal, als er an die Wand gestellt wurde von Belgiern, nachdem er verlangt hatte, als Prisonnier de Guerre behandelt zu werden, und einmal in der Wüste, als die Hyänen um ihn lauerten und er nur noch seinen Schatten wandern sah.

20. 8. 1977
Swedenborg. Ein Mann in der Ecke des Zimmers zu ihm: «Iss
nicht so viel.» Und über die Hölle: «In der Regel werden aber alle
Bewohner der Hölle von Ängsten beherrscht.»
Und: «Jeder wird zum Ebenbild seiner Bosheit.»

22. 8. 1977
Ein neues Auto bestellt, das alte ist verrostet nach 84 000 km. Dafür
noch 2000, das neue noch 20 500. Nach einem solchen Kauf bin ich
wie betreten. Ohnmächtig. Weil nur das Geld wirkt, das beschafft
werden muss, ohne dass schon der neue, der glänzende Gegenstand
im Haus ist. Vielleicht sitzt Käthe besser in diesem neuen Auto.

24. 8. 1977
Heute hat Wolfgang Werner angerufen und wollte 500 Mark. Ich
habe ihn so schroff abgewiesen wie noch nie. Er sagte, dann werde
er eben einen Raubmord begehen für 20 Mark, mehr hätten die ja
nie dabei. Er meinte die, die er umbringen könnte. Er warf ihnen
das vor.

27. 8. 1977
In Konstanz von Öttinger gehört, dass eine Jens-Kritik Gerd Gaiser zum Schweigen gebracht habe.

28. 8. 1977
Günter Grass mit Ute, deren Mutter in Gaienhofen sie besuchen.
Beide sind sehr angenehm. Wie sie das Haus in der Niedstraße in
Berlin umgebaut haben, dass Anna und er getrennt sind. Nur, dass
sie noch eine Haustüre gemeinsam haben, findet Ute nicht so gut.
Wegen Annas Mann. Er leidet unter Günters Schatten. Günter
Grass sagte beiläufig, dass er Fischfilets nicht leiden könne. Wenn
Käthe nicht krank gewesen wäre, hätte er bei uns welche bekom-
men.

30. 8. 1977
Das Jahr ist ein Blatt
fällt vom Baum
ins Gras

31. 8. 1977
Vor ziemlich genau 14 Tagen habe ich die Novelle angefangen.
Jetzt soll sie fertig sein. Das klingt unglaubhaft. Dann kann sie
nicht gut sein, heißt das. Dann soll sie eben schlecht sein. Vielleicht kann ich später noch einmal etwas tun an ihr. *Ein fliehendes
Pferd.* Die Sabine-Figur ist am meisten zu kurz gekommen. Durch
die Eile. Warum diese Eile? Weil ich am Roman weiterkorrigie-
ren, weiter verbessern will. Warum dann überhaupt eine Novelle?
Auch aus Angst. Zwei Eisen im Feuer. Ich will jetzt immer zwei
Sachen fast gleichzeitig haben. Und erst, wenn sie mir dann auch
die zweite wieder aus der Hand geschlagen haben, bin ich völlig
am Boden. Die Novelle ist ohne Sprache. Aber vielleicht interessant in der Fügung. Mein erster Versuch, durch sogenannte Kom-
position Bedeutung zu scheffeln. Auch darüber habe ich früher
gelacht. Ich werde noch alles tun, worüber ich früher gelacht habe.
Wenn ich wüsste, worüber ich schon gelacht habe, wüsste ich, was
ich noch alles tun werde.

1. 9. 1977
Das Überarbeiten von zwei Manuskripten ist eine locker lassende
Tätigkeit. Man geht nicht auf den Schreibtisch zu wie in den
Krieg. Man muss nicht fragen: Wie weit treib ich heut den Angriff
vor. Man muss nur hoffen, nicht zu weit zurückgeschlagen zu
werden. Das hofft man. Man weiß, man hat Gelände genug er-
obert, da kann man sich schon einmal etwas abnehmen lassen.
Eine halbe Seite streichen, sogar eine Seite streichen ist angenehm.
Erst wenn man gleich zwei oder fünf Seiten streichen müsste, brä-
che Panik aus. Dann müsste man fürchten, dass überhaupt nichts

Frau Montag
~ Mesnerschwester
~ weiß / wes l Bande
Marie Françoise
~ Heldin / b'entspruch
ser
~ j freundschaft
Zoo un Bäder

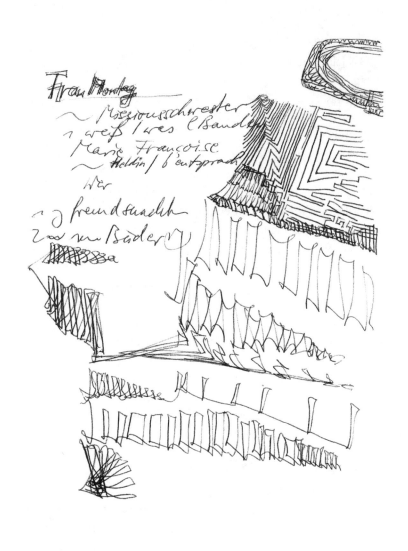

zu retten sei. Ich weiß nicht, ob ich mit der Novelle und mit dem Roman zufrieden sein kann. Die deutsche Sprache könnte auf beide verzichten. Aber ich nicht. Ich brauche beide. Um davon zu leben. Und die getane Arbeit, die Müdigkeit in diesem frühen Herbst, das ergibt zusammen ein Summen, das sich wie Zufriedenheit anhören könnte, wenn es nicht in einem stürzenden Flugzeug stattfände.

6. 9. 1977
Vier Tote, drei Beamte und ein Fahrer, in Köln-Braunsfeld bei der Entführung von H.-M. Schleyer. Ob er entführt oder tot ist, weiß man nicht.

7. 9. 1977
Gestern Herr Saueressig und Herr Hoffmann. Ich habe zugestimmt, dass die Saueressig-Sammlung der Stadt übergeben wird, am 14. 9. Von den 20000 Mark, die das Land bezahlt, bekommt Herr Saueressig 10000, meine 10000 lasse ich in der Stadt, die Zinsen kommen der Sammlung zugute. Herr Saueressig lässt sich scheiden, braucht das Geld. Aber reden kann man jetzt nur noch über den Kölner Anschlag.

8. 9. 1977
«Schleimiger Hohn» nannte der Staatstheater-Chor Stuttgart die Unterstützung Gudrun Ensslins durch Angehörige des Schauspiel-Ensembles. Peymann hat einen Brief der Mutter Ensslin ans Schwarze Brett geheftet, darin wird um Geld gebeten für eine Zahnarztbehandlung ihrer Tochter. Die Choristen lehnten das so schneidig wie möglich ab.

9. 9. 1977
Die Korrektur der Novelle fertig. Morgen früh wird sie abgeschickt. Die Frauenfiguren sind vielleicht zu sehr aus der Perspek-

tive der Hauptfigur gesehen und dadurch verkümmert. Man hätte der Hauptfigur empfehlen müssen, die Frauenfiguren deutlicher zu erleben.

Morgen das neue Auto. Ein zu teures Auto, auch noch ein Radio für 600 Mark, wie soll das verdient werden.

Es gibt Meinungen, Gefühle, die mich vollkommen beherrschen, auch wenn ich einsehe, dass sie falsch oder unberechtigt sind, z. B., was ich über Peter Handkes *Die Unvernünftigen sterben aus* denke. Z. B. meine Verachtung seines letzten Buches *(Die linkshändige Frau)*, das ich nicht einmal zur Hälfte gelesen habe. Ich konnte es nicht fertig lesen, ich fand es zu langweilig. Aber viele haben es so gelobt, dass ich denken muss, ich sei im Irrtum. Aber das kann ich mir nicht einreden.

Europa freut sich ein bisschen über die inneren Schwierigkeiten der BRD. So wenig Inflation, so viel Ordnung trotz der wirtschaftlichen Schwierigkeiten, da hört man es gern, dass wir wieder zum Faschismus tendierten usw., auch wenn es Extremisten sagen, die in den Ausländern keine 14 Tage frei herumlaufen dürften.

Das schlechte Gewissen, wenn man etwas Teures gekauft hat. Die Sünde des Konsums. Kommt der Gewissensbiss vom Preis oder vom Genuss? Hat man ein schlechtes Gewissen, weil man sich das Auto, das man gekauft hat, leisten kann, oder weil man es sich nicht leisten kann? Meine Lage ist so, dass ich sagen muss: so wohl als auch.

Wenn ich immer nach den Gemälden der jeweils kindlichsten Kinder arbeitete, könnte ich jetzt eine Novelle *Das Wunder* schreiben. Das Wunder wäre nach Theresias Bild, was sich alles ergibt, wenn man einmal ein Muster annimmt. Die Hervorbringungskraft eines Inbildes. Die Energie, die einer Auffassungsart entspringt. Eine Prosa über die Kraft von Prosa. Man braucht nur einen Notwendigkeitsfunken am Anfang. Schau nach. Wahrscheinlich ist der schon da gewesen.

Die Anlässlichkeit ist nirgends so entscheidend wie bei der Sprache.

11. 9. 1977
Siegfried hat die Novelle wahrscheinlich doch am Samstagvormittag bekommen. Ich kann also, da er es so eilig hatte, noch heute auf eine Reaktion warten.

Auf hohen Schuhen steht Käthe immer noch jung da. Ausgezogen und auf hohen Sandalen mit Lackriemen, schwarz. Unterbau Kork.

Käthe trägt, seit Schleyer entführt ist, ein Radio im Haus herum. Sie denkt von uns allen am meisten an den Entführten. Sie hat am meisten Angst um ihn.

Wenn Siegfried mir seine Meinung über die Novelle schriftlich mitteilt, lerne ich sie am Dienstag oder Mittwoch kennen. Das wäre eine Unverschämtheit bzw. ein objektives bzw. sein Urteil.

Ich kann jetzt nicht an der Romanüberarbeitung weitermachen, solange ich nicht weiß, wie es der Novelle geht. Obwohl ich nicht zufrieden bin mit ihr, möchte ich, dass andere mit ihr zufrieden seien. Das verlange ich geradezu. Es ist immer das Gleiche: Andere sollen unkundiger, unempfindlicher sein als ich.

Heute vor einem Jahr in Morgantown.

12. 9. 1977

Keine Nachricht aus Frankfurt. Das sind meine Illusionen. Ich habe noch nichts gelernt und kann nichts lernen. Es ist, als wollte ich immer noch von unserer Haustür in Wasserburg ins Dorf gehen. Zur Linde, zu Schnells oder Grübels. Und ich wüsste genau, wen ich dort träfe. Das heißt, nichts von dem, was ich erwartete, bliebe unerfüllt. Und zwar in sehr absehbarer Zeit. In 5 Minuten nämlich.

Ich will erst weiter, wenn ich weiß, was mit der Novelle ist. Ich habe vielleicht nicht alles gleich verstanden beim Schreiben. Man muss immer hoffen, man schreibe mehr, als man beim Schreiben bemerkt. Das Schreiben beschäftigt sich ja vor allem mit dem Vordergrund. Die hintere, die innere Geschichte muss sich ergeben. Sie kann man nicht machen. Je reicher sie sich ergibt, desto besser das Geschriebene. Den Sinn kann man nicht machen. Es ist ein bodenloses Gewerbe.

4 vor 12 und kein Zeichen aus Frankfurt.

12 Uhr 35. Noch nicht.

Adrian kommt heute mit Adrienne.

Käthe immer wieder: Haben die Terroristen ein Lebenszeichen von Schleyer gegeben?

Wenn das Telefon läutet, rennt sie hin. Sie hat Angst für mich.

Ich möchte morgen oder übermorgen sagen können, meine Befürchtungen seien grundlos gewesen.

Obwohl ich jetzt ruhiger sein könnte als im Frühjahr 76, weil ich erstens keine *Sauspiel*-Katastrophe hinter mir habe, zweitens neben der Novelle noch einen Roman fertig habe. Warum bin ich dann nicht ruhiger?

Was immer aus Frankfurt eintrifft, lüge ich mir glaubhaft vor, es wird mich nicht treffen. Mal sehen, wie mein Atem geht am Telefon. Oder morgen, wenn der Brief kommt. Oder wenn keiner kommt.

Als wir euern Himmel brauchten

MAN DAS SAGEN KANN FÜR NICHTS UND SC

Zurück zur Lüge. Ein Fortschritt.

14. 9. 1977

Gestern, 13 Uhr 54, hat Elisabeth Borchers angerufen, sie habe gerade auf Seite 8 fürchterlich gelacht. (Da wird Klaus Buch vom Hund erschreckt.) Mehr nicht.

15. 9. 1977

10 Uhr 55. Elisabeth Borchers hat angerufen, die Novelle gefällt ihr, sagt sie, gut, sogar sehr gut. Wahrscheinlich habe Siegfried schon gestern angerufen, als wir in Biberach waren.

Wieder schießt Hoffnung auf. Als hätte *Jenseits der Liebe* nicht den gleichen Beifall Elisabeth Borchers' gefunden! Und dann! Trotzdem bin ich froh, dass sie so reagiert hat. Von Siegfried noch nichts.

Um 4 Uhr hat Siegfried angerufen. Auch er äußert Zustimmung und glaubt an einen Erfolg.

16. 9. 1977

Das öffentliche Drama läuft, trotz Nachrichtensperre, als Fernsehspiel. Bilder vom Wüstenflugplatz Dubai, der Außenminister des Emirats im Kontrollturm, Bilderbuch-Araber, die weinroten Richter des Verfassungsgerichtes in Karlsruhe, in Bonn Leute vor dem Kanzleramt, sie sind, wie der Sprecher sagt, der unter ihnen steht: seltsam bedrückt. Das hören sie und werden sich ihres Ausdrucks bewusst. Sie stehen hier, sagt der Sprecher, stellvertretend für Millionen. Das Kommando in der entführten LH-Maschine Landshut nennt sich Märtyrer-Kommando Hamin, sie wollen auch noch zwei Genossen aus Ankara mitnehmen und 30 Millionen Dollar. Die Karlsruher Richter sagen, sie dürfen die Bundesregierung nicht festlegen auf EINE Weise, das Leben der Bürger zu schützen. Durch Nachgeben könnte das Reagieren der Regierung zu leicht kalkulierbar werden für die Terroristen. Ich lerne dazu: Ich hätte zu schnell nachgegeben. Der Kapitän der LH-Maschine (87 Menschen) appelliert an Helmut Schmidt. H.-M. Schleyer appelliert. Frau Schleyer appelliert. Einer der Entführer wörtlich: Die Frist wird um keine Minute verlängert, das Flugzeug wird danach in die Luft gesprengt. In Frankfurt-Flughafen bereitet man ein Flugzeug vor.

18. 9. 1977
Adriaan ruft aus Saulgau an. Sie lesen einander vor. Alles geht gut. Gruppe 47 wie immer.

Ich kann froh sein, dass ich nichts zu tun habe mit dieser Tagung. Jürgen Becker und Heißenbüttel, die beiden Rundfunk-Chefs, lesen ihre Lyrik vor. Ilse Aichinger und Wolfgang Hildesheimer ihre Prosa. Für Wolfgang Hildesheimer liest Hans Mayer, weil ein Star Wolfgang Hildesheimer das Lesen unmöglich macht.

23. 9. 1977
Nach den Berichten über Saulgau ist zu vermuten, dass Hans Werner Richter den Preis vergeben wollte, wenn einer gekommen wäre, der ein Erfolg gewesen wäre.

Herr Patzak gestern Abend, dass ein mit Unrat beworfener Rocksänger gesagt habe: If you can't take it, don't do it.

24. 9. 1977
Franz Josef Strauß sieht die Schuldigen für das, was jetzt passiert, auf Kanzeln, auf Kathedern, an den Mikrophonen.

27. 9. 1977
Die Tagesschau-Sprecherin, eifrig über einen neuen Gesetzentwurf zur Kontaktunterbindung unter B-M-Häftlingen. Wie oft und fließend sie die Abkürzung B-M-Häftlinge sagt.

29. 9. 1977, Göttingen.
Lew Ginsburg klagt, er sei schon ein bisschen beleidigt, weil er von der BRD nicht gewürdigt werde. Und das wahrscheinlich

nur, weil gewisse Leute Gerüchte gegen ihn in Moskau gesammelt hätten, nämlich: Er sei ein Breschnew-Mann. Er: Ich schwör es dir, ich bin kein Spitzel, kein Denunziant. Das Einzige: dass ich bei den Dissidenten nicht mitmachen kann. Das kann ich nicht. Ich bin einfach zu schwach dazu. Ich will meine Arbeit machen, sonst nichts. Er müsste längst einen Übersetzerpreis bekommen!

1. 10. 1977, Isny. Literarisches Forum Oberschwaben.

2. 10. 1977
Der Frühling ist laut.
Der Sommer heiß.
Farbig der Herbst.
Der Winter leis.

Herkules und Co.
Herkules führt dem Publikum vor, wie er mit den Drachen umgehen wird. Dann geht er mit den Drachen essen.

4. 10. 1977
Gestern bei den *Einhorn*-Dreharbeiten an der Grenze und am Ufer im Zech. Peter Vogel kriegt einen Rappel, weil das Garderobenauto nicht da ist. Er kriegt den Rappel erst, als er in der Mitte aller Leute angelangt ist. Aber dann kriegt er ihn so, dass er nur noch stottert und schäumt. Man versteht erst allmählich, dass er nichts anderes sagt, als dass das Garderobenauto da sein müsste. Nicht das Produzentenauto müsste da sein, sondern das Garderobenauto. Er ist der, der durch sein Leben dafür sorgen muss, dass unsere Erfindungen, Einfälle usw. aussehen wie Leben.

Zu leben, als stürbe man nie, liegt mir nicht.

Heute vor einem Jahr hatten wir den Anfang in West Virginia
schon hinter uns. Ich kann mich nicht erinnern, dass ich mich dort
je so erbittert fühlte wie heute den ganzen Tag.

Es dreht mir den Kopf in den Nacken, die höchste Gewalt. Heißt
Vergangenheit. Ist ein Kontinent, der jeden Tag größer wird. Bis
ihm die ganze Erde gehört. Ich kann nicht von Malven reden, die
jetzt noch blühen an hässlich gewordenen Stängeln. Weiße Zimmer wachsen in mir zu Hunderten. Darin rührt sich nichts, und es
ist lautlos. Man müsste mich erschlagen, auch wenn ich dagegen
wäre.

5. 10. 1977
Ich sehe keine Äpfel, die etwas bedeuten
den Staub kann ich nicht lesen, das Winseln
des Hundes sagt mir nichts. Ich hänge
über einem Abgrund, den man nicht sieht.
Jeder kennt Herbstfraß
sich nahende Schritte, den Baum
der sich in den Fenstern einer Bank
spiegelt. Schwärze des Samstagnachmittags
innen die Krämpfe. Wovon weiß ich etwas?
Blicke kommen leer zurück. Gewisse Schmerzen
sind da, bevor ich beginne. Vielleicht bin ich
ein Fleck, der aufgetrocknet wird.
Am liebsten würde ich heute etwas
schreiben, was ich morgen gerne wieder läse.
Rosensignale im Grünen. Wie eine Stickerei.
Vogelgeschwätz. Das vor Einfachheit leuchtende
Gesicht des bedeutenden Mannes.

6. 10. 1977

Frau Menz: Säure, Spasmen, Herzmuskelschwäche, ein schmerz-
haftes Schwächegefühl in den Knien. Sehr ernährungsabhängig.
Die Lauchsuppe, eine Dummheit.

7. 10. 1977

Gestern Abend Herr und Frau Ficus. Er trinkt keine großen
Weine mehr, wählt meinen Hagnauer, er ist jetzt für die Todes-
strafe, gegen Böll, für Strauß. Aber man kann ihn schon noch in
Konflikt bringen mit seinen neueren Anschauungen. Eine stete
Entwicklung nach rechts. Gichtanfälle. Nimmt immer Tabletten
zur Harnsäureauflösung.

Ich fühle mich wohl im Föhn, mein Kreislauf schäumt, ich bin der
Most, der heiße Wind spielt auf der Eichenorgel. Goldene Farben
fallen vom Himmel und durchdringen jedes Grün und Braun. Auf
Goldgrund baut der Föhn sein Alpenbild. Gleich ist das Gold in
den Gesichtern. Wolken und Gipfel haben alles Blau in sich geso-
gen, der Himmel bleibt übrig, golden und leer. Ich weiß nicht, wie
Städte stehen, von der Eisenbahn weiß ich fast nichts. Nur was der
Wind tragen kann, kommt zu mir. Ich bin glücklich vor Unwis-
senheit. Mich überfliegt der Himmel, ich stehe in Gold.

8. 10. 1977, Sarn.

Zwei Tage mit Adlers gewandert. Bis Tschappina, Tguma, Bi-
scholpass.

Mir tut Dürrenmatt leid, wenn alle urteilen wie der *Südkurier*.
Warum setzt er sich dem aus? Er hat doch genug Geld verdient
und könnte im Haus bleiben. Nach außen stumm.

Ich will den nicht mehr sehen. Und den nicht. Ich verachte das Lächeln dieses Herrn. Und das begeisterte Quieksen jenes Herrn.
Und die hinterfotzige Liberalismusliebe des selbsternannten Re-

437

publikaners. Die meisten Leute sterben nicht, sondern gehen kaputt. Oder werden kaputtgemacht. Ich will überhaupt nirgends sein. Weder dabei noch nicht dabei. Ich will nicht einmal bei mir sein. Da schon gar nicht. Ich bin so schlimm wie die anderen. Ich will das nicht wissen. Ich suche keine Gründe, mich zu hassen. Ich suche Gründe, mich zu lieben. Ich muss versuchen, mich zu lieben. Mich zu ertragen wenigstens. Wenn ich allein bin, ertrage ich mich. Wenn andere da sind, wird in jeder Minute Ungutes für Stunden produziert. Fahren wir fort nächste Woche. Aber doch nicht mit einem Schicksalsgenossen. Bloß keine Parallelen. Nichts ist so beschämend wie Parallelschicksale. Da denen gegenüber die zärtliche Voreingenommenheit wegfällt, tritt nur die Verachtung gegen den objektiven Befund blank hervor, und das Bewusstsein, dass man genauso ist, wird unabweisbar. Herbsttage. Prosatage. Es riecht feucht und dunkelgrün. Überall die Leichenfeier. Blätterflammen. Wir bitten um Nebel. Lieber Winter, sei so gut und schließ mir meine Augen mit einem harten Weiß.

18. 10. 1977
Heute Nacht wurden die Entführten befreit. Baader, Ensslin und Raspe töteten sich. Eine Umfrage von Allensbach: 42 % für Härte, 42 % für Nachgeben, 16 % Unentschieden.

Feierstunde auf dem Flughafen Frankfurt. Auf dem Flughafen Köln-Bonn die LH-Maschine mit der Gruppe der GSG-9-Männer. In nicht mehr als 7 Minuten das Aufsprengen der Türen in Mogadischu.

Frau Menz geht ins Krankenhaus, sie will mir ihre Gedichte hinterlassen, falls sie nicht mehr zurückkommt.

Das Leben ist feierlicher als der Tod, aber ohne ihn wäre es nichts.

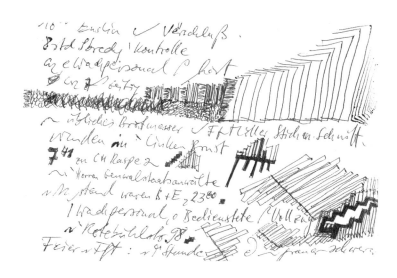

20. 10. 1977, Waldshut. Gestern Lesung.
Hanns-Martin Schleyer ermordet. Das ist das Schlimmste. In der Gaststube schwirren einzelne Wörter aus dem Terrorkontext. Die, die als Einzelne an Tischen sitzen, wirken merkwürdig stumm. Sie sehen aus, als seien sie weniger beteiligt als die erregt aufeinander Einredenden.
    In der *Zeit* liegt Peter Handke auf einem Foto und stellt sich schlafend. Blumig.

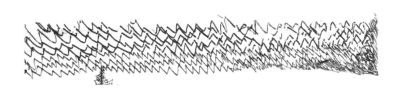

21. 10. 1977. Um 6 Uhr 31 von Biel nach Zürich.
Gestern im Théâtre de Poche in Biel gelesen. Gerade noch voll. Sich hinschleppende Diskussion. Herr Schafroth leitet ein, dass ich

nicht das Deutschland sei, das gerade zwei Menschen (Schleyer und seinen Fahrer) für den Rechtsstaat geopfert habe. In der Diskussion muss ich das berichtigen. Nachher erzählt Herr Schafroth die Geschichte von der Asche Günter Eichs. Ilse Aichinger hat gefragt, ob man die Asche hierherum verstreuen könne, da das in Österreich nicht möglich sei. Die Urne wird geschickt, Frau Schafroth holt sie von der Bahn, er musste zu einer Sitzung der Literaturkommission, seine Frau kommt dorthin, die Urne in einem Plastiksack, auf dem der Werbeslogan steht «Tante Claire ist lieb!». Als einer fragt, was dadrin sei, sagt er: Die Asche von Günter Eich. Jeder hält das für witzig. Später wird die Asche oben im Weinberg verstreut. Das ist genehmigt. Gleich ein bisschen Erde drauf.

An dem Platz in Biel, neben der Tür, die zum Théâtre de Poche hinabführt, eine Inschrift, dass Goethe im Oktober 1779 während der 2. Schweizer Reise hier wohnte.

Wenn der Nebel verhindern würde, dass ich heute noch nach Hannover und nach Loccum komme, wäre das schön.

22. 10. 1977, Loccum. Lesung.
Tagung: «Die vernichtende Banalität in der Wirklichkeit der Welt der Angestellten». Der Referent vom DGB, Herr Fehrmann, will mit dieser Formulierung nichts zu tun haben. 1911 das Angestellten-Versicherungsgesetz. Dadurch werden die Angestellten überhaupt erst geschaffen. Stresemann: Die Angestellten eine Stütze von Thron und Altar, ein Wall gegen den Umsturz. Seit 1931 tendieren die Angestellten offen zum Faschismus. Tucholsky behandelt sie ironisch. 1959 in der BRD 100 Datenverarbeitungsgeräte. Heute: 18000. Absehbar in der BRD: 90000. Bald wird es automatische Textverarbeitung geben.

Die typische Über-Akustik der Zisterzienser-Kirche.

Abenteuerlich ist das an der Schriftsteller-Existenz, dass einer ein Industriezulieferer ist und damit seine völlige Freiheit erstreiten will.

Ein Physiklehrer M. füllt sich in seinem Gartenhaus auf der Achalm den Mund mit Wasser, drückt ein Luftgewehr dahinein ab, es zerreißt ihm alles. Die Schüler reden noch lange von dieser Todesart eines Physiklehrers.

24. 10. 1977, München.
In Biel habe ich Bonn und die SPD verteidigt gegen die Anklagen radikalerer Schweizer, vor allem Otto F. Walters und Schafroths. In Hannover habe ich die Terroristen verteidigt, denen vorgeworfen wurde, dass sie eine Situation geschaffen hatten, in der der Rechtsstaat fraglich wird. Die in der Schweiz sind entsetzt über die Kälte der Raison, die Leute opfert für eine Idee vom Rechtsstaat. Ich hätte nichts dagegen sagen sollen. Die in der Schweiz haben mehr recht als die in Hannover. Aber was habe ich? Ich widerspreche, das ist alles. Einmal mehr erlebe ich meine Inhaltslosigkeit.

Ich sehne mich heim. Es ist schwer, heute in München zu bleiben, um halb neun in Lindau sein, morgen früh wieder aufbrechen nach Graz, das wär's.

25. 10. 1977
9 Uhr 22 ab München, 17 Uhr 10 Graz.

Der D-Zug holpert und ächzt fast kutschenmäßig durch die Alpen. Schladming. Die Kühe liegen auf den abgeweideten Hängen, als wären sie nur auf Urlaub hier. Ein Mann steht mit geschlossenen Beinen auf einer Wiese und liest in einem Buch, das er mit beiden Händen hält. An ihm lehnt schräg sein Holzstock. Mitten in einer abgemähten Streuwiese liegt ein orangefarbener Luftballon.

Erikson soll gesagt haben, der große Nachteil der Industrienationen sei es, dass sie zu wenig Erwachsene hervorbrächten.

Es fahren jetzt fast nur noch Eisenbahner mit.

Leoben. So weit fahren. Für so wenig Tätigkeit und Wirkung. Also müsste das Fahren selbst etwas sein. Es ist aber weniger als nichts. Überall zu sein, wo man durchfährt, wäre etwas. Auch der geringste Ort ist besser als diese Bewegung. Ich habe mich wieder entführt.

Bruck a. d. Murr. Vielleicht hätte ich weniger Lust, wenn ich sie nicht andauernd buchstabieren würde. Ich wäre ruhiger. Familiärer. Am Anfang war das natürlich nicht so. Da dachte ich zumindest, es sei die Lust, die mir Spaß mache. Jetzt meine ich, es sei das Mitsprechen, Mitschreiben der Lust, das die Lust überhaupt produziere. So wie ein Forscher in die Anden NUR geht, um darüber berichten zu können. Ein idiotischer Grund. Verbietenswert. Auch alles, was damit zusammenhängt. Bei der Familie bleiben. Ohne Amplituden. Wochentage und Feiertage halten. Verwandte besuchen. Nachbarn haben. Einiges davon werde ich nie erreichen. Zum Beispiel Nachbarn haben. Dieses Wort könnte ich aus meinem Wortschatz streichen. Seit wir von Wasserburg weg sind, gibt es keine Nachbarn mehr.

Mixnitz.

26. 10. 1977, Graz. Hotel Erzherzog Johann.
Gestern Lesung. Kolleritsch gibt durch Verschlossenheit zu verstehen, dass er mich nicht aus Zustimmung eingeladen hat, sondern weil der Betrieb laufen muss. Es war voll. Honorar 1400 S und 100 S Reisekostenzuschuss. Auch das Hotel wurde bezahlt. Trotzdem ist das ein beleidigendes Honorar.

Ankunft Klagenfurt 15 Uhr 23. Lesung.

27. 10. 1977
Klagenfurt ab 7 Uhr 37, Wien Südbahnhof 12 Uhr. Aufgewacht, auf die Uhr geschaut, $\frac{1}{2}$ 8, also noch 7 Minuten, raffe alles zusammen, nehme den Telefonhörer ab, es meldet sich niemand, ich will ein Taxi bestellen, das muss da sein, wenn ich hinunterkomme. 5 nach halb bin ich drunten und rufe dem Portier verzweifelt ins Gesicht: Sie hätten mich wecken sollen. Er sagt, er wolle mich seit ein paar Minuten wecken, aber niemand melde sich. Ich: Um $\frac{1}{2}$ 7 hätten Sie mich wecken sollen. Er: Es ist jetzt $\frac{1}{2}$ 7. Ich schaue auf die Uhr. Es ist $\frac{1}{2}$ 7. Ich tue so, als zeige meine Uhr $\frac{1}{2}$ 8. Aber meine Uhr zeigt $\frac{1}{2}$ 7. Ich habe Herzschmerzen, fahre wieder hinauf, ziehe mich aus und wasche mich. Take it easy, Herr Doktor, hatte er gesagt.

28. 10. 1977, Wien. Hotel Academia.
Gestern wieder im Palais Palffy gelesen. Voll. Das *Sauspiel* ist wieder
sehr gut angekommen. Vielleicht war es auch die beste *Sauspiel*-
Lesung bisher. Ein neues, greifenderes Verhältnis zu den Sätzen.

29. 10. 1977, Wien ab 9 Uhr 05, Wels an 11 Uhr 33.
Gysi ist jetzt DDR-Botschafter in Paris. Das passt.
Das Innviertel 1779 von Bayern an Österreich verkauft.
Bei Passau sei der Inn breiter als die Donau. Also die Richtung
gilt, nicht die Menge.

2. 11. 1977, Braunau.
Der November hat Schluss gemacht mit den Illusionen des Okto-
bers.
Mir geht's gut, ich bin froh, und ich sag dir auch wieso, weil ich
dein Freund sein kann … Das muss man sich anhören, bloß weil
man in einem Café sitzt und *Bayern 3* das sendet. Es ist, als säße ich
in der Hölle, die Bedienung kommt her und fragt giftig: Haben
Sie sonst noch einen Wunsch, und ich muss den Kopf schütteln.
Nein zu sagen vermag ich nicht.
Hier muss ich sitzend lesen, vor so wenig Leute stellt man sich
nicht hin. Wasser lehne ich ab. Gemeinderat Pilsdorfer ist dick
und atmet wie ein Angina-Pectoris-Kranker. Das hübscheste Mädchen ist das an der Kasse. Die zahlt mich aus und geht. Natürlich.
Im kleinen Sitzungszimmer sitzen wir um ein Tisch-Hufeisen
herum. 19 Uhr 45 sind es 7 Personen. So viel waren es 1955 in
Remscheid. Um 19 Uhr 55 sind es mehr als 40 und nach 8 dann
52 Personen. Sie unterhalten sich angeregt. Einer: Ist Claudia wieder gesund? Eine: Vielen Dank. Es war so ein Druck, ein Band-
scheibenvorfall. Der Andere: Wir haben Sie sehr vermisst. Die
Frau: Sie hatten ja ein Klassentreffen. Eine andere Frauenstimme:
Maundoog wor's so sche-i.
Zwei Ältere, die ich vielleicht durch Bemerkungen über Reli-

gion gereizt und beleidigt habe, wurden böse, warfen mir mangelndes Reflexionsniveau, Aussagen von nur persönlichem Belang vor. Eine Bemerkung über Goethe deuteten sie als Vatermord der üblichen Art. Dabei war meine improvisierte Wiedergabe des Schriftstellerthemas gelungen, nach meinem Eindruck. Zwei oder drei Jüngere nahmen mich in Schutz.

Herr Pilsdorfer isst mit mir, bestellt ein Taxi; als der Fahrer in der Tür erscheint, wirft er mir noch eine Hand zu und rennt mit einem Gruß weg, als sei sein Zug schon im Wegfahren. So froh ist er, dass er wegkommt. Wir wussten beide nichts zu reden. Das war der Tiefpunkt der Reise. Ich sagte, dass ich das Hotel selber zahlen wolle. Auf das komme es bei einer solchen Reise nicht an. Es komme nur darauf an, dass man sie überhaupt hinter sich bringe.

Er rannte hinaus wie ein Schauspieler in einem Filmschwank.

Aber eine Hitleranekdote hat er doch drauf. Die muss er mir mitgeben: Eine Hitleranhängerin will 1938 den Führer am Stadttor auf der Brücke begrüßen. Da sie gerade einen Todesfall hatte, ist sie in Schwarz. Der Führer, abergläubisch, lässt an ihr vorbeifahren, ohne zu halten. Auch vor seinem Geburtshaus in der Salzburger Vorstadt, vis-à-vis vom Würstlstand, lässt er nicht halten. Und: Eine DDR-Mannschaft wollte hier nicht spielen, weil es Hitlers Geburtsstadt ist.

An einem Haus steht schön gemalt:
Redlich Gewicht und gute War
Erhält ein G'schäft viel hundert Jahr

3. 11. 1977, 9 Uhr 05 ab Braunau.
Einer versucht, im Zug ein Fenster zu öffnen. Schafft es nicht. Und sagt: Liaba dastickn ois dafeiarn, song d'Lait.

Seit Atzing reden ein Mann und eine Frau ununterbrochen über den Verfall. Früher 1 Apfel, 1 Brot, jetzt kiloweise Wurst im Kübel … Jeder stimmt, solang der andere spricht, übermäßig zu, so als sage der andere ihm nicht nur nichts Neues, sondern spreche das aus, was man selber immer schon gedacht habe, aber mangels eines gleichdenkenden Gesprächspartners nicht habe sagen können. Und sie schauen einander nur an.

Eine Frau: Dorf I frogn, hobt's do Religion ois Haupfach, ois Pflichtfach?

Das Mädchen: Jo.

Die Frau: Dees is guad. Ohne Religion is nix. Dees is wia a Kerper ohne Seele.

Jägermayrhof, Zimmer 1, war Jagdhaus Maria Theresias. Man hat Linz zu Füßen. Goethe hätte gesagt: Hier musste ein Jagdhaus entstehen.

10 Uhr 30 im Petrinum. Ein Bauquadrat mit 999 Fenstern. Das tausendste wurde zugemauert, weil sonst eine höhere Steuerklasse fällig gewesen wäre.

Der Rektor hat den Schlüsselbund in der Hand. Auch sein eigenes Zimmer muss er zuerst aufschließen. Die Lehrer sind mehr oder weniger geduckt. Noch am heitersten: die Ordensschwester und Frau Doktor.

Richtig schreiben sie hier: Fußgeher.

Und: «Betätigen der Schalter durch Unbefugte wird als Bahnfrevel bestraft.»

4. 11. 1977
Wankham – Aurachkirchen – Pinsdorf-Gmunden.
Hotel Schwan, Zimmer 42.

Abend am Traunsee. Dann
wär ich Maler. Schön, Föhn.
Pelzige Wolken. Blausilberinlet.
Kopfhänger ich. Schnauf auf.

Sitz ma se wohia, wo ma net weit zum Ausgang hom.

5. 11. 1977

Gestern Lesung in Gmunden.

8 Uhr 27 Gmunden, 12 Uhr 35 Innsbruck.

Blöder Zug, der mich fortschleift. Mir fehlt der Name der Vöcklabruckerin. Eine Verletzung. Mächtig die Brust, die Nase scharf und links und rechts davon große Augen, braune. Kurz vor dem Heimkommen ein Schlag, ein Schlag, ein Schlag. Und ich hab, solang man noch am Tisch saß, kein bisschen reagiert. Nicht einmal beim Auf-Wiedersehn-Sagen. Erst als sie weg war, schlug sie ein. Vöcklabruck. Unauffindbar.

Sie hat rosarote Hosen und eine blaue Jacke an.

Auf den Wangen trägt sie Rosen, in den Augen Wahn.

Er konnte es nur noch so sehen: Häuser, das ist etwas, worin gevögelt wird.

Da, wo jetzt die Autobahnbrücke vor Kufstein über den Inn, die Bahn und die alte Landstraße führt, muss im April 45 die Verhandlung mit den Amerikanern stattgefunden haben. Ich als Dolmetscher, der nichts verstand, aber alles übersetzte.

Die Wälder, die bei Wörgel weit ins Tal reichen. Da hab ich im März 45 bei Fliegeralarm die Haflinger in den Wald geführt.

In Innsbruck antwortet weder das Telefon der Gesellschaft (Forum für aktuelle Kunst) noch der Veranstalter Weiermeier, noch die Uni. Also mit Taxi zur Uni. Im Deutschen Institut ist niemand, auch kein Anschlag, und Herr Weiermeier ist nicht zu Hause. Gabelsbergerstraße 16, an der Tür: Allerheiligen-Verlag. Nach weiteren Telefonversuchen: Im Hotel Europa ist kein Zimmer bestellt, also Weiterfahrt. 14 Uhr 42, Feldkirch 16 Uhr 49, dort weiter 17 Uhr 16. Aber Lokschaden. Erst um 18 Uhr weiter. Zu Hause niemand telefonisch zu erreichen, also rufe ich Adlers an und hoffe, die bestellen Käthe nach Lindau, statt 18 Uhr 33 etwa

19 Uhr 33. Ohne die Innsbrucker Lesung komme ich früher heim, mit 500 Mark weniger.

6. 11. 1977
Als ich nach dem Telefongespräch mit Siegfried Käthe mitteile, dass die *FAZ* die Novelle abdrucken wolle, sagt sie: Jetzt sollte man wieder Charakter haben. Sie sagte das schmerzlich seufzend.

Ich will eine laute Sprache. Sätze, die klingen wie Glocken oder leichtere Verkehrsunfälle.

8. 11. 1977
Im November liegt der Abend lachsrot auf dem Wasser. Mein Nachbar schlägt Köpfe ab in Korea, Taiwan. Ich schlage hier Köpfe ab. Wir Imperialisten lieben das Abendrot im November, wenn das lachsrote Wasser aussieht wie die Unterwäsche der Mütter. Tote treiben zu den Türen herein. Die Strömungen zielen genau.

Wenn man sieht, wie der Wind heute die Eichen leert, kann man auf die Idee kommen, es handle sich um eine zweckvolle Zusammenarbeit.

s'Memminger Weible z'Kempte: Jesses, schient d'Memminger Mou z'Kempte oau.

12. 11. 1977

Was darf man sagen am Samstag im leeren Haus? Wohin schaut,
wer sich traut? Bist du zurück? Geräusch antwortet dem Geräusch.

13. 11. 1977, Konstanz. Schreibende im Strafvollzug.
Ein Wettbewerb.

Nach der Verlesung eines Briefes des Häftlings Schatt aus dem
Jahr 72 und meiner Lesung zweier Gedichte von Peter-Paul Zahl
eine übermäßige Reaktion: Rektor Sund und andere Jury-Mitglie-
der kommen nicht mit in den Mainau-Blick. Eine *SWF*-Journalis-
tin kommt und sagt, Professor Hemmerich habe eine Resolution
gegen mich verlangt, Seehaus-Besitzer und links, das sei zu viel.
Auch der Oberstaatsanwalt sei dieser Meinung. Käthe ist jetzt alar-
miert, verängstigt. Theresia meint, bevor ich öffentlich etwas sage,
müssten alle Familienmitglieder einverstanden sein, weil sie ja
schließlich alle unter den Folgen zu leiden hätten. Und, sagt sie,
Mama soll sich ein Beispiel an Frau Böll nehmen. Tatsächlich war
es peinlich gewesen, dass die Herrn der Jury mit einer Ausnahme
vom Après-Zusammensein weggeblieben waren. So wenig waren
ihnen die zwei Autoren aus den «Vollzugsanstalten» wert. Wichtiger war ihnen die Formulierung einer Distanzierung zu dem von
mir Vorgelesenen. Dabei hatte ich nur zwei Zeugnisse mitteilen
wollen, die erklären, wie es zum Terrorismus kommt. Ich hatte
keine Spur von Zustimmung zu diesen Zeugnissen beabsichtigt.
Der eifrige und als hochqualifiziert geltende Professor Hemmerich hat vielleicht tatsächlich auf so eine Gelegenheit gewartet. Mich schaut die Familie jetzt mit großen Unglücksaugen an.
Käthe fürchtet, man werde mir jetzt vorwerfen, was Peter-Paul
Zahl sonst noch für Gedichte veröffentlicht habe. Im Grunde genommen habe ich nichts getan, als den harmonisiersüchtigen Phra-
sen des Oberstaatsanwalts ein paar Stimmen entgegenzusetzen.
Aber schon das wirkt heute wie ein Verbrechen. Man sieht, man

449

muss die Selbstzensur verschärfen. Dies verallgemeinert, führt zu einer Diktatur ohne Diktator. Käthe muss noch Kathrinchen Adler anrufen. Sie muss sich aussprechen. Gesellschaft zu haben ist das Wichtigste für den Angefeindeten. Sie fürchtet eine Hausdurchsuchung. Ohne Familie würde ich jetzt einfach verreisen. Weg von hier. Nicht einmal lesen, was die jetzt in ihre ihnen ganz und gar gehörende bzw. hörige Zeitung schreiben. Sei dem Stein gleich, der in großer Höhe verwittert. Dass dir nicht recht gegeben wird, musst du wünschen.

Traum. Opernhaft. Auf dem Hoyerberg in einem Haus mit Panoramascheiben, Käthe und ich. Vor uns, etwas tiefer, die gewaltige Opernbühne. Von der Bühne steigen unter Musik Gips-Gruppen klassischer Statuen schräg in die Luft hinauf, ins Gewölk, in dem sie verschwinden. Theresia purzelt den Berg hinab, Käthe ihr nach, sie zu retten, sie muss sie wiederbringen, ich bleibe bei dem Filmteam im Zimmer, ich bin in der Gewalt des Teams, und das sind plötzlich Terroristen, zwei Terroristen, es fallen zwei sehr gedämpfte Schüsse, beide Terroristen sind in die Stirn getroffen, Käthe hat einen, und ich habe einen in der Hand, die sterben uns in den Händen, ich erwache.

Was wird in der Zeitung stehen? Bundesweit oder nur hier? Ich kann mir vorstellen, dass ich kämpfen werde, dass ich mir das, egal, was in der Zeitung steht, nicht gefallen lassen werde. Warum habe ich mich überhaupt so exponiert?

Telefonisch: Aktienberatung. Firma Börsentipp teilt mir mit: Man kann auf dem Aktienmarkt wieder Geld verdienen.

Habe ich nicht das Beispiel Bölls, den sie kaputtgemacht haben, dass er nicht mehr arbeiten kann? Ich will doch arbeiten, nicht mich sinnlos von denen als Objekt für ihre Jagdorgie erledigen lassen. Böll und Grass haben ihre enormen Geldreserven. Ich habe nichts. Und drei Kinder in der Ausbildung, die jeden Monat teurer wird. Um 8 Uhr hinunter. Die Zeitung. Zum Glück lässt mir ein Leitartikel auf der Titelseite noch eine Chance. «Arg missverständlich» ist der Titel. Ich schreibe eine «Antwort auf eine Unterstellung». Danach kann ich frühstücken und ruhiger sein.

Jetzt ächzt das Haus. Die Farben sind zerfallen. Schattenflügel herrschen über das Licht.

Wahrscheinlich wird Professor Hemmerich erst auftreten, wenn mein Artikel im *Südkurier* erschienen ist. In seiner gewohnten Art. Klug und als Naturwissenschaftler immer im Besitz des sichersten Wissens. Der Pressereferent der Uni, Herr Vogel, hat mich angerufen und hat gesagt, er finde das infam, was da gegen mich gemacht werde. Er habe das schon gestern bei der Beratung jener Resolution gesagt, es habe nichts gefruchtet. Er wolle mir das nur mitteilen. Das tut gut. Erstaunlich, dass er sagt, er wisse ja nicht, ob mir daran liege, so etwas zu erfahren. Für wie souverän halten die einen eigentlich. Sobald man zu viele gegen sich hat, hat die Luft keinen Sauerstoff mehr. Es ist ein anderes Problem als das, literarisch angefochten zu sein. Ich konnte mir doch sagen, dass die Herren, die da gegen mich zusammensaßen, einem Missverständnis erlegen waren. Sie hatten nicht begriffen, warum ich diese Stellen vorgelesen hatte. Ich wollte ihre Harmoniestunde stören mit einem wirklich wunden Problem. Ich wollte die Bedingung für die Misere ins Blickfeld zurückholen. Ich konnte mir sagen, was ich wollte, in der Nacht nützte das alles nichts. Ich war denen unterlegen. Sie waren mächtig.

Die Terroristen sind weder vom Himmel gefallen noch aus linken Bücherschränken, sie stammen aus Entwicklungen unserer Republik. Als erste Ursache ist zu fassen die Haltung unserer Politiker und Zeitungen zu den US-Verbrechen in Vietnam. Napalm auf Frauen und Kinder. Die Bombardierung Hanois, das hatte Sprengstoffanschläge gegen Amerikaner in Heidelberg und Augsburg zur Folge. Dann griff das um sich, verselbständigte sich, verlor alles Politische, wurde kriminell.

15. 11. 1977
Gewesenheit, ja. Vergangenheit, nein. Sätze, legitimiert von Gewesenheit.
100 000-mal müsste die Novelle verkauft werden, dann würde ich mit dem Roman bis 1979 warten.

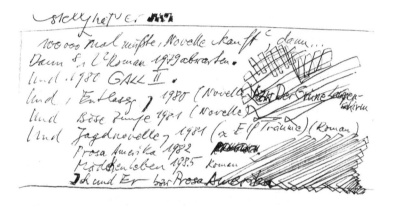

Vor einem Jahr fuhren wir durch West-Virginia und hinein nach Pennsylvania und wieder zurück zu den langen Bergrücken.

Jerry Lewis heiratete eine 13-Jährige, die seine Cousine sein soll. Das Publikum reagiert ungnädig. Wahrscheinlich versteckt sich die Presse hinter dem Publikum. Nach 10 000 pro Abend nur noch 250. Die Frau ließ ihn dann sitzen.

17. 11. 1977
Lebenslauf mit sich
Sich ergehen
sich erfahren
sich erkennen
sich ermorden.

18. 11. 1977
Zwei Anrufe vom Axel-Springer-Inlandsdienst. Ob man aus der
Konstanzer Sache noch eine Meldung herauswirtschaften könnte.
Ich sage nein.

Auch auf der größten Zeitungsseite konnte er nach dem flüchtigs-
ten Anblick von 1 Meter Entfernung aus sagen, ob sein Name in
irgendeiner der vielen Zeilen vorkomme oder nicht, so empfindlich war sein Auge gegenüber der Buchstabenzusammenstellung,
die seinen Namen bedeutete.

20. 11. 1977
Sadat sieht aus wie ein Zwillingsbruder meines Vaters. Im Schweizer Fernsehen lässt man Sadat minutenlang arabisch sprechen, und
erst dann übersetzt und fasst jemand, der selber im Bild ist, zusammen. Das ist menschlicher als das Zurückdrängen des Redetons
und das Darübersprechen der Übersetzung. Araber betonen sie
wie bei uns früher ArAAber.

Gerold, der aus Chile vertriebene Professor, kann in Paris seine
Miete nicht mehr bezahlen. Ich rufe Habermas an, der weist mich
an Wellmer.

Die Tage bis zur Stunde, in der die gewährte Audienz stattfindet,
sind lang. Man kann sie doch gar nicht anders als kauernd verbringen. Wodurch man gewissermaßen das Ergebnis der Unterredung
schon festlegt.

Wie unterwürfig und selbstbewusstseinslos ich angefangen habe, anfangen musste, nach meinen Voraussetzungen, das sieht man doch daran, dass ich die Arbeit in der Unterhaltungsabteilung und im Zeitfunk mit dem Ernst lebenslänglicher Berufsausübung betrieben habe. Wie viel davon in den Töchtern weiterwirkt, ist überhaupt nicht zu sagen.

23. 11. 1977
Baden-Baden, Hotel Pension Both. Vom Bertholdplatz, der russischen Kirche, zu Fuß in die Gunzenbachstraße und dann links in die Voglergasse.
Sie: Wir haben Lissabon für Sie reserviert. Sie führt mich an «Paris» und «London» vorbei, ein paar Stufen abwärts ins «Lissabon».

24. 11. 1977
Im Schweizerhof, Zimmer 23, für 52 Mark eine schmutzige, kalte Bude. Ich zum Empfang, will etwas Komfortableres, er tut, als schaue er nach. Nein. Empfiehlt den Badischen Hof. Wenn ich etwas Erstklassiges wolle, sie seien eben nur zweitklassig. Das klingt in dieser Umgebung genügend grotesk. Aber keiner kann es ertragen, sich dort einzurangieren, wo ihn die Gesellschaft einrangiert.
Zimmer 110 im Badischen Hof für 120 Mark, das ist billig im Vergleich mit der Bruchbude. Wirkt russisch.

28. 11. 1977
Siegfried, ehrlich erschöpft, am Telefon. Er will kein solches Jahr mehr. Er hat sich immer gesagt: Es macht mir Spaß, es macht mir Spaß. Aber er spürt jetzt: So geht es nicht weiter.

29. 11. 1977
Die Sonne scheint mir auf die Hand
ich brauche keine neuen Schuhe mehr
die Nachrichten lese ich sitzend. Mein
Verbrechen heißt Teilnahmslosigkeit.

Wie der Kohlhaas-Autor den Helden in der Mitte bleibend benennt: zuerst brav, dann wahnwitzig, dann arm. Das Unfreiwillige
der Änderung erbringt die Substanz.

Die Kohlhaas-Nebenhandlung mit der Prophezeiung muss nachträglich eingefügt worden sein, weil dem Ohnmächtigen, dem
Verurteilten die pure Rechtsgewährung (die Rappen sind gefüttert, sein Besitz geht bestens an die Kinder, der böse Junker wird
bestraft), die ihn auch den Kopf kostet, nicht genügen würde: Er
muss dem sächsischen Kurfürsten, der die Amnestie gebrochen
hat, etwas antun können. Deshalb verschluckt er den Zettel, auf
dem alles steht, was für den Kursachsen wichtig ist.

Theresia über die Katze Meeischi: Von der Seite sieht sie aus wie
Romy Schneider.

30. 11. 1977
Ich hüte mich, fest aufzutreten. Ich fürchte die Härte des Bodens.

Warum soll, was ich schreibe, beliebter sein als ich? Es muss un-
beliebter sein, weil es viel weniger täuscht als ich.

Je ernster einer den Prozess gegen sich betreibt, desto unernster
meint er es. Das ist ein Gesetz. Für Ironie.

Das meiste, was im Fernsehen zu sehen ist, ist nur für Geld entstanden. Das ist vielleicht die größte Gefahr, dass das Bewusstsein
des größten Teils der Bevölkerung von Produkten beherrscht
wird, die nur um des Geldes willen entstanden sind. Das ist sicher
der unterste Würdegrad, der denkbar ist.

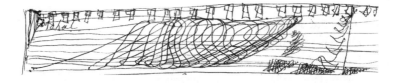

7. 12. 1977
Fromme Musik macht mich fromm.

10. 12. 1977
Gestern Abend rief eine aus West-Berlin an: Du hast doch auch das Inserat unterschrieben, ne?! Das zur Beendigung des Durststreiks, ne?! Dass der aufgehoben werden kann, ne?! Jetzt hat das Inserat natürlich was gekostet, ne, wir mussten inzwischen schon das Telefon ändern, ne, jetzt brauchen wir eben Geld, ne, jetzt wenden wir uns eben an die, die unterschrieben haben ...
Ich: Wo es erschienen sei, ich hätte nichts gesehen.
Sie: Ja, die bürgerlichen Zeitungen haben es abgelehnt.
Wofür dann Geld, möchte man fragen, aber man fragt nach der Kontonummer.
Sie muss die Nummer erst in den Raum zurück erfragen. J. Jansen, Sparkasse der Stadt Berlin West ...

11. 12. 1977
Die besten Stellen in *Montauk*: Über den Kleinbürger Max Frisch, wie seine Kindheit seine Genussart prägte. Erstaunlich, wie er das lakonisch notiert. Als hätte er kein Bedürfnis, oder als gebe es keine Möglichkeit, hinter diese Haltung zu kommen, ihr gegenüber noch eine kleine Unabhängigkeit zu erreichen. Wie er sich gerechtfertigt fühlt, sein Geld zu haben, bloß weil er früher keines hatte. Die alte Haushaltsrechnung wird vorgezeigt: So wenig Geld hatte ich einmal, schaut alle her. Er ist Sozialist, Antikapitalist. In einem Buch, in dem es programmatisch heißt, dass es keine Botschaft ent-

halte, dass es nicht nach dem Verhältnis des Schreibers zur Gesellschaft frage. Über dieses Fragen wird öfter gespottet. In diesem Buch nennt er sich Sozialist und Antikapitalist. Die Reichen fänden darin einen Widerspruch: Er sei reich, also könne er doch nicht usw. Der Autor fühlt sich immer gerechtfertigt. Auch wenn er eine Frau verlässt. Er hat einen lakonischen Konstatierstil entwickelt, der keine Empfindlichkeiten mehr zulässt. Einen So-ist-es-eben-auf-der-Welt-Stil. So einen Halt's-Maul-Stil. Einen Ich-nehme-die-Pfeife-nicht-mehr-aus-dem-Mund-Stil. Der ist oft schön. Wenn es um Harmloses geht. Am wenigsten schön ist er, wenn damit den Jüngeren Elogen gemacht werden sollen. Ich habe nach der Lektüre dieses Buches kein Bedürfnis, Max Frisch noch einmal zu sehen. Ich weiß nicht, warum das so ist. Ist es die Eitelkeit? Wenn wir in einem Raum sind, spielt Eitelkeit keine Rolle, weder bei ihm, noch bei mir. Man unterhält sich sozusagen glänzend. Es ist spannend. Lebendig. Aber jetzt weiß ich, wie er denkt. Das Buch soll doch genauer sein als er selber. Vielleicht ist aber das Buch durch den Kunstzwang verlogener. Dann wäre er sympathischer, als er mir im Buch erscheint. Die Lüge durch Verschweigen kennt er. Die Pseudo-Ehrlichkeit dieser wohlsortierten Bekenntnisse ist ihm als Problem bewusst. Trotzdem tut er es. Die Fiktion erlaubt nicht nur, sie befördert die Möglichkeit, alle Tendenzlinien in einen Schnittpunkt fortzusetzen, der zwar außerhalb des Buches ist, aber der unbezweifelbar die Person des Autors ist. Fiktion macht belangbar. Diese Pseudo-Tagebuch-Literatur ist Ehrlichkeitsattrappe. Aber spannend zu lesen, weil der Autor nicht Attrappe wollte, sondern Ehrlichkeit. «Dies ist ein aufrichtiges Buch, Leser.» Mit diesem Montaigne-Satz arbeitet der Autor. Hesse-Frisch-Handke oder Die Landung des Individuums auf sich selbst. Er macht sich immer weniger vor und ist deshalb immer mehr zufrieden mit sich selbst.

Die Aussage, es gebe keinen Gott, ist in jeder Hinsicht primitiver als die Aussage, dass es Gott gebe. Wer sagt, es gebe Gott, reagiert auf eine Not. Dadurch schafft er sich Gott. Die Aussage, dass es keinen Gott gebe, ist primitiver, weil sie nicht notwendig ist. Oder weniger notwendig. Jemand hat eine Not weniger als ein anderer, deshalb hat er eine Antwort weniger als der andere. Eine Sprache weniger. Oder weniger Sprache. Die Aussage: Es gibt keinen Gott, ist sogar völlig sinnlos. Wenn einer Gott nicht braucht, schafft er ihn nicht. Wenn er glaubt, ihn nicht zu brauchen, kann er sich auch keinen schaffen. Eine negative Schaffung gibt es nicht.

12. 12. 1977
Man sieht das Bewusstsein mit mehr als Lichtgeschwindigkeit über Wörter hinrasen und weiß schon, bevor das Bewusstsein dort angelangt ist, dass es bei dem Wort *niederdeutsch* enden wird.

14. 12. 1977
Jetzt wird Böll sechzig, zugerichtet von der Meute der professionellen öffentlichen Meinung, wie man es nicht für möglich gehalten hätte. Dass sie einen noch zu einer geradezu christushaften Leidensfigur zurechtquälen können! Alle Achtung, Herr Springer. Und die führen Christus usw. im Munde.

15. 12. 1977
Mir tut die Commerzbank leid, bei der ich mein Konto gekündigt habe.

16. 12. 1977
Morgen, 17. 12., müsste das Leseexemplar kommen. Deshalb wird es nicht kommen.
Die Schönheit eines durchgestrichenen Satzes.

23. 12. 1977, Sarn.
Das Schlimmste wird garantiert nicht gesagt. Alles, was jemand ausspricht, ist ein Versuch, das Schlimmste nicht sagen zu müssen. Darum ist alles, was man noch ausspricht, so harmlos. Etwas sagen heißt prinzipiell, etwas verschweigen.

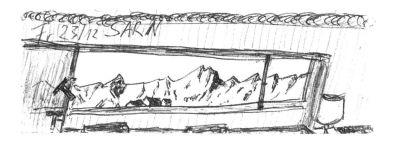

25. 12. 1977
Chaplin ist heute Morgen mit 88 gestorben.

27. 12. 1977
Über Gott. Einfach über das Missverständnis, das entstand, weil die, die sich einen Gott schufen, vergaßen, dass sie ihn geschaffen hatten. Das lockte die, die sich keinen schaffen konnten, her. Sie sagten: Es gebe keinen, oder er sei tot. So wird aneinander vorbeigeredet. Auch die Gottesbeweise gehören dazu. Warum muss ich, wenn ich mir einen Gott erschaffe, beweisen, dass er existiert? Aber vielleicht haben die Gläubigen ihren Gott zu sehr erhöht, zur Macht gemacht. Das fordert Kampf.

30. 12. 1977
Jetzt ein sanfter Schneesturm.

31. 12. 1977
Er hatte unter jedem Geräusch entsetzlich gelitten. Wie viel mehr aber litt er unter der pathetischen Geräuschlosigkeit nebenan.

1978

3. 1. 1978
Es gibt viel zu lieben in den Bergen.

Wenn jemand anruft, z. B. aus München, und ich bin nicht da, und
Theresia sagt, um drei sei ich zurück, meine ich, es müsse sich um
jemanden handeln, der zu meinen Gunsten anrufe. Aber um drei
ruft einer an und erklärt mir, wie ich ihm dienen kann.

6. 1. 1978
Er hört die Gastarbeiter-Sendung. Das Pathos der armen Italiener.
Seine Indifferenz. Er kann nicht leiden. Schon gar nicht mitleiden.
Ihm treten zwar Tränen in die Augen, wenn er diese Texte hört,
aber das bedeutet nichts. Es tut ihm nichts weh, wenn er hört, wie
übel die Italiener dran sind. Er hört das mit Interesse. Er hört auch
dem Programm des Waschautomaten mit Interesse zu. Er sitzt
eben gern und hört zu. Besonders, wenn er dabei noch eine groß-
artige Landschaft vor dem Fenster hat.

9. 1. 1978
Am Brunnen in Sarn ein junger Metzger gerade beim Därmewa-
schen. Die Sonne schien wie im März. Alles gleißte und leuchtete.

Eckermann. Als Folge von vertretbaren Textpassagen. Die benei-
denswert schmerzliche Jugend. Das Hinaufblicken zu Goethe.
Das Herabblicken Goethes. Die *Marienbader Elegie* als dramatische
Mitte. Danach ist Eckermann gebrochen. Schluss mit Vogelkäfi-
gen.

15. 1. 1978
Herr Michaelis bedankt sich für die Novelle, er habe sie mit «viel
Vergnügen» gelesen und dem Rezensenten weitergeschickt.
Wenn das nicht entsetzlich ist.

In meinen Adern fließt nicht Blut, sondern Schwere. Eine Art wei-
nenden Wohlbehagens. Ich spüre die Schwereflüssigkeit überall.
Am meisten hinter dem Gesicht.
Telefon: Gottfried Honnefelder hat mich herumgebracht. Ich
habe einer Lesereise zugestimmt. Das möchte ich rückgängig machen. 5-mal ja, 15-mal nein.

Ein Recht beanspruchen, dass das eigene Bewusstsein sein dürfe,
wie es jetzt, nach allem, mehr unwillkürlich als willkürlich geworden ist. Einen einzigen Augenblick lang gestatten, dass das
Bewusstsein sich auf die eigene Lage einpendle. Also keine Kritik, keine Verdammung der eigenen Neigung mehr. Zustimmung
zur bisher ununterbrochen bekämpften Neigung. Ein plötzliches
Zulassen jahrelang bekämpfter, immer auf Einlass drängender
Gedankengespenster, Meinungsmonstren. Das hieße aber, noch
verschwiegener sein. Ich dürfte keinem mehr sagen, was ich
wirklich meine. Ich habe die Teufel vor meinen Fenstern und
Türen und Türritzen immer gesehen, ich habe sie immer bekämpft, abgewehrt. Ich wollte ein Posten sein des Fortschritts,
der Annäherung an die Humanität. Ich lebte im gespanntesten
Zustand. Jetzt, müde, kapitulierend, wäre ich im Handumdrehen
besetzt von jeder Barbarei der Vergangenheit. Welche Gespens-
ter wollen nun herein? Einige, vielleicht die schlimmsten, werden sich zu erkennen geben, wenn sie herinnen sind. Einige sind
frech genug, sich schon zu erkennen zu geben, während sie noch
an Fenster und Türen klopfen. Da sind: kleinbürgerlicher Besitz-
stolz als Leistungsausweis, seht her, das alles habe ich geschafft,
erworben, gekauft, bezahlt! Ihr könnt mir alle gestohlen bleiben,

was mein ist, ist mein, ich werde noch mehr dazuerwerben, um auch meine Kinder von euch unabhängig zu machen, ihr kriegt uns nicht …

Was an Max Frisch imponiert, der trockene Ton der Leidlosigkeit, der doch völlige Empfindlichkeit verrät: Ich sag euch nichts, ihr spürt alles selber.

Mit Käthe: Sie will, dass es heißt «bestrichene Brote»; ich habe geschrieben «gestrichene Brote». Sie verlangt, eingeschüchtert, das Norddeutsche.

21. 1. 1978
Seuse: Gott als Ausdruck für Sinn. Im Sinne dessen, der Gott braucht: das Bedürfnis, dass es so sei, wie ich es brauche. MEINE Auffassung von Gerechtigkeit usw. Ausgleich usw. Gott ist das, was Seuse hier durch die Umstände fehlt: Er ist genau die Wiedergutmachung.

Das Bewusstsein ist eine enge Zelle. Das merkt man erst, wenn man verletzt wird. Man bringt den Schimpf nicht los. Es ist zu wenig Platz im eigenen Bewusstsein. Man ist festgelegt auf die Stelle, auf die die Schläge fallen.

Ich mache mir nichts klar. Ich bleibe befangen. Ich will aus dem Irrtum nicht hinaus.

Ganz entfernt im Haus, fast schon unwirklich, der fool on the hill von den Beatles.

24. 1. 1978
Beginn des *FAZ*-Abdrucks der Novelle. Herr Reich-Ranicki hat die Kurve gekriegt, ohne das Bewusstsein zu haben, eine Kurve gekriegt zu haben. *Jenseits der Liebe* war also für ihn ganz unten, war ein Wendepunkt, den er sogar durch seine Kritik ins Bewusstsein brachte, also vielleicht sogar aktivierte und also geradezu beteiligt ist an dem, was er jetzt ein «Glanzstück» nennt.

Man liest einen Verriss langsamer, gründlicher als ein Lob. Ein Lob überfliegt man. Wer also als Kritiker gründlich gelesen werden will, der muss verreißen. Aber ich glaube, das braucht man den Kollegen Kritikern nicht zu sagen, das wissen sie selber.

Die Katze leckt mit ihrer rauen Zunge gern meine Hand ab. Finger für Finger.

26. 1. 1978
Gestern Abend R. Hoffmeister, *ZDF,* ob ich am Freitag mit Herrn Reich-Ranicki über das Thema Schriftsteller und Kritiker, Einfluss des Kritikers auf den Schriftsteller, diskutieren würde. Grund: Reich-Ranicki habe sich ja praktisch zum Spiritus Rector, das war nicht sein Ausdruck, des neuen Buches gemacht. Ich: Das gehe nicht, weil ich die neue Kritik Reich-Ranickis noch nicht kenne, also nicht wisse, wie er seinen Einfluss verstehe. Der in den Vor-

abdruck einführenden Spalte in der *FAZ* könne ich wenig entnehmen. Und: Reich-Ranicki selber könne doch jetzt nicht mit mir diskutieren, bevor nicht seine Kritik in der *FAZ* gedruckt sei. Hoffmeister rief Reich-Ranicki an, dann wieder mich. Doch doch, Reich-Ranicki würde sofort mit mir über dieses Thema diskutieren. Ganz allgemein. Man müsse ja nicht über seine Kritik von 1976 diskutieren. Ich: Nein nein, kann ich nicht. Ich müsste schildern, wie mich die Kritik anno 76 betroffen und getroffen habe. Wenn ich über den Einfluss des Kritikers etwas sagen soll, dann kann ich 1976 nicht verschweigen. Darauf gibt Hoffmeister nach. Ich sei offenbar immer noch getroffen von dieser Kritik. Ich: Ja. Er will das Herrn Reich-Ranicki mitteilen. Der habe übrigens die neue Kritik noch nicht geschrieben.

Den Vaterlandsleichnam, den schmutzigen, haben sie zerschnitten, also wohnen wir in zwei Abkürzungen. Ich erkenne die DDR so wenig an wie die BRD.

Hölderlin: «Wohl dem Manne, dem ein blühend Vaterland das Herz erfreut und stärkt.»

27. 1. 1978
Jetzt, glaubt man immer, ist es zu spät. Wenn es dann später geworden ist, sieht man, dass es damals nicht zu spät gewesen wäre, erst jetzt, denkt man, ist es wirklich zu spät.

29. 1. 1978
Im Film sollte einer einen anderen auf dem Rücken tragen. Den ganzen Film hindurch. Aber es müsste immer weniger notwendig sein. So wird es Kultur. Und es geht dann nur noch darum, ob er ihn abwerfen soll. Wenn z. B. das Mädchen auftaucht.

2. 2. 1978

Hätten nicht Hesse, Thomas Mann und von mir aus André Gide miteinander nach Herisau pilgern müssen wie die drei Könige nach Bethlehem, um dem Kind ihre Kronen abzuliefern. Robert Walser hätte sie, das weiß ich auch, nicht empfangen. Er hätte ihnen durch den Anstaltspförtner sagen lassen, er könne es vor seinen Mit-Insassen nicht verantworten, wegen nichtiger Anlässe das Tütenfalten zu vernachlässigen. Aber dass Robert Walser die literarischen Machthaber seiner Zeit nicht empfangen hätte, ist für uns, die Zuschauer des historischen Theaters, kein Grund, jene drei Scheinkönige nicht nach Herisau pilgern zu lassen, auf dass die Groteske des wirklichen Verlaufs wenigstens im Nachhinein durch eine Geste zu Gunsten der Verhältnismäßigkeit gemildert werde.

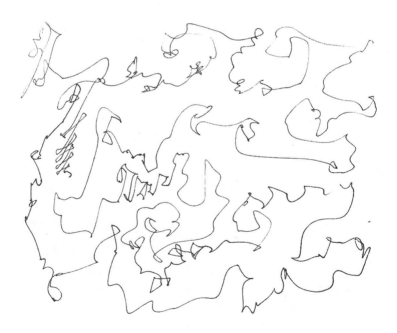

4. 2. 1978
Courbet über deutsche Maler: Haben denn diese Leute keine
Heimat?

Wenn man fast nichts mehr erträgt, sollte man das zugeben. Wenn
man das zugäbe, wäre man sofort erledigt.
   Das, was man sogar sich selbst gegenüber verschweigen muss,
ist die Wahrheit. Tändle ich? Wie komm ich hinab? Bewegungs-
los.

Ich könnte für jede triste Allgemeinheit ihren wirklichen Anlass
notieren. Aber ebendas kann ich nicht. Ich würde ihn dadurch
verstärken. Ich würde ihm sein gegen mich gerichtetes Gewicht
genau dahin lenken, wo es am schlimmsten wirkt. Ich wehre
mich durch die Verallgemeinerung. Die dadurch eintretende Ver-
schwommenheit verhält sich zum Anlass wie der Grabstein zur
Leiche. Man kann ohne krassen Schrecken davorstehen.

Dieser winzige Kreis. Und dann gleich die Wildnis. Wir sind doch
immer noch Abenteurer.

Man wird immer mutiger bzw. frecher bzw. unempfindlicher. Zuerst hätte ich gedacht, ich würde es nie wagen, etwas über Kinder
zu schreiben. Jetzt kann ich mir schon vorstellen, etwas über Tiere
zu schreiben. Offenbar gibt's bald keine Grenzen mehr.

11. 2. 1978
Fallende Tulpenblätter vermitteln den Eindruck von großer
Schwere.

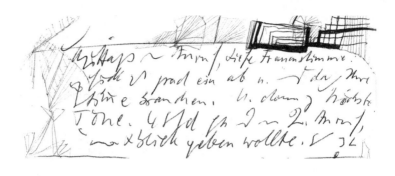

14. 2. 1978
Mittags ein Anruf, tiefe Frauenstimme: Ich fick mir grad ein' ab und könnte dazu Ihre Stimme brauchen. Dann schon höchste Töne. Vier Stunden später noch ein solcher Anruf, der einen Rückblick geben wollte.

16. 2. 1978
Gestern den Roman expediert. Und die *Sprüche* an die Eremiten.

19. 2. 1978
Der Zukunftsroman beginnt mit der Rechtfertigung in einem 1. Kapitel, und es kommt kein 2. Kapitel. Am Schluss heißt es: Jetzt darf ich wohl beginnen.

1. 3. 1978
Lesereise: Stuttgart, Tübingen, Augsburg, München, Regensburg, Heidelberg, Frankfurt, Kassel, Hamburg, Kiel, Neumünster, Dortmund, Bonn.
 Die letzten vier Wochen täglich 12 Stunden Robert Walser, für den Vortrag in Zürich, am 16. 4. Noch nicht fertig.
 Heute noch Herr Saueressig und Frau M., um wieder Belegexemplare für das Biberach-Archiv mitzunehmen. Beide sprechen von dem großen Erfolg der Novelle. Das ist mir, bemerke ich, ge-

nauso peinlich, wie wenn sie von einem Misserfolg sprächen. Die Kategorien Erfolg und Misserfolg sind unannehmbar. Zumindest für einen, der Misserfolg gehabt hat. Wie Schöllkopf jetzt mit mir telefoniert. Ob ich noch Zeit für ihn haben werde, in Stuttgart. Dr. Schäble, *SWF*, der mich aus der Novelle hätte lesen lassen, als sie noch kein Erfolg war, entschuldigt sich gleich am Telefon dafür, dass er mit mir noch ein Gespräch machen will, usw. Mir ist klar, dass Leute, die an Erfolg glauben, auch an Misserfolg glauben.

3. 3. 1978, Tübingen.
Noch bei Walter Jens, damit ich dem aus Frankfurt gekommenen Tilman, Größe 1,90, ein Goethe-Statement aufs Band sprechen kann. Auch Sohn Christoph kommt noch. Aber Tilman ist das beliebte Riesenbaby, die Eltern zeigen ihr Glück. Auch Leute, die uns nicht mögen, sagt Jens, sagen, unsere Kinder sprächen für uns. Also, mit diesen Kindern sind sie restlos einverstanden, restlos glücklich.

Das Audimax war voll. Im Großen Festsaal auf der anderen Seite des Gangs ein Rock-Konzert, Electronic-Hölle. Irgendwann ließen die drüben die Türen offen, weil es vielleicht zu heiß war. Gegen diese Geräuschwand anzulesen, war nicht einfach. Auch Karola Bloch war da. Sie erzählt, dass Bloch am Vorabend die Leonoren-Ouvertüre gehört habe. Auf die Frage, wie es gehe, sagt sie: Schrecklich. Er war einfach zu süß. Bis zum Schluss. So lieb.

6. 3. 1978, München. Hotel Consul.
Lesung im Theater an der Leopoldstraße, 375 Zuhörer.
Auseinandersetzung mit Peter Hamm, der mir den jugendlichen Erfolglosen Jürg Laederach als Märtyrer vorhält, weil ich zum ersten Mal nach Erfolg rieche. Dabei verhindert der IG-Druck-Streik die gerade anschwingende Erfolgskurve total. München seit 8 Tagen ohne Zeitungen. Keine Information, keine Besprechung, keine Sellerlisten. Ob dieser Schwung nachgeholt werden kann, ist mehr als fraglich.

7. 3. 1978, Regensburg. Wieder Lesung im Herzogssaal.
Herr Strohmaier weiß viel und alles sehr genau. Ich erfahre, andere Autoren bekommen 17 oder 18 % und nähern sich jetzt schon den 20 %. Ich mit meinen 12 % komme ihm komisch vor. Auch im Taschenbuch kriegen die 10 %, ich 4,5 bis 6. Der Verlag kann zurzeit das Buch nicht liefern. Die 2. Auflage ist nicht da. Herr Strohmaier: Sie werde mit 50 000 gedruckt. Er vermisst die Leinen-Ausgabe. Er hat sich bei Kollegen Exemplare leihen müssen. Der jetzige Fürst Thurn und Taxis sei homosexuell, trinke, lebe nach spanischem Hofzeremoniell.

14. 3. 1978, Hamburg. Hotel Europäischer Hof.
Der Streik hat neuen Auftrieb. Der Schlichter ist gescheitert. Die Geber wollen bundesweit ausschließen. Das könnte mein Buch endgültig stoppen. Soll es. Dann fang ich eben wieder an. Seit Mai 76 keine solche Situation mehr. Und jetzt wieder in meine Reise hinein. Ob man ein so unfreiwilliges Opfer noch Opfer nennen kann? Es handelt sich um Verlust, eindeutig. Und das ist ein Wort, das nur Unternehmer trifft.

Saucke hat das Zimmer nicht bezahlt. Diese freundlichen Leute, dieses Händeschütteln, dieses Augenleuchten, das nichts kostet. Das Zimmer aber kostet mehr als 80 Mark. Das Geld produziert eine Dimension des Schreckens, in der nichts vorkommt als das Geld selber.

Reinhard Baumgart getroffen, gentlemanhaft sagt er, dass ich das wirklich hätte verhindern sollen, eine Reich-Ranicki-Werbespruch-Bauchbinde umgelegt zu bekommen. Wie Peter Hamm mir Robert Walsers Schicksal vorhält. Alles Leute, die das von außen sehen. Ich soll den, der mir 20 Jahre lang geschadet hat, jetzt aus Gentleman-Gründen hindern, etwas für mich zu tun. Ich werde ihn nicht hindern. Dass ich mich nicht versöhnt fühle, habe ich öffentlich gesagt. Das reicht.

15. 3. 1978. Von Kiel nach Neumünster.
Eckart Cordes war gestern wieder ein großer, erfolgssicherer Erzähler am Tisch. Zu seiner Jubiläumsveranstaltung «100. Lesung» kamen Günter Grass, Peter Härtling, Peter Handke, Siegfried Lenz und Kempowski. Kempowski las zu lang. Trug sich vor, als wäre sein Text von Goethe. Auch Grass eher zu lang, dass Zuhörer gingen, nahm er Cordes übel. Enzensberger kriege man nur, wenn man ihn besteche, für 1000 Mark kommt er. Artmann will mit Frau Cordes eine Tochter machen. Cordes schildert ihn als Hund, der dann tagelang ums Haus schleicht. Er brachte 3 Mädchen mit, die während der Lesung zu seinen Füßen saßen und rauchten und tranken. Als Herr Cordes in den Leuchtnachrichten sieht, dass Hans Mayer im Westen bleibt, ruft er sofort bei Rowohlt an, er verspricht 1000 Zuhörer, kriegt die Zusage. Aber dann ein Schneesturm. 1000 sind's nicht, aber doch fast 800. Raddatz ruft an und freut sich und dankt. Hans Mayer hat ihm ein Telegramm geschickt: Sang in Kiel vor 1600 Zuhörern.

Jürgen Becker ruft an, will mich für eine Talkshow im *WDR*, ich kann nicht. Er gratuliert zum «großen Erfolg», der ist verdient, sagt er. Ich finde, mit dieser Qualifikation geht er zu weit.

16. 3. 1978
Zwei Tage Aussperrung total. Also eine vollkommene Unterbrechung des Informationsflusses. Die Unternehmer schädigen mich zum Glück schlimmer als die Kollegen von der Gewerkschaft. In Neumünster weniger Leute als vor 10 Jahren. Zumindest nicht mehr.

Ein Reisender im Zug: Der Schleyer könnte heut noch leben. Ich würde mich schämen da oben, überhaupt noch da zu sein, wenn ich so 'n Mist angerichtet hätte.

17. 3. 1978. Von Dortmund nach Bonn.
Auf der *Spiegel*-Liste Platz 5. Was die jetzt mit dem Novellchen machen, ist genauso willkürlich wie das, was sie vorher mit anderen Büchern gemacht haben.

Dass zwei Buchhändlerinnen zusammenhängen, ist ein Grund, sie nicht zu nehmen: für eine gute Chefin.

18. 3. 1978
In Bonn gestern gut 600 Leute, wieder ein sehr gutes Publikum, zum Glück. Um 0 Uhr 15 ab Bonn, jetzt, 6 Uhr 45, zwischen Skt. Georgen und Villingen. Es schneit, was heruntergeht. Die Leute machen kleine Schritte in dem rutschigen Schnee, jeder möchte den Boden zuerst mit den Fußspitzen berühren. Ich bin zur Dicksten ins Abteil geraten. Sie baut sich jetzt aus ihrer Tasche ein Frühstück auf, lässt Fruchtsaftdosen knallen, Brote sich aus Papieren entblößen. Nachts schnarchte sie, weil sie einen starken Katarrh hat, immer bis zum Ersticken, nach einem letzten Röchler wieder längere Atemzüge. Gestern Vormittag wurden über 3000 Exemplare ausgeliefert, die 40000 sind überschritten. Jetzt

die Strecke, die ich Ende März 76 nach Reich-Ranickis *Jenseits der Liebe*-Kritik gefahren bin. Der Unterschied braucht einen Spiegel, in dem er sich anschauen kann, sonst weiß er nichts von sich.

Wie sich die Zeit staut, wenn man sich der Heimat nähert. Ein Druck entsteht. Ein Zeitdruck. Sie fließt nicht mehr recht. Sonst die schnellste, wird sie in der letzten halben Stunde die langsamste. Aus dem Schwarzwaldschneetreiben in ein fast schon sonniges, nur noch ein bisschen nasses Bodenseewetter. Verspätung, ein bisschen Verspätung, vielleicht 10 oder 12 Minuten Verspätung, um den für die Heimkehrdramaturgie nötigen Zeitdruck noch über das Natürliche hinaus künstlich zu erhöhen. Am Dunst der Wälder entlang. Der Bodanrück, mythisch verströmt. An den nahen, frisch geschnittenen Obstbäumen jäh vorbei, bei Ludwigshafen endlich der See mit emsigen, nur an Ort und Stelle bebenden, winzigen Wellen.

19. 3. 1978, Sarn.
Die Novelle wird Anlass zur Entwertung aller früheren Bücher. Jeder, der mir etwas Nettes sagen will über das kleine Buch, gesteht jetzt, was ihm an früheren Büchern nicht gefiel. Der Erfolg beweist ihnen alles. Dann wäre dieser vernichtende Erfolg besser unterblieben. Käthe empfindet das genauso. Sie kann es, sagt sie, schon nicht mehr hören, wie die dieses Buch auf Kosten der anderen erhöhen.

6. 4. 1978
Ein Viertel dieses Jahres ist vorbei. 1978 hat durch seinen Achter sowieso einen ungewöhnlich hohen Drohungsgrad. Der ist nur noch durch einen Neuner zu übertreffen. Wenn man auf solche Zahlen zugetrieben wird, möchte man Haken schlagen wie ein Hase.

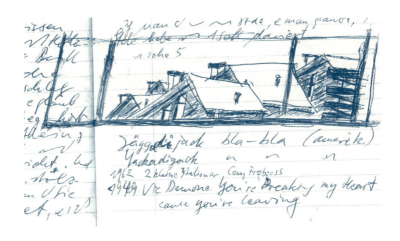

7. 4. 1978

Zukunftsroman. 24327. Begabungen heirateten Begabungen, eine ungeheure Zunahme des Talents auf der ganzen Erde. Gegen Ende des 3. Jahrtausends nach Christus gab es nur noch Hochbegabte auf der Erde. Produktive. Produzierende. Schöpferische. Eine Masse Genies. Heute ist uns das nach weiteren 20 000 Jahren eine Selbstverständlichkeit. Wie sensationell das damals empfunden worden sein muss, können wir nicht mehr ahnen. Vor allem wusste man überhaupt nicht, wie man das durch die völlige Generalisierung des Talents verloren gegangene Publikum ersetzen sollte. Man stammte damals ja ziemlich direkt aus Zeiten, in denen es nur wenige, für unsere Begriffe unglaublich wenige Produktive gab und Milliardenmassen von Eingeschüchterten oder wirklich Reglosen, Talentlosen, die den wenigen mit Begeisterung und Geduld als Publikum dienten. Gegen Ende des 3. Jahrtausends war das Publikum ein für alle Male verbraucht. Es gab keins mehr. Und hat seitdem in diesem Sinn keines mehr gegeben. Vor etwa 20 000 Jahren hat dann die Entwicklung angefangen, die vor ca. 1000 Jahren den Zustand erreichte, den wir genießen: Publikum ist seitdem die qualifizierteste Minderheit, die je auf dieser Erde existierte. Wenn ich meinen Zeitgenossen des Jahres 24327 einen Begriff geben will, was das Publikum damals war, dann müsste ich sagen: Vor 20000 Jahren war das Publikum das, was heute die Produzierenden sind. Und die Produzierenden sind heute, was damals das Publikum war.

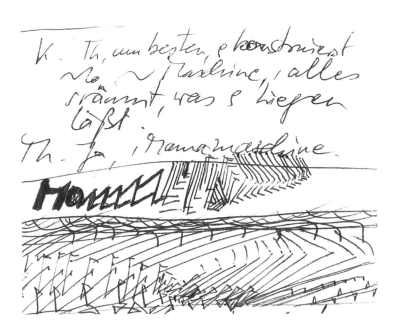

Das Fieber läutete in ihm lauter gläserne Glocken.

8. 4. 1978
Das Fieber reibt mir mit seiner Fröstelbürste die Arme auf. Wenn der Tod etwas Sanftes wäre, hätte ich nichts gegen ihn.

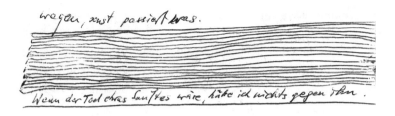

10. 4. 1978
Gestern Vormittag Schreiausbrüche. Ich schlage vor, wir gehen essen. Nachmittags sollen Herr und Frau Storz kommen. Auf der Rückfahrt von Lippertsreute an der Waldorfschul-Kreuzung ein Zusammenstoß. Schon auf der Hinfahrt sprachen wir über die Pferde auf der Rengoldshausener Weide. Besonders über einen Schimmel. Auf der Rückfahrt wird der Schimmel gejagt von einem Pferd und flieht richtig. Das bemerken wir alle. Wir haben einen Augenblick Zeit, weil von links ein Auto kommt. Das lassen wir nach rechts passieren. Wie weit ich ihm nachschaue, weiß ich nicht. Auf jeden Fall stehen wir jetzt auf dem Verkehrsverteiler auf der anderen Straßenseite, haben alle Zeichen umgefahren, sind von einem Opel auf der Hauptstraße gerammt worden. Ich habe weder etwas gesehen noch gehört. Totalschaden. Beide Wagen. Bei uns fünf, im anderen drei Personen. Heute höre ich, der Vermögensberater habe eine Sehnenzerrung am Knöchel, die Frau durch die Gurte eine Rippenprellung. Er könne nicht arbeiten. Sich auch kein Auto beschaffen. Er fragt, ob ich auf dem Kulanz-Wege von den 5000 Mark, die sein neues Auto mehr kostet, als er von der Versicherung für das alte bekomme, 2500 übernehmen wolle. Wenn er sein Auto nicht herumgerissen hätte, wäre er voll auf uns drauf, sagt er. Ich habe eine Prellung am linken Oberschenkel, Käthe hat es durcheinandergeschüttelt, sie hat etwas wie Muskelkater. POM Christ hat den Unfall aufgenommen, den Krankenwagen herbeigefunkt, zwei Abschleppdienste. Ein Mann rät mir, die Aus-

sage zu verweigern, einen Rechtsanwalt zu nehmen. Ich kann überhaupt nicht mehr sprechen. Ich würde am liebsten in den Wald abhauen. Es ist so entsetzlich, diese Zerstörung, diese Gewalt. Unsere rechte Vorderseite und seine linke Vorderseite. Wenn er, anstatt nach rechts herumzureißen, ein bisschen nach links gefahren wäre, wäre vielleicht überhaupt nichts passiert. Aber das kann man nicht sagen, wenn man das Gros der Verursachung geliefert hat. Aber warum weiß ich wieder nichts von den entscheidenden Augenblicken? Wie in Texas beim Salto vom Pferd.

12. 4. 1978
12 900 ohne Mehrwertsteuer soll die Reparatur kosten.

Wir haben kein Organ für das Leben. Die Geschlechtsorgane möchten sich jetzt anbieten. Gut. Angebot angenommen. Die Geschlechtsorgane sind also die Organe fürs Leben, so wie die Augen die Organe für das Sehen sind, die Ohren die Organe für das Hören. Jetzt haben wir aber mit den Augen und Ohren eine ziemliche Ausbildung geschafft. Ein geschultes Auge, ein geschultes Ohr. Gibt es ein geschultes Geschlechtsorgan? Das mag es geben. Aber die Steigerungen, die da möglich sind, verlassen nie die naturalistische Sphäre. In den Dienst des Ausdrucks, sei es erlebend oder selber machend, kann man die Geschlechtsorgane nicht nehmen. Alle vom Geschlechtstrieb abgeleiteten Fähigkeiten haben mit den Organen wenig zu tun. Das Hormonelle, von dem wirklich Steigerungen abzunehmen sind, ist kein Organ. Wir haben kein Organ für das Leben.

Einem Buch, das man rechtzeitig gelesen hat, kann nichts mehr passieren. Dafür braucht man keinen Bücherschrank, das hat man intus. Man könnte auch gar nicht mehr nachlesen, um sich des Eindrucks, der sich Jahre oder jahrzehntelang gehalten hat, zu vergewissern. Man dürfte sich gar nicht vergewissern wollen. Wichtig ist der Fragmentcharakter, das Ruinenhafte der Leseerinnerung. Ich habe mich nie in meinem Leben so beweglich gefühlt wie damals, als ich etwa als 15-Jähriger Klopstocks Oden las. Mein Innenleben wurde beschleunigt und in eine ungemein scharf gefasste, messinghaft gleißende Bewegung gesetzt. Eine altmodisch messinghaft glänzende, irgendwie gespreizt elegante Eile, die aber Besonnenheit erreichen will. Dazu ein Lichtbogen vom Zürichsee in etwas, was nördlich von Hamburg liegt, ein Schlittschuhfahren, durch einen Sommerabend belebt, in einer nicht sagbaren, sondern nur empfindbaren Weise. Die Lektüre muss mich mit dem lebenslänglich nachhallenden und immer gleich unerfüllbaren Wunsch infiziert haben, selber Sprache in Odenstößen von mir zu geben, sich heiß aus dem Munde wiegende, in der frischen Luft sofort zu zierlichstem Messing sich verfestigende Sprachströme zu produzieren ... Klopstock, Hölderlin, Hölty, Ludwig zu Stolberg, diese Herren haben mich damals infiziert, teils aus Schullesebüchern, teils aus von meinem Vater übrig gebliebenen zerfetzten Göschenbändchen der Jahrhundertwende. Es ist eine Welt für sich, die Leseerinnerungswelt. Ich weiß nicht, ob ich von ihr aus den Zugang finde zur wirklichen Welt. Was fiel mir ein, mich so hinter Büchern zu verschanzen. Ich weiß nur noch, wie ich die Karl-May-Bände überall zusammenholte, bis ich alle, von denen ich hörte, es gebe sie, auch gelesen hatte. Im Jahr 1975 entdeckte ich in der Uni-Bibliothek in Warwick einen Karl-May-Band, von dem ich noch nichts gehört hatte. Er spielte in Bayern und schmeckte mehr nach Ganghofer als nach Karl May. 40 Jahre davor wäre mir das gleichgültig gewesen. Man hatte immer einen Grund, sich von der Gegenwart und Wirklichkeit abzustoßen.

Das Leben ist nicht ohne weiteres auszuhalten. Der Leser befindet sich prinzipiell auf der Flucht. Diese Romane entstanden ja nur aus den Hindernissen, die sich einem Romanhelden in den Weg stellten. Er überwand sie. Ich überwand die meinen nicht, sondern las, wie er seine überwand. Seine waren überwindbar. Meine nicht. Ich hoffte …

16. 4. 1978, Zürich.
Vortrag zum 100. Geburtstag Robert Walsers, im Schauspielhaus.
   Danach im Storchenrestaurant, ich zwischen Hilde Unseld und Frau Reinhardt. Hilde isst Spargel mit den Händen, sagt das extra. Die Besteckauswahl und die Fingerschalen beweisen, dass sie es richtig macht, während ich es, mit Messer und Gabel, falsch mache. Der Ober zu Hilde und Frau Reinhardt: Haben die Damen gern Sauce über den Spitzen? Sie haben. Also lässt er dicken Béarnaise-Schlamm über die mannsgliedhaft sich abzeichnenden Spargelspitzen laufen. Auf der Fassade vis-à-vis ist vielfach zu lesen: Samen Mauser. Frau Reinhardt erzählt zuerst, dass gestern ihr Esel Bileam an Herzverfettung gestorben sei, mit 13. Er hätte 25 bis 30 werden können. Eine Kinderschulgruppe hat einen Nachmittag in ihrem Garten verbracht. Eben mit dem Esel, den Hühnern und Enten. Die Kindergärtnerin, eine Jugoslawin, die Kinder Türken, Griechen, Italiener, Schweizer. Als sie einen Sattel sahen, wussten dafür alle nur ein Wort: Sheriff. Sie hätten sich überhaupt nicht ausdrücken können. Es sei furchtbar gewesen. Hilde: Das wird noch was, das gibt noch ein Problem. Die werden gewalttätig werden, wenn sie nicht sprechen können. Siegfried in seiner Tischrede, dass es Zeit sei, wie Robert Walser gesagt habe, die Christenpflicht zur Menschenpflicht werden zu lassen. Es sei Zeit für Freundlichkeit. Der alte Schriftsteller Ludwig Hohl liest mit einem Rest von Stimme eine schrullige Prosa vor. Der Anlass ist zu deutlich zum Genuss eines Außenseiters geworden, der 20 Jahre in Kellern und Entziehungsanstalten lebte und der sich jetzt kaum noch aufrecht

halten kann. Aber er kommt mit einer ca. 60-jährigen französischen Adligen, die noch schön ist und die Rennfahrerin gewesen ist. Er fliegt sofort nach dem Essen wieder mit ihr zurück nach Genf. Mit H.M. Enzensberger kaum Berührung. Daran bin ich schuld. Er ist aufreizend jung geblieben. Als ich die Narben des Facelifting sehen will, sagt er: Immer nur die blöde alte Herr-Keuner-Geschichte. Dabei wollte ich ihm gar nicht vorwerfen, dass er sich nicht verändert habe, sondern dass er so jung geblieben sei. Weil ich ihn beneidete. Alfred Andersch in Hosen von 1962, unten eng und oben weit, und wenig Stimme und in Erwartung einer Nierenoperation: Er braucht neue Nieren. Jetzt 3-mal in der Woche Blutwäsche. In dem Schloss über Ermatingen, in dem die Schweizerische Kreditanstalt ihre Angestellten schult, hat er gerade einen Vortrag gehalten. Max Frisch ist am wohlsten.

19. 4. 1978, Gießen.
Pension Betty Dornberger, im 3. Stock, neben einer Apotheke, die auch den Dornbergers gehört, in der Selterstraße. Im Reiseplan: Hotel Dornberger Hof.

Gestern, 6 Uhr 52 ab Freiburg, 9 Uhr 14 an in Frankfurt. Park-Hotel. Selber bezahlt, 125 Mark, bisher mein Rekord. Vormittags Bergen-Enkheim, Buchhändlerschule. Ich, eher hemmungslos, über die Reich-Ranicki-Probleme. Dann mit Claus Carlé und Elisabeth Borchers nach Hanau, Lesung in der Reinhardskirche, gerade noch voll, dann zurück nach Frankfurt. Elisabeth berichtet, dass Siegfried Unseld jetzt bei jeder Gelegenheit davon spricht, es sei Zeit für Brüderlichkeit und Freundlichkeit. Und wie er aufgebraust sei, als er seinen Hersteller sprechen wollte und der gesagt habe, am Samstag, er arbeite an der Fertigstellung seines Hauses, ein Reihenhaus. Unseld: Ich weiß nicht, warum die Leute so versessen sind auf Häuser, ich verstehe diesen Besitzerehrgeiz nicht. Er wohne in einem Haus, das ihm nicht gehöre. Es gehört dem Verlag. Ausziehen aus meinem Haus, um nicht zu denen zu gehören? Oder zugeben, wirklich laut zugeben, dass man dazugehört, zu den Beutemachern.

In der Zeitung steht, Krokodile träumen nicht. Träume gibt es erst seit kürzerer Zeit. Als die Krokodile entstanden, konnte auf der Erde noch nicht geträumt werden. Und nachträglich haben die Krokodile das Träumen nicht mehr gelernt.

Ich wünschte, ich würde glücklich und bedauerte es nicht, glücklich zu sein, angesichts der Milliarden Unglücklicher.

Der wahrhaft kühne Versuch, sich vorzustellen, wie A.C. Springer, R. Mohn, Gruner & Jahr und Abs auf einen Kafka-Text reagieren. Lächeln sie? Können Herrschende lesen? Herrschende können beten. Das konnten sie immer schon. Ich stelle mir vor, ACS betet so: Lieber Gott, Gottseidank bist du ein lieber Gott, sonst wäre es nicht auszuhalten in dieser Welt. Du bist wirklich ein lieber Gott. Du lässt die Bolschewisten leben. Ich habe Geduld mit deiner Geduld, lieber Gott. Irgendwann wirst du ihnen schon alle Haare vom Kopfe fallen lassen, dass sie dann ein wenig frieren. Ich bin ein Sünder, lieber Gott, du weißt es, trotzdem schlägt dein Blitz nie in meinen Jet. Du bist eben ein derart erhabenes Prinzip, lieber Gott, dass es dir gleichgültig ist, ob ich mit meinem Jet unter dir herrase oder ob ich barfuß, die Sandalen in der Hand, durchs abendliche Watt wandere. Du findest es gut, dass es die *Bild*-Zeitung gibt. Ich auch. Mein Gott, lass auch Wallraff ruhig schlafen. Verzeihe den bösen Linken, sie wissen wieder einmal nicht, was sie tun. Ich will jetzt noch eine Seite Kafka lesen, lieber Gott, weißt du, so eine Seite, auf der die Prosa bis zum Exzess nach Gerechtigkeit strebt. Ich finde, Kafka war sehr streng, vor allem gegen sich. Das gefällt mir an ihm. Ich bin auch streng gegen mich. Gegen meine Umwelt aber bin ich milde. Wenn es nach mir ginge, sollte die *Bild*-Zeitung nicht in Druckereien, sondern in Gärtnereien entstehen. Überleg dir das einmal, lieber Gott, ob du die *Bild*-Zeitung nicht unter die Gewächse der Schöpfung aufnehmen könntest, dass sie gediehe wie Gurken und Tomaten und so natürlichsten Rang erhielte. Du bist ein gewaltiges Prinzip, lieber Gott, entschuldige, wenn ich mich dir als Partner anbiedere. Ich schäme mich. Ich bin eben so fromm. Manchmal hab ich das Gefühl, ich sei dein zweiter Sohn. Also verfolgt genug bin ich. Was war Pilatus gegen Wallraff. Aber bitte, tu, wie du willst. Ich gebe nur zu bedenken, dass auch du dabei gewinnen könntest, wenn die Blätter der *Bild*-Zeitung unmittelbar aus deinen Händen wüchsen. Es wäre für dich eine gute Werbung. Die du nicht brauchst. Das weiß ich. Vielleicht reden wir morgen Abend noch einmal darüber. Jetzt lese ich noch eine Seite dieses unerbittlichen Kafka. Das finde ich eigentlich ganz nett von mir. Denn nötig habe ich es wirklich nicht.

Ein Thyssen

Wenn ich ein Buch in die Hand nehme, wundere ich mich immer, wie leicht es ist. Die Welt im Buch. Wie leicht sie da wird. Es wäre schlimm, wenn wir keine Bücher mehr hätten. Ich sage immer: Bücher her! Baut die Bibliotheken aus, sage ich. Drückt den Leuten Bücher in die Hand. Sobald einer ein Buch in der Hand hat, kommt er nicht auf dumme Gedanken. Bitte, es ist wirklich egal, was in einem Buch steht. Natürlich ist ein gutes Buch besser als ein schlechtes. Aber das schlechteste Buch ist besser als gar keins. Neueste Untersuchungen haben ergeben, dass jemand, der ein Buch in der Hand hat, keine Bombe in der Hand hat. Ich selber gehe da gern mit gutem Beispiel voran und nehme deshalb des Öfteren ein Buch zur Hand. Ich lese gerne Macchiavelli und Werfel und Alexander von Humboldt. Auch der Geist braucht Nahrung. Im Alltag kommt das Geistige oft zu kurz. Wir kennen alle die Sachzwänge. Jeder wäre gern frei. Jeder. Aber wir müssen alle Opfer bringen. Gerade die industrielle Hochleistungsgesellschaft mit ihren unerbittlichen Qualitätsforderungen fordert von jedem seinen Beitrag. Aber dafür werden wir entschädigt. Wir haben die Freizeit geschaffen. Ich sage immer: Drückt den Leuten Bücher in die Hand, auf dass sie ihre Freizeit sinnvoll verbringen. Bitte, ich habe nichts gegen einen harten Krimi. Ich selber bin Roman-Polanski-Fan. Jeder ist selbst seines Glückes Schmied. Wir sollten ihn nicht zu sehr patronisieren. Er soll entscheiden. Gerade uns von der Hochleistungsindustrie ist an einem mündigen Mitarbeiter gelegen. Funktionäre und folgsame Massen sind uns ein Gräuel. Wir wollen, dass unsere Werke belebt werden von Mitarbeitern, die den Sinn ihres Lebens selber finden und dazu keine Doktrin brauchen. Gerade dazu ist das Buch gut. Jeden Sonntag ein Buch im Kopf! Das hat, glaube ich, einmal ein französischer König gesagt, und die Franzosen waren immer schon Lebenskünstler. Im Buch wird die Welt leicht, ohne dass sie an Gewicht verliert. Denken Sie an den *Zauberberg*. Mein Lieblingsbuch. Wie leicht und doch wie schwerwiegend. Naphta und Settembrini, ein göttliches Paar. Und der saumselige Castorp inmitten seines geistreichen Zigarrenrauchs. Dabei hat er's an der Lunge. Gerade der Menschenführer, der die Naturgesetze exakt Nutzende, was wäre er ohne das Paradox? Die Bücher sind die Reservate der Paradoxie in unserer von Zwecken verwüsteten Welt. Wir sollten nicht nur unseren Mitarbeitern Bücher in die Hand drücken, sondern auch unseren Aktionären. Auch die Aktionäre brauchen die Regeneration im Paradoxen. Gestern traf ich in Salzburg einen Dichter, der zu mir sagte: Wenn die Kunst nicht das Sinnloseste wäre, könnte sie mir gestohlen bleiben. Das hat mich tief beeindruckt. Kafka, hat er gesagt, lesen Sie Kafka. Ich habe ein paar Seiten Kafka gelesen. Ich kann nur sagen: Phantastisch. Wenn man sich erst einmal eingelesen hat, das heißt, wenn man es aufgegeben hat, auf der Oberfläche, im Dreidimensionalen bleiben zu wollen, dann beginnt sofort die Entschädigung, der Gewinn. Ich habe den Eindruck, dieser Kafka habe Maschinen gebaut, mit denen man etwas produzieren kann, was man Nichts nennen könnte. Also etwas durchaus Unzweckhaftes. Man legt, Kafka lesend, genauso viel Strecke zurück wie Karussell fahrend. Das ist das Schöne.

23. 4. 1978, Stuttgart. Hotel Unger.
Abends bei Ingrid Storz: Günter Grass habe eine Zeit lang signiert, dann habe er keine Lust mehr gehabt und gesagt, er habe eine solche Freude am Handeln. Ob sie nicht ein bisschen handeln könnten miteinander. Sie bietet ihm zwei Kisten Rotwein an, wenn er

weiter signiere. Da springt er auf und tanzt vor Freude. Jetzt signiert er gern weiter. Dabei kriegte er ein Honorar von 1000 oder 1200 Mark für die Lesung. Wie viel es genau war, weiß Ingrid Storz, vielleicht mit Rücksicht auf die 500, die ich kriege, nicht mehr.

27. 4. 1978, Göttingen. Hotel Gebhard.
Die überfüllte Veranstaltung lief so gut, dass ich übermütig wurde und in der Diskussion alles nur launig beantwortete. Das produzierte bei einigen Feinfühligen den Eindruck einer ekelhaften Souveränität. Sie sagten es mir nachher. Eine junge Frau warf mir in der Diskussion vor, dass ich alles nur in Lacher umfunktioniere. Nachher kam sie noch her, wollte noch weiter in mich dringen. Ich sagte, dass ich ja das alles immer nur als Fassade betriebe, ich hätte noch nichts von mir gesagt, und ich fände auch nicht, dass darauf ein Anspruch bestünde. Dann sind wir also alle Ihre Feinde, sagte sie. Ich sagte mechanisch: Wenn Sie so wollen.

Ich streite auf dem Markt gegen die Drachen. Ich bin ein kleiner Drache, der als Sankt Georg auftritt. Aber die anderen Drachen treten auch als Sankt Georg auf. Wir sind alle Sankt Georg. Drachen sieht man nicht mehr.

Wie bescheiden schmiegen sich die Eisenbahnschienen auf ihren bewachsenen Dämmen in die Landschaft hinein, und wie brutal zerschneidet die Beton-Veranstaltung für die Autobahn ein grünes Tal.

Der Ausländer quält und quetscht sich mit dem Kaffeekarren durch die Gänge.

Er hat das Gefühl, er habe ein grünes Herz. Er konnte kein Blut sehen, also konnte er sich auch nicht andauernd vorstellen, dass sein Herz ein blutiges Bündel sei. Wenn er an sein Herz dachte, sah er es immer in der Form, in der er aus dem Katechismus das Herz Jesu kannte, nur dass seins eben nicht rot war, sondern grün.

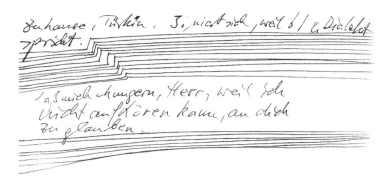

An alle, die mich nicht mögen. Eine Mitteilung über die, die mich mögen. Ich schmiege mich an die, die mich mögen. Das sind sehr verschiedene Leute. Damen mit längst gebrochenen Stimmen. Beamte, wegen Trunksucht aus dem Staatsdienst entlassen. Arbeitslose Angestellte zwischen 55 und 60. Frauen, denen der Beruf schon vor dem 40. Jahr das Kreuz gebrochen hat. Mütter, deren Kinder aus dem Haus sind, dass wieder Zeit zum Lesen bleibt. Lehrer, von denen im Lehrerzimmer abgerückt wird. 17-jährige, die noch nichts glauben. Hoffnungsarme jeder Art.

28. 4. 1978, Berlin.
Welch ein Glück, wenn niemand anruft. Die Stille in einem Hotelzimmer bedarf der Schonung.

Die Akademie der Künste liegt doch nicht gut. 280 Leute sind da, das ist zu wenig, aber noch keine Katastrophe.

Ein emeritierter Professor, Romanist, will mich aufklären über Hans Mayer, weil der geschrieben habe, Molière habe freier schreiben können als die Späteren, gegen Jesuiten und gegen den Adel zum Beispiel. In Wirklichkeit sei das so: Molière habe nie gegen die Jesuiten, sondern gegen die Jansenisten geschrieben. Und was er gegen den Adel schrieb, sei ganz im Interesse Ludwigs XIV. gewesen, der ja die Fronde zu bekämpfen hatte.

Sie wertet alles ab, was man berührt oder anschaut oder lobt. Wenn man den Hals berührt, sagt sie, sie habe einen dicken Hals, sie sei Schwimmerin. Wenn man die Hände anschaut, sagt sie, sie habe verschrumpelte Hände, das stimmt vielleicht, aber die Hände sind trotzdem nicht hässlich.

Wäre ich um 12 oder um 1 Uhr ins Bett! Hätte ich auch all das andere in der öffentlichen Diskussion nicht gesagt! Ich habe Angst, dass mir das Gesagte nachrennt! Ich habe Angst, dass man sich mit mir systematisch beschäftigt. Ich fühle mich im Augenblick so schwach, dass ich keinerlei Aufmerksamkeit ertrüge.

30. 4. 1978, Nußdorf.
Plötzlich von dem Gefühl überfallen zu werden, ich sei allen etwas schuldig. Eine unheimliche Unruhe. Was könnte ich tun? Wen anrufen? Alle. Also niemanden. So entsteht die Angst, dass mir das Allen-etwas-schuldig-Sein vorgeworfen werden kann. Vor allem, dass ich nichts zur Begleichung tue. Ich muss verfolgt werden. Das sehe ich ein. Wird es auch die Familie treffen?

Jürgen und Ute Habermas kurz zu Besuch. Ihr Sohn ist heimgekommen.

1. 5. 1978
Böse Zunge. Die Lust, Nein zu sagen. Das Leid, so selten Gelegenheit zu haben, Nein zu sagen. Und wie er es, wenn einmal eine Gelegenheit kam, übertrieb.

Das Jahr stürmt in den Mai hinein
die Buchen stehn in hellen Flammen
ich sage sehr geschraubt oje und suche
des Schattens tiefste Stelle.

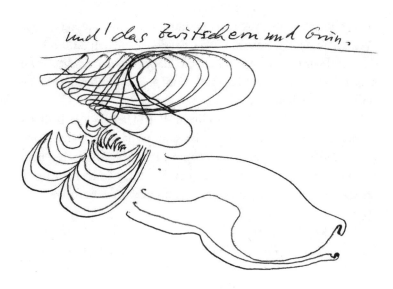

7. 5. 1978
Von uns aus ist es weit zur Sprache. Wir können nicht einfach Namen nennen und glauben, das sei's. Wir müssen zu Tischen und Bänken immer einen setzen wie Gott.

8. 5. 1978
Traum
Als ich zum Nil kam
sprach ich mit viel Scham:
Herr Ramses
da ham'ses.
Und gab ihm voller Eil
mein Geschlechtsteil.

14 Uhr 38 ab Radolfzell nach Basel. Hotel Krafft.
    Pater Tutilo ist tot. Seit einem Jahr. Thadee ist tot. Seit heute Nacht. Die Glyzinien strecken ihre geschlossenen Dolden wie halbfeste Kinderpenisse zu Hunderten in den kühlen Morgen und

warten auf die Sonne, um in tausend Blüten blau zu ejakulieren. Thadee ist tot. Ich hätte ihn in jeder Woche einmal besuchen können. Wenigstens einmal im Monat. Einmal pro Jahr. Ich habe ihn nie besucht. Ich hatte keine Zeit. Jetzt hat er keine mehr. Thadee ist tot. Wem soll ich das sagen? Mir, mir, mir. Thadee ist tot. Der junge Kerl. Der arme Hund. Einundsechzig und schön. Mein Gejammer hätte er gern gehört und abgewehrt. Er hatte eine Würde aus Verzweiflung und Atemlosigkeit, die wirkte simuliert. Er musste sterben, um zu beweisen, dass er kein Simulant sei. Thadee ist tot. Mein junger Onkel. Mein jüngster Onkel. Zuletzt ein Fußballfan und Reaktionär. Er wär für Strauß durchs Feuer gegangen. Hippies hasste er. Aber seine Tiraden waren Lippengebet. Er wollte das Gegenteil hören. Er diskutierte immer so, dass weder das, was er sagte, stimmte, noch das, was der andere entgegnete, sondern das, was keiner von beiden sagte. Durch seine trotzigen Extreme, durch Lachen und Zorn und Scham zeigte er, dass man die Wahrheit ansteuern muss, einkreisen, aber nicht fangen. Sobald man sie hätte, wäre sie keine mehr, sondern ein Erfolg in einem Gespräch. Er wollte nie siegen. Nie unterliegen. Er wollte gelten und gelten lassen. Er war ein Extremist von Anfang an. Es wäre ihm nicht im Traum eingefallen, über Strauß so zu sprechen, dass ihm irgendein vernünftiger Mensch hätte zustimmen können. Er wollte über die Sowjets, über Gott und die Welt so reden, dass ihm keiner zustimmen konnte. Das, was er sagte, war so extrem, dass auch sein Entgegner nur noch Extreme von sich gab. Das gefiel ihm, wenn er durch seine Unhaltbarkeiten den anderen zu noch schlimmeren Unhaltbarkeiten gereizt hatte. Er hatte Hitler verteidigt und Strauß gepriesen, bis der andere Stalin eine Hymne sang. Dann war das Klima erreicht, in dem er erst auflebte: das Klima des Spiels, der vollkommenen Ernstlosigkeit in der Maske des erbittertsten Ernstes. Jeder hielt ihn für einen Fanatiker. Er war aber ein Spieler. Jetzt ist er tot.

Er wollte so über Strauß sprechen, dass auch Strauß ihm nicht hätte zustimmen können. Eine von Strauß zu gründende bayerische Monarchie, Strauß als cäsarischer Stammvater einer bayerischen Erbmonarchie, das könnte er produzieren als Inbild aller seiner politischen Träume. Oh, er war ein Kleinbürger, und ich bin stolz auf ihn. So stolz. Wer mich nicht versteht, hätte ihn auch nicht verstanden. Sein riesengroßes Herz, das längst gegen alle Rippenbögen stieß, das er nach Nordfinnland schleppte und in die belgischen Gruben, hat ihm den Garaus gemacht. Er hatte ein viel zu großes Herz, ohne auch nur im mindesten ein Sportler zu sein. Er hat nie jemanden kennengelernt, den er nicht freudig an die Familie, der er entstammte, verraten hätte. Bei Familientreffen wurden Zugeheiratete ganz stumm oder gingen. Die Blutsverwandten stimmten an eine Orgie des Verrats, es hätte jedes Mal enden müssen in einer Ermordung der Angeheirateten und in einem alle sexuellen Einteilungen überschreitenden Inzestfest. Natürlich gab es darauf nicht den allerwinzigsten Hinweis. Diese Verwandtschaft ist der Inbegriff erwürgender Schamhaftigkeit. Aber in der Luft lag das Inzestfest jedes Mal als das Höchste, das keinem Mensch einfallen darf.

Alles ist umsonst gewesen, wenn ein Mensch stirbt. Da er aufhören musste, sich zu wehren. Wenn ich eine Nacht geschlafen habe, bin ich voller Hoffnung, hat er am Freitag gesagt. Und von Käthe wollte er wiederholt haben, wie Molat mit Quark und wie mit Erdbeeren zu vermengen sei. Und sie musste das Molat extra noch näher zu ihm stellen, damit es nicht die Schwester wegnähme aus Versehen. O ja, die Sorge. Er wird jetzt hart und spitz und knochig liegen. Oje. Wie Kathrie, wenig hinreißbar, aber ganz warm, ohne Routine sich ausdrückte: eine zweite Nacht auf dem Stuhl zu verbringen. Ich durfte, sagt sie, nicht um ein Sofa bitten. Ich will da zusehen. Sie wird ihre Füße auf einen Stuhl legen. Thadee, guck mich an, komm, Thadee, guck mich an! Er tat es nicht. Jeder wäre gern noch in das Absegeln eingedrungen. Die Zeit verging zu schnell. Aber Karle musste nach Wasserburg. Ich wollte einmal einen Menschen sterben sehen. Ich weiß jetzt doch mehr als vor einer Woche. Das Morphium, das ihm der Arzt nicht gab, müsste man dabeihaben. Oder überhaupt nicht in die Fortfrettungsanstalt. Sterben können …

In dem Augenblick, in dem ich die Novelle in die Hand nehme, tritt die Unmöglichkeit, so etwas heute und morgen und übermorgen vorzulesen, krass hervor. Und ich werde mich wider besseres Empfinden verhalten, mich zwingen wie immer. Wie oft noch? Bis zum Schluss! Bis das Herz an beiden Rippenwänden strandet. Oh Thadee. Nichts ist so blödsinnig wie die Anrede von Toten.

9. 5. 1978, Basel. Lesung. Klein-Basel, rechtsrheinisch, gilt als proletarisch; ein Bank-Mensch aus Groß-Basel hat gesagt, seine Tochter dürfe keinen aus Klein-Basel bringen. Annemarie Pfister aus Trubschachen mit einem grellen, gescheiten, zudringlichen Mann. Nachmittags starb der 35-jährige Hausmeister an einem Schlag.

Martin Zingg, die bisher beste Einführung. Burri, jetzt mit größerem Auto. Von den linken Einstellungen ist bei ihm wahrscheinlich nicht viel geblieben. Bei Martin Zingg schon.

Um 3 Uhr ins Bett. Aurel Schmidt bestätigt, dass *Seelenarbeit* kein schlechter Titel ist.

Der Après-Blödsinn. Der junge, zudringliche, andauernd in verbaler Erektion auf mich Losgehende hatte als Hauptthema, dass ich nie ernsthaft widerspräche, alles entschuldigte, mit allem doch irgendwie einverstanden sei. Das erbitterte ihn. Ich lehnte immer kühler ab, irgendetwas NICHT gut zu finden, irgendeinem Standpunkt zu widersprechen. Er merkte nicht, dass ich ihm dadurch andauernd widersprach. Er wollte ja, ich sollte zu irgendetwas eine andere Meinung haben. Das lehnte ich ab. Dadurch hatte ich doch eine andere Meinung als er. Er merkte es nicht. Aber er war sauer und beleidigt, weil ich allem zustimmte, nur ihm nicht, der von mir verlangte, NICHT allem zuzustimmen.

10. 5. 1978
Gestern Zürich, Hotel Florhof. Lesung im Musiksaal des Stadthauses, typische Behörden-Veranstaltung, 3. Stock, in einem kalten, abendtoten Haus, der kleine Saal knapp voll. Meine Frage: Wie machen Sie die Veranstaltung bekannt? Nachdem ich weder in der Zeitung noch in Buchhandlungen etwas gefunden hatte. Sie haben eine Kartei mit 1500 Adressen. So war es dann auch. Karteileichen.

7 Uhr 02 ab Zürich, Lindau an 8 Uhr 53. Beerdigung Thadees.
Kathrie erzählt: Als alle fort waren, hat sie sich neben das Bett gesetzt mit ihrem Stuhl. Sie erzählt das, dass man die Lust der Klosterfrau merkt, mit der sie das Alleinsein mit dem leidenden jüngsten Bruder erfüllte. Sie fing an zu beten und sagte zu ihm:

Thadee, hörst du mich, ich bete dich hinüber, hörst du, ich bleibe bei dir, bis du drüben bist. Er reagierte tatsächlich darauf. Das alles setzte aber erst ein, als sie merkte, dass er seinen Atem tiefer holen musste und das Pochen im Hals noch höher stieg und schwächer wurde. Die Schwester und zwei Ärzte (Assistent und Chef) waren schon wieder draußen. Zur Krankenschwester hatte Kathrie gesagt: Ich glaube, es geht zu Ende. Die Schwester: Ja, aber ich muss erst noch die anderen versorgen. Dann atmet Thadee plötzlich fester, effektiver. Die Ärzte kommen, geben Spritzen. Kathrie sagt: Der Atem ist besser. Der Doktor: Das gibt es natürlich auch manchmal, eine Wende. Nach den Spritzen gehen die Ärzte. Thadee wird unruhig. Jetzt sieht Kathrie, es geht zu Ende, von Wende keine Spur. Jetzt erst dieses Angebot, ihr Ichbetedichhinüber-Text. Und er will ihr mit den Lippen antworten, kann aber nur noch Bewegungen machen. Sie gibt ihm wieder mit der Verbandszange triefendes Mullmaterial an den Mund; er saugt wie wild, will das nasse Angebot, sagt sie, gar nicht mehr aus dem Lippengriff lassen. Sie tupft ihm die ganz trockene Mundhöhle aus. Sie weiß: Sauerstoff macht trocken. Sie spricht mit ihm. Er macht die Augen auf, nicht nur einmal, sondern 20-mal, er will mit den Lippen antworten. Als er selber merkt, dass er nicht mehr kann, schlägt er die Knie gegeneinander, das kann er noch, und das ist eindeutig, immer eindeutig eine Antwort auf Sätze, die sie so an ihn richtet, dass er mit Ja-ja antworten kann. Also, der Atem muss immer tiefer geholt werden, das Klopfen am Hals steigt höher, wird schwächer, und um 1 Uhr 30 hört es völlig friedlich auf. Auch auf mein Antippen, mein heftiges Unterarmantippen hat er mit Zusammenschlagen der Knie geantwortet. Er war also hellwach, nur antwortunfähig.

Aloisia erzählt, sagt Anton, bei ihrem Großvater (Seeberger) glaubten die Töchter, er sei tot, und unterhielten sich über die Hüte für die Beerdigung, da schaffte er noch ein: Oh-ihr-dumme-Küah. Das waren so seine letzten Worte.

Hansi Lang zu Anton: Thadee hat ihm so viel Geld gegeben vor 6 Wochen, für das Totenmahl, um zu verhindern, dass Witzigmanns nachher herumerzählen könnten, sie hätten das Totenmahl bezahlt. Aber Hansi sagt, wenn ich das bezahlen will, glaubt mir das Zilli nicht, wenn du es anbietest, glaubt sie's. Ich bestreite, dass Zilli so etwas annehmen kann. Sie erbt 150000 Mark in bar von Thadee. Anton sagt, er biete es ihr an. Und nachher berichtet er, Zilli habe gesagt: Wir könnten das natürlich gern selber zahlen, aber wenn du meinst, Anton. Also, sie nimmt das Geld.

Immer wenn Thadee mit Hansi Lang nach München zum Bayern-München-Spiel (noch mit Beckenbauer) fuhr, hat Thadee sich, an Zeil vorbeifahrend, an die Hungerzeiten erinnert in der Klosterschule in Wurzach. Das ganze Jahr gehungert, aber wenn der Fürst einmal zu Besuch kam, gab's eine Extra-Wurst, und man musste dem Gönner der Schule huldigen.

Anton: Er, etwa 1933, zu Thadee nach Wurzach und hat Thadee eine Wurst mitgebracht. Der sei so mager gewesen, Hände wie Stricke, so dürr, und habe gesagt, er dürfe die Wurst nicht essen, er dürfe nur essen, was er aus der Klosterküche kriege. Sie zwangen ihn: So, da, du isst jetzt die Wurst, und wenn da einer kommt und was sagt, dann kriegt er es mit uns zu tun. Anton ist immer noch belebt von der Erinnerung an die Kraft, die die ausgestoßene Drohung vor 40 Jahren in ihm sammelte.

Thadee war so leicht gewesen, und dann tragen die vier einen Eichensarg herein, den sie kaum verkrafteten.

Hansi: Ein Bayern-München-Sitz kostete 20 Mark und war noch lange nicht unter den besten. Thadee war nach jedem Spiel total erledigt, schweißgebadet.

15. 5. 1978, Pfingstmontag und Kalte Sophie.
Alf Brustellin wegen *Sturz*-Verfilmung. Und erzählt: Ein Großvater war Generaldirektor der ÖBB, mit 80 noch den Doktor gemacht, mit 75 den Führerschein, zwei Haushälterinnen, die haben

ununterbrochen für ihn gekocht, ein Schlössl bei Hall, die Nazis störten seine Bahnen mit Attentaten, darum war er gegen die, von 38 bis 40 in Dachau. Der andere Großvater hat einen Pferderelaisdienst für sich allein von Ostpreußen nach Calais, 200 Pferde, dort auf sein Schiff, auf dem war er Kapitän, nach Southampton. Da auf einem englischen Schiff nur ein Engländer Kapitän sein durfte, wurde er Engländer.

Es gibt Berichte, die sind so unwahrscheinlich, dass man sich ermutigt fühlt, auch so zu erzählen. Das, was einem einfällt, wenn man erzählt und merkt, man muss übertreiben, sonst hört der andere nicht mehr zu, das ist die Geschichte, von der man wünscht, sie sei wahr.

18. 5. 1978
Im Gebet heißt es jetzt: Gebenedeit seist du unter den Frauen. Und die Hostie lassen sich jetzt nicht nur junge, sondern auch alte Frauen in die Hand geben. Das sind selbstbewusste Religionsprofis. Die Demütigen (die von unserer Familie) halten noch den Schafsmund hin.

Als ich meinen Kopf sinken ließ, setzte sich eine Wespe auf mich und stach mich ins Genick.

Sie können nur immer wieder lachend darauf hinweisen, dass sie alles, was sie schreiben, freiwillig schreiben und nicht auf Befehl des Besitzers: die Kollegen, die für bürgerliche Blätter arbeiten.

Ich möchte gern Gedichte waschen
ich perverser Mensch, ich
dann erst würf ich meinen Hut
in die Luft, in der die Gedichte
zum Trocknen hingen, nachher
sähe ich, dass die Konjunktive
eingegangen sind.

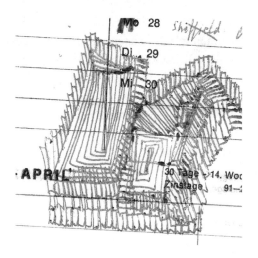

Vielleicht war ich bis zu der Novelle bei vielen ein abgemeldeter, aufgegebener Autor. Sie haben es mir nur nicht so deutlich gesagt. Die zwei oder drei, die es deutlich geschrieben haben, hielt ich für feindselig, gehässig, politisch. Die Art, wie ich jetzt gelobt werde, ist peinlich.

Ich sinke zusammen in mir, wie etwas, das ohne sichtbare Flammen, sehr schnell verbrennt.
 Ich darf mich zusammenfalten wie die Karte eines Landes, in das ich nicht mehr reisen werde.

Wenn ich, ein Leser, alles zur Kenntnis nehme, ohne etwas zu tun, was ist dann Lesen?

 Eine Laune. Dann keine mehr.
 Aus einem beweglichen Schatten
 wird reglose Nacht. Noch ächzt
 ein Gewölbe aus Gedankenstahl.

24. 5. 1978
Siegfried Unseld am Telefon erzählt von dem, was er sein Rilke-
Goethe-Business nennt. In Stanford, Chicago, San Diego, von
Steiner, Heller, Blume, Victor Lange, Marcuse.

Die Frau, die Seuse beschuldigte, ihr Kind sei von ihm, war die da-
malige öffentliche Meinung. Wenn nicht ungeheure Anstrengungen gemacht werden, und zwar andauernd, fällt die öffentliche
Meinung in ihren Naturzustand zurück. Da ist sie barbarischer,
grausamer als alles, was auf der Erde bisher vorgekommen ist.

26. 5. 1978
Wenn ich im *Stern* lese, dass Esther Vilar in ein Luxus-Hotel in der
Schweiz geflohen sei, dass sie endgültig aussteigen wolle, dann geniere ich mich, weil ich das auch möchte, was Frau Vilar will. Als
müsse ich mich von irgendjemandem unterscheiden.

Eine Festzeltrede über das Lesen.
    Ich träume manchmal von Sachsen, obwohl ich nie in Sachsen
war.
    Wir wollen keinen mehr erschrecken mit unserer Nationalität.
Wir wollen überhaupt nicht mehr anecken.

Nichts gegen Eichen, nichts gegen Linden
überhaupt Bäume, Bäume sind schön
wir können schon etwas empfinden
ohne gleich in die Knie zu gehen.

30. 5. 1978
Ein neues Deutschlandlied wäre fällig.
Keiner von uns wird dabei sein
wenn es wieder Deutschland heißt
solange wir sind

werden es zwei sein
eines das kratzt
und eines das beißt.

1. 6. 1978
Die Sonne hat zu tun. Der Wahnsinn leckt sich die Lippen.
Bei den aus Schwäche stattfindenden Telefonaten wird viel
Geld vertan.

An ihren langen Ästen
schauen die Rosen
wie Giraffen ins Zimmer
herein.

Es ist vollendet. Sag etwas
Glückliches. Das klingt besser.
Zähle auf, dass dir nichts wehtut
du nicht frierst, nicht hungrig bist
dass die Konten blühen, dass du
frei bist, zu tun und zu lassen
und dass das alles ein jähes Ende haben wird.

Dem Juni möchte man sagen: Tu langsam. Aber der Juni hat
keine Ohren.

2. 6. 1978
Der Bleimantel ist sanft, solang
ich mich nicht rühre. Dämmern erlaubt er.
Warum tut alles, was von außen kommt, weh?
Ein Schutz ist mein Schwerepelz nicht.

3. 6. 1978

Ich rüste mich jeden Morgen 1 Stunde lang im Freien. Nach
2 Stunden Schreibtisch bin ich platt gedrückt wie etwas von Rie-
sengewichten Überfahrenes.

13. 6. 1978

Siegfried von Sonntag bis heute bei uns. Kam aus Ulm, hat für die
Hundertjahrfeier zweier Gymnasien gesprochen. Er ist sehr aufge-
dreht, erzählt, wie die Leute begeistert waren, nur dass er den
Selbstmord im Alter, aber eben nicht bei Jugendlichen, für eine
Lösung hält, das wollten sie nicht hören. Dann, von früher. Von
der Tante, die der Vater gewollt hatte, er hatte aber nur die jüngere
Schwester bekommen. Seine Erinnerung an das Essen bei dieser
Tante. Einmal aß er dort ein weichgekochtes Ei. Die Tante: ob er
noch mal eines wolle. Er wusste sofort, dass er jetzt sagen sollte,
nein danke, ich will keines mehr. Er musste aber einfach sagen,
dass er schon noch eins mögen würde. Ihm wurde heiß wegen seiner Kühnheit. Und sie schob ihm im Eierbecher das Ei hin. Er
nahm es, glücklich und beschämt, und klopfte es auf. Da hatte er
die leere Schale des ausgegessenen Eis in der Hand, und alle lachten. Das wird er nie vergessen. Das ist für ihn der Unterschied von
Arm und Reich. Der Arme will ein 2. Ei, kriegt ein leeres und
macht sich lächerlich. Dann seine Amerikareise. Herbert Marcuse
ist über 70, hat eine Frau von ca. 30, die erste ist tot, er will Siegfried überreden, ein Haus in San Diego zu kaufen. Seines für
60 000 wäre nach 6 Jahren 240 000 wert. Über die Repression in
der BRD: Es gebe keinen Fortschritt der Menschheit außer in der
Medizin. Über Max Frisch: Der geht nicht mehr nach Berlin, das
ist Mariannes Revier, da will er sich nicht mehr einmischen. Siegfried glaubt, *Seelenarbeit* werde genauso ein Erfolg wie die Novelle.
Er habe das Manuskript 2-mal so gern gelesen. Und er müsse viel
lesen. Aber er habe es einfach gern gelesen. Nachts, als Siegfried
völlig betrunken war, kamen wir leider auf die Politik. Ich müsse

die Konsequenzen tragen. Er wusste immer noch den Spruch Nummer 27 aus den *99 Sprüchen*: Über mir keiner, am Werktag und am Sonntag, den ich nicht abwählen kann. Unter mir keiner, am Werktag und am Sonntag, der mich nicht abwählen kann. Und dann heißt dieser liebe Spruch auch noch Tagtraum. Aber Siegfried wurde fast hysterisch. Niemand sei über ihm. Niemand außer ihm selbst. Ich sage: der Staat, das Allgemeine, das Grundgesetz, vertreten durch den Bundespräsidenten. Er: Der Bundespräsident ist neben mir. Der Staat ist ein Notar, den ich beschäftige, wenn ich einen Kaufvertrag schließe ... Es ist witzlos. Nichts greift mehr. Nur die Wut gegen das, was ich getan bzw. geschrieben habe. Ich und meinesgleichen, wir seien schuld, wenn Franz Josef Strauß an die Regierung komme. So seien die Intellektuellen. Aus Masochismus bewirkten sie das Schlimmste, damit sie dann darunter leiden könnten. Wenn Herr Negt an die Macht käme, würde der zuerst ihn, Siegfried, vor das Maschinengewehr stellen. Grass sei wunderbar, vor allem im Ausland, der verteidige die BRD.

15. 6. 1978
Jeder Tropfen trifft ein Blatt.
Alle Autos schnüren ein Geräusch.
Ich verbreite Stille. Der Tod
lebt in der Schneise.

16. 6. 1978

Ein Feigling. Er hat einmal angefangen, den anderen zu beleidigen, nur um nicht den Eindruck zu erwecken, dass er sich bei dem einschmeicheln wolle. Er wollte sich nämlich bei dem einschmeicheln. Sobald der andere auftauchte, spürte er den Zwang, sich bei dem einzuschmeicheln. Dafür genierte er sich so, dass er, ehe er sich überhaupt entscheiden konnte, dem einen feindseligen Satz zurief. Es war bei einer Tagung. Der andere kam ins Frühstückszimmer. Und er rief so laut, dass der andere es hören konnte: Ach, jetzt weiß ich, warum ich heute Nacht so schlecht geträumt habe, SIE waren schon im Haus! Ich dachte, Sie träfen erst heute ein. Aber jetzt ist es mir natürlich klar. Mit Ihnen unter einem Dach, das konnte ja nicht anders gehen. Der andere hatte nur gelächelt. Hatte nur gelächelt und sich an einen Tisch gesetzt. Vielleicht hatte er den nur angesprochen, weil er wollte, dass sich der zu ihm an den Tisch setze. Aber das durfte er nicht merken lassen. Er saß allein an seinem Tisch. Zu ihm hatte sich keiner gesetzt.

17. 6. 1978

Ich bin glücklich, lüge ich. Ich lebe in einer fröhlichen Glut, lüge ich. Eine schuberthaft rauschende Sinntiefe ertönt unter jedem meiner Schritte. Ich gehe vors Haus, und schon beugen sich die willkommensten Gelegenheiten von überall zu mir her. Lüge ich. Am lustigsten macht mich täglich die Erfahrung, dass es ohne mich nicht geht, lüge ich. Ich hätte nicht gedacht, dass ich so wichtig bin, lüge ich. Jeder braucht mich. Ja, so was! Nur, nehmt mich doch nicht alle gleichzeitig an den Händen. Ich kann doch nicht alles auf einmal erfüllen. Aber sie lassen nicht locker. Offenbar werde ich, so gehalten, 111 Jahre alt werden und keinen Tag müde sein. Unermüdlich werde ich allen Erwartungen gerecht werden. Eine schöne Entsprechung zu allem wird mein Leben sein. Wie ich jetzt das Weinglas hebe, mein Gott, es muss gleich zerspringen vor meiner Sicherheit, lüge ich. Es zerspringt nicht.

Ich will nicht so sein, wie ich bin. So sind schon genug andere. Die sprechen sich andauernd aus. An ihren Aussagen über sich, die wirken wie Aussagen über mich, sehe ich, dass ich so, wie ich bin, nicht sein will. Vielleicht verhelfen mir die anderen zu einem Abstoß. Sie entbinden mich. Ich bin die nächste Figur. Die höhere. Die glückliche.

Ich ringe nicht mit dir, Gelegenheit. Ich lasse dich verrinnen. Ist diese Luft nicht wie aus Honig? Auf einer roten Honda brausen zwei wunderbare Wespen vorbei. Lasset uns beten. Im Allgemeinen interessiert mich nichts. Aber abends … abends … Was soll ich tun, wenn ich spüre, dass ich gleich keine Kraft mehr haben werde, die Wahrheit zu verschweigen? Die Folter siegt. Nachher werde ich widerrufen.

Immer, wenn eine Figur dominiert, wird es uninteressant. Dass einer selber gegen sich ist, genügt nicht. Man muss zeigen, dass auch ganz andere gegen ihn sein können. Wer das nicht zeigen kann, tut nur so, als sei er gegen sich.

Dass sich nur die Frauen über die Prostata-Beschwerden ihrer Männer unterhalten können. Männer glauben, ihre Beschwerde sei diskret bewahrt vor anderen. Die Frauen aber fragen einander aus Sorge um die Männer.

Zuletzt versucht man doch noch – wenn auch jetzt mit nicht mehr ausreichenden Kräften –, was man andauernd verschmähte: etwas Wunderbares zustande zu bringen.

19. 6. 1978
Alissa möchte Guinevere heißen oder Zeralda. Auch einen anderen Familiennamen will sie.

Wenn ein alternder Mann eine Panne mit seinem Alter entschuldigt, meint er es meistens nicht so ernst, wie es der Jüngere nimmt. Wenn der Ältere sieht, dass der Jüngere das ganz ernst nimmt, ist er beleidigt. Er ist doch nicht so alt, wie er sich macht. Das heißt, er möchte nicht so alt sein, wie er sich unwillkürlich macht. Er möchte die Tatsache, dass er so alt ist, möglichst unernst erwähnen. Er muss sie erwähnen. Das Einzige, was er gegen dieses zwanghafte Konstatierenmüssen tun kann, ist der Versuch, dabei unernst zu scheinen.

Wenn ich singen könnte, sähe jeder ein, dass ich nichts tun kann als singen. Aber beim Schreiben ...

20. 6. 1978
Gestern bei Frau Menz in Oberessendorf, Kronenstraße 11. Ihr 75. Geburtstag. Beide Schwestern waren da. Eine hat einen Biskuitkuchen gemacht, die andere einen Zopf. Die winzige Stube. Bis vor ein paar Jahren noch zwei Kühe. Bevor die Straße so schnell befahren wurde, lag das Dorf in einer Wanne der Ruhe, von mäßig ansteigenden Wäldern weit umgeben. Jetzt zieht das Rasen der B 30 alles mit sich. Noch gibt es einen Schmied. Frau Menz herrscht über ihre Schwestern streng freundlich. Die jüngere ist Wirtschafterin auf einem Hof in Osterhofen.

Depression. Ich mag dieses Wort nicht. Aber kommt meine Müdigkeit und Schwere daher? Oder bin ich einfach faul, träge, ein Tagedieb? Ich kann es mir jetzt leisten, ist es das? Soll ich etwas tun, kann ich etwas tun? Wer entscheidet das? Ich würde mich gern durch diesen Sommer schleppen, wenn ich wüsste, dass ich im Herbst leichter werde. Mein Wunsch zu hüpfen. In Wasserburg und Kümmertsweiler gab es das tadellose Wort Schwermut. Mit diesem Wort könnte ich mich befreunden.

21. 6. 1978
Von Schweben erfüllt, sinke ich nieder. Ich sehne mich nach
Fügung. Es muss die Stimme sagen dürfen, dass sie nichts hat als
Bedürfnisse. Ich möchte hochgestimmt vom Wehen des Unbe-
stimmten sprechen. Kurze Zeit fühle ich mich ohne Not wohl. Ich
habe Zukunft gestohlen, dafür schäme ich mich. Freut euch, euch
steht Schönes bevor.

Die Kiesel am Ufer, ein hohes klingendes Polster. Alle aus
EINEM Jahrtausend, alle etwa 11500 Jahre alt. Alle vom selben
Gletscher geschürft und geschliffen. Es gibt keine zwei gleichen
Kiesel. Aber alle sind einander zum Verwechseln ähnlich.

Ein Feigling. Wenn er droht, nimmt das niemand ernst. Drohungen
glücken ihm nicht.

22. 6. 1978
Ich will nur einen Laut ausstoßen, der sich hören lässt. Ich will nur
da gewesen sein, sonst nichts. Aber das ist das Höchste. Das Leben
ist auf jeden Fall feierlich. Durch Kopfweh wird es noch feierlicher. Das meiste aber zur Feierlichkeit trägt bei die Kürze dieses
Lebens.

Tennis mit Karl Wittlinger. Heute hat er verloren, vorgestern hat
er gewonnen. Wenn er gewonnen hat, spricht er nachher ganz
«objektiv» über unser Spiel. Er habe eben die stärkeren Angaben,
das sei entscheidend. Spielen würde ich genauso gut wie er, nur
seine Angaben seien stärker. Wenn ich gewinne, sagt er, er versuche eben, meine Angaben zu schneiden, da das fast nie gelinge, sei
praktisch jede Angabe ein Minuspunkt für ihn.

24. 6. 1978
Gestern Gang von Geißbeuren nach Weingarten, Mittagessen in Fuchsenloch. Die blauen Lupinen im Altdorfer Wald. Eine fast schwarz-rote Akelei. Von trägen Hängen ins Schussental hinab. Abends Lesung. Der Demokrat und Theologe Wiedmann. Schwabe. Stolz auf seine Vormärztradition.

Mehr Wagnis als Verlust. Das Leben gehört zu uns. Der Tod nicht. Holz eine Tracht. Siege Gewohnheit. In Scharen kapitulieren die Rätsel. Das Heilige in der Vitrine. Kein Fluss unüberquert. Jetzt warten wir auf die langsame Seele.

25. 6. 1978
Ich schaue meine Büsche an wie der Gefangene seine Gitterstäbe. Im Unterschied zum Gefangenen schützen die Büsche mich. Aber eines ist gleich: die Trennung. Wie sitze ich aber in meinem wunderbaren Gefängnis? Wie einer, der einen Klassiker anschaut, den er, Vers für Vers, zwar kennt, aber doch immer wieder gern sieht. Amseln, Rittersporn, Malven ... Die Leere innen, die Fülle außen. Der Druck der Fülle auf die Leere, die die Fülle nicht einlässt. Das ist mein Verhältnis zur Natur.

26. 6. 1978
Wenn die Angst ein Zeichen fehlender Gerechtigkeit ist, lebe ich sehr ungerecht, also nicht zu rechtfertigen, also illegitim. Was kann mir alles genommen werden? Hauptsächlich das, worauf ich keinen Anspruch habe. Ein Stück Grün. Sofort die beschämende

Empfindung: Es gehört mir. Es kommt darauf an, dass du verstanden wirst, aber nicht durchschaut. Dir soll geholfen werden, ohne dass deine Hilfsbedürftigkeit zur Sprache kommt. Du möchtest gerettet werden wie einer, der es nicht nötig hat.

Wenn man bei jedem Problem auf die Arbeitsteilung stößt, dann kann sie die Ursache des Übels sein, von dem man sich im Vaterunser erlösen lassen will. Das Paradies ist die Zeit vor der Arbeitsteilung. Mit der Teilung der zwei Geschlechter begann die Arbeitsteilung, die ihrerseits die Geschlechterteilung weitertrieb. Heute möchten wir auf diesem Weg gerne ein Stückchen zurück und wissen nicht, wie. Es gibt ein Ende vor dem Tod: die Einzelhaft.

Keine Sprachphilosophie, bitte. Es genügt das Gebot: Du sollst nicht lügen. Bei dem Versuch, dieses Gebot zu erfüllen, müssen sämtliche überhaupt mögliche Sprachprobleme vorkommen und gelöst werden.

16. 7. 1978
Günter Schöllkopf, er nennt sich Bellezzamacher und Citoyen. Ich sei schuld, dass er seinen Widerstandszyklus nicht verkauft habe. Mein marxistisch-leninistisches Vorwort. Das wollen die Leute nicht. Das ist doch langweilig. Ich hätte über seine Zeichnungen schreiben sollen, nicht über den Widerstand.

2. 8. 1978
Siegfried und Hilde drei Tage da. Hilde sieht alles in Wellen, Modewellen. Wenn ich Seuse erwähne, sagt sie: Mystik, das ist jetzt im Kommen. Hilde von Bingen, die kommt jetzt. Joachim hat jetzt eine Französin, die mit einer anderen einen Party-Service für ausgefallene Wünsche unterhält. Siegfried: Sie sieht aus wie eine Tochter Brigitte Bardots. Joachim ist jetzt auf einem Schiff in der Ägäis. Nur ganz Positive: Piloten, Wirtschaftler, keine Versager.

Siegfried, immer wieder: Dein Träger, Hilde. Er leidet unter diesem Träger. Siegfried über Alissas Schuhe und Franziskas Mundwinkel. Als Johanna sagt, sie würde gern Schäferin werden, Hilde: Sie war in Frankreich in einem Schäferkurs, von 40 Anmeldungen 38 Abiturienten. Schäfer, das kommt jetzt. Alle wollen jetzt Schäfer werden. Siegfried über den Büchner-Preis: Krolow hat mich vorgeschlagen. Dolf Sternberger: Solange ich Vizepräsident der Akademie bin, kriegt ein DKP-Mitglied den Preis nicht. Siegfried macht ihn darauf aufmerksam, dass ich nicht Mitglied bin. Jetzt ist er dafür, aber dann ist Rüdiger dagegen und wahrscheinlich der Präsident Peter de Mendelssohn auch. Ich: Büchner hätte den Büchner-Preis auch nicht bekommen.

9. 8. 1978
Wir sind nicht die, die wir scheinen. Jeder verstellt sich dem Nächsten zuliebe. Auch will er bleiben. Der Wind wird an Häusern laut, in denen es still ist. Die Kälte klingt auf wärmebergenden Mauern. Lieber träumen wir alles, als dass wir es sagen.

Für mich spricht nichts als die Leiden meiner Vorfahren. Ihr gespartes Leben gebe ich aus.

Wie klingt die Zeit im Gewölbe der Nacht?
Möchte etwas befreit sein?
Meine Ohren täuschen sich gern.
Sie übersetzen den Wind ins Deutsche
und geben der Stille das Schlusswort.

Üb Violine, Kind. Ein Vogel
zu werden, gelingt dir nicht.
Ich bin da, euch zu enttäuschen.
Ich rate euch, das Kreischen der Angeln
für Türschmerz zu halten.

15. 8. 1978
Einwärts fließt die Welt in mich
als Schwere und sammelt sich
zutiefst als alle Schwere und
verhindert mich.

28. 8. 1978
Wem danken? Einfach nach oben
sprechen. Niederknien ist auch
so was. Am meisten ist Singen.

30. 8. 1978, Marbach.
Handschriften Hölderlins. Die große Schrift einer Hymne aus der
Turmzeit. Schiller-Handschriften. Auerbach, Uhland … das alles
in Kellern. Eine rote Gittertür zwischen Handschriften und Büchern. Wie im Gefängnis. Kafka-Handschrift des *Maulwurf*, nicht
groß, aber ausgleitend.

Gestern in Bergen-Enkheim, im Festzelt. Röhler war da mit seinem Sohn Oskar, den er vor 16 Jahren herumtragen musste, als
Uwe und ich bei ihm und Gisela Elsner waren.

4. 9. 1978
Das Treiben rast in seine
letzte Bahn. Die glüht
zum Himmel. Wolkenrauch
stiebt herab. Die Augen

färbt der Schmerz des
Aufhörens. Jeden Endes
krasse Unerwartetheit.

Hat nicht jeder Vater eine Peitsche in der Hand und jagt zum Tor
hinaus die Kinder, die noch bleiben wollen.

6. 9. 1978
Ich liebe den Leerlauf des Winds
durch die Bäume, das Rauschen
für nichts. Mich ergreift die Eitelkeit
der Wolken, die den Augenblick
beherrschen wie für immer
und dabei schon vergehen.

7. 9. 1978
Ich sitze auf gestohlenen Kissen.
Ich esse Gestohlenes.
Ich bin heikel, skrupellos
und traurig. Mein Appetit ist gut.

Ich wäre zorngesinnt, wenn ich einen von den Herren träfe, dessen Vorfahren die meinen beherrschten. Ich könnte nicht vernünftig sein, weil die allem Anschein nach nicht vernünftig geworden sind.

Meine Füße im Gras
mit Millionen Zehen.
Der Abend raucht
mein Herz glüht.

Ich möchte sein wie ein Wunsch,
auf der Schwelle möchte ich stehen,
ein Tag sein vor seinem Anbruch,
noch nicht gewesen sein möchte ich.

Ich bin öfter gestürzt als aufgestanden.

Die Ohren schutzlos in der Welt,
barfuß im Traumsand, verwöhnt
von Religion und Märchen,
leugne ich täglich den Tod.

10. 9. 1978
Widersprüche graben in mir nach Wahrheit und finden sie nicht.
Ich segle solang lustig ins Licht.

Ein warmer, sonniger Spätsommertag. Ein amerikanischer Pro-
vinzsonntag. Ein spätmittelalterlicher Goldgrundsonntag. Ein ernte-
unterbrechender Sonnensonntag. Mit Käthe zurück durch die
Wälder, auf schmalsten Wegen, der Nase nach, sie sammelt Ha-
fer, Roggen und Weizen. Ich würde gern mit ihr schlafen unterwegs. Sie bemerkt das nicht. Nicht einmal, als wir durch einen
kleinen Weiler, namens Volzen fahren. Dabei spricht sie, als wir
das Schild passieren, den Namen laut aus. Aber ohne Assoziation.

Ich knüpfe ununterbrochen an einem Netz, dessen Ausmaße
nicht absehbar sind; in keiner Richtung.
   Die Tochter, die keines ihrer Talente verwertet und so ihren Va-

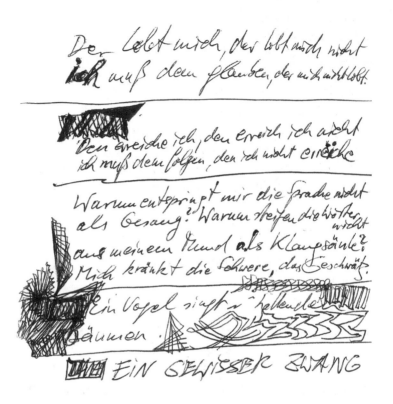

ter erzieht. Sie bricht ihm seinen Horizont auseinander. Macht sein Zeug zu einer ungeheuren Trivialsache, zum Zittern. Himmelschreiend. Das wäre der Titel.

Wie ich in Konstanz am Freitag im Künstlerkeller jede Fassung verlor, als Professor Hemmerich hereinkam. Ich begann an dem Tisch, an dem ich saß, laut, um Hemmerich anzulocken, zu erzählen, wie Hemmerich sich als Leserbriefschreiber gegen die Überrollbügel der Traktoren einsetzte, weil davon die unteren Äste der Obstbäume beschädigt würden; und wie er die Bundesbahn getadelt habe, weil sie trotz Elektrifizierung der Schwarzwald-Bahn keine kürzeren Fahrzeiten geschafft habe, weil sie den Expresswagen aus dem Norden zu viele Eilzugwagen (in Offenburg) beigebe. Hemmerich widerlegt meine Erzählung laufend. Mein 3. Beispiel seiner andauernden öffentlichen Richtertätigkeit: Er organisierte eine öffentliche Verfolgung gegen mich, weil ich Peter-Paul-Zahl-Gedichte und einen gesellschaftskritischen Knastbrief vorlas. Er: Das sei er nicht gewesen. Er distanziert sich von dieser Kampagne. Ich schimpfe weiter, betrunken und unscharf, auf ihn ein. Er nennt es eine Orgie des Hasses und schaut, wenn er mir antwortet, nicht mich an, sondern den Ministerialbeamten aus Stuttgart, der auch die meisten Hemmerich-Antworten, die als Pointen gegen mich formuliert sind, mit Gelächter beantwortet.

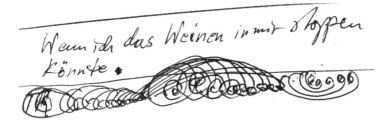

13. 9. 1978
Man wird entdecken, wie weh
das Leben tut. Wer will noch
leben? Herz, warum versagst
du nicht? Puls, hör auf zu schlagen.

Mit seinen kleinen Schmerzen
begleitet der Körper die große Qual,
die das Leben macht.

Entweder TV, Nikotin oder Alkohol, aber heute ist keines von allen dreien möglich. Ohne alles wird er sitzen. Gut, er wird lesen. Und das wird ihn sehr interessieren. Er wird ja etwas Interessantes lesen.

14. 9. 1978
Warum habe ich keine Geduld mehr. Warum schreie ich immer sofort? Egal, wem ich gegenüber bin? In Konstanz usw. Ich dürfte keinen Kontakt mehr mit Leuten haben. Wenn ich allein in einem Zimmer bin, schrei ich nicht.

16. 9. 1978
Die Laute der Wasservögel nachts klingen, als verständigten sie einander noch rasch von ihrem Tod. Lauter Todestöne sind es. Laute, wie aus Stein und Knochen geschürft. Wenn es hell wird, schweigen sie oder sind tot.

Vor den heruntergelassenen Schranken warteten viele Autos und ein etwa 15-jähriges Paar. Die beiden waren zu Fuß. Sie standen direkt an der Schranke. Das Mädchen konnte nicht ruhig stehen bleiben, bis der Zug kam. Sie fing an, sich zu drehen. Sie musste tanzen. Sie trug dunkelblaue Wollstrümpfe, helle Turnschuhe.

Während ihr arbeitet, lasse ich die Zeit in die Schalen rinnen, die ich aufgestellt habe vor langem.

Zurzeit muss ich überhaupt nicht tippen. Die Freitagsnötigung, die Scham, die Samstagsspannung, alles weg. Jetzt erst sehe ich, wie unfreiwillig das Tippen war. Ich war gezwungen.

17. 9. 1978
Heute evangelischer Gottesdienst in Gaienhofen, weil Alissa in der Kantorei mitsingt.

Es wird eine Josuah-Stelle vorgelesen, wie die Völker Israels auf den Erfolgsgott des Raubzugs festgelegt werden. Nachher, sehr schön, ein Mädchen liest den Brief einer Vorjahresabiturientin, die jetzt in Indien auf einer Lepra-Station arbeitet. Dann ein Mädchen, das durch Hübschheit, auch durch Natürlichkeit auffällt. Sie habe vor acht Tagen einen Text gefunden, den sie hier vorlesen wollte. Dann aber die Angst vor dieser Situation. Noch gestern Abend. Heute Morgen sei sie heiser aufgewacht und habe sofort gesagt: Klasse, lieber Gott, jetzt muss ich wenigstens nicht vorlesen. Aber dann habe sie, noch immer im Bett (das tut mir direkt weh!), gedacht: Warum soll sie eigentlich den Text nicht trotz Angst vorlesen, auch wenn sie heiser sei und vielleicht stottere, und das wolle sie jetzt tun. Und dann liest sie den Text mit einer andauernd schwankenden Stimme wunderbar vor. Sie ist vielleicht 15 oder 16. Was für Spontaneitätsleistungen wird sie einmal erbringen.

22. 9. 1978
Dr. Müller, Artus-Film: Peter Vogel ist tot. Er habe sich noch gar nicht fassen können. Immer diese langen Gespräche mit Frau Dhan. Er sagte immer: Wie bezahlt er das bloß? Das kostet doch eine Menge Geld. Auf der Titelseite des *Südkuriers* wird sein Tod gemeldet. Und im Feuilleton noch einmal. Wir haben ihn umkommen lassen.

23. 9. 1978
Gestern Gernsbach. Frau Hoesch holt mich in Baden-Baden ab. Sie fängt sofort von einer Krankheit an, so als wisse ich schon das meiste und sie müsse mir nur noch Details zur Ergänzung sagen. Es war offenbar so: Sie war zum zweiten Mal in einem Gestalt-Kreis in Hamburg, veranstaltet von John Brinley aus New York, Gruppensitzungen und zu zweit, sie soll einen Traum bringen, hat keiner parat, sie soll eine Figur evozieren, sie sagt, Hitler, das ist wahrscheinlich eine Gegenübertragung, so nennt man das, sie zieht die Aggressionen der Gruppe auf sich, fährt dort weg in bedenklichem Zustand, fühlt sich exzentrisch, auf der Autobahn wird es immer schlimmer, sie hört Stimmen, sieht einen VW, hält den Fahrer für ihren Mann, der hebt die Hand hoch, er will also nicht erkannt werden, er lotst sie auf den nächsten Parkplatz, ihr Mann ist also im Kofferraum dieses VWs, sie tanzt und singt, wird heimgebracht, 6 bis 8 Wochen Medikamente, der Schub klingt ab. Das erzählt sie mir, während sie fährt, es wirkt beängstigend.

1. 10. 1978
Hilde Unseld klagt und klagt, dass ihr niemand mehr zuhöre. 14 Tage krank. Sie hätte verrecken können, das hätte niemanden gestört. Ihr werden alle Zähne gezogen. Siegfried fragt nicht ein einziges Mal, wie es geht. Sie weiß, dass sie dauernd zu viel erwartet und dass ihm das auf die Nerven geht.

2. 10. 1978, Göttingen. Hotel Gebhard.
Nachmittags Tony Waine, der englische Arbeitersohn. Er schreibt ein Buch über mich. Hannover. Er schaut das grünspanige Denkmal an, das einen Husaren zeigt, der vom Bahnhof weg stadteinwärts reitet. Dem König Ernst-August von seinem treuen Volk, steht auf dem Sockel, der, weil er aus Stein ist, nicht den hellen Grünspan zeigt, wie der für Bahnhofplatz und Stadt viel zu große Reiter. Sonst war in Hannover nichts zu sehen. Eine Schöne, Kluge ging unmerklich vom Tisch und kam nicht zurück. Bleiben mögen nur, die sind oder aussehen wie man selbst.

Wer leicht ist wie.
Aber wer ist so leicht?
Ledige gehen von sich weg.
Gebundene gehen unter in sich.
Eigentlich kommt keiner davon.
Ich möchte gestern ein herbstliches
Rennen geritten haben. Querfeldein
und nebelnass und dünstereich
zurückgekehrt an ein Feuer mit Kessel
und unverfänglichen Reden.

3. 10. 1978
Wenn Sie vernichten können, vernichten Sie.
Ich male mir aus, dass im Juli 79 Schluss sei mit Reisen. Der Reisende hat keinen Boden unter den Füßen.

Vom Reisen zerstreut
finde ich nicht mehr
zusammen. Weit von mir
fahre ich weiter.
Das Gebet zu den Namen
der Daheimgebliebenen
das ordinäre Heimweh
der warme Speichel der Seele
rinnt mir durch alle Ritzen.

Wer reist, lügt auch.
Fort und fort. Dunkel
im Anklang. Manches
ist unverständlich geworden
im Lauf der Zeit.

5. 10. 1978, München.

Trio. Er redet immer vom Selbstmord, seine Frau nie. Aber sie tut es dann. Er redet vor allem der Jüngeren gegenüber gern davon.

Heute heim. Nach genau 8 Tagen. Das Beste war die Lesung, mittags um 12, im Hauptbahnhof in München. Wieder eine Buchhändler-Idee, Gehilfe Fischer! Zuerst Beobachtung des Eingangs von ½ 12 an, 7 rein und 4 raus, also nur 3 oder 7 Leute, also weg. Unten zur Buchhandlung, höre: Über 100 verkauft. Nachher sind über 240 da. Beim Buchhandel ist man nicht verlassen.

Lachen lernen. Auf eine ansteckende Art.

8. 10. 1978
In nassen Nebelbüschen kauern
Vögel und erschrecken.
Mit ihren Netzen nutzen Spinnen
jeden Zweig. Nur den Versilberer Tau
haben die Spinnen mit ihren Netzen gefangen.

Woran ist Gott gestorben?
Nietzsche war nicht die Todesursache Gottes, sondern nur ihr Verkündiger. Er hat gemerkt, dass Gott tot ist. Das durfte er nicht verschweigen. Trotzdem hat er, glaube ich, den Mund zu voll genommen. Wer von Gott spricht, kann nie für andere sprechen, nur für sich.

Cäsar, VII, 38: Daher wuchs, wie sonst bei Feldherrn Unglück das Ansehen mindert, bei ihm ganz im Gegenteil von Tag zu Tag trotz der erlittenen Niederlage der Einfluss.

11. 10. 1978
Vercingetorix.
Im Staatsgefängnis in Rom. Die letzte Schlacht: Alesia. Die Härte Cäsars gibt den Ausschlag. Die Gallier sind nicht so diszipliniert wie die berufsmäßigen Eroberer. Wo haben die denn ihre überlegene Pferdetaktik gelernt, wenn nicht beim Erobern im Osten. Die Gallier sind daheimgeblieben. Das ist ihr Fehler. Das bittere Ende des Vercingetorix. Wie geht es Cäsar in diesem Augenblick? Zum Glück wird Cäsar dann ermordet. Der Überlinger Bürgermeister Kesselring von der Metzgerzunft hat 300 Bauern köpfen lassen.

Das Realitätsprinzip: der Tod. Das Irrealitätsprinzip: die Fortpflanzung.

19. 10. 1978, Brühl. Hotel Kurfürst.
Im winzigen, bis zur Verkrüppeltheit verbauten Mansardenzimmerchen den Nachmittag verbracht. Sobald man die Bettdecke lupft, rollt innen die Füllung, als wären's Bleikugeln, in eine Ecke.

Nirgends als im Schaufenster der toten Bibliothek ist die Lesung angekündigt, und auch dort nur in einer Serie von Literaturveranstaltungen. Also wenn heute Leute kommen, dann kommen immer welche. Und der VHS-Beamte hat jahrelang versucht, mich hierherzubringen. Warum? Es läuft eine 10-tägige Konrad-Adenauer-Veranstaltung mit Enkeln und Freunden.

20. 10. 1978, 9 Uhr 28 ab Brühl, nach Köln.
Gestern war die Bücherei voll, aber mehr als 80 waren es trotzdem nicht. In der Diskussion ein Provokateur. Fängt mit dem Calvados an. Ich falle herein. Er weiter: Wie viel verdienen Sie? Einige sind empört. Ich antworte: 1969 und 1977 mit je 4 Wochen Arbeit jedes Mal 200000, aber sonst mit viel Arbeit viel weniger. Ich merke, dass die großen Zahlen mehr Eindruck machen als die kleinen. Er weiter: Da ich ein Routinier sei, hätte ich sicher bemerkt, dass

man, wenn man nicht anecke, viel verdienen könne. Ob ich deshalb das *Pferd* geschrieben habe. Ich versuche, gelinde zu antworten. Dass man nicht willkürlich schreiben könne. Lasse mich dann doch hinreißen, seine Unterstellungen lächerlich und blöde zu nennen. Weil ich mich aufrege, verliere ich die Zustimmung der Leute, die ich bis dahin hatte. Er weiter: Wenn die Leute Musil oder Trakl läsen, hätten sie was davon, aber doch nicht, wenn sie mich läsen. Anstatt zu fragen, was ich daraus für Schlüsse ziehen solle, antworte ich bitterernst und unterlegen, dass es vielleicht Leute gebe, die Trakl gar nicht lesen könnten, und für die sei dann ich da. Er weiter: Er sei hergekommen, um mich kennenzulernen, das habe er erreicht, also sei er von diesem Abend hochbefriedigt. Ich stand belämmert da.

21. 10. 1978
Heute von 11 bis 13 Uhr im Clara-Schumann-Gymnasium. 300 Mark Honorar.

Dann Köln: «Die Brücke», überfüllt, 350, wenn nicht noch mehr. Angenehme, heitere Diskussion. Alles voller Wohlwollen, arHHaHaHarald Gröhler, ein lieber Junge, bringt mich zum letzten Zug. Wenn ich um 23 Uhr 59 hätte in Frankfurt sein wollen, hätte ich drängeln müssen und um 21 Uhr 35 fahren. Es wurde 22 Uhr 37, um 1 Uhr 19 in Frankfurt. Ein ausgefüllter Tag. Leider habe ich für 700 Mark einen Anzug, ein Hemd, eine Krawatte und Schuhe gekauft. Die Fahrt tut weh. Jedes Geräusch. Augen schließen, weil das Wahrnehmen von Bewegung sofort einen wie nicht mehr stillbaren Schwindel erzeugt, einen Schwindel von rasch anwachsender Gewalt, von unwiderstehlicher Gewalt. In den Speisewagen. Cognac.

24. 10. 1978
Gestern Darmstadt, Lesung mit Peter Rosei und Hans Joachim
Schädlich, beide lesen einschläfernd. Heute 11 Uhr 27 ab Frank-
furt, 16 Uhr 17 Wolfenbüttel.

26. 10. 1978
Gestern Lesung in Neu-Isenburg, vor einer Buchhandlung in
einer Basarhalle. Staubsauger und Fußgänger und vor mir ein breiter, aber nicht tiefer Publikumsriegel, durch den man durchliest in
die Halle. Grotesk. Nachher bei Gottfried Honnefelder. Siegfried
Unseld hat schon auf meine Klage reagiert. Honnefelder hat eine
Fotokopie, die Notiz über unser Telefongespräch wegen *Ehen in
Philippsburg*. Siegfried hat notiert, dass die Lizenz Rowohlt entzo-
gen werden soll. Ich habe in Erinnerung, dass die Lizenz bleiben
soll. Jetzt wurde sie erneuert.

Heute Lesung in Ludwigshafen, BASF.

27. 10. 1978
Mannheim ab 9 Uhr 09, Stuttgart 10 Uhr 45. Blindenhörbücherei,
2. Hälfte *Pferd* lesen.
16 Uhr 02 ab Stuttgart, 17 Uhr 02 Ulm. Abends: Lesung.

3. 11. 1978
Zuerst verliert man die Freunde durch Misserfolg. Dann verliert
man die letzten Freunde durch Erfolge. Sie hatten darauf vertraut,
dass man keinen Erfolg haben werde. Nun sind sie endgültig enttäuscht. Etwas stimmt nicht mit mir.

4. 11. 1978, Saarbrücken.
Lesung im kleinen Saal des Kongresshauses mit Katja Behrens und
Wolfgang Bittner. Danach beziehungslos. VS. Einer von der Ge-
werkschaft: Martin, lass dich von Reich-Ranicki nicht betütern.

522

Das heißt, erfahre ich: sich durch Komplimente den Blick nicht trüben lassen.

5. 11. 1978, St. Ingbert.
Lesung um 11 Uhr. Sehr angenehm. Saal und Leute. Dann mit Professor Tscharchalaschwili bei Professor Schmidt-Henkel. Frau Schmidt-Henkel ist aus Memel. Sie vermisst die Heimat. Der Georgier des Öfteren: Bei uns sagt man, ich weiß nicht, ob das auch international ist ... Die Schwarzmeerküste ist, sagt er, die schönste der Welt.

Heute ein Kind, das die ausgefülltesten Jeans hatte. Die Schenkelbuge wölbten sich und sprengten fast die Jeans. Von hinten endete der Schritt in einer reinen Vierkanthöhle. Aber ein Gesicht wie ein Gänseblümchen Mitte April.
Mein Schmerz hat sich in die Mitte verlagert, direkt unter das Brustbein. Man möchte so atmen und sich so bewegen, dass der Schmerz nicht aktualisiert wird, also vorsichtig.

Wenn man könnte, was man müsste, wäre man vorübergehend glücklich. Ich kann nur die Bedingungen des Glücks nennen. Das Glück selber nicht. Ich kenne es nur, wie man die Grammatik einer fremden Sprache kennt, die man nicht spricht.
Herr Schmidt-Henkel erzählt, dass Reich-Ranicki abends nach einem Rasierapparat fragt. Panisch. Er muss sich immer plötzlich rasieren, wenn er das Gefühl hat, er sehe nicht mehr frisch rasiert aus. Da will ich schon spotten. Dann ist das aber eine Angewohnheit aus dem Ghetto. Wer nicht frisch rasiert war, sah schneller krank aus. Und wer krank aussah, wurde rascher selektiert. Reich-Ranicki hat durch Frischrasiertsein überlebt. So ist das mit dem Spott.

November hängt den Bauch herab,
mein Gesicht ist voller Spuren.
Ich bin bei den rostigen Riesen daheim.
Das Laub grüßt mit Geraschel.

10. 11. 1978, Erlangen. Lesung.
Er konnte seine Tasche nicht mehr ins Gepäcknetz hieven, so scharf
wurde der Stich links. Etwas Endgültiges? Er war auf eine lahme
Art empört, weil er spürte, er habe nichts gegen das Ende. Auch
nicht, wenn es in der nächsten halben Stunde sein würde. Sollte er
Angst haben, weil er sein Leben nicht mehr für verteidigenswert
hielt? Ja. Wenn nämlich sein Zustand zum Tod nicht reichte, würde
die Kraft, die er noch hatte, auch nicht mehr zum Leben reichen.
Zum Leben zu wenig, zum Sterben zu viel: Das war sein Zustand.

12. 11. 1978
Nicht nach Saulgau zur Gruppe 47, 70. Geburtstag Hans Werner
Richters.
Er stellt sich seine Freunde vor. Er sehnt sich nach ihrer Gegenwart. Aber wenn er daran denkt, was jeder von denen erwartet
von einer solchen Zusammenkunft, dann hat er Angst. Er hat
Angst, hinzugehen. Und er hat Angst, wegzubleiben. Keiner von
denen ruft an, warum er nicht komme, obwohl sie so in der Nähe
tagen. Das beweist, dass er recht hat, wenn er nicht hingeht. Oder
hätte er, was sich dort jetzt gegen ihn tut, durch Hingehen verhindern können?

13. 11. 1978
An alle, die hier vorkommen.
Zuzeiten habt ihr mich bedrängt.
Um bleiben zu können, musste ich
euch fassen. Jetzt bin ich wieder harmlos
wie ich war, als ich euch noch nicht kannte.

Vercingetorix diktiert dem römischen Freund, der seine Frau ist. Eines Tages wird man Cäsar verachten, weil er sich über andere stellte; weil er Menschenleben opfern konnte für einen Erfolg, der keinem nützte außer ihm selbst. Vielleicht sind wir noch 3000 oder 7000 Jahre von dieser Zeit entfernt. Vielleicht werden sie jetzt noch 2000 oder 4000 Jahre lang seinen Stil rühmen und das Blut nicht riechen, das aus diesem Satzbau dampft. Irgendwann werden sie ihn erkennen. Oder sie werden alle cäsarhaft geworden sein. Eine Welt von in sich Verbissenen.

18. 11. 1978

Heute zwei Spritzen von der homöopathischen Ärztin. Diagnose: Das geht auf Angina Pectoris zu. Der Internist: Durchblutungsstörung am Herzmuskel. Der Druck weist auf Angina Pectoris hin. Verschreibt Adalat.

22. 11. 1978

Professor Eggstein aus Tübingen, der mein EKG von 1976 kennt: Adalat sofort absetzen, das ist viel zu stark, ich sei nichts als überarbeitet. Sofort alle Termine absagen. Wenn ich nicht darauf achten werde, könne es so weit kommen, wie wir jetzt glauben, dass es sei. Er verschreibt Bellergal.

6. 12. 1978

Joachim Kaiser vermisst das Risiko im *Pferd*. Als ich noch etwas riskierte, vermisste er die Form. Und lädt mich als «Alten lieben Freund» zu seinem Geburtstag ein. Wahrscheinlich genießt er es, dass ich nicht abzusagen wage. Er weiß, dass ich zur Huldigung komme.

Ein Silberreiher landet aufwendig am Ufer und spaziert dann wassereinwärts. Nur so weit, dass seine Federfrackschöße über dem Wasser bleiben.

Herr Achhammer, Feldkirch, von der Arbeiterkammer, erzählt: Als Hans Mayer, etwa 1963, auf Einladung der sozialistischen Studenten in Wien einen Vortrag hielt, weigerte er sich, in einem Gewerkschaftssaal zu lesen. Was fällt Ihnen ein! Was glauben Sie, was in den Zeitungen der BRD steht, wenn ich hier in einem Gewerkschaftssaal lese. Am Vormittag nach dem Vortrag war das Honorar nicht da. Herr Achhammer erklärt die Umstände. Herr Mayer ist empört. Er wird darüber in der *Zeit* schreiben. Das ist doch ein unglaublicher Vorgang. Herr Achhammer kann nichts dafür. Aber Herr Mayer: Ihm bleibt gar nichts anderes übrig, als darüber in der *Zeit* zu schreiben. Dann kommt das Geld doch noch. Da hätten sie aber Glück gehabt! Herr Mayer geht, nachdem er das Honorar hat, die Treppen bis in den 4. Stock hinauf und knöpft der Sekretärin, sagt Herr Achhammer, noch weitere 1000 Schilling ab, weil ihm, was er gekriegt hatte, zu wenig war. Eine derartige Bloch-Geschichte ist undenkbar.

Wagnerbücherautoren sollten miteinander in Urlaub fahren. Sie verstünden einander besser, als wenn jeder für sich oder mit ganz anderen Leuten, etwa mit Schillerbücherverfassern, führe.

Welk häng ich in der Vase und denke der Feuchtigkeit nach. Früher, als die Glocken noch nass läuteten. Der Blitz schlug meistens in meinen großen Zehennagel ein und konnte ihm nicht schaden. Es brausten die Wellen des Mostes bergauf. Jungfrauen wurden mitgerissen, flügelschlagend vermehrten sie den Sturm. Wie sollte, da das vorbei ist, nicht alles vorbei sein.

7. 12. 1978
Wievielmal bin ich dir gefolgt in deine
angestaubten Träume, von deren Decken
an den eigenen Haaren Schädel hingen mit
winzigen Körpern dran. Sing doch
einmal musst du singen.

Warum bin ich nicht still! Man vergäße, was ich widerlegen will,
wenn ich nicht widerspräche.
Nichts ist schöner als die Wärme und die Kälte.

Er nimmt mich zur Brust wie etwas, das man erhalten muss. Er
legt mich an, mein Mund geht auf, er spritzt das brennende Gift
hinein.

9. 12. 1978
Post nimmt man aus den Händen des Postboten wie einen drall
gefüllten Luftballon. Dann öffnet man die Briefe, die Luft ent-
weicht, in den Händen bleibt Müll.

Siegfried behandelt seine Autoren wie ein Mann, der 19 Geliebte
hat, von denen er jeder beibringen will, sie sei die einzige.

Wie schnell schlägt etwas um! Warum habe ich, wenn ich weiß,
dass mir Festigkeit fehlt, nicht eine Art Ersatzfestigkeit.

Zukunftsroman. 24327. Ein Bauer hat allen Kühen kleine Sender um
den Hals gebunden. Er hat eine Fressstelle für alle eingerichtet. Er
hat die optimale Futtermenge für jede errechnet. Der Sender ver-
ständigt den Futtercomputer, welche Kuh da ist, dann kommt die
Menge für diese Kuh aus dem Futtergeber. Die Kuh frisst und
geht. Die nächste kommt. Dem Fressen hat er etwas zugesetzt, das
die Gülle geruchsfrei macht.

Vielleicht ist Siegfried nur wegen Mädchen so viel unterwegs, und nur die misstrauischen Autoren glauben, er sei immer unterwegs, um sich als Autor zu produzieren.

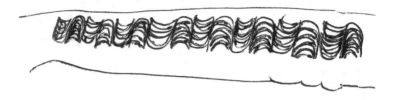

19. 12. 1978
Bis kurz vor vier bei Kaisers in der Rheinlandstraße. Jürgen Habermas, der mit mir hinfährt: Hier wohnen die Chefs der Max-Planck-Institute. Heisenberg wohnte hier, mit dem Joachim Kaiser Klavier gespielt hat. Susanne in schwarzer Seide, schöne Spangenschuhe, zwischen Violett und Braun changierend. Von den zwei Hängern am Hals einer ein Elfenbeinfäustchen, das ein goldenes Knöchelchen umfasst hält. Sie ist so schön wie noch nie. Joachim Kaiser charakterisiert, wie er zu den Freunden, die er für heute eingeladen hat, gekommen ist. Er verdanke Freunden mehr als Lehrern. Am Kopf der Tafel der, der auch aus Tilsit ist, also von Anfang an. Aber nach Berlin seien sie einmal in zwei verschiedenen Zügen gefahren. Dann Werner Burkhardt, der nie etwas sagt, aber öfter in ein Lachen ausbricht, dass man weiß, daran wird man sich nicht gewöhnen. Den müsste ich verprügeln wegen seiner hundsgemeinen *Sauspiel*-Kritik. Aber er ist das eigentlich nicht wert. In seinem Hamburger Jahr war Joachim Kaiser mit dem in 400 Konzerten, nachgezählt, also samstags und sonntags zweimal. Dann in Göttingen Dahlhaus, jetzt Musikprofessor in Berlin. Jürgen Habermas in Frankfurt. Mich in Frankfurt. Ivan Nagel in Frankfurt. Der ergänzt: Da pfiff einer immer die Hebriden-Ouvertüre. Den wollte ich kennenlernen. Joachim Kaiser: Kann ich die noch? Probiert's. Ja. Ivo Frenzel, auch aus Göttingen. Alexan-

der Bohnke aus Tübingen. Ihm seien immer die Doktorväter weggestorben, deshalb sei er herumgekommen. Es fehlte natürlich Max Frisch. Auch Ponelle rief nur dreimal an und konnte dann doch nicht kommen. Es waren nur 11 statt 13. Ich war wahrscheinlich die Ersatzbesetzung für Max Frisch, weil man mit dem doch nicht einfach rechnen kann.

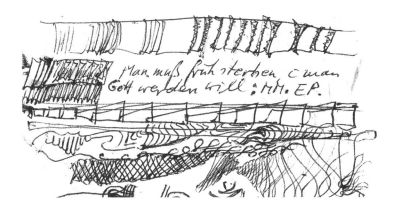

20. 12. 1978
Bei Barbara Hamm und Dr. Ohly. Peter Hamm wieder erbittert gegen Joachim Kaiser. Alles falsch im Beethoven-Buch. In Alfred Brendels vier Schubert-Abende ging er nicht, weil er wusste, er müsste Gutes schreiben. Das konnte er aber nicht, weil er weiß, dass Alfred Brendel zu uns gehört. Dr. Ohly, der gekocht hat, erklärt die Mousse, die ausgezeichnet schmeckt. Bei der Mousse kommt es darauf an, sagt er, dass man sich beim Rühren auf sie einstellt. Noch viel mehr als bei einer Mayonnaise. Immer wieder warm oder kalt abschrecken, je nach Festigkeitsgrad. Die Mousse selber sagt es einem, wie sie es haben will.

Warum kann nicht jeder alles?

25. 12. 1978

Siegfried gestern: Es ist alles geplant, zuerst eine Flasche trockenen Weißen zum Essen, dann einen Roten, dann könnten wir fernsehen oder Musik hören, aber ich habe nicht die geringste Lust dazu, ich bin völlig spannungslos. Das ist der Zustand dessen, der seinen Schwerpunkt außer Haus hat. In diesem Fall bei seiner Geliebten, bei der er vorgestern noch war. Bei Franziska und mir ist es der Ehrgeiz, der innerhalb der Familie nicht gestillt werden kann. Wir sind, besonders wenn wir beide da sind, nie ganz zufrieden. Sie noch viel weniger als ich. Ich könnte es schon allmählich aushalten im engen Kreis.

Ich möchte aus Marmor sein, so verschwiegen. Und wenn sie mich schliffen, glänzte ich. Hart, kühl und unbeweglich möchte ich sein.

Meine Erschöpfung ist jetzt ärztlich formuliert. Das tut gut, sich berufen zu können. Andererseits: Wer würde für uns arbeiten?

Vielleicht bin ich politisch nur deshalb so ermattet, weil ich keine anderen gefunden habe, mit denen ich hätte zusammenarbeiten können. Etwas Politisches allein anstreben ist auf eine lähmende Weise lächerlich. Solisterei! Dann kann ich ja gleich bei der Literatur bleiben.

Unerträgliche Tage muss man loben, weil man froh sein kann, dass sie vergehen.

Was alles, ohne dass ein Koordinierender erschließbar ist, auf einen Punkt wirkt!

Goldgrundtage sondergleichen.

Die große Ernüchterung, wenn man bedenkt, dass man nicht alle Briefe Flauberts oder Nietzsches und nicht alle Tagebücher Kierkegaards lesen wird.

Warum hat niemand Gott als soziale Funktion bewiesen? «Gott ist tot» wäre demnach wie: Hurra, ich bin gelähmt!

Im Straßengraben liegend, vom Fürwort verlassen, nur eine Fläche Gesicht, von der trieft, was die Reifen spritzen.

Etwas so schön sagen, wie es nicht ist.

Das Licht ist eine leichte Last. Ein jeder Zweig trägt einen Glanz. Auf dem Wasser fließt das Licht zu einer Stelle, die es dichtet, dass wir die Augen schließen müssen.

Über die Verwandtschaft von Ja und Nein.

Selbst auf die Gefahr hin, geistreich erscheinen zu wollen, gebe ich jetzt zu, dass ich seit langem an nichts so sehr zweifle wie an dem Wesen der Gegensätze.

F : 34ff/ 55 / 77f/ 78/ 99ff/ 101/ 116ff/ 141ff/ 306/ 347
350/ 419 Rtarmli62 Wittler 469ffGernsbach/ 497
499 FH/ 504 DrSchröter Paul/ 588 M/ 650 FrM/ 651 Mii
668 Schelih·/ 674ff BH Mü/ 687 fMusik/ 729 CD/

Wetter 94/ 103/ 107/ 112/ 310/ 3 11/ 345/ 347 / 356/ 374/ 414/ 430
441/ 497/ 589 / 630/ 650 Eisregen/ 651ff/ 695 /703 /706
711/ 725 Föhn + 726

Gall. 350/435
-Rohe 716/

E K 33/ 43/ 45/ 51/ 52/ 89/ 93/ 99/ 104/ 105/ 106/ 113/ 120/ 122
131/ 132/ 158/ 171/ 172/ 177/ 198/ 200/ 207/ 342/ 417/ 426/ 429
435/ 443+Treppen/ 497/ 509/ 552/ 554/

Ex + Schreiben 73ff/ 131/ 132/ 139/ 165ff/ 175/ 178/ 189/ 200/ 205/ 244 / 255
257/ 281/ 298/ 312/ 357/ 418/ 424/ 584/ 586ff/ 592/ 652

Dial 459/ 463/ 464/ 474/ 475(Dialog)/ 491/ 506 CH/ 515 köln/ 536 bair/ 561 all/
623 all/ Krknsaal/

Häuser 33/ 238ff Hamb./ 243/ 245ff/ 274 Teak/ 421 Hay/
Beschr. 98/ 281(Sprache)/ 307 Spr/ 401ff/ 405/ 406 Harbach/ 418/ 52.
Nachbarn 93f/ 356/ 363 (Boot) 599ffFuhrmanns-606/ 636 Lions/
Klnbg 255 /64ff Käfer/ 580 Radio/ 681 Räume + Mü/
Gera 503, Cdorf/ 591 Vere./ Kriegsschlagen/ 692 ES niest/

Bedeutend 351/ 489 :Sprache Litd

Namen 420ff /438/

Texte 33/ 57/ 87/ 89 / 127 / 123 / 128/ 162 ff/ 179/ 188/ 189/ 198
205ff BH/ 208/ 245/ 261ff/ 277/ 3 11/ 323/342/ 417/431/
457ff Krimi/ 488 Hannover/ 483/490 Reisen/ 496 /Aug/ 533 Herbst/
554/552/ 706/ 713/ 742 Wärme hält + n-geben/

Essen 473

⊕ Frn 33 BH /35 / 45 ff M LSch/ 56 C.D/ 213 ffBH/ 256 BH/ 256 AS/
399 AS ff/ 122/ 407/ 415 f/ 462/ 473ffBH/ 475ff/477 AS/
499 HE/ 547fMA/ E56 AS/ 557 HaVS/ 679 AS/

Figuren 33ffBeust/ 472/ 474/ 500 / 528/ 533/ 537/ 553/ 554/ 565/ 568/
593 Sz Dr Chef-Dep. Gäste · 618ff Friseur + 56/ 624/654/ 684 Beine 6 Kü
-Bekle 538ff·

Unterwegs 37/38/.112 Troll zettel /205 Hbf./
224ff Siegelsheim / Sylt (Orient) /289 Winterst./317/Zeandin
346 ~ Koffer. / Haus (+ Prof 399 n / 461 Hotel holle/
401ff Marbach / 407 Bergen / 425 Houston / 465 Zug lokal /406 off.
Gernsbach /470 ff Zug Dialog tm-Kl /483 H / 498 Singen /506 Chur
514 Brüssel / 528 Lihafen / 556 Hotelhakto 559/560/5 533 Rollstuhl /
628 ff Dial. / Krkhs.166f Gericht / 1-4 Zug Singen - Basel /
Gegend 724 /730 Gebirge /739 Winterreise
Gegend 296 f /301th Leutchse / 311/416 f/417f Bergen /423/507 U/6/71f
Jahreszeiten 37/121 /132 /177/18 9 /149 / 20 o/ 204/24 o/ 265 K 80/1351
Natur 179 (Kiesel) 196 f /202/201/4 14/415 521 652 (

See 18 1f /263/281 f/ /398 Tiere / 483 Ente /440 Vögel /4 Reihert 65
658 Schwoch /660
Gärten 394 ff /596/616 f /652 /745 /
Kollegen 407 /416 /485/500 f/537/552/578/602 Pantom/66 Cohe

Kritiker 514 /557 /641 /648 /669 ff JK /

Lebenspläne 37 /711 /712 SK /

Berufe 209 (Taxi) /282 ff /²Bau / warty /437 Schiffe /442 Fl/Hund /
Zaunfh 483 /503 ff Bauker² /646 Elektr /Antiquität /646
653 Landwirt /

Betriebe 37

Schulen 448 f/ /488 f /499 /520 f /

Einricht 487 Larmstopp /

Sätze ~ Fn 39 /42 (1.Kf.) /43 /78 (engl) / 9 3 /121 /Re 282 /398 d /4, 24 /
483 / 484/494/ 496 Depr-CH /500 / 543 Dugan / 2 Männer Döng
Engl + 1 Inder 555 /582/59 / /603 / Fr:13.: 6 49 /6.6.66 F /

Fr Bürn 735
Fr Bürn 39 /10 3/172/283/288 /190 ff /352 ff /411 sex /552/646 f /702
4/8 113/155 /349 Nervi /352 f /461 lam /457 (Nerven) /503 nacht /553
552 / 566 7 F's Vater /596 f /636 / 477 GV / 515 Hotel + Kneipe /

K 73 /76 /77 /90 /94 /99 f /100 143 174 /178 /181 /18 f /199 /200
248 /29 f /359 /443 ff /498 /5 37 /547 /578 /579 /585 RG /
846 /689 Werner /709 /715 /721 /731 f / 735 / 739

> **Anmerkungen**
> zusammengestellt von Jörg Magenau

Seite 8: *Gallistl's Verbrechen*: Walser plante, den Roman «Die Gallistl'sche Krankheit» von 1972 in zwei Bänden fortzusetzen: «Gallistl's Verbrechen» und «Die Gallistl'sche Lösung». Beide wurden nicht ausgeführt. Tagebucheinträge dazu beginnen bereits im August 1972 (siehe Walser: Leben und Schreiben. Tagebücher 1963–1973. Rowohlt, Reinbek bei Hamburg 2005, S. 529).

Seite 9: *Unter der Last der Solschenizyn-Anklagen*: Alexander Solschenizyn (1918–2008). Sowjetischer Schriftsteller und Bürgerrechtler. In «Ein Tag im Leben des Iwan Denissowitsch» beschrieb er den grausamen Alltag in einem sowjetischen Straflager. 1969 wurde er aus dem Schriftstellerverband der UdSSR ausgeschlossen, 1970 erhielt er den Nobelpreis für Literatur. In «Der Archipel Gulag» lieferte er eine Analyse des Straflager-Systems. Das Buch, das in der Sowjetunion verboten war, erschütterte die westeuropäische Linke nachhaltig, zwang es doch Sozialisten und Kommunisten aller Couleur, sich mit den Verbrechen des Stalinismus auseinanderzusetzen.

Jeder Tod – Szondi, Eich, Bachmann: Peter Szondi (1929–1971), Literaturwissenschaftler, Komparatist, Kritiker und Übersetzer jüdisch-ungarischer Herkunft, begründete 1965 das Institut für Allgemeine und Vergleichende Literaturwissenschaft an der FU Berlin.

Günter Eich (1907–1972): Lyriker, Hörspielautor, Mitbegründer der Gruppe 47, 1959 ausgezeichnet mit dem Georg-Büchner-Preis.

Ingeborg Bachmann (1926–1973): österreichische Schriftstellerin, erhielt 1953 den Preis der Gruppe 47 und 1964 den Georg-Büchner-Preis. Die Nachricht von ihrem Tod erreichte Walser in den USA am 23. 10. 1973; im Tagebuch findet sich am 1. 11. 1973 ein Gedicht auf Ingeborg Bachmann (Walser: Leben und Schreiben. Tagebücher 1963–1973, S. 653).

Seite 10: *Siegfried Unseld* (1924–2002): Verleger, Leiter des Suhrkamp Verlags. Walser gehörte in den 60er Jahren zu dessen engstem Berater- und Freundeskreis.

537

In den Sand von Texas: Von September bis Dezember 1973 hielt Walser sich in den USA auf, zunächst als Gastdozent in Middlebury / Vermont, dann als Gastprofessor in Austin / Texas.

Seite 11: *Dr. Beckermann:* Thomas Beckermann, Lektor Martin Walsers im Suhrkamp Verlag.

Seite 12: *Mit den 4 von Günter Grass bezeichneten Schriftstellern:* Günter Grass hatte sich in einem Interview zu der Äußerung hinreißen lassen, er wolle mit Autoren wie Martin Walser, Peter Weiss, Günter Herburger und Franz Xaver Kroetz nichts mehr gemein haben. Er kritisierte die Genannten dafür, «kein Wort für Solschenizyn» übrigzuhaben. Deshalb seien sie für ihn «keine Kollegen» mehr: «Mit ihnen hört der Dialog auf.» Walser griff daraufhin ironisch zum Mittel der «öffentlichen Selbstkritik», wie sie im Sozialismus gern praktiziert wurde. Sein «Vorschlag zur Güte», den er auf den folgenden Tagebuchseiten skizziert, erschien unter dem Titel «Hinweis auf einen alten Hut» am 11. 2. 1974 im «Spiegel» (MW Werke, XI, S. 494 ff.). Solschenizyn wurde am 14. 2. 1974 aus der Sowjetunion ausgewiesen. Er kam zunächst in die Bundesrepublik Deutschland und wohnte bei Heinrich Böll in Köln. In einem Interview mit der «Frankfurter Rundschau» (14. 2. 1974) sagte Walser über Grass: «Diese Formulierung ‹Hier hört der Dialog auf!› ist einfach eine Formulierung, die sich aufdrängt, um in – sozusagen – das Horn allgemeiner Abgrenzungshysterie gegenüber Sozialisten und Kommunisten zu stoßen. Grass verfällt einfach diesem Vokabular, (...) das ist das Vokabular des Berufsverbots, des Ministerpräsidentenerlasses, dieses Vokabular, das er, der Staatsschriftsteller, einfach auch von selber, begabt und vehement, aufnimmt, wenn er's braucht. (...) So wie Gerhart Hauptmann eine gewisse Zeit repräsentativ war, Thomas Mann es war, so ist eben Günter Grass repräsentativ, und er erlebt seine Denkmalhaftigkeit natürlich besonders intensiv, und entsprechend benimmt er sich.» Und zu Solschenizyn: «Wenn man da etwas Vernünftiges tun will, müßte man sich hinsetzen und sozusagen 50 oder 60 Seiten sauber arbeiten, die ganze Verwendung des Namens Solschenizyn in den letzten drei oder vier Jahren im Westen und in der Bundesrepublik dokumentieren. (...) Da müßte ich ihm [Grass] nachweisen, daß der Sinn einer Aktion bei mir immer aufgehört hat, wenn sich die Aktion hätte über die Grenzen richten müssen.»

Seite 17: *24327*: Auch wenn Walser immer wieder Einfälle für einen Zukunftsroman notierte: Das Vorhaben blieb unausgeführt.

Seite 18: *1923*: *O Donna Clara*: Ein Schlager der «Comedian Harmonists». Die zitierte Strophe lautet vollständig: «O Donna Clara, ich hab dich tanzen gesehn, und deine Schönheit hat mich toll gemacht. Ich hab im Traume dich dann im Ganzen gesehn, das hat das Maß der Liebe voll gemacht. Bei jedem Schritte und Tritte biegt sich dein Körper genau in der Mitte, und herrlich, gefährlich sind deine Füße, du Süße, zu sehn. O Donna Clara, ich hab dich tanzen gesehn, o Donna Clara, du bist wunderschön!»

Sauspiel: Walser arbeitete bereits seit Frühjahr 1973 an dem historischen Drama «Das Sauspiel» (MW Werke IX, S. 519). Es wurde ursprünglich vom Nürnberger Theater als Musical in Auftrag gegeben, kam dann aber am 19. 12. 1975 am Deutschen Schauspielhaus in Hamburg zur Uraufführung. Die Musik lieferte der griechische Komponist Mikis Theodorakis. Regie führte Alfred Kirchner, der schon «Ein Kinderspiel» in Stuttgart inszeniert hatte.

Seite 19: *Martin Walser von der DKP*: Einige Freunde Walsers waren Mitglieder der DKP, Walser selbst wurde nie Parteimitglied und weigerte sich auch, Wahlkampf für die DKP zu machen. Allerdings setzte er sich dafür ein, alle Parteien einschließlich der DKP wählen zu dürfen, ohne deshalb kriminalisiert zu werden. Die DKP gehörte für ihn ins Spektrum demokratischer Möglichkeiten. Schon damit stand er in der Zeit von Radikalenerlass und Berufsverboten außerhalb des tolerierten politischen Spektrums. Der Ruf, Kommunist und Mitglied der DKP zu sein, haftete ihm hartnäckig an. Nicht zuletzt deshalb, weil er das als geschäftsschädigend empfand, wehrte er sich dagegen und bat Siegfried Unseld, im Namen des Verlages stets zu widersprechen, wenn jemand dieses Gerücht kolportiere.

Seite 20: *Wenn de Gaulle stirbt*: Charles de Gaulle (1890–1970): Französischer General und Anführer des Widerstand gegen die deutsche Besatzung im 2. Weltkrieg. Nach Algerienkrise und Verfassungsreform Begründer der «Fünften Republik» und von 1959 bis 1969 deren erster Staatspräsident.

Tod Pompidous: Georges Pompidou (1911–1974) war von Juni 1969 bis zu seinem Tod französischer Staatspräsident. Nachfolger de Gaulles.

Seite 21: *Petra Kipphoff*: Kunstkritikerin, Redakteurin der Wochenzeitung «Die Zeit».

Joachim Kaiser (geb. 1928): Musik-, Literatur- und Theaterkritiker, nahm seit 1953 an den Tagungen der Gruppe 47 teil und war seit 1959 Feuilletonredakteur der «Süddeutschen Zeitung» in München. 1977 wurde er Professor für Musikgeschichte an der Musikhochschule in Stuttgart.

Grund zur Freude: Im Sommer 1971 schickte Walser ein Bündel «Strophen» an Siegfried Unseld, die er unter dem Titel «Der Grund zur Freude. 99 Sprüche zur Erbauung des Bewußtseins» veröffentlichen wollte. Unseld beschwor ihn, darauf zu verzichten. Er stieß sich vor allem an Versen mit dem Titel «Form und Inhalt»: «Es ist keine Kunst, wenigen verständlich zu sein./Vielen verständlich zu sein fordert Mut. Was nicht/auch ein anderer sagen könnte, soll man/besser verschweigen.» Unseld glaubte darin die Selbstabdankung des Intellektuellen als eines autonomen Individuums und die Unterwerfung unter das sozialistisch gedachte Kollektiv zu erkennen. Walsers Bekenntnis zum Sozialismus, das der «Grund zur Freude» enthielt, konnte und wollte er nicht teilen. Ohne die Publikation explizit zu verweigern – vielmehr beteuerte er immer wieder, alles zu drucken, was Walser schreibe –, schob er die Veröffentlichung immer wieder auf und ließ Walser auf Antwort warten. Diese Strategie trug maßgeblich zur Entfremdung zwischen Verleger und Autor bei. Walser zog das Manuskript zurück und schrieb am 6. 5. 1974: «Dazu hat man ja einen Verlag, dass man in ihn wie in einen Spiegel schauen kann. Ich werde die Sprüche weiter pflegen. Irgendwann sind dann die Hänger weg, hoffe ich.» «Der Grund zur Freude» erschien schließlich 1978 in der Düsseldorfer Eremiten Presse und 1980 als Taschenbuch im Rowohlt Verlag.

Seite 23: *Günter Gaus* (1929–2004): deutscher Publizist und SPD-Politiker. Von 1969 bis 1973 Chefredakteur des Nachrichtenmagazins «Der Spiegel». Von 1974 bis 1981 erster Leiter der «Ständigen Vertretung der Bundesrepublik Deutschland» in der DDR. Berühmt für seine Fernsehinterviews «Zur Person».

Günter Guillaume (1927–1995) war seit 1972 persönlicher Referent von Bundeskanzler Willy Brandt und Mitarbeiter des Ministeriums für Staatssicherheit der DDR. Am 14. 4. 1974 wurde er unter Spionageverdacht festgenommen. Die sogenannte Guillaume-Affäre war der größte, öffentlich bekannt gewordene Spionagefall in der Geschichte der Bundesrepublik. Sie führte zum Rücktritt Brandts am 7. 5. 1974. Guillaume und seine Frau wurden zu dreizehn bzw. acht Jahren Haft verurteilt, aber bereits 1981 im Rahmen eines Agentenaustauschs in die DDR abgeschoben.

Seite 24: *Herbert Wehner* (1906–1990): SPD-Politiker, 1966 bis 1969 in der Großen Koalition Bundesminister für gesamtdeutsche Fragen, von 1969 bis 1983 Chef der SPD-Bundestagsfraktion.

Bruno Kreisky (1911–1990): sozialdemokratischer Politiker, von 1967 bis 1983 Vorsitzender der österreichischen SPÖ, von 1970 bis 1983 österreichischer Bundeskanzler.

Alfred Grosser (geb. 1925): Politikwissenschaftler und Publizist. Als Sohn eines jüdischen Sozialdemokraten in Frankfurt/Main geboren, emigrierte er mit der Familie 1933 nach Frankreich und wurde französischer Staatsbürger. Grosser befasste sich vor allem mit den deutsch-französischen Beziehungen. 1975 wurde er mit dem Friedenspreis des deutschen Buchhandels ausgezeichnet.

Wäre Mitterrand gewählt worden: François Mitterrand (1916–1996), Kandidat der Linken, unterlag bei den Präsidentschaftswahlen, die nach dem Tod Pompidous erforderlich wurden, knapp gegen Valéry Giscard d'Estaing. Mitterrand wurde 1981 als dessen Nachfolger französischer Staatspräsident.

Frieder Hitzer (1935–2007): Publizist und Übersetzer (übertrug u. a. Tschingis Aitmatov aus dem Russischen), Herausgeber der DKP-Kulturzeitschrift «Kürbiskern». Hitzer engagierte sich für die Gründung des Deutschen Schriftstellerverbandes (VS) und initiierte zusammen mit Martin Walser den «Arbeitskreis Kulturindustrie».

Seite 26: *Dublin, Kinderspiel, mit Edgar Selge als Asti*: Edgar Selge (geb. 1948), Schauspieler und späterer Schwiegersohn Martin Walsers. Er studierte von 1968 bis 1974 Philosophie und Germanistik in München und Dublin. Dort inszenierte er mit Kommilitonen Walsers «Kinderspiel» – ein Stück, das im April 1971 in Stuttgart uraufgeführt wurde. In einem Selge-Porträt in der Wochenzeitung «Die Zeit» schrieb Adam Soboczynski: «Er hatte den Schriftsteller vorab angerufen und ihn gefragt, ob eine englische

Übersetzung seines Werkes vorhanden sei. Walser ließ sie Selge zukommen und besuchte, zur Überraschung der jungen Studenten, die englischsprachige Premiere seines Stücks, die in Dublin allerdings nur wenige Zuschauer fand. Selge lacht, erinnert sich, wie Walser in grauem Mantel und mit einer schweren Aktentasche vor dem Theater stand, um Passanten darauf aufmerksam zu machen, dass eine bedeutsame Vorstellung unmittelbar bevorstand. Später sollte Edgar Selge Martin Walser noch weitaus besser kennenlernen. Auf der Münchner Schauspielschule, die er nach seinem Philosophiestudium besuchte, verliebte er sich in eine Studentin, in Franziska Walser, die älteste Tochter des Dichters. Martin Walser wurde Selges Schwiegervater» (in: «Die Zeit» vom 1. 2. 2007).

Seite 28: *BRD gegen Australien*: Vorrundenspiel der Fußball-Weltmeisterschaft. Die BRD siegte mit 3:0. Torschützen: Wolfgang Overath (12.), Bernd Cullmann (34.), Gerd Müller (53.).

Seite 31: *Der Freund hat jahrelang mitgeschrieben*: Was Walser hier Gallistl zuschreibt, geht auf eigene Erfahrungen mit Uwe Johnson zurück. Auch dieser machte sich unaufhörlich Notizen und konnte so noch Jahre später zitieren, was Walser am Telefon gesagt hatte (siehe auch den Eintrag vom 2. 10. 1974).

Seite 32: *Herbert Achternbusch* (geb. 1938), Schriftsteller, Bildender Künstler und Filmregisseur, wurde durch Vermittlung Walsers 1969 Autor des Suhrkamp Verlags.

Peter Hamm (geb. 1937): Schriftsteller und Literaturkritiker, Kulturredakteur beim Bayerischen Rundfunk.

Volker Schlöndorff (geb. 1939): Filmregisseur und -produzent, der besonders mit seinen Literaturverfilmungen Furore machte. 1966 wurde er mit seinem Debüt, der Verfilmung von Musils «Törless», berühmt. 1975 adaptierte er Heinrich Bölls «Die verlorene Ehre der Katharina Blum» fürs Kino, 1979 folgte «Die Blechtrommel» nach dem Roman von Günter Grass.

Thomas Thieringer: Journalist, Filmkritiker der «Süddeutschen Zeitung», seit 1980 Juror des Adolf-Grimme-Preises.

Seite 33: *Ironie-Seminar*: Walser befasste sich in den 70er Jahren kontinuierlich mit den unterschiedlichen Formen der Ironie. Ironie war das

Thema seiner Gastdozenturen in den USA von 1973 bis 1983 und seiner Frankfurter Poetikvorlesungen im Oktober 1980 («Selbstbewußtsein und Ironie», MW Werke XII, S. 443 ff.).

Fühle ich mich Nixon nahe: Richard Nixon (1913–1994) war von 1969 bis 1974 der 37. Präsident der USA. Aufgrund des Vertrauensverlustes durch die *Watergate*-Affäre musste er am 9. August 1974 zurücktreten. Wenn Walser sich ihm nahe fühlt, dann ist das ein Beispiel der Robert Walser'schen Form von Ironie, jeweils mit den Unterliegenden zu sympathisieren – und das trotz Nixons verheerender Vietnam-Politik.

Seite 34: *Als dass ich kritisch denken möchte*: Was hier als bloße Stimmung der Kritik-Unlust erscheint, ist doch viel mehr. Es ist der Überdruss am Habitus des kritischen, linken Intellektuellen, der auf Kritik abonniert ist. Von hier aus beginnt – in engem Zusammenhang mit dem Thema «Ironie» – eine lange Auseinandersetzung mit Kritik, die bis zu dem Essay «Kritik oder Zustimmung oder Geistesgegenwart» im Jahr 2008 führt (in: Martin Walser: Kinderspielplatz. Berlin University Press, 2008).

Seite 36: *Nach Kiel*: In Kiel trat Walser auf einer Deutschlehrertagung vor 600 ausländischen Deutschlehrern auf (siehe unten, Anmerkung *Kieler Thesen*, Seite 46).

Hans Mayer (1907–2001): Literaturwissenschaftler und Kritiker. Als Jude und Kommunist musste er 1933 aus Deutschland fliehen und lebte in Frankreich im Exil, kehrte 1945 nach Deutschland zurück und ging 1948 in die SBZ. In Leipzig wurde er Professor für Literaturwissenschaft. Mayer nahm regelmäßig an den Tagungen der Gruppe 47 teil. 1963 kehrte er von einem Besuch im Westen nicht in die DDR zurück. Von 1965 bis zu seiner Emeritierung 1973 lehrte er Deutsche Literatur in Hannover, anschließend war er Honorarprofessor in Tübingen.

Professor Korlén: Gustav Korlén, Nestor der schwedischen Germanistik, Professor in Stockholm, gehörte zum Kreis der Teilnehmer der Gruppe 47 und ermöglichte 1964 deren umstrittene – auch von Martin Walser kritisierte – Auslandtagung in Schweden.

Max von der Grün (1926–2005): Schriftsteller, Hauer, später Grubenlokführer auf einer Zeche in Unna und einer der wichtigsten Vertreter der «Literatur der Arbeitswelt». Von der Grün war Gründungsmitglied der Dortmunder «Gruppe 61».

Seite 37: *Jurek Becker* (vermutlich 1937–1997) wurde als Sohn jüdischer Eltern in Lodz geboren. Das genaue Geburtsdatum ist unbekannt, weil sein Vater ihn im Ghetto älter machte, als er war. Nach 1945 wuchs er in Ost-Berlin auf, siedelte 1977 in den Westen über. Sein wichtigster Roman ist «Jakob der Lügner», der zurückführt ins Ghetto von Lodz.

Für die Nobelstiftung Böll vorgeschlagen: Heinrich Böll (1917–1985) wurde 1972 mit dem Nobelpreis für Literatur ausgezeichnet.

Marcuse: Herbert Marcuse (1898–1979), deutsch-amerikanischer Soziologe und Philosoph, arbeitete, bevor er Deutschland 1933 als Jude verlassen musste, bei Max Horkheimer am Frankfurter Institut für Sozialforschung und ging mit Horkheimer ins Exil in die USA. Sein bekanntestes Werk ist «Der eindimensionale Mensch» (1964).

Schwärmt für Wallraff: Günter Wallraff (geb. 1942) war 1974 zwar noch nicht als der Bild-Redakteur «Hans Esser» berühmt, aber bereits mit Undercover-Reportagen bekannt geworden. In «13 unerwünschte Reportagen» ließ er sich u. a. als Alkoholiker in eine psychiatrische Klinik einweisen, erprobte sich als Obdachloser, später als Napalmlieferant für die US-Armee.

Bis zur roten Boje geschwommen: Walser schwimmt möglichst täglich im Bodensee, von seinem Haus aus parallel zum Ufer. Im Tagebuch hält er immer wieder fest, wie weit er gekommen ist.

Seite 38: *Jenseits der Liebe*: erste Erwähnung des neuen Romans, den Walser laut Tagebucheintrag am 1. 7. 1975 beendet. In vielen Fällen war der Titel während der Arbeit noch ungewiss, hier aber war er von Anfang an da. Der Roman erzählt von der inneren und familiären Zerrüttung und Zerstörung des Angestellten Franz Horn, als Folge seiner Arbeitsverhältnisse. Für Walser ist dieses Buch ein künstlerischer Neuanfang; er wechselt von der Ich-Perspektive der Kristlein-Trilogie zur auktorialen Erzählform, die von nun an bestimmend sein wird.

Seite 39: *Trio*: Die Figurenkonstellation Mann, Frau, Geliebte ist ein Thema, das Walser in seinen Romanen – bis hin zu «Augenblick der Liebe» und «Angstblüte» – immer wieder neu variiert. Das Stück «Trio» wurde noch nicht fertig geschrieben.

Seite 40: *Uwe, Elisabeth, Max Frisch und Marianne*: Uwe Johnson (1934 –
1984), mit dem Walser eine langjährige, schwierige Freundschaft verband, kam 1959 aus der DDR nach West-Berlin und wurde Autor im
Suhrkamp Verlag. In der 60er Jahren gehörte er neben Walser, Max Frisch
und Hans Magnus Enzensberger zum engsten Kreis um Siegfried Unseld.
Sein vierbändiges Romanwerk «Jahrestage» entstand zwischen 1970 und
1983.

Elisabeth Johnson (geborene Schmidt): Ehefrau von Uwe Johnson.

Max Frisch (1911 –1991): Schweizer Schriftsteller. Im Kreis der Autoren
des Suhrkamp Verlags kam ihm als dem Älteren die Rolle des Patrons zu.
Uwe Johnson betätigte sich als Herausgeber von dessen Werken. 1974
schrieb Frisch an der Erzählung «Montauk», die 1975 erschien.

Marianne Frisch (geborene Oellers) war seit 1962 mit Frisch befreundet,
seit 1968 mit ihm verheiratet. 1979 wurde die Ehe geschieden.

Seite 41: *5 Jahre mit Ingeborg Bachmann*: Max Frisch und Ingeborg Bachmann waren von 1958 bis 1963 eng befreundet und lebten ab 1960 gemeinsam in Rom.

1963 in Edinburgh: siehe «Leben und Schreiben. Tagebücher 1963 –
1973», S. 62: Beim Drama Festival in Edinburgh berichtete Walser von seinem unmäßigen Whisky-Konsum. Offenbar war er in den nächtelangen
Streitgesprächen nach dem Urteil von Max Frisch besonders selbstgerecht.

Seite 43: *SDR*: Walser begann während seines Studiums in Tübingen für
den Süddeutschen Rundfunk zu arbeiten und war dann einige Jahre fester
freier Mitarbeiter. Er kam zunächst beim Rundfunk in die Unterhaltungsabteilung, dann in die Redaktion «Politik und Zeitgeschehen», für die er
als Reporter unterwegs war. Er schrieb und inszenierte Hörspiele und verschaffte anderen Autoren – u. a. Arno Schmidt – lukrative Aufträge. Ab
1953 drehte er erste TV-Unterhaltungsfilme. Die regelmäßige Arbeit für
den SDR endete 1957/58 mit dem Umzug von Korb bei Stuttgart nach
Friedrichshafen.

Seite 44: *Peter Handke* (geb. 1942): österreichischer Schriftsteller und Dramatiker. Mit dem *Unternehmerstück* ist «Die Unvernünftigen sterben aus»
gemeint, das 1973 bei Suhrkamp erschien und im April 1974 in Zürich uraufgeführt wurde.

Seite 45: Der FDP-Politiker *Walter Scheel* (geb. 1919) wurde im Mai 1974 als Nachfolger von Gustav Heinemann zum Bundespräsidenten gewählt.

Hans Filbinger (1923–2007): Ministerpräsident von Baden-Württemberg. Er musste 1978 zurücktreten, nachdem publik geworden war, dass er – als ehemaliges NSDAP-Mitglied und Richter der Kriegsmarine – kurz vor Ende des 2. Weltkriegs mindestens zwei zweifelhafte Todesurteile hatte vollstrecken lassen.

HAP Grieshaber (1909–1981): Maler und Graphiker, berühmt vor allem für seine großformatigen Holzschnitte. Zusammen mit Walser setzte er sich für eine Kulturgewerkschaft «IG Kultur» ein.

Walter Hallstein (1901–1982): Jurist und CDU-Politiker, als Staatssekretär im Auswärtigen Amt unter Adenauer für die Politik der West-Bindung zuständig und Verfasser der sogenannten Hallstein-Doktrin. Darin verpflichtete sich die Bundesrepublik, diplomatische Beziehungen zu allen Ländern abzubrechen, die diplomatische Beziehungen zur DDR unterhielten.

Walter Krause (1912–2000): SPD-Politiker, verlor 1972 als Spitzenkandidat der SPD die Wahl in Baden-Württemberg gegen Filbinger. Von 1973 bis 1980 war er stellvertretender Präsident des Stuttgarter Landtages.

Hanns-Martin Schleyer (1915–1977): Wirtschaftsfunktionär. Im nationalsozialistischen Deutschland Parteimitglied und Mitglied der SS, war Schleyer von 1943 an für die «Arisierung» der tschechischen Wirtschaft zuständig. Seit 1963 Vorstandsmitglied bei Daimler-Benz, von 1973 bis 1977 Arbeitgeberpräsident und Vorsitzender des BDI. 1977 wurde er von der RAF entführt und ermordet.

Seite 46: *Georg von Holtzbrinck* (1909–1983): Verleger, Gründer der Verlagsgruppe Georg von Holtzbrinck.

Otto Herbert Hajek (1927–2005): Bildhauer und Maler.

Kieler Thesen: Auf dem Deutschlehrerkongress in Kiel hatte Walser am 8. 8. einen Vortrag mit dem Titel «Rascher Überblick über unser Vermögen» gehalten und damit teils scharfe Reaktionen hervorgerufen. Walser übertrug seine These vom Mangelempfinden als Ausgangspunkt der Kunst in den Klassenkampf-Jargon der Zeit und führte seine Überlegungen zur Ironie als Herrschaftsmittel bei Thomas Mann (dem er Kafka und Robert Walser entgegensetzt) weiter. Dieser Text ist nicht in der Werkausgabe enthalten. Er ist lediglich in dem nur in der DDR erschienenen

Band «Was zu bezweifeln war. Aufsätze und Reden 1958–1975» (Aufbau-Verlag, Berlin und Weimar 1976) zu finden.

Frankfurter VS-Kongress: Der dritte Kongress des 1969 gegründeten, gewerkschaftlich orientierten Verbandes deutscher Schriftsteller (VS) fand vom 15. bis 18. 11. in Frankfurt am Main statt. Bundespräsident Walter Scheel sprach dort über «Gemeinsame Verantwortung von Politik und Literatur für die demokratische Ordnung».

Kurt Georg Kiesinger (1904–1988): CDU-Politiker, Ministerpräsident von Baden-Württemberg, von 1966 bis 1969 dritter Bundeskanzler der BRD. In seine Amtszeit fielen die Einführung der Notstandsgesetze und die Hauptphase der Außerparlamentarischen Opposition. Aufgrund seiner früheren NSDAP-Mitgliedschaft war Kiesinger vor allem in linken Kreisen sehr umstritten.

Gerhard Mayer-Vorfelder (geb. 1933): CDU-Politiker und Sportfunktionär. 1974 war er persönlicher Assistent von Filbinger, wurde 1976 Staatssekretär, war von 1980 bis 1991 württembergischer Minister für Kultus und Sport, bis 1998 Finanzminister. Von 1975 bis 2000 war er Präsident des VfB Stuttgart.

Seite 47: *Titel für das Goethe-Stück*: Die Arbeit an dem Stück über Goethe oder vielmehr seinen Mitarbeiter Eckermann zog sich bis Anfang der 80er Jahre hin. «In Goethes Hand» wurde am 18. 12. 1982 im Akademietheater in Wien uraufgeführt.

Seite 48: *Theresia*: vierte und jüngste Tochter von Käthe und Martin Walser, geboren 1967.

J.D. Salinger (geb. 1919): US-amerikanischer Schriftsteller, Autor des Romans «Der Fänger im Roggen» (1951). Er lebt bis heute sehr zurückgezogen und hat seit 1965 nicht mehr veröffentlicht.

Manfred Rommel (geb. 1928), CDU-Politiker und Sohn des Generalfeldmarschalls Erwin Rommel, wurde am 1. 12. 1974 Oberbürgermeister von Stuttgart und behielt dieses Amt bis 1996.

Curt Meyer-Clason (geb. 1910): Übersetzer aus dem Spanischen und Portugiesischen, von 1969 bis 1976 Leiter des Goethe-Instituts in Lissabon.

Seite 50: *Paul Celan*, 1920 in einer jüdischen Familie in Czernowitz geboren, überlebte Ghetto und Zwangsarbeit und zog 1948 nach Paris. Celan ist einer der bedeutendsten deutschsprachigen Lyriker des 20. Jahrhunderts. Vermutlich am 20. 4. 1970 ertränkte er sich in der Seine.

Gottfried Just (1939–1970), Literaturkritiker mit polemischem Talent und Hang zu pointiertem Urteil, schrieb vorwiegend für die «Süddeutsche Zeitung». Er tötete sich 1970.

Seite 51: *Dieter Lattmann* (geb. 1926), Schriftsteller, Mitbegründer und erster Vorsitzender des Schriftstellerverbands (VS), gehörte von 1972 bis 1980 der SPD-Fraktion des Bundestags an.

Ingeborg Drewitz (1923–1986): Schriftstellerin, Mitbegründerin des VS und von 1969 bis 1980 dessen stellvertretende Vorsitzende. Mitbegründerin der VG-Wort und der Autorenbuchhandlung in Berlin.

Manfred Brauneck (geb. 1934): Professor für Theaterwissenschaft an der Universität Hamburg, wo er zusammen mit dem Regisseur Jürgen Flimm den Studiengang Schauspiel-Regie aufbaute. Er schrieb zahlreiche Bücher über Theatergeschichte, darunter das fünfbändige Standardwerk «Die Welt als Bühne. Geschichte des europäischen Theaters».

Seite 63: *Sarn*: In Sarn in Graubünden hatte Walser 1969 ein kleines Haus erworben, wo die Familie regelmäßig ihre Urlaube verbrachte.

Seite 69: *Chile-Flüchtlinge*: Nach dem Putsch gegen die Regierung Salvador Allendes im September 1973 mussten viele Linke Chile verlassen und begaben sich ins Exil. In Deutschland wurden diese Flüchtlinge zum Gegenstand parteipolitischer Auseinandersetzungen.

Seite 70: *Erhard Eppler* (geb. 1926): SPD-Politiker, von 1968 bis 1974 Bundesminister für wirtschaftliche Zusammenarbeit, später in der Umwelt- und Friedensbewegung und in der Evangelischen Kirche engagiert, von 1981 bis 1983 und 1989 bis 1991 Präsident des Kirchentags.

Neckarsulm: Sitz der NSU-Motorenwerke. 1969 fusionierte der Motorrad- und Autobauer mit Audi.

Seite 73: *Hans G. Helms* (geb. 1932): Schriftsteller, Sozialtheoretiker (studierte u. a. bei Max Horkheimer und Theodor W. Adorno), Wirtschaftshistoriker, Saxophonist und Komponist, Begründer der Sendereihe «Jazz & Lyrik». Walser bezieht sich auf Helms' Aufsatz «Über die gesellschaftliche Funktion der Kritik» (in: Kritik – von wem / für wen / wie. Hrsg.

von Peter Hamm. Hanser, München 1968). Walser steuerte für diesen Band den Aufsatz «Tagtraum, daß der Kritiker ein Schriftsteller sei» bei (MW Werke XI, S. 154).

John Ford (1894–1973): US-amerikanischer Filmregisseur, berühmt vor allem für seine Western (mit John Wayne) und für die Verfilmung des Romans «Früchte des Zorns» von John Steinbeck.

Seite 74: *Die Glückskuh*: Theaterstück von Hermann Essig (1878–1918). Am Württembergischen Staatstheater Stuttgart übernahm Walsers älteste Tochter, die Schauspielerin Franziska Walser (geb. 1952), die Rolle des Rebekkle. Walser sagte über Essig: «Ich würde wahnsinnig gern weitere Stücke lesen, weil mich dieser Sprachrhythmus verhext hat, ich bin ununterbrochen in Versuchung, solche Essig-Sätze zu sagen, ich kann mich schlecht wehren. Daß Essig nicht mehr verschwinden darf, ist klar.» (in: Nachrichten des Landes-Theaters Tübingen, Nr. 4, Dezember 1978)

Bernhard Wicki (1919–2000): österreichischer Schauspieler und Filmregisseur, bekannt geworden durch den Anti-Kriegsfilm «Die Brücke» (1959).

Agnes Fink (1919–1994): Schauspielerin und Ehefrau von Bernhard Wicki.

Seite 75: *Marianne Koch* (geb. 1931): Filmschauspielerin, Ärztin, Fernseh- und Radio-Moderatorin, bekannt auch als Raterin in Robert Lembkes Rateshow «Was bin ich».

Karin Struck (1947–2006): Schriftstellerin. 1973 erschien ihr Roman «Klassenliebe», der die weibliche «Neue Innerlichkeit» begründete.

Seite 77: *Eckermann*: Vgl. Anmerkung Seite 47.

Seite 78: *University of Warwick*: Für zwei Monate war Walser Gastdozent in Coventry, England. In dieser Zeit entstanden weite Teile des Romans «Jenseits der Liebe».

Dieter Wellershoff (geb. 1925): Schriftsteller, Essayist und langjähriger Lektor im Verlag Kiepenheuer & Witsch.

In der deutschen Ausgabe ihres Buches: Gemeint ist der Band «Westdeutsche Literatur der 60er Jahre» von Keith Bullivant und R. Hinton Thomas (Kiepenheuer & Witsch, Köln 1975).

Seite 79: *Günter Kunert* (geb. 1929): Schriftsteller aus der DDR. Nach seinem Protest gegen die Ausbürgerung von Wolf Biermann wurde er aus der SED ausgeschlossen; 1979 ging er in die Bundesrepublik.

Seite 83: *Thomas Hardy* (1840–1928): englischer Schriftsteller. «Far from the madding crowd» (deutsch: «Am grünen Rand der Welt») erschien 1874.

Ulrike von Levetzow (1804–1899): Goethes Liebe zur jungen Ulrike von Levetzow wurde zum Thema des Romans «Ein liebender Mann» (2008). Goethe und Ulrike begegneten sich in Marienbad im Sommer 1823. Das Eckermann-Stück «In Goethes Hand» spielt im selben Jahr; es setzt ein mit Goethes Rückkehr nach Weimar.

Maria Szymanowska (1789–1831), polnische Pianistin und Komponistin, kam im August 1823 auf ihrer Tournee durch Europa nach Marienbad. Goethe schrieb am 18. 8. 1823 an Ottilie: «Madame Szymanowska, ein weiblicher Hummel mit der leichten polnischen Facilität, hat mir diese letzten Tage höchst erfreulich gemacht; hinter der polnischen Liebenswürdigkeit stand das größte Talent.»

Anna Milder (1785–1838): Opernsängerin. Solistin der Berliner Hofoper und der Berliner Sing-Akademie.

Seite 86: *Harold Pinter* (1930–2008), britischer Dramatiker und Regisseur, erhielt 2005 den Nobelpreis für Literatur. Sein Stück «No Man's Land» wurde im April 1975 im National Theatre/Old Vic Theatre, London, unter der Regie von Peter Hall uraufgeführt.

Seite 89: *Henry James* (1843–1916): US-amerikanischer Schriftsteller.

Portugal: 1974 beendete der als «Nelkenrevolution» bezeichnete Aufstand der Armee die fast 50 Jahre andauernde Diktatur in Portugal und ebnete den Weg zur parlamentarischen Demokratie.

Seite 98: *Leni Riefenstahl* (1902–2003): deutsche Filmregisseurin und Fotografin mit besonderer Nähe zu Adolf Hitler und dem Nationalsozialismus.

Mick Jagger (geb. 1943): Sänger und Frontmann der Rolling Stones.

Seite 99: *Das ist das Mutter-Sohn-Ideal*: Eine Variation dieses Themas – ein Sohn, zu dessen Zeugung kein Mann nötig ist – nimmt Walser 2008 wieder auf, als er anfängt, an dem Roman «Muttersohn» zu arbeiten.

Seite 104: *Egon Gramer* (geb. 1936): Germanist und Pädagoge, Professor für Didaktik und Lehrerausbildung in Tübingen. Dort inszenierte er Gespräche von Lehrern mit Schriftstellern, eine Reihe, bei der auch Martin Walser zu Gast war. 2005 erschien Gramers autobiographischer Roman «Gezeichnet: Franz Klett», dem Walser eine ausführliche Besprechung widmete: «Neue Wörter im Einflugloch» (in: «Der Spiegel» 40/2005).

Seite 109 und 110: *Grund zur Freude*: Siehe Anmerkung Seite 21. Walser hatte in einem Brief aus Warwick noch einmal einen Vorstoß gewagt. Am 15. 4. 1975 schrieb er an Siegfried Unseld: «Ich habe in ca. 4 Jahren immer wieder daran gearbeitet. Jetzt gerade wieder einige lebhafte Abende lang. Es gibt immer noch Sprüche, gegen die auch ich mehr einzuwenden habe als gegen andere, trotzdem will ich die Dinger jetzt loswerden. Aus der ursprünglichen Loyalität sage ich das jetzt. Und dass ich etwas ratlos bin. Du würdest sie wahrscheinlich bringen. Aber erstens lassen sie sich in der e. s. [Edition Suhrkamp], wo Du so was gern hinsteckst, nicht setzen. Zweitens hättest Du immer noch Deine Vorbehalte, und wenn Dich, nach Erscheinen, M. R. R. fragen würde: Siegfried, was halten Sie von W's Sprüchen?, müsstest Du Dich verrenken usw. Das ist ein Dilemma. Ich will immer noch nicht (SO SCHWER LERN ICH) aufgrund einer freundlichen Einräumung, sondern aus den Gründen verlegt werden, die für uns beide einmal galten. Also, was soll ich tun?»

Seine Suhrkamp-Biographie: Siegfried Unseld: Peter Suhrkamp. Zur Biographie eines Verlegers in Daten, Dokumenten und Bildern. Suhrkamp, Frankfurt am Main 1975

Seite 114: *Ein Interessent für das Haus*: Da zeitweise nicht sicher war, ob die Hypotheken-Zinsen für das Haus in Nußdorf auch künftig aufgebracht werden könnten, wurde es zur Besichtigung angeboten, um seinen Marktwert einzuschätzen.

Seite 115: *Zeno Cosini*: Hauptfigur des gleichnamigen Romans von Italo Svevo («La coscienza di Zeno», 1923).

Seite 118: *Onkel Anton*: ein jüngerer Bruder der Mutter, der 1925 den Hof und die kinderreiche Familie verlassen musste und beim Bruder seines Vaters, Anselm Schmid, in die Lehre ging, um dort das Käserhandwerk zu lernen. Martin Walser erwähnt seinen Onkel Anselm oft, z. B. in dem Essay «Mein Schiller» und in seinem Kindheitsroman «Ein springender Brunnen».

Sanka: Sanitätskraftwagen zum Krankentransport.

Seite 123: *HME*: Hans Magnus Enzensberger (geb. 1929): Schriftsteller, Lyriker, Publizist. 1975 erschien bei Suhrkamp sein Gedichtband «Mausoleum. 37 Balladen aus der Geschichte des Fortschritts», darin das Gedicht: «Ernesto Guevara de la Serna (1928–1967)».

Hans Werner Henze (geb. 1926): deutscher Komponist.

Johanna: Johanna Walser (geb. 1957): Schriftstellerin, zweitälteste Tochter von Käthe und Martin Walser.

Seite 124: *Karl Schwanzer* (1918–1975): österreichischer Architekt, Vertreter der Nachkriegsmoderne, baute u. a. den als «Vierzylinder» bezeichneten Hauptsitz von BMW in München.

Seite 132: *Walter Kappacher* (geb. 1938): österreichischer Schriftsteller, Georg-Büchner-Preisträger 2009. Frühe Texte hatte Kappacher an Martin Walser geschickt, der sie an die «Stuttgarter Zeitung» weiterleitete und so für dessen erste Publikation sorgte. Kappachers ersten Roman «Morgen» besprach Walser für «Die Zeit» («Ernsthafter Feind», 14. 2. 1975).

Seite 133: *Vöhringers*: Freunde der Familie; Bärah Vöhringer war Kollegin im SDR, Hans Vöhringer Regierungsrat im Justizministerium.

Seite 134: *Arno Schmidt* (1914–1979): deutscher Schriftsteller. 1975 erschien dessen «Abend mit Goldrand». Während seiner Zeit als Mitarbeiter des Süddeutschen Rundfunks in den 50er Jahren setzte Martin Walser sich immer wieder für Arno Schmidt ein, verschaffte ihm Aufträge, überredete ihn zu lukrativeren Hörspielen und führte mit ihm ein Rundfunkgespräch.

Jörg Drews (1938–2009), Literaturwissenschaftler und Kritiker, gründete 1972 den «Bargfelder Boten», der sich mit dem Werk von Arno Schmidt befasst.

Jagdnovelle: Walsers erotischer Roman «Jagd» erschien 1988. Die Notizen zum «Fortpflanzungsbefehl» benutzte er aber erst in dem Roman «Der Augenblick der Liebe», der 2004 im Rowohlt Verlag erschien (ebenda S. 141 f.).

Seite 137: *Reitzensteinstraße*: Von 1949 bis 1953 wohnten die Walsers in Stuttgart in der Reitzensteinstraße in der Nähe des Funkhauses. Im Sommer 1953 zogen sie nach Korb im Remstal um, Ende 1956 dann zurück an den Bodensee, nach Friedrichshafen, in die Zeppelinstraße 18.

Seite 138: *Friedrich Georg Jünger* (1898–1977), Schriftsteller, Lyriker, Essayist und Bruder von Ernst Jünger, lebte wie Walser in Überlingen am Bodensee.

Seite 140: *Besuch Dr. Müller, Artus Film*: Es ging um die Verfilmung des Romans «Das Einhorn».

Seite 145: *Johannes Mario Simmel* (1924–2009): österreichischer Schriftsteller. Autor zahlreicher Bestseller, z. B. «Es muss nicht immer Kaviar sein» und «Und Jimmy ging zum Regenbogen». Er schrieb unterhaltsame, spannende und gesellschaftspolitisch engagierte Romane, wurde von der Kritik jedoch häufig als Trivialautor geschmäht. 1975 erschien sein Roman «Niemand ist eine Insel».

Seite 147: *Giorgio Strehler* (1921–1997): italienischer Theaterregisseur, Leiter des Piccolo Teatro in Mailand. 1975 erschien im Suhrkamp Verlag sein Buch «Für ein menschlicheres Theater. Geschriebene, gesprochene und verwirklichte Gedanken».

In der Klettenbergstraße: Wohnhaus von Siegfried Unseld in Frankfurt am Main.

Thomas Bernhard (1931–1989): österreichischer Schriftsteller. Neben Frisch, Walser, Johnson und Handke gehörte er zu den wichtigsten Autoren des Suhrkamp Verlags.

Hilde Unseld: Ehefrau von Siegfried Unseld.

Seite 148: *Über Uwe und seinen Infarkt*: Uwe Johnson war schwer alkoholkrank und hatte im Sommer 1975 einen Herzinfarkt erlitten. Nachdem 1973 der dritte Band seiner «Jahrestage» erschienen war, kämpfte er mit deren Fortgang; Band 4 erschien erst 1983.

Seite 149: *Reinhard Baumgart* (1929–2003): Literaturkritiker und Essayist, der sich immer wieder mit Walsers Werken befasste. «Der Beleidiger» bezieht sich auf Baumgarts Kritik des Theaterstücks «Ein Kinderspiel», das er als «Konfekt mit roten Schleifen» bezeichnet hatte (in: «Stuttgarter Zeitung» vom 24./25. 4. 1971). Im Roman «Der Sturz» erkannte er eine destruktive «Lust am Untergang» (in: «Süddeutsche Zeitung» vom 4. 4. 1973).

Mitscherlich und Frau: Alexander Mitscherlich (1908–1982): Psychoanalytiker und Schriftsteller. Zusammen mit seiner Frau, der Psychoanalytikerin Margarete Mitscherlich, schrieb er u. a. das Buch «Die Unfähigkeit zu trauern».

Seite 150: *Sauspiel*: Siehe Anmerkung Seite 18. Der Volkssänger Jörg Graf, die Hauptfigur des Stücks, stellt er sich blind, um seinen künstlerischen und geschäftlichen Niedergang aufzuhalten, weil er sich als Blinder bessere Chancen verspricht. Nach seiner Entlarvung wird er indes zur Strafe geblendet.

Carlo Schellemann (geb. 1924): Maler und Grafiker. Schellemann engagierte sich in der Bewegung «Künstler gegen den Atomkrieg» und gegen den Krieg der USA in Vietnam. 1968 erschien von Martin Walser und Carlo Schellemann der Band «Stationen Vietnams».

Seite 154: *Nicolas Born* (1937–1979): Schriftsteller und Lyriker.

Seite 155: *Hermann Glaser* (geb. 1928): Publizist, Kulturwissenschaftler, Autor der «Kulturgeschichte der Bundesrepublik Deutschland». Von 1964 bis 1990 war Glaser Schul- und Kulturdezernent in Nürnberg.

Vertreter-Sitzung: Vertreter finden stets Walsers Aufmerksamkeit: Sein Vater versuchte sich eine Zeit lang als Vertreter von Schweizer Uhren. Walser debütierte im Frühjahr 1953 bei der Gruppe 47 mit der Erzählung «Das Gerät», in der es um einen Vertreter ging. Der Text blieb unveröffentlicht; Teile gingen jedoch in den Roman «Halbzeit» ein, dessen Held Anselm Kristlein seine Berufslaufbahn ebenfalls als Vertreter beginnt.

Seite 156: *Jürgen Manthey* (geb. 1932), Literaturwissenschaftler, -kritiker und Lektor, war Redakteur der Zeitschrift «Konkret», später Leiter der Literaturredaktion beim Hessischen Rundfunk, seit 1970 Cheflektor im Rowohlt Verlag, 1986 bis 1998 dann Professor für Allgemeine und Vergleichende Literaturwissenschaft an der Universität Essen.

Wolfgang Fietkau (geb. 1935): Buchhändler, Rundfunkjournalist, Verleger.

Claude Lévi-Strauss (1908–2009): französischer Ethnologe und Anthropologe. «Traurige Tropen» (1955), eines seiner einflussreichsten Werke, erschien 1978 in neuer Übersetzung bei Suhrkamp.

Seite 157: *Akademie der Künste*: Walser wurde 1975 zum Mitglied der Berliner Akademie der Künste gewählt.

Jean Améry (1902–1978), als Hans Chaim Mayer in Wien geboren, ging 1938 ins Exil, schloss sich in Belgien dem Widerstand an, wurde verhaftet und deportiert. Er überlebte die Konzentrationslager Auschwitz und Buchenwald und berichtete über seine Erlebnisse in «Jenseits von Schuld und Sühne».

Günther Anders (1902–1992): österreichischer Philosoph und Schriftsteller. Als Günther Stern in Breslau geboren, von 1929 bis 1937 mit Hannah Arendt verheiratet, ging Anders 1936 ins Exil in die USA, kam 1950 zurück nach Europa. Hauptwerk: «Die Antiquiertheit des Menschen» (1956/1980).

Harald Hartung (geb. 1932): Schriftsteller, Lyriker, Literaturwissenschaftler.

Seite 159: *Karin Kiwus* (geb. 1942): Schriftstellerin, Lyrikerin. 1973 bis 1975 Lektorin im Suhrkamp Verlag. 1975 wurde sie Leiterin der Abteilung Literatur der Berliner Akademie der Künste.

Gerd Gaiser (1908–1976): Schriftsteller, der vor allem in den 50er Jahren von Bedeutung war. Sein bekanntestes Werk ist der Roman «Schlußball» (1958)

Seite 160: *Peter Demetz* (geb. 1922): Germanist, der aus Prag in die USA auswanderte. Seit 1962 Professor an der Yale-Universität New Haven.

Wolfgang Hildesheimer (1916–1991): Schriftsteller, Maler, Hörspielautor, Dramatiker. Er erhielt 1966 den Büchner-Preis.

Seite 161: *Ernst Jandl* (1925–2000): österreichischer Schriftsteller, Lyriker.

Gabriele Wohmann (geb. 1932): Schriftstellerin, gehörte in den 60er Jahren zum Kreis der Gruppe 47; in den 70ern war sie eine wichtige Repräsentantin der Frauenliteratur und der «Neuen Innerlichkeit».

Walter Höllerer (1922–2003): Schriftsteller, Literaturkritiker und Literaturwissenschaftler, nahm seit 1954 regelmäßig an den Treffen der Gruppe 47 teil und war von 1959 bis 1988 Professor der Literaturwissenschaft an der TU Berlin. Er gründete das Literarische Colloquium in Berlin (LCB) und die Zeitschrift «Sprache im technischen Zeitalter».

Lars Gustafsson (geb. 1936), schwedischer Schriftsteller, lebte von 1972 bis 1974 in West-Berlin; von 1983 bis 2006 war er Professor für deutsche Literatur und Philosophie in Austin / Texas.

Seite 162: *Heiner Müller* (1929–1995): DDR-Schriftsteller, Dramatiker. «Die Schlacht» ist ein Stück aus dem Jahr 1951, das Müller 1974 für die Volksbühne aktualisierte. Die Inszenierung von Manfred Karge und Matthias Langhoff war sehr erfolgreich und wurde zehn Jahre lang gespielt.

Seite 165: *Axel Cäsar Springer* (1912–1985): Zeitungsverleger, Gründer des Axel-Springer-Verlags, in dem auch die Bild-Zeitung erscheint. 1967, auf der letzten Tagung der Gruppe 47, hatte Walser die Anti-Springer-Resolution formuliert. Die Unterzeichner verpflichteten sich, nicht für Zeitungen des Springer-Verlages zu schreiben.

Seite 168: *Rudolf Augstein* (1923–2002): Gründer, Herausgeber und Eigner des Nachrichtenmagazins «Der Spiegel». 1974 übertrug er 50 Prozent des Unternehmens an die Mitarbeiter.

Seite 169: *Marcel Reich-Ranicki* (geb. 1920): Literaturkritiker. Er wuchs als Sohn einer jüdischen, deutsch-polnischen Familie in Polen und in Berlin auf, wo er von 1929 bis 1938 das Gymnasium besuchte. Von seinem Überleben im Warschauer Ghetto erzählt er in seiner Autobiographie «Mein Leben» (DVA, 1999), die zu einem Bestseller wurde. 1958 kam er in die Bundesrepublik, gehörte zum Kreis der Gruppe 47 und wurde zum wohl einflussreichsten Literaturkritiker des Landes. Bis 1973 schrieb er für die Wochenzeitung «Die Zeit», dann wurde er Literaturchef der «Frankfurter Allgemeinen Zeitung». Größte Popularität erreichte er jedoch mit seiner Fernsehsendung «Das literarische Quartett», die von 1988 bis 2001 im ZDF ausgestrahlt wurde.

Seite 170: *Hermann Bausinger* (geb. 1926): Volkskundler und Germanist, seit 1960 Professor in Tübingen, prägend im Bereich der empirischen Alltagskultur, der Sozialgeschichte und der Erzählforschung, Mitherausgeber der «Enzyklopädie des Märchens». Er hielt 1967 die Laudatio auf Martin Walser anlässlich der Verleihung des Bodensee-Literaturpreises.

Horst Bingel (1933–2008): Schriftsteller, Graphiker, von 1974 bis 1976 Vorsitzender des Verbandes deutscher Schriftsteller (VS).

Peter O. Chotjewitz (geb. 1934): Schriftsteller, Übersetzer aus dem Italienischen, Jurist. Wahlverteidiger von Andreas Baader und Peter-Paul Zahl.

Seite 172: *Benjamin Henrichs*: Theaterkritiker der Wochenzeitung «Die Zeit», rezensierte Walsers Theaterstück «Ein Kinderspiel» am 14. 6. 1972 in der «Süddeutschen Zeitung» unter der Überschrift «Ein Papi guckt ins Kinderzimmer».

Karl Heinz Bohrer (geb. 1932): Literaturwissenschaftler, Publizist. Von 1968 bis 1974 Leiter der Literaturredaktion der FAZ, in dieser Position Vorgänger von Marcel Reich-Ranicki. Seit 1984 Herausgeber der Zeitschrift «Merkur». Am 28. 4. 1973 erschien in der FAZ seine Besprechung von Walsers Roman «Der Sturz» unter der Überschrift «Ein Sturz ohne Held und Höhe».

Seite 173: *Sauspiel*: Vgl. Anmerkung Seite 18 und Seite 150.

Seite 179: *Wenn Herr Zürn in seine Schreie ausbrach*: Eine erste Zürn-Figur tauchte bereits 1964 in den Tagebüchern auf: Ludwig Zürn war als Immobilienmakler ein Vorläufer von Gottlieb Zürn, der in «Das Schwanenhaus» zur Hauptfigur werden sollte.

Seite 180: *Dr. Helmut Jedele* (geb. 1920): Journalist und Fernsehproduzent. In den 50er Jahren Fernsehdirektor beim SDR, mit Walser bekannt und befreundet seit Anfang der 50er Jahre, als er ihn als Volontär zum Sender holte. Seit 1959 Direktor der Bavaria Filmgesellschaft in München.

Seite 186: *Ivan Nagel*: Theaterkritiker, Publizist und Intendant. 1931 in Budapest in einer jüdischen Familie geboren, überlebte Nagel den Holocaust in einem Versteck. In den 60er Jahren wurde er Chefdramaturg der Münchner Kammerspiele, war von 1972 bis 1979 Intendant am Schauspielhaus Hamburg, schließlich, 1989 bis 1996, Professor an der Hochschule der Künste (heute UdK) in Berlin.

Seite 193: *Hans Peter Schabert*: Schulfreund. Klassenkamerad in der Oberschule in Lindau, die Walser ab 1938 besuchte und wo er nach dem Krieg im Frühjahr 1946 das Abitur machte.

Seite 196: *Vor 19 Jahren ins Krankenhaus nach Ulm*: Walser hatte 1957 13 Wochen im Ulmer Krankenhaus gelegen, bis er schließlich an der Gallenblase operiert worden war.

Seite 199: *Fiction*: experimenteller Roman, 1970 erschienen, kann als Vorübung zu Walsers Roman «Der Sturz» gelten, wie auch als Dokument seines Zweifels am Erzählen.

Gerhard Roth (geb. 1942): österreichischer Schriftsteller. 1976 erschien sein Roman «Ein neuer Morgen» im Suhrkamp Verlag.

Wolfram Schütte (geb. 1939): Literatur- und Filmkritiker, von 1967 bis 1999 Redakteur der «Frankfurter Rundschau».

Dieter Kühn (geb. 1935): Schriftsteller. 1976 erschienen seine «Goldberg-Variationen. Hörspieltexte mit Materialien» in der Edition Suhrkamp.

Ernst Augustin (geb. 1927): Schriftsteller. 1976 erschien im Suhrkamp Verlag sein Roman «Raumlicht. Der Fall Evelyne B».

Seite 200: *Ingrid Krüger*: Lektorin. Von 1969 bis 1970 Kulturredakteurin der Zeitschrift «Konkret», dann Lektorin bei Wagenbach, später im Luchterhand Literaturverlag, schließlich bei Rowohlt Berlin; seither freie Lektorin.

Thomas von Vegesack (geb. 1928): schwedischer Autor, Vorsitzender des schwedischen PEN-Clubs.

Seite 201: *99 Sprüche*: Gemeint ist der «Grund zur Freude», vgl. Anmerkungen Seite 21 und Seite 109.

Paul Kersten (geb. 1943): Schriftsteller, Literaturkritiker, Moderator beim «NDR-Kulturjournal» und dem «Bücherjournal».

Seite 202: *Elisabeth Borchers* (geb. 1926): Schriftstellerin, Lyrikerin. 1960 bis 1971 Lektorin im Luchterhand Literaturverlag, von 1971 bis 1998 im Suhrkamp Verlag. Langjährige Lektorin Martin Walsers.

Seite 208: *Rolf Michaelis* (geb. 1933): Literaturkritiker, Kulturjournalist. Von 1964 bis 1973 bei der FAZ, von 1973 bis 1985 Leiter des Literaturteils der Wochenzeitung «Die Zeit», von 1985 bis 1998 Feuilletonredakteur der «Zeit».

Kritik von Rolf Michaelis: Die Besprechung erschien am 26. 3. 1976 unter dem Titel «Leben aus zweiter Hand» in «Die Zeit». Michaelis verglich Walsers Romanhelden Franz Horn zunächst mit dem Vorgänger Georg Gallistl: «Damals, vor einem halben Jahrzehnt, hatte Walser (…) noch die Kraft, seine Diagnose Gallistls, die zu lesen ist auch als Krankengeschichte der bundesdeutschen Gesellschaft, in das utopische Schlußkapitel münden zu lassen: ‹Es wird einmal›. (…) Ist diese Tür, die in literarische Steppe, aber doch in eine politische Richtung führte, jetzt zugeschlagen? Hat Walser, ein Schriftsteller, der es – nicht nur als Publizist – mit demokratischem Sozialismus ernst meint, diese Hoffnung aufgegeben? Sieht Martin Walser, der mit der DKP mehr als nur sympathisiert hat, nach der ‹Befreiung› Vietnams, die er gefordert hat, als dies in der Bundesrepublik noch nicht populär war, links keinen Weg mehr? Glaubt Walser, der als Gast beim V. Sowjetischen Schriftstellerkongreß auftreten und im Zentralorgan des Schriftstellerverbandes schreiben durfte, der nach Guillaumes Enttarnung öffentlich Honeckers Rücktritt forderte, nicht mehr an das Gute im Sozialismus? Seinem traurig-komischen Helden Franz Horn jedenfalls verweigert er die Tröstungen des Kollektivs, an denen Gallistl noch genesen durfte. In dem neuen Buch, dessen elegischer Ton bitter, dessen Humor grimmig ist, in dem die DKP als ‹die fremd gehende Partei› verhöhnt wird, tut sich am Ende kein Himmel der Gemeinsamkeit, sondern die Hölle der Einsamkeit auf (…)

Jenseits der Liebe angekommen, ist Horn endgültig allein, allein auch in dem, was von Liebesverlangen übriggeblieben ist, hastigen, tristen Augenblicken der Selbstbefriedigung. Es gibt in diesem Buch eines Schriftstellers, der erotische Begegnungen inszenieren kann wie wenige seiner Generation, keine Liebesszene. (…)

Walser schreibt eine Dreiecksgeschichte unter Männern. Wird in diesem Genre sonst eine Frau geopfert, so hier ein Mann, Franz Horn. Gedrückt von oben, vom Direktor, geschoben von unten, vom Konkurrenten, gibt Horn, lange bevor er zu den erlösenden Pillen greift, sein eigenes Leben auf. (…)

Dieser Roman einer Selbstbefragung, der monologisch auch dort bleibt, wo sich der Erzähler Walser vordrängt und Horn in die dritte Person schiebt, ist ein Spiegel der bundesdeutschen Wirklichkeit nach der Zeit der Reformeuphorie und der Studentenbewegung. In der Ausweglosigkeit der Handlung, in der durch Sarkasmus geschärften Trauer ist ‹Jenseits der Liebe› das Buch einer doppelten Krise: der Krise der Gesellschaft und der des Autors. (…) In diesem kleinen Werk versucht Walser sich freizuschreiben von der Versuchung inhaltloser Fabuliererei. Als diagnostische Zeitkritik ist ‹Jenseits der Liebe› schon gelungen; als Roman, in dem ein Erzähler sich zu disziplinieren sucht, erweckt das Buch, sprachlich und erzähltechnisch (...) manchmal noch den Eindruck, den Walser in diesem Buch einmal treffend so benennt: ‹wie wenn einer unter Wasser versucht, ein Streichholz anzuzünden›.»

Morgen von R-R noch Schlimmeres zu erwarten: Die mit «Jenseits der Literatur» überschriebene Kritik von Marcel Reich-Ranicki in der FAZ vom 27. 3. 1976 begann mit dem Satz: «Ein belangloser, ein schlechter, ein miserabler Roman. Es lohnt sich nicht, auch nur ein Kapitel, auch nur eine einzige Seite dieses Buches zu lesen.» Im Folgenden widmete sich Reich-Ranicki ausführlich Walsers politischem Werdegang: «Er wandte sich, die Mode vieler bundesdeutscher Intellektueller flink und graziös mitmachend, dem Kommunismus zu. Wenn es mit dem Dichten nicht weitergehen will, ist hierzulande die Barrikade des Klassenkampfes ein attraktiver Aufenthaltsort, auf jeden Fall aber eine dekorative Kulisse. (...) Der Kulturbetrieb quittierte diese Entwicklung mit Wohlwollen: Endlich hatte man einen renommierten Schriftsteller, der die Erlösung der ausgebeuteten Massen vom Joch des Kapitalismus mit charmanter Eloquenz zu verkünden wußte. An fanatischen Bannerträgern fehlt es in diesem Land nie, doch ein heiterer Plauderer mit der roten Fahne in der Hand – das hatte und hat Seltenheitswert. So wurde Martin Walser zum geistreichen Bajazzo der revolutionären Linken in der Bundesrepublik Deutschland. Aber seinen literarischen Produkten konnte das alles nicht helfen.»

Gleichwohl erklärte er, dass das Politische für den Literaturkritiker belanglos sei: «Inzwischen ist Walser, wie man hört, von der DKP abgerückt. Manche seiner Freunde werden diesen Umstand zufrieden begrüßen, für den Literaturkritiker ist er jedoch belanglos. Denn Walsers politische Wandlungen haben nach wie vor keinen Einfluß auf die Qualität seiner Epik oder Dramatik.»

Nach einer knappen, polemischen Wiedergabe des Inhalts von «Jenseits der Liebe» heißt es weiter: «Vor Jahren konnte man sich darüber Gedanken machen, ob die Sprache das Instrument Walsers sei oder Walser lediglich ein Medium der Sprache. Heute sind solche Überlegungen gegenstandslos. Von seiner einst rühmlichen Empfänglichkeit für Töne und Zwischentöne ist buchstäblich nichts geblieben. Die Sprache verweigert sich ihm, seine Diktion ist jetzt saft- und kraftlos: In dieser Asche gibt es keinen Funken mehr. (...) Gewiß, schon in *Halbzeit* und erst recht im *Ein-*

horn war Walsers Land leblos: Es glich einer Wüste, doch immerhin mit Oasen. Hier sucht man vergeblich nach einer Oase und findet überall nur Sand und Müll. Es ist unvorstellbar, dass das Lektorat des Suhrkamp Verlages ein solches Manuskript, wäre es von einem unbekannten Autor eingereicht worden, akzeptiert hätte. (…) Martin Walser, den wir für einen der besten Erzähler seiner Generation halten, trieb viele Jahre mit seinem Talent Schindluder. Er hat es fast ruiniert und ist nun erneut an einem Tiefpunkt seiner Laufbahn angelangt. Doch gibt es Tiefpunkte, die sich als Wendepunkte erweisen. Hinter diesen Worten verbirgt sich keine Voraussage, wohl aber, das soll nicht verheimlicht werden, immer noch eine Hoffnung.» (Nachzulesen ist diese Rezension auch in dem Sammelband: Marcel Reich-Ranicki: «Martin Walser. Aufsätze». Ammann, Zürich 1994)

Seite 214: *Winfried F. Schoeller* (geb. 1941), Literaturkritiker und Publizist, leitete die Abteilung «Aktuelle Kultur» des Hessischen Rundfunks.

Seite 217: *Claus Carlé*: Werbeleiter des Suhrkamp Verlags.
   Digne Meller-Markowicz (geb. 1934): Journalistin, Fotografin. 1964 bis 1985 Mitarbeiterin des Nachrichtenmagazins «Der Spiegel».
   Rudolf Rach: Theater-Lektor des Suhrkamp Verlags.

Seite 221: *An seiner «Frankfurter Anthologie» zu beteiligen, absagte*: Walser schrieb am 13. 8. 1975 an Reich-Ranicki: «Ich musste mir Ihr Angebot – in der FAZ zu schreiben – doch bei verschiedenen Wetterlagen durch den Kopf gehen lassen: deshalb habe ich nicht früher geantwortet. (…) Der Kern: solche Organe lassen einen Mitarbeiter zu, wann immer es ihnen passt; will aber der Mitarbeiter einmal etwas ganz Bestimmtes unterbringen, dann kann man ihn ohne weiteres wegschicken. Das heißt: man nährt durch gelegentliche Mitarbeit den Anschein von Meinungsfreiheit; die Beschränkung derselben im prekären Fall kriegt das Publikum nicht zu sehen: die bleibt im Telephon, im Briefumschlag verborgen. Ich hoffe nicht, dass Sie solche Gründe für Produkte bloßer Empfindlichkeit halten.» (Zitiert nach: Lieber Marcel. Briefe an Reich-Ranicki. Hrsg. von Jochen Hieber. DVA, Stuttgart 2000)

Seite 222: *Walter Jens* (geb. 1923): Philologe, Literaturkritiker, Professor für Rhetorik in Tübingen. Walser lernte ihn bereits 1948 als Student in

Tübingen kennen, später begegneten sie sich bei den Treffen der Gruppe 47, an denen Jens als Kritiker teilnahm.

Seite 225: *Franz Schonauer* (1920–1989), Literaturkritiker, Lektor, publizierte u. a. über Stefan George und die «Deutsche Literatur im Dritten Reich» (1961). Ein Jahr zuvor hatte er eine Rezension zu Walsers «Halbzeit» verfasst, die Walser, wie er Unseld damals mitteilte, schmerzte: «Ich habe den Nachmittag mit den Kritiken verbracht, weh tut mir eigentlich nur Schonauer. Nicht weil das stimmt, was er sagt, sondern weil es einem so übelgenommen wird, wenn man seine Wunden zeigt. Dieser Vital-Terror eines skrupellosen Mannes, der so tut als wäre er stolz darauf …»

Hans Egon Holthusen (1913–1997): Schriftsteller, Essayist und Literaturkritiker. 1933 Mitglied der SS, 1937 Mitglied der NSDAP, in den 50er Jahren einflussreicher Publizist u. a. mit seiner Essaysammlung «Der unbehauste Mensch». 1968 bis 1974 Präsident der Bayrischen Akademie der Schönen Künste.

Seite 226: *Meinen Offenen Brief an Erich Honecker*: Nach der Enttarnung des DDR-Spions Günter Guillaume (siehe Anmerkung Seite 23) und dem Rücktritt Willy Brandts als Bundeskanzler schrieb Walser im «Spiegel» vom 13. 5. 1974 einen offenen Brief an Honecker: «Treten Sie zurück, Erich Honecker» – eine Solidaritätsadresse an die Sozialdemokratie und an Brandt.

Seite 231: *Helmut Gollwitzer* (1908–1993): evangelischer Theologe, Sozialist, gehörte während der NS-Zeit zur «Bekennenden Kirche», in der Bundesrepublik zur Anti-AKW- und Friedensbewegung; er war Professor an der FU Berlin und u. a. mit Rudi Dutschke befreundet.

Seite 233: *Dieter E. Zimmer* (geb. 1935): Redakteur der Wochenzeitung «Die Zeit», von 1973 bis 1977 Feuilletonchef. Herausgeber der Werkausgabe von Vladimir Nabokov.

Gerhard Zwerenz (geb. 1925): Schriftsteller und Publizist. Er studierte 1952 bis 1956 bei Ernst Bloch in Leipzig. Nachdem er 1957 aus der SED ausgeschlossen worden war, übersiedelte er in die BRD; von 1994 bis 1998 war er Bundestagsabgeordneter auf der offenen Liste der PDS.

Arnfried Astel (geb. 1933): Lyriker und Herausgeber der Zeitschrift

«Lyrische Hefte»; seit 1967 Literaturredakteur des Saarländischen Rundfunks.

Seite 234: *Jürgen P. Wallmann* (geb. 1939): Literaturkritiker und Publizist.

Seite 235: *Elisabeth Endres*, Literaturkritikerin und Schriftstellerin, publizierte 1975 das «Autorenlexikon der deutschen Gegenwartsliteratur».
Roland Lang (geb. 1942): Schriftsteller.
Uwe Timm (geb. 1940): Schriftsteller. 1967 bis 1969 im Sozialistischen Deutschen Studentenbund (SDS) aktiv, 1973 bis 1981 Mitglied der DKP, 1972 bis 1982 Herausgeber der «Autoren Edition». 1974 erschien sein Debütroman «Heißer Sommer» über die Studentenbewegung.
Eckart Rudolph: Redakteur beim SDR.

Seite 236: *Hellmuth Karasek* (geb. 1934): Journalist, Literaturkritiker. 1974 bis 1996 beim «Spiegel»; von 1988 bis 2001 gehörte er neben Marcel Reich-Ranicki und Sigrid Löffler zur Stammbesetzung der TV-Sendung «Das literarische Quartett».
Heinz Saueressig, kaufmännischer Direktor der Boehringer-Firma Thomae in Biberach, sammelte alles, was von Martin Walser erschien. Das Walser-Archiv in Biberach, das heute ins Deutsche Literaturarchiv Marbach eingegangen ist, geht auf ihn zurück. Er stellte, um für ein Ohrenmedikament werben zu lassen, die Verbindung zwischen Walser und Horst Janssen her. Walser schrieb daraufhin «Mit Janssen im Ohr» (in: Martin Walser: Woher diese Schönheit. Über Kunst, über Künstler, über Bilder. Edition Isele, Eggingen 2004, S. 15).
André Ficus (1919–1999): Maler.

Seite 238: *Günter Schöllkopf* (1936–1979): Maler, Graphiker. Martin Walser hat sich in mehreren Aufsätzen mit ihm befasst (in: Martin Walser: Woher diese Schönheit, a. a. O., S. 33, 37, 43).
Wolf Jobst Siedler (geb. 1926): Verleger und Publizist. Seit 1963 leitete er den Propyläen Verlag in der Ullstein-Verlagsgruppe. In den 80er Jahren gründete er den Siedler Verlag.

Seite 246: *Der nächste Roman*: Der Roman «Seelenarbeit» wird an dieser Stelle erstmals erwähnt; sein Titel wird sich jedoch erst später einstellen. Aus der Figur, die hier Karl heißt, wird dann der Chauffeur Xaver Zürn.

Seite 247: *Rolf Becker,* «Spiegel»-Redakteur, rezensierte «Jenseits der Liebe» am 5. 4. 1976 unter dem Titel «Der Sturz des Franz Horn» als «Erzählung mit exemplarischem Anspruch».

Seite 248: *Tatsächlich ist Joachim Kaiser gemeiner als R-R:* Joachim Kaisers Kritik von «Jenseits der Liebe» erschien unter dem Titel «Isoliertes Ich, dem Abgrund nahe» am 7. 4. 1976 in der «Süddeutschen Zeitung». Kaiser nimmt darin zunächst Reich-Ranickis Gedankenspiel auf, ob das Manuskript auch gedruckt worden wäre, wenn es von einem anonymen Autor eingesendet worden wäre. Und was Reich-Ranicki verneint, bejaht Kaiser zunächst, denn der Text habe durchaus Stil, und dieser Autor verstehe sein Handwerk. Dann aber fügt er hinzu: «Aber ein einigermaßen belesener Lektor müßte noch mehr merken. Zum Beispiel, daß diese radikal selbstbesessene Vortragsart, diese Tendenz, eigene Körperteile (den Unterkiefer, auch Penibleres) als Fremdes anzuschauen, zwar wohl von Kafka herrührt, aber unter den Lebenden hauptsächlich von Martin Walser kultiviert wird. Und da sich hier, für beinahe jeden Absatz, jede fixierte Beobachtung, jedes panische oder urgeschichtliche Ausgesetztsein, in Werken Walsers Analogien finden lassen, die meist stärker, eindringlicher, unternehmungslustiger formuliert sind, müßte der Lektor schließen, bei unserem Anonymus dürfte es sich um einen begabten Walser-Epigonen handeln. Ja, Walser ist hier sein eigener Epigone gewesen: Bei ‹Jenseits der Liebe› handelt es leider um einen schwachen Walser-Text. (…)

Walser hat bestimmt ein gesellschaftskritisches Anliegen. Er möchte es stets zum Ausdruck bringen. An Pfeilen und Pointen fehlt es nicht. (…) Aber womöglich noch deutlicher als früher wird in ‹Jenseits der Liebe› Walsers Kritik an bundesdeutschen Zuständen als bloßer Überbau erkennbar. (…)

Der Redende berauscht sich, manchmal miesen Gewissens, an sich selber. Dabei geht jene Selbstkontrolle verloren, deren hemmende Existenz Walser vielleicht unproduktiv machen würde, deren Nicht-Existenz jedoch auch missliche Folgen haben kann. Eine Daß-Sequenz wie: ‹Das ging so leicht, daß ihm gleich klar wurde, daß die Schultern an keiner Stelle fixierbar waren. Er sah ein, daß …›, hätte Walser sich früher nicht durchgehen lassen. Dieses Daß-Festival ist kein Satz mehr, sondern bloß noch eine Ermüdungserscheinung. Im einst berühmten Suhrkamp-Lektorat guckt offenbar niemand mehr genau hin. Freilich, die Hauptschwäche des Buches hätte kein Lektor kurieren können: Noch der ‹spätere› Walser setzte, vor allem in ‹Fiction›, aber auch in der ‹Gallistl'schen Krankheit›, die Eigenbewegung seiner Sprache frei, er machte ein Stil- und Spielnetz aus ihr, ein artifizielles Bedeutungssystem neben dem bloßen Bedeuten. Das geschieht hier kaum mehr. In ‹Jenseits der Liebe› verharrt Walser diesseits der von ihm selbst geprägten Sprachfreiheitsmodelle.»

Seite 251: *Heinar Kipphardt* (1922–1982), Schriftsteller, Dramatiker, in den 50er Jahren Dramaturg am Deutschen Theater in Ost-Berlin, siedelte 1959 in die Bundesrepublik über. Sein größter Erfolg war das Theaterstück «In der Sache J. Robert Oppenheimer» aus dem Jahr 1964.
   Joachim Fest (1926–2006): Historiker, Publizist. Autor der Biographien über Adolf Hitler und Albert Speer. Von 1973 bis 1993 war er einer der Herausgeber der «Frankfurter Allgemeinen Zeitung». Er holte 1973 Marcel Reich-Ranicki von der «Zeit» zur «Frankfurter Allgemeinen Zeitung».

Seite 253: *Hans Gottschalk*, Fernseh-Dramaturg und Produzent, war Kommilitone Walsers in Tübingen und dort Leiter der Studentenbühne, für die Walser Kabarett-Texte schrieb. Walser und Gottschalk gingen 1949 gemeinsam zum Süddeutschen Rundfunk nach Stuttgart.

Seite 255: *Das Schönstebeste stammt von Wolfram Schütte, FR*: Wolfram Schüttes Kritik von «Jenseits der Liebe» in der «Frankfurter Rundschau» erschien am 10. 4. 1976 unter dem Titel «Von den Alltagsfreundlichkeiten». Er las das Buch als Auskunft in eigener Sache – gehe es doch um Erfahrungen eines Angestellten, wie sie jeder (angestellte) Leser nachvollziehen könne. Die Geschichte «gehöre dem Alltag an, in dem sie sich tausendfach zuträgt». Für Schütte bestand «die entscheidende Leistung dieses Romans nicht so sehr darin, den subversiven Zuwachs an Bewußtsein zu beschreiben, das Horn über sich und seine Situation gewinnt; sondern diesem Erkenntnis-Zuwachs auch im gleichen Atemzug das Zuwachsen der Erkenntnis, ihre ideologische Verwildertheit, eingeschrieben zu haben. Denn Horns Bewußtsein, so klar es sich dünkt, bleibt bis zuletzt getrübt durch seinen Individualismus.»

Seite 257: *Brechts Galilei*: Walsers Aufsatz erschien unter dem Titel «Altmodischer Galilei» in der «Suhrkamp Literatur Zeitung» (Nr. 1/1975, S. 2). In der Werkausgabe ist dieser Text nicht enthalten.

Seite 258: *Auf der Bestenliste April auf Platz 2*: Gemeint ist die SWF-Bestenliste (heute: SWR-Bestenliste), die auf den Empfehlungen von 25 Kritikerinnen und Kritikern beruht. Sie wurde 1975 auf Initiative des SWF-Literaturredakteurs Jürgen Lodemann eingerichtet. In den folgenden drei Monaten stand «Jenseits der Liebe» jeweils auf Platz eins.

Seite 264: *Mit Harfenfingern*: Diese Verse sind wiederzufinden in dem Band «Heimatlob» aus dem Jahr 1978: «Naturnotiz» (MW Werke, VIII, S. 455).

Seite 265: *Hans Erich Nossack* (1901–1977), Schriftsteller, seit 1955 («Spätestens im November») Autor des Suhrkamp Verlags, wurde bekannt u. a. durch seinem Bericht von der Zerstörung Hamburgs durch alliierte Bombenangriffe («Der Untergang»). Büchner-Preis-Träger 1961.

Seite 266: *Horst Krüger* (1919–1999): Schriftsteller. Sein Thema war vor allem die Jugend im nationalsozialistischen Deutschland, so auch in seinem autobiographischen Roman «Das zerbrochene Haus».
Fritz J. Raddatz (geb. 1931), Publizist, Kritiker, Schriftsteller, kam 1958 aus der DDR in die Bundesrepublik. 1960 bis 1969 Lektor des Rowohlt Verlags. 1976 bis 1985 Leiter des Feuilletons der «Zeit».

Seite 271: *1633 Seiten Taschenbuch von Anselm Kristlein*: 1976 brachte Suhrkamp die Romane «Halbzeit», «Das Einhorn» und «Der Sturz» als «Anselm Kristlein-Trilogie» in einer dreibändigen Taschenbuch-Kassette heraus.

Seite 272: *IG-Mahlein*: Leonhard Mahlein (1921–1985): Vorsitzender der Gewerkschaft IG Druck & Papier von 1968 bis 1983. Der Verband Deutscher Schriftsteller (VS) schloss sich nach heftigen Kontroversen 1973 der IG Druck an, die 1985 in der IG Medien aufging. Martin Walser war seit der VS-Gründung 1969 ein Vertreter der gewerkschaftlichen Ausrichtung und plädierte schon 1969 für eine «IG Kultur».
Burgel Zeeh (1939–2009) war seit 1967 Sekretärin von Siegfried Unseld und wurde von vielen Autoren als «die Seele» des Suhrkamp Verlags be-

zeichnet – so auch von Martin Walser; er schrieb am 3. 3. 2009 den Nachruf auf Burgel Zeeh in der FAZ.

Seite 273: *Joachim Werner Preuß* publizierte 1972 im Berliner Colloquium-
Verlag ein kleines Buch über Martin Walser.
Grass: Dann tauschen er und ich: Nach dem öffentlichen Zerwürfnis zwischen Grass und Walser im Jahr 1974 (siehe Anmerkung Seite 12) war es
zu einer Wiederannäherung gekommen, nachdem Grass im September
1975 in einem Brief an Walser sein Bedauern über die damaligen Äuße-
rungen zum Ausdruck gebracht hatte.

Seite 274: *Gershom Scholem* (1897–1982): jüdischer Religionswissenschaft-
ler, Erforscher der jüdischen Mystik der Kabbala, Professor in Jerusalem
seit 1933. Zusammen mit Theodor W. Adorno Herausgeber der Werke
Walter Benjamins. 1975 erschien im Suhrkamp Verlag sein Buch «Walter
Benjamin – die Geschichte einer Freundschaft».
Martin Buber (1878–1965), jüdischer Gelehrter, Religionsphilosoph und
Anthropologe, beschäftigte sich vor allem mit der Geschichte des ortho-
doxen Judentums und übersetzte chassidische Erzählungen ins Deutsche.
Luise Rinser (1911–2002), Schriftstellerin, gehörte – wie Günter Grass –
zu den Unterstützern von Willy Brandt und der SPD, engagierte sich in
der Friedensbewegung und trat 1984 für die Grünen als Kandidatin für
das Amt des Bundespräsidenten an.
Reiner Kunze (geb. 1933): Schriftsteller. 1976 erschien sein Buch «Die
wunderbaren Jahre», das sich kritisch mit der Militarisierung der Gesellschaft in der DDR auseinandersetzte. Kunze wurde daraufhin aus dem
DDR-Schriftstellerverband ausgeschlossen; 1977 übersiedelte er in die
Bundesrepublik.
Stephan Hermlin (1915–1997): Schriftsteller und eine Art *elder statesman*
der DDR-Kulturpolitik. Er protestierte 1976 gegen die Ausbürgerung
Wolf Biermanns und gehörte zu denen, die sich stets für den Austausch
zwischen Ost und West einsetzten.

Seite 275: *Helmut Heißenbüttel* (1921–1996): Schriftsteller, Kritiker, von
1959 bis 1981 Redakteur beim «Süddeutschen Rundfunk», dort verantwortlich für den «Radio-Essay».
Mascha Kaléko (1907–1975), Lyrikerin, stammte aus einer jüdisch-rus-

sisch-österreichischen Familie in Galizien, lebte von 1918 bis zu ihrer Emigration 1938 in Berlin, dann in den USA und seit 1960 in Jerusalem.

Elias Canetti (1905–1994): österreichischer Schriftsteller. Canetti lebte seit 1938 im Exil in London, wo Walser ihn Anfang der 70er Jahre besuchte. 1981 erhielt er den Nobelpreis für Literatur.

Seite 276: *Caravelle*: Flugzeugtyp der Air France.

Michael Krüger (geb. 1943), Schriftsteller, Lyriker, Verleger, wurde 1968 Lektor des Hanser Verlages, den er seit 1986 leitet.

Seite 277: *Wolfgang Werth*: Literaturkritiker, seit 1973 Redakteur der «Süddeutschen Zeitung», von 1979 bis 2001 dort Chef der Literaturredaktion.

Seite 282: *H. M. Braem*: Schriftsteller und Übersetzer.

Dr. Lehner: Redakteur beim SDR, Karlsruhe.

Seite 287: *Bernhard Böschenstein* (geb. 1931) war von 1964 bis 1997 Professor für Deutsche Literatur und Vergleichende Literaturwissenschaft in Genf.

Seite 288: *Klaus Konjetzky* (geb. 1943): Schriftsteller, Mitherausgeber der «Literarischen Hefte» und Redakteur der Zeitschrift «Kürbiskern».

Seite 294: *Peter Palitzsch* (1918–2004): Theater-Regisseur, zunächst Brecht-Schüler am Berliner Ensemble, kehrte aus Protest gegen den Mauerbau 1961 von einem Auslandsengagement nicht in die DDR zurück. Er wurde 1966 Direktor des Staatstheaters Stuttgart, 1972 des Schauspiels Frankfurt.

Seite 295: *Heinz Piontek* (1925–2003): Schriftsteller. Erhielt 1976 den Büchner-Preis, war aber als Natur-Lyriker ein Außenseiter im politisierten Literaturbetrieb der 70er Jahre.

Kinderspiel II: Walser schrieb für die Überarbeitung seines Theaterstücks «Ein Kinderspiel» aus dem Jahr 1971 einen neuen zweiten Akt.

Seite 296: *Ernst Bloch* (1885–1977): marxistischer Philosoph. Hauptwerk: «Das Prinzip Hoffnung». Bloch lehrte bis 1961 in Leipzig, blieb nach dem Mauerbau im Westen und wurde Professor in Tübingen.

Jürgen Habermas (geb. 1929): Soziologe und Philosoph, als Schüler von Adorno und Horkheimer Vertreter der «Kritischen Theorie», Professor in Frankfurt. Zu seinen wichtigsten Werken gehören «Strukturwandel der Öffentlichkeit» (1962) und «Theorie des kommunikativen Handelns»

(1981). Das freundschaftliche Verhältnis zwischen Walser und Habermas kühlte sich 1979 merklich ab, als Walser für den von Habermas herausgegebenen Band «Stichworte zur geistigen Situation der Zeit» den Essay «Händedruck mit Gespenstern» beisteuerte – einen Text, in dem er seine Positionen als «linker Intellektueller» einer Generalrevision unterzog.

Seite 303: *Ingrid Weckerle*: Germanistin aus den USA.

Seite 304: *Thomas Rothschild* (geb. 1942), österreichischer Publizist, Literaturwissenschaftler und Kritiker, lehrte an der Universität Stuttgart.

Seite 305: *Hermann und Irene*: Schwager und Schwägerin; Hermann ist der Bruder von Käthe Walser.

Seite 306: *Morgantown*: Walser übernahm Anfang September für drei Monate eine Gastprofessur in Morgantown / West-Virgina. Den Aufenthalt in den USA und den Abstand vom deutschen Kulturbetrieb empfand er – wie schon bei den früheren USA-Aufenthalten 1958 und 1973 – als Rettung zur rechten Zeit. Seine Frau Käthe und die Töchter Alissa und Theresia begleiteten ihn.

Seite 307: *Bob Elkins*: Leiter des German Department der West Virginia University, Morgantown.

Seite 315: *Atomheart Mother*: LP der britischen Rockband Pink Floyd aus dem Jahr 1970.

Seite 318: *Mao Zedong* (1893–1976): Vorsitzender der KP Chinas, verantwortlich für die Kulturrevolution von 1966 bis 1976, in deren Verlauf rund sieben Millionen Menschen ums Leben kamen.

Seite 320: *Rainer Nägele* (geb. 1943), Literaturwissenschaftler, geboren in Liechtenstein, 1979 bis 2005 Professor der Germanistik in Baltimore, seit 2006 in Yale.

Seite 321: *Carter-Ford-debate*: Nach dem Rücktritt von Richard Nixon übernahm *Gerald Ford* (1913–2006) als Nixons Vizepräsident am 9. 8. 1974 dessen Amt und wurde 38. Präsident der USA.

Jimmy Carter (geb. 1924) gewann im November 1976 als Kandidat der Demokraten die Wahl. 39. Präsident der USA von 1977 bis 1980.

Jack Kolbert: Literaturwissenschaftler.

569

Elie Wiesel (geb. 1928): aus Rumänien stammender US-amerikanischer Schriftsteller und Holocaust-Überlebender; 1986 wurde er mit dem Friedensnobelpreis ausgezeichnet.

Seite 324: *Wilfried Minks* (geb. 1930): Bühnenbildner und Theaterregisseur.

Seite 325: *Gilligan's Island*: amerikanische *Sit-Com* als Robinsonade: Sieben Schiffbrüchige stranden auf einer unbewohnten Südseeinsel und versuchen vergeblich, sie wieder zu verlassen.

Seite 330: *Viktor Mann*: Gemeint ist vermutlich nicht Viktor, der Bruder, sondern *Michael Mann* (1919–1977): Musiker und Literaturwissenschaftler, das jüngste Kind von Katia und Thomas Mann. Nachdem er 1957 seine Karriere als Solo-Bratschist aufgegeben hatte, war er von 1964 bis 1977 Professor für Deutsche Literatur an der Universität von Kalifornien in Berkeley.

Seite 338: *What makes a writer*: Der Text erschien unter dem Titel «Wer ist ein Schriftsteller» am 21. 9. 1974 in der Basler «National-Zeitung» (MW Werke XI, S. 497).

Seite 355: *Gestern der ganze Auftrieb*: Am 7. 1. 1952 trat Siegfried Unseld als Lektor für jüngere deutsche Literatur und Assistent der Geschäftsführung in den Suhrkamp Verlag ein. Peter Suhrkamp hatte ihn eingestellt; nach Suhrkamps Tod im Jahr 1959 wurde Unseld dessen Nachfolger.

Hesse-Clowns: Gemeint sind zwei Enkel von Hermann Hesse.

Seite 357: *Fast ein Poet*: Theaterstück von Eugene O'Neill.

René Clement (1913–1996): französischer Filmregisseur.

Seite 361: *Josef W. Janker* (geb. 1922): Schriftsteller aus Ravensburg, las durch Walsers Vermittlung mehrmals in der Gruppe 47.

Seite 366: *Wolfgang Koeppen* (1906–1996): Schriftsteller. Berühmt geworden durch seine Romantrilogie der Bonner Republik «Tauben im Gras» (1951), «Das Treibhaus» (1953) und «Der Tod in Rom» (1954), litt Koeppen unter einer massiven Schreibblockade, wurde gleichwohl von Siegfried Unseld weiter finanziell unterstützt – in der Hoffnung auf einen neuen Roman.

Joachim Unseld (geb. 1953), Sohn von Siegfried Unseld, trat 1983 als geschäftsführender Gesellschafter und designierter Nachfolger seines Vaters in den Suhrkamp Verlag ein. 1990 kam es zum Bruch. Seit 1994 ist Joachim Unseld Verleger der Frankfurter Verlagsanstalt.

Seite 368: *Wolfgang Werner*: ehemaliger Strafgefangener und Autor des Erfahrungsberichts «Vom Waisenhaus ins Zuchthaus», der mit Walsers Hilfe im Suhrkamp Verlag erschien. Walser setzte sich immer wieder für schreibende Gefangene ein und verhalf ihnen zu Publikationsmöglichkeiten.
Thaddäus Troll: Pseudonym von Hans Beyer (1914–1980): schwäbischer Schriftsteller und Journalist.

Seite 374: *Weiter nach Tokio*: Die vierzehntägige Japanreise führte nach Tokio, Osaka, Kyoto, Nagoya und in den Gebirgsort Tateshina, wo Walser ein einwöchiges Literaturseminar für japanische Germanisten leitete.

Seite 378: *24. 3. 1977*: der 50. Geburtstag von Martin Walser.

Seite 396: *Von einem staatlichen Institut herumgereicht*: Die vierzehntägige Frankreich-Reise erfolgte auf Einladung des Goethe-Instituts.

Seite 402: *Peter de Mendelssohn* (1908–1982): Journalist und Schriftsteller, emigrierte 1933 als Jude aus Nazideutschland nach London und war nach 1945 im Auftrag der Briten maßgeblich am Neuaufbau eines demokratischen Pressewesens beteiligt. Er berichtete von den «Nürnberger Prozessen», wurde Mitbegründer des «Tagesspiegels» und der «Welt» in Berlin, bevor er 1970 an seinen Geburtsort München zurückkehrte.
Dolf Sternberger (1907–1989), Politikwissenschaftler und Journalist, publizierte 1957 unter dem Titel «Aus dem Wörterbuch des Unmenschen», eine Untersuchung der Sprache des Nationalsozialismus.
Prof. Ernst Zinn: Rilke-Spezialist und Herausgeber der Werke Rainer Maria Rilkes.
Golo Mann (1909–1994): Historiker, Publizist, Sohn von Thomas und Katia Mann. 1971 erschien sein *Opus magnum* «Wallenstein». Mann rückte in den 70er Jahren – nach anfänglicher Sympathie für Willy Brandt und die SPD – aus Sorge vor dem grassierenden Linksradikalismus weiter nach rechts, bis er sich 1979 im Wahlkampf für den CSU-Kanzlerkandidaten Franz Josef Strauß engagierte.

Hans-Georg Gadamer (1900–2002), Philosoph und Begründer der universalen Hermeneutik, lehrte in Heidelberg. Sein wichtigstes Werk, «Wahrheit und Methode. Grundzüge einer philosophischen Hermeneutik», erschien 1960.

Walter-Benjamin-Vorschlag: Die Akademie der Künste wollte einen Preis gründen, für den ein Titel gesucht wurde. Walsers Vorschlag «Walter Benjamin-Preis» wurde abgelehnt.

Seite 403: *Günther Rühle* (geb. 1924): Theaterkritiker, Journalist und Intendant. 1974 bis 1984 Feuilletonchef der FAZ, 1985 bis 1990 Intendant des Schauspiels Frankfurt.

Tankred Dorst (geb. 1925): Dramatiker, Schriftsteller. Seit 1960 fast jährlich mit neuen Stücken auf allen großen deutschen Bühnen vertreten.

Seite 404: *In den Blättern von 1950 bis 55 gelesen*: lose Blätter, Notizen, die nicht in den Tagebüchern enthalten sind.

Notiz aus dem April 1961: Der ostdeutsche PEN, der bis 1967 unter dem Namen «Deutsches PEN-Zentrum Ost und West» firmierte, wollte im Dezember 1960 in Hamburg tagen, denn er hatte auch westdeutsche Mitglieder. Die Zusammenkunft wurde jedoch unter dubiosen Umständen durch einen Polizeieinsatz verhindert, der Ost-PEN als «kommunistische Tarnorganisation» denunziert. Gerd Bucerius, empört über diesen antiliberalen und intoleranten Akt, lud die Betroffenen zu einer Tagung in den Redaktionsräumen der «Zeit» ein, die am 7. und 8. April 1961 stattfand. Mehr dazu unter http://wissen.spiegel.de/wissen/dokument/dokument.html?id=43067902&top=SPIEGEL und unter http://www.spiegel.de/spiegel/print/d-43160867.html

Gerd Bucerius (1906–1995): Verleger, CDU-Politiker und Herausgeber der Wochenzeitung «Die Zeit» sowie Mitbegründer der Verlagsgruppe «Gruner & Jahr».

Seite 405: *Wieland Herzfelde* (1896–1988): Publizist, Autor, Verleger, seit 1918 Mitglied der KP. Herzfelde kehrte 1949 aus dem amerikanischen Exil in die DDR zurück und wurde Professor für Literatur in Leipzig. Von 1952 bis 1962 arbeitete er als Herausgeber an einer großen Ausgabe der Werke Tolstois.

Heinz Kamnitzer (1917–2001), Schriftsteller, kehrte 1946 aus dem englischen Exil in die DDR zurück. Er war Herausgeber der Werke von Arnold Zweig, über dessen Sterben er das Buch «Der Tod des Dichters» schrieb.

Peter Hacks (1928–2003), Schriftsteller, Dramatiker, Essayist, übersiedelte 1955 aus der Bundesrepublik in die DDR. Hacks galt als «Klassizist» unter den kommunistischen Autoren der DDR.

Seite 409: *Marcel Pagnol* (1895–1974): französischer Schriftsteller, Dramatiker und Regisseur. Viele seiner Theaterstücke und Romane spielen in seiner Heimatstadt Marseille. Seine romanhafte Autobiographie erschien in drei Teilen von 1957 bis 1959. Sie gehört in Frankreich zur Schullektüre. 1977 kam posthum ein abschließender vierter Band heraus.

Seite 413: *Alf Brustellin* (1940–1981): Regisseur, Schauspieler, Kameramann, Filmproduzent. Er gründete 1975 die ABS Filmproduktion München.

Seite 417: *Erwin Jaeckle* (1909–1987): Schweizer Schriftsteller und Journalist.

Ernst Jünger (1895–1998): Schriftsteller und Essayist, Autor der Kriegstagebücher «In Stahlgewittern» aus dem 1. Weltkrieg und der Tagebuchbände «Strahlungen» über den 2. Weltkrieg und die Nachkriegszeit. Seit 1950 lebte er in Wilflingen, in der Nähe des Bodensees. Das «Abenteuerliche Herz» – eine Sammlung von Kurzprosa, Betrachtungen, Träumen – erschien erstmals 1929; in einer zweiten, völlig überarbeiteten Fassung 1938.

Seite 418: *Thomas Brasch* (1945–2001): Schriftsteller aus der DDR. Brasch wuchs in einer jüdischen Emigrantenfamilie auf, der Vater war stellvertretender Kulturminister der DDR. Nachdem er 1976 das Protestschreiben gegen die Ausbürgerung Biermanns unterzeichnet hatte, stellte er einen Ausreiseantrag und kam 1977 in die Bundesrepublik. Im selben Jahr erschien das Buch «Vor den Vätern sterben die Söhne».

Christoph Müller, Journalist und Kunstsammler, hatte als Redakteur des Berliner «Tagesspiegels» in den 60er Jahren gute Kontakte zu Ost-Berliner Künstlern. Später war er Chefredakteur und Verleger des «Schwäbischen Tagblatts» in Tübingen.

573

Seite 419: *Peter Patzak* (geb. 1945): Filmregisseur, bekannt durch die Fernsehserie «Kottan ermittelt». «Das Einhorn» (1978) war sein erster großer Film.

Seite 424: *Emanuel Swedenborg* (1688–1772): schwedischer Theologe und Mystiker. Walser bezeichnete ihn in dem Aufsatz «Sprache, sonst nichts» als seinen «Paten» (in: Martin Walser, Ich vertraue, Querfeldein. Suhrkamp, Frankfurt a. M. 2000).

Iss nicht so viel: Die Anekdote mit Swedenborg, der in einem Londoner Hotel von einem fremden Mann ermahnt wurde, nicht so viel zu essen, nahm Walser in die Novelle «Ein fliehendes Pferd» auf, die im Sommer 1977 entstand. Helmut Halm, der zusammen mit Sabine gerne und gut isst, wappnet sich damit gegen den sportiven Gesundköstler Klaus Buch (MW Werke V, S. 287).

Seite 427: *Vier Tote*: Mit der Entführung von Arbeitgeberpräsident Hanns-Martin Schleyer (siehe Anmerkung Seite 45) durch die RAF am 5. 9. 1977 begann der sogenannte «Deutsche Herbst» – die entscheidende Konfrontation zwischen Links-Terrorismus und Staat. Er dauerte bis zur Erstürmung der entführten Lufthansamaschine «Landshut» in Mogadischu am 18. 10. und dem folgenden Suizid von Andreas Baader, Gudrun Ensslin und Jan-Carl Raspe in ihren Gefängniszellen in Stuttgart-Stammheim. Die dramatischen Ereignisse bis zur Ermordung Schleyers finden immer wieder Niederschlag in Walsers Tagebuch.

Claus-Wilhelm Hoffmann: Von 1964 bis 1994 Oberbürgermeister von Biberach.

Claus Peymann (geb. 1937): Theaterregisseur und Intendant. 1974 bis 1977 war er Schauspieldirektor am Stuttgarter Staatstheater. Wegen der Geldsammlung für Ensslins Zahnersatz geriet er bundesweit in die Schlagzeilen. Seit 1999 ist er Intendant des Berliner Ensembles.

Seite 433: *Adriaan Morriën* (1912–2002): holländischer Schriftsteller, mit Walser seit den frühen Tagen der Gruppe 47 Anfang der 50er Jahre befreundet.

Gruppe 47: Die Tagung in der Pulvermühle 1967 war das letzte Treffen der Gruppe 47. Doch das Gerücht, die Gruppe lebe weiter und werde eines Tages wieder zusammenfinden, hielt sich hartnäckig. Zu einem endgültig letzten Gruppentreffen, das keines mehr sein sollte, lud Hans Werner Richter Freunde und Weggefährten vom 16. bis 18. September 1977 nach Saulgau.

Jürgen Becker (geb. 1932): Lyriker und Hörspielautor. Von 1974 bis 1993 leitete er die Hörspielabteilung des Deutschlandfunks.

Ilse Aichinger (geb. 1921), österreichische Schriftstellerin, Preisträgerin der Gruppe 47 im Jahr 1952, war verheiratet mit dem Schriftsteller Günter Eich.

Franz Josef Strauß (1915–1988), CSU-Politiker, von 1978 bis 1988 Ministerpräsident in Bayern, trat 1980 als Kanzlerkandidat gegen Bundeskanzler Helmut Schmidt an und verlor.

Lew Ginsburg (1921–1980): sowjetischer Schriftsteller. Walser lernte ihn auf einer Moskaureise im Jahr 1971 kennen und empfahl ihn Siegfried Unseld als Autor. In der Wochenzeitung «Die Zeit» schrieb Walser 1971 als Geburtstagsgruß eine «Nachricht, Lew Ginsburg betreffend»: «Lew Ginsburg sitzt in seiner Bücherburg in einem Wohnblock in Moskau und übersetzt deutsche Gedichte: Vagantenlieder, Hartmann von der Aue, Barockgedichte, Fasnachtsspiele und des Knaben Wunderhorn, den jungen Schiller, Peter Weiss, den jungen Enzensberger. Jetzt hat er angefangen mit Wolframs Parzival. Er hat, sagte er, im deutschen Gedicht den Schlag des deutschen Herzens vernommen. Hinter Glas ein Exemplar der Günzburger Zeitung.»

Seite 434: *Literarisches Forum Oberschwaben*: Walser engagierte sich stets für Literatur und Autoren seiner Heimatregion. Zusammen mit dem Landrat Walter Münch gründete er in Wangen das «Literarische Forum», gehörte zu den Mitbegründern der «Stiftung Literaturarchiv Oberschwaben» und unterstützte die literarische Gesellschaft «Ravensburger Kreis».

Peter Vogel (1937–1978), Schauspieler, übernahm in der Verfilmung des Walser-Romans «Das Einhorn» die Rolle des Anselm Kristlein. Er starb durch Suizid (vgl. Tagebuch-Eintrag vom 22. 9. 1978).

Seite 437: *Maria Menz* (1903–1996): Dichterin aus Oberessendorf in Oberschwaben, die als Tochter eines Landwirts das dörfliche Leben thematisierte. Sie gehörte für Walser – neben Maria Müller-Gögler und Maria Beig – zu den «drei Marien», die das «Dreigestirn» der oberschwäbischen Dichtung bilden. Walser führte 1981 mit ihr ein Radiogespräch über ihre Bauernkindheit. Ihr Briefwechsel erschien 2005 (Maria Menz:

575

Briefe. Briefwechsel mit Martin Walser. Hrsg. von Claus-Wilhelm Hoffmann. Edition Isele, Eggingen).

Adlers: Peter und Katharina Adler, mit denen Martin Walser seit Tübinger Studententagen 1948 eine lebenslange Freundschaft verbindet.

Seite 442: *Otto F. Walter* (1928–1994): Schweizer Schriftsteller. 1966 bis 1973 Leiter des Luchterhand Literaturverlages.

Heinz W. Schafroth: Mentor in der Schweizer Literatur-Szene. Lehrer in Biel/Bienne. Befreundet mit Ilse Aichinger und Günter Eich.

Seite 443: *Alfred Kolleritsch* (geb. 1931): österreichischer Schriftsteller. Mitbegründer und langjähriger Präsident des Forum Stadtpark in Graz und Gründungsmitglied der Grazer Autorenversammlung. 1977 war er Lehrbeauftragter an der Universität Graz.

Seite 444: *Klaus Gysi* (1912–1999): SED-Politiker. 1957 bis 1966 Leiter des Aufbau-Verlags in Ost-Berlin, 1966 bis 1973 Kulturminister der DDR, Abgeordneter in der Volkskammer, Vater des Links-Partei-Politikers Gregor Gysi. 1973 bis 1978 war er DDR-Botschafter in Rom, nicht in Paris. In den 30er Jahren studierte er in Paris Volkswirtschaft.

Seite 448: *Die Novelle abdrucken*: Die FAZ begann den Vorabdruck der Novelle «Ein fliehendes Pferd» am 24. 1. 1978.

Seite 449: *Ein Wettbewerb*: Die öffentliche Stimmung war in den Wochen nach der Ermordung von Arbeitgeberpräsident Hanns-Martin Schleyer aufgeladen und nervös. Am 13. 11. 1977 wurde an der Universität Konstanz ein Kulturpreis für Gefangene verliehen. Martin Walser sollte die Preise überreichen. Da der Preisträger aber keinen Hafturlaub bekam, trug Walser Gedichte des als RAF-Mitglied verdächtigten und des Mordes angeklagten Schriftstellers Peter-Paul Zahl vor. Die Empörung, die er mit dieser Aktion auslöste, versuchte Walser zwei Tage später mit einer Erklärung im Konstanzer «Südkurier» zu beschwichtigen. Darin hieß es u. a.: «Die von mir vorgelesenen Texte sollten ein Licht werfen auf die Entstehungsgeschichte des politischen Verbrechens, das Terrorismus genannt wird.» Walser bedauerte, «daß heute auch an einer Universität das Klima schon so formiert ist, daß einem zuerst einmal das Schlimmste unterstellt wird, bevor das Nächstliegende gedacht wird».

Seite 453: *Sadat*: Muhammad Anwar as-Sadat (1918–1981) war von 1970 bis zu seiner Ermordung 1981 ägyptischer Staatspräsident. 1978 erhielt er zusammen mit Israels Präsident Menachem Begin den Friedensnobelpreis.

Seite 456: *Montauk*: Erzählung von Max Frisch.

Seite 461: *Marienbader Elegie*: Vgl. Anmerkung Seite 83.

Seite 462: *Gottfried Honnefelder* (geb. 1946) kam 1974 in den Suhrkamp Verlag und war dort, gerade in den Jahren der Entfremdung von Siegfried Unseld, ein Vertrauter Walsers. Von 1979 bis 1996 war er Suhrkamp-Geschäftsführer; von 1997 bis 2006 leitete er den DuMont Buchverlag als geschäftsführender Gesellschafter. Seit Januar 2006 ist er Vorsteher des Börsenvereins des Deutschen Buchhandels und leitet seit 2007 die Berlin University Press.

Seite 463: *Heinrich Seuse* (1295–1366): Mystiker und Theologe aus Konstanz, für Walser «Inbegriff und Ausbund des Hiesigen». In «Heimatlob» (1978) rühmt er Seuse als «Meister der Vergehenssüße, der Leidensgloriole, des Schmerzensschmucks» (MW Werke VIII, S. 485 ff.).

Seite 464: *FAZ-Abdruck*: In dem Text, mit dem er den Vorabdruck der Novelle «Ein fliehendes Pferd» in der FAZ einleitete (24. 1. 1978), ging Marcel Reich-Ranicki unter der Überschrift «Sein Glanzstück» noch einmal ausführlich auf seinen Verriss von «Jenseits der Liebe» ein. Er gab nicht ohne Stolz zu, dass sich «noch deutlicher, noch härter, noch unbarmherziger über eine literarische Arbeit gar nicht urteilen» lasse – ohne von seinem damaligen Urteil abzurücken. Im Gegenteil: «Die Kritik, ‹als Skandalon konzipiert› (wie Heinrich Vormweg im *Merkur* treffend bemerkt hatte), war ein zorniger und verzweifelter Versuch, auf Martin Walsers schriftstellerischen Weg Einfluß auszuüben. (...) Und was damals nur eine vage Hoffnung war, ist jetzt ein Faktum: Das Buch *Jenseits der Liebe* hat sich in der Tat nicht nur als Tiefpunkt, sondern auch und vor allem auch als ein Wendepunkt erwiesen. Gewiß, leichtsinnig wäre es und auch anmaßend, wollte man jene auf Schockwirkung abzielende Kritik des Romans *Jenseits der Liebe* und die Entstehung der Novelle *Ein fliehendes Pferd* in einen ursächlichen Zusammenhang bringen. Der unmittelbare Einfluß eines Kritikers auf die Entwicklung eines Schriftstellers ist, ganz abgesehen davon, daß er sich nur selten nachweisen läßt, in der Regel verschwindend klein. (...) Gleichwohl fühlt sich der Kritiker, der den Weg eines Autors viele Jahre oder gar Jahrzehnte hindurch begleitet hat, für dessen Niederlagen in einem gewissen Sinne mitverantwortlich. Und insgeheim glaubt er, auch an dessen Siegen oder Triumphen einen winzigen Anteil zu haben. Dies ist oft, zugegeben, nur eine Einbildung, eine Illusion. Aber manch ein Kritiker kann und will sich sein Leben lang von dieser Illusion nicht trennen: Er braucht sie, um seinen Beruf weiterhin ausüben zu können. (...) So bereitet uns Kritikern nichts eine größere Genugtuung als die dunkle Hoffnung, es sei uns gelungen, zu einem Stück Literatur beizutragen.» Ohne auf «Ein fliehendes Pferd» näher einzugehen, pries Reich-Ranicki die Novelle abschließend als Walsers «reifstes, sein schönstes und bestes Buch». Es handle sich um ein «Glanzstück deutscher Prosa dieser Jahre, in dem sich Martin Walser als Meister der Beobachtung und der Psychologie, als Virtuose der Sprache bewährt».

Seite 465: *Den Vaterlandsleichnam*: Das Leiden an der deutschen Teilung, ein Thema, das für Walser in den 80er Jahren vordringlich werden wird, findet sich ansatzweise bereits in dem Roman «Die Gallistl'sche Krankheit» aus dem Jahr 1972. Im August 1978 sprach er darüber erstmals in einer öffentlichen Rede, als er in Bergen-Enkheim die Laudatio auf Nicolas Born zur Übergabe des Stadtschreiberamtes hielt. Schon da machte er deutlich, dass er es «für unerträglich» halte, «die deutsche Geschichte – so schlimm sie zuletzt verlief – in einem Katastrophenprodukt enden zu lassen» und sprach von seinem Bedürfnis, ohne Grenzschikanen nach Sachsen oder Thüringen reisen zu können. Die Rede rief nur wenige Reaktionen hervor. Erst in den späten 80er Jahren wurde diese Haltung zu einem Skandalon.

Seite 466: *Robert Walser* ist – neben Kafka und Hölderlin – der wohl prägendste und wichtigste Autor für Martin Walser. Nicht nur in den Ironie-Vorlesungen setzte er sich mit ihm auseinander. Am 16. 4. 1978 hielt er im Schauspielhaus Zürich eine Rede zum 100. Geburtstag Robert Walsers («Über den Unerbittlichkeitsstil. Über Robert Walser», in: MW Werke XII, S. 294 ff.).

Seite 468: *Den Roman expediert*: Gemeint ist der Roman «Seelenarbeit».
Die Sprüche an die Eremiten: «Der Grund zur Freude» erschien 1978 in
der Eremiten Presse (vgl. Anmerkung Seite 21).

Seite 469: *Karola Bloch* (1905–1994): Architektin, Publizistin und Marxis-
tin, Ehefrau von Ernst Bloch, engagiert in der Frauen- und in der Um-
weltbewegung.
Jürg Laederach (geb. 1945): Schweizer Schriftsteller. 1978 erschien sein
Roman «Das ganze Leben».

Seite 471: Der Buchhändler *Eckart Cordes* lud zahlreiche Schriftsteller in
seine Kieler Buchhandlung zu Lesungen; auch Martin Walser trat dort
immer wieder auf.

Seite 476: *Herr und Frau Storz*: Ingrid Storz führte die Buchhandlung am
Olgaplatz in Stuttgart; ihr Mann hatte eine leitende Position im Klett-Ver-
lag.

Seite 478: *Göschenbändchen*: In der «Sammlung Göschen» der Göschen’-
schen Verlagsbuchhandlung erschienen seit 1889 in günstiger Reihen-
Ausführung Werke der deutschen Aufklärung und Klassik sowie wissen-
schaftliche und philosophische Werke. Sie kosteten anfangs 80 Pfennig
und waren – eine Art Taschenbuch – weit verbreitet.

Seite 479: *Ludwig Hohl* (1904–1980): Schweizer Schriftsteller. Hohl verbrachte viele Jahrzehnte in Armut und blieb als literarischer Außenseiter
nahezu unbekannt, bis Siegfried Unseld auf ihn aufmerksam wurde und
seine Werke neu herausgab. 1978 erhielt Hohl den zum 100. Geburtstag
Robert Walsers einmalig vergebenen Robert-Walser-Centenar-Preis. Er
war in fünfter Ehe mit Madeleine Hohl-de Weiss verheiratet. 1975 erschien sein bereits 1926 begonnener Roman «Bergfahrt».

Seite 480: *Alfred Andersch* (1914–1980): deutscher Schriftsteller. Seine
wichtigsten Werke, «Sansibar oder der letzte Grund» und «Die Kirschen
der Freiheit», erschienen in den 50er Jahren. Walser lernte ihn 1949 beim
SDR in Stuttgart kennen, wo Andersch die Redaktion «Radio-Essay»
gründete und leitete (vgl. Anmerkung Seite 43).

Seite 481: *Reinhard Mohn* (1921–2009), Leiter des Bertelsmann Verlages seit 1947, gründete 1950 den Bertelsmann-Lesering und machte aus dem mittelständischen Unternehmen einen Weltkonzern. 1981 wurde er Aufsichtsratsvorsitzender der Bertelsmann AG, war ab 2000 Vorsitzender des Präsidiums der von ihm 1977 gegründeten Bertelsmann-Stiftung.

Hermann Josef Abs (1901–1994): Bankier, von 1957 bis 1967 Vorstandssprecher der Deutschen Bank in Frankfurt am Main und bis zu seinem Tod deren Ehrenvorsitzender.

Seite 491: *Martin Zingg* (geb. 1951): Schweizer Publizist, Lyriker, Literaturkritiker, Mitherausgeber der Literaturzeitschrift «Drehpunkt», u. a. Herausgeber von: Martin Walser: Winterblume. Über Bücher 1951–2005. Edition Isele, Eggingen 2007.

René Burri (geb. 1933), Schweizer Fotograf, war in den 60er Jahren durch Bilder aus dem geteilten Deutschland bekannt geworden, vor allem aber mit seiner Aufnahme des zigarrerauchenden Che Guevara.

Aurel Schmidt (geb. 1935): Feuilletonredakteur bei der Basler «National-Zeitung».

Seite 497: *Esther Vilar* (1935 geb. als Esther Margareta Katzen), Schriftstellerin, löste 1971 mit ihrem Buch «Der dressierte Mann» eine heftige Kontroverse aus, weil sie – in Gegnerschaft zur Frauenbewegung – die These vertrat, in Wirklichkeit werde der Mann durch die Frau unterdrückt. 1975 kam es zu einem Fernsehduell zwischen ihr und Alice Schwarzer, die ihre Kontrahentin als «Faschistin» und «Sexistin» bezeichnete. Den Wunsch, in die Schweiz zu fliehen, der ihm hier so verlockend erscheint, sollte Walser 2002 im Lauf der Debatte um «Tod eines Kritikers» auch öffentlich äußern.

Eine Festzeltrede: Vgl. Anmerkung Seite 465.

Seite 500: *Oskar Negt* (geb. 1934): Soziologe und Philosoph, von 1962 bis 1970 Assistent von Jürgen Habermas. Negt veröffentlichte 1972 zusammen mit Alexander Kluge das einflussreiche Werk «Öffentlichkeit und Erfahrung. Zur Organisationsanalyse von bürgerlicher und proletarischer Öffentlichkeit» im Suhrkamp Verlag.

Seite 504: *Kümmertsweiler*: Geburtsort der Mutter Martin Walsers, nicht weit entfernt von seinem eigenen Geburtsort Wasserburg am Bodensee.

Seite 505: *Karl Wittlinger* (1922–1994), Bühnen- und Fernseh-Autor, schrieb Drehbücher zahlreicher Serien, Spielfilme und Komödien wie «Kennen Sie die Milchstraße?».

Seite 507: *Mein marxistisch-leninistisches Vorwort*: Das Vorwort zu Günter Schöllkopfs Zyklus «Widerstand gegen den Nationalsozialismus. 14 Radierungen» (Propyläen, Berlin 1977) ist zu finden in: Martin Walser: Woher diese Schönheit. Hrsg. von Martin Zingg. Edition Isele, Eggingen 2004, S. 37 ff.

Seite 508: *Karl Krolow* (1915–1999): Schriftsteller, Lyriker, Büchner-Preisträger 1956.

Seite 517: *Anthony Waine* (geb. 1946), englischer Germanist, schrieb die erste Monographie über Walser (Anthony Waine: Martin Walser. C. H. Beck, München 1980).

Seite 520: *1969 und 1977 jedes Mal 200000*: Der erste große Gewinnbringer Walsers vor «Ein fliehendes Pferd» war das Zweipersonenstück «Die Zimmerschlacht», ein Ehe-Drama. Walser hatte es bereits 1962/63 geschrieben, dann aber – unter dem Eindruck, es ähnele Edward Albees «Wer hat Angst vor Virginia Woolf», das 1963 Furore machte, zu stark – liegengelassen. Die Uraufführung fand im Dezember 1967 in den Münchner Kammerspielen statt. In den folgenden Jahren wurde das Stück mit großem Erfolg an zahlreichen in- und ausländischen Bühnen gespielt.

Seite 522: *Peter Rosei* (geb. 1946): österreichischer Schriftsteller.
Hans Joachim Schädlich (geb. 1935): Schriftsteller. Schädlich übersiedelte im Dezember 1977, infolge der Proteste gegen die Ausbürgerung Wolf Biermanns, in die Bundesrepublik.
Katja Behrens (geb. 1942): Übersetzerin (u. a. von Henry Miller und William S. Burroughs), 1973 bis 1978 Lektorin, seither freie Schriftstellerin. 1978 debütierte sie mit dem Erzählungsband «Die weiße Frau».
Wolfgang Bittner (geb. 1941): Schriftsteller. 1978 erschein sein Debütroman «Der Aufsteiger oder Ein Versuch zu leben».

Seite 525: *Nicht nach Saulgau*: Nach dem Treffen, das kein Treffen war (siehe Anmerkung Seite 433), lud Hans Werner Richter zu seinem 70. Geburtstag noch einmal nach Saulgau. Martin Walser nahm an beiden Veteranen-Treffen nicht teil.

Seite 533: *Etwas so schön sagen, wie es nicht ist*: Für die Poetik Martin Walsers ist dieser Satz, der in den 1990er Jahren ins Zentrum rückt, von großer Bedeutung. In dem Roman «Ohne Einander» (1993) legt er dem alternden Schriftsteller Sylvio Kern immer wieder Sätze wie diesen in den Mund, etwa den Wunsch, dass «die Dinge einen weißen Schatten werfen». In Interviews sagte Walser wiederholt, seine Aufgabe als Schriftsteller bestehe darin, etwas «so schön zu sagen, wie es nicht ist».

Namenregister

Abs, Hermann Josef 201, 483
Achternbusch, Herbert 32
Adenauer, Konrad 520
Adler, Katharina 437
Adler, Peter 437
Adorno, Theodor W. 413
Aichinger, Ilse 433
Améry, Jean 157, 170
Anders, Günther 157, 162, 275
Andersch, Alfred 480
Andreas II., König von Ungarn
  50
Artmann, Hans Carl 471
Astel, Arnfried 233
Augstein, Rudolf 168, 236

Baader, Andreas 117, 238, 438
Bach, Johann Sebastian 347, 374
Bachmann, Ingeborg 9, 40 f., 75,
  298
Bardot, Brigitte 26, 507
Barth, Franz 206, 266, 289 f.
Bates, G. E. 97
Baumgart, Reinhard 149 ff., 236,
  288, 357, 365, 414, 470
Bausinger, Hermann 170 f.
Beckenbauer, Franz 28, 494
Becker, Jurek 37, 157
Becker, Jürgen 433, 472
Becker, Rolf 247

Beckermann, Thomas 11, 374 f.,
  385 f.
Beckett, Samuel 223, 243
Beethoven, Ludwig van 531
Behrens, Katja 522
Behrens, Peter 139
Benjamin, Stefan 274
Benjamin, Walter 274, 402
Benn, Gottfried 252
Bernhard, Thomas 147, 280, 358
Bertaux, Pierre 396
Besson, Luc 21
Biermann, Wolf 361
Bingel, Horst 170
Bittner, Wolfgang 522
Bloch, Karola 469
Bloch, Ernst 162, 296, 304, 381, 422
Böcklin, Arnold 46
Bohnke, Robert-Alexander 531
Bohrer, Karl Heinz 172
Böll, Annemarie 449
Böll, Heinrich 37, 258, 363, 437,
  450, 458
Borchers, Elisabeth 202, 217, 280,
  432, 480
Born, Nicolas 154, 154
Böschenstein, Bernhard 287
Braem, H. M. 282
Brando, Marlon 43
Brandt, Willy 19, 24 f., 37, 226, 238

Brasch, Thomas 418
Brauneck, Manfred 51
Brecht, Bertolt 21, 109, 150 f., 198,
 257, 333, 338 f.
Brendel, Alfred 531
Breschnew, Leonid Iljitsch 260 f.
Brinley, John 516
Britten, Benjamin 347
Brustellin, Alf 413, 419, 494
Buber, Martin 274
Bucerius, Gerd 167, 404
Büchner, Georg 508
Buchwald, Art 326
Bullivant, Keith 78 f.
Burkhardt, Werner 530
Burri, René 491
Burton, Richard 303

Canetti, Elias 275
Carlé, Claus 217, 234, 280, 480
Carter, Jimmy 321, 326, 332 f.
Carter, Rosalynn 332 f.
Cäsar 519 f., 526
Celan, Paul 50
Chaplin, Charles 459
Chotjewitz, Peter O. 170
Chruschtschow, Nikita Sergeje-
 witsch 260 f.
Churchill, Winston 159
Clement, René 357
Cordes, Eckart 471
Courbet, Gustave 467

Debussy, Claude 405
Demetz, Peter 160 f.
Döblin, Alfred 360

Dole, Bob 329 f.
Dorn, Dieter 42
Dorst, Tankred 403
Dostojewski, Fjodor M. 393
Drewitz, Ingeborg 51
Drews, Jörg 134
Drieu la Rochelle, Pierre 168
Dürer, Albrecht 18
Dürrenmatt, Friedrich 437

Eckermann, Johann Peter 77, 88,
 294, 461
Eden, Peter 152 f.
Eich, Günter 9, 440
Elkins, Bob 307, 309, 326
Elsner, Gisela 509
Endres, Elisabeth 235
Ensslin, Gudrun 427, 438
Ensslin, Ilse 427
Enzensberger, Hans Magnus 123,
 255, 273, 298, 471, 480
Ernst-August I., König von
 Hannover 517

Fassbinder, Rainer Werner 244
Fensch, Elke-Sibylle 27
Fest, Joachim 251, 262
Fichte, Johann Gottlieb 395,
 412
Ficus, André 236, 423, 437
Fietkau, Wolfgang 156
Filbinger, Hans 45, 369
Fink, Agnes 74
Flaubert, Gustave 532
Foder, Gabor 307 f.
Foder, Gabriele 308

Ford, John 73, 321, 326, 330, 332
Ford, Betty 332
Fra Angelico 224
Franco, Francisco 146
Frenzel, Ivo 530
Friedman, Milton 395
Frisch, Marianne 232, 280, 300,
   357, 412, 499
Frisch, Max 40 f., 75, 110, 145,
   149, 171, 232, 248, 257, 280 f.,
   285–288, 297 ff., 302, 357, 363,
   366 f., 456 f., 463, 480, 499, 531
Frunder, Tronje 138

Gadamer, Hans-Georg 402
Gaiser, Gerd 159 f., 424
Galilei, Galileo 360
Ganghofer, Ludwig 478
Garbrecht, Johann Ludwig 331
Gaulle, Charles de 20
Gaus, Günter 23
Genscher, Hans-Dietrich 233
Gershwin, George 316
Gide, André 466
Ginsburg, Lew 433
Giscard d'Estaing, Valéry 26
Glaser, Hermann 155, 192
Goethe, Johann Wolfgang von 14,
   47, 77, 88, 128, 150 f., 294, 326,
   388, 395, 440, 445, 461
Gollwitzer, Helmut 231
Gorō, Saemon 387
Gottschalk, Hans 253
Graf, Jörg 150
Gramer, Egon 104
Grass, Anna 424

Grass, Günter 12 ff., 19, 255, 273 ff.,
   297, 368, 408, 424, 450, 471, 484,
   500
Grieg, Edvard 45
Grieshaber, Helmut Andreas Paul
   45 f., 423
Gröhler, Harald 521
Gromyko, Andrej Andrejewitsch
   159
Grosser, Alfred 24, 26
Grün, Max von der 36, 285
Gründgens, Gustaf 139
Guillaume, Günter 23 f., 226

Gundolf, Friedrich 402 f.
Gustafsson, Lars 161, 273
Gysi, Klaus 444

Haas, Annelies de 109
Habermas, Jürgen 150, 296 f., 326,
   333, 365, 411 ff., 423, 453, 487,
   530
Habermas, Ute 296, 365, 411 f.,
   424, 487
Habermas, Rebecca 326
Habermas, Judith 326, 412
Hacks, Peter 405
Hajek, Otto Herbert 46, 238
Hallstein, Walter 45
Hamm, Barbara 531
Hamm, Peter 32, 75, 365, 469 f.,
   531
Händel, Georg Friedrich 45
Handke, Peter 44, 75, 109, 119, 161,
   179, 198, 257, 280, 285 f., 296, 417,
   428, 439, 457, 471

Hardy, Thomas 83
Härtling, Peter 471
Hartung, Harald 157
Hegel, Georg Wilhelm Friedrich 9, 183, 338
Heisenberg, Werner 532
Heißenbüttel, Helmut 275, 433
Helms, Hans G. 73
Hemmerich, Peter 449, 451, 512 f.
Henrichs, Benjamin 172
Henze, Hans Werner 123
Herburger, Günter 13
Hering, Harry 65
Hermlin, Stephan 272, 405
Herzfelde, Wieland 405
Hesse, Hermann 109, 285, 457, 465
Hildegard von Bingen 507
Hildesheimer, Wolfgang 160 ff., 414, 433
Hindemith, Paul 394
Hirsch, Burkhard 16
Hitchcock, Alfred 310
Hitler, Adolf 171, 226, 238, 445, 489, 516
Hitzer, Frieder 24
Hoeneß, Ulrich 28
Hofer, Andreas 159
Hoffmann, Claus-Wilhelm 427
Hoffmeister, R. 464 f.
Hohl, Ludwig 479
Hölderlin, Friedrich 74, 173, 396, 465, 478, 509
Höllerer, Walter 161, 368
Holthusen, Hans Egon 225

Hölty, Ludwig Christoph Heinrich 478
Holtzbrinck, Georg von 46
Holzmann, Sepp 109
Homer 270
Honecker, Erich 226
Honnefelder, Gottfried 462, 522
Horn, Franz 108
Humboldt, Alexander von 483

Jaeckle, Erwin 417
Jagger, Mick 98
James, Henry 89
Jandl, Ernst 161, 274 f.
Janker, Josef W. 361
Jefferson, Thomas 336
Jens, Christoph 469
Jens, Tilman 469
Jens, Walter 222, 363, 414, 424, 469
Johnson, Elisabeth 40 f.
Johnson, Uwe 40 f., 110, 148 f., 255, 257, 273, 355, 357, 362, 398 f., 411, 509
Joyce, James 258, 282
Jünger, Friedrich Georg 138 f.
Just, Gottfried 50, 159
Jünger, Ernst 417

Kafka, Franz 147, 343, 399, 481 f., 484, 509
Kaiser, Joachim 21, 149, 198, 243 ff., 248, 251, 255, 258, 266 f., 277, 284, 303, 347, 366 f., 403, 507, 526, 530 f.
Kaléko, Mascha 275

Kamnitzer, Heinz 405
Kant, Immanuel 331, 334
Kappacher, Walter 132
Karajan, Herbert von 34, 244
Karasek, Hellmuth 236, 246 f., 297,
   357
Karge, Manfred 162
Kellner, Douglas 338
Kempowski, Walter 471
Kersten, Paul 201, 214
Keynes, John Maynard 395
Kierkegaard, Sören 364, 532
King, Martin Luther 328
Kipphardt, Heinar 251, 403
Kipphoff, Petra 21
Kiesinger, Kurt Georg 46, 293
Kiwus, Karin 159, 162, 274 f.
Kleist, Heinrich von 455
Klopstock, Friedrich Gottlieb 478
Koch, Marianne 75
Koeppen, Wolfgang 366
Kolbert, Jack 321
Kolleritsch, Alfred 443
Konjetzky, Klaus 288
Korlén, Gustav 36 f.
Korff, Hans-Peter 175
Krause, Walter 45
Kreisky, Bruno 24
Kroetz, Franz Xaver 13
Krolow, Karl 508
Krüger, Horst 266
Krüger, Ingrid 200
Krüger, Michael 276, 368
Kühn, Dieter 199
Kunert, Günter 79
Kunze, Reiner 274

Laederach, Jürg 471
Lang, Roland 235
Lange, Victor 497
Langhoff, Mathias 162
Lattmann, Dieter 51
Lenin, Wladimir Iljitsch 163
Lenz, Siegfried 471
Levetzow, Ulrike von 83
Lewis, Jerry 452
Lodemann, Jürgen 414
Ludwig XIV., König von Frank-
   reich 486
Luxemburg, Rosa 9

Macchiavelli, Niccolò 483
Mann, Golo 402
Mann, Thomas 220, 328, 330, 360,
   366, 399, 402, 466
Mann, Viktor 330
Mansfeld, Wiltrud 202, 214
Manthey, Jürgen 156
Mao Zedong 318
Marcuse, Herbert 37, 497, 499
Maria Theresia, Erzherzogin von
   Österreich 446
Marx, Karl 9, 34, 187
May, Karl 478
Mayer, Hans 36 f., 159–162, 219,
   274 f., 287 f., 363, 367 f., 380 ff.,
   405, 471, 486, 528
Mayer-Vorfelder, Gerhard 46
Meinhof, Ulrike 117, 238
Meller-Markowicz, Digne 217
Mendelssohn, Peter de 402, 508
Menz, Maria 437 f., 504
Meyer-Clason, Curt 48

Michael, Marion 339
Michaelis, Rolf 208, 228, 244 ff.,
284, 462
Michelsen, Thomas 407
Milder, Anna 83
Miller, Glenn 19
Minks, Wilfried 186, 324
Mitscherlich, Alexander 149
Mitscherlich, Margarete 149
Mitterrand, François 24, 26
Mohn, Reinhard 481
Molière, John Baptiste 486
Mondale, Walter 329 f.
Monet, Claude 304
Montaigne, Michel de 457
Montgomery, Bernard 159
Morriën, Adriaan 430
Morriën, Adrienne 430
Mozart, Wolfgang Amadeus 11,
45, 162, 248
Müller, Christoph 418
Müller, Heiner 162
Musil, Robert 521
Mussorgski, Modest Petrowitsch
393

Nagel, Ivan 186, 368, 530
Nägele, Rainer 320, 336
Nasser, Gamal Abdel 121
Negt, Oskar 500
Nietzsche, Friedrich 223, 256, 263,
369, 386, 532
Nixon, Richard 33
Noelte, Rudolf
Nolde, Emil 159
Nossack, Hans Erich 265

Nothelfer, Anna Maria 334
Novalis 386

Pagnol, Marcel 409
Palitzsch, Peter 294
Paracelsus 35
Pasetti, Peter 364
Patzak, Peter 414, 419, 433
Peymann, Claus 427
Pfister, Annemarie 491
Phelan, Tony 89
Pinter, Harold 86
Piontek, Heinz 295
Pius XII., Papst 120
Platon 33
Polanski, Roman 483
Pollini, Maurizio 114
Pompidou, Georges 20
Presley, Elvis 198, 266, 305,
423
Preuß, Joachim Werner 273
Proust, Marcel 405

Qualtinger, Helmut 35

Rach, Rudolf 217 f., 280
Raddatz, Fritz J. 266, 368, 399,
471
Raspe, Jan-Carl 438
Rauch, Christian D. 331
Reich-Ranicki, Marcel 169 f.,
209 ff., 213 f., 217 –225, 231, 233,
235, 239, 242 –248, 255, 258, 272,
276, 284, 288, 296, 300, 314, 365,
414, 423, 464 f., 470, 473, 480,
522 f.

Rettich, Rolf 294
Richter, Hans Werner 433, 525
Riefenstahl, Leni 98
Rilke, Rainer Maria 497
Rinser, Luise 274
Röhler, Oskar 509
Röhler, Klaus 509
Rohlinger, Rudolf 26
Rommel, Manfred 48
Rosei, Peter 522
Rosenfeld, Sidney 336
Ross, Colin 290
Roth, Gerhard 199
Rothschild, Thomas 304
Rousseau, Jean-Jacques 9, 306
Rudolph, Eckart 234 f.
Rühle, Günther 403
Rühmkorf, Peter 258

Sadat, Muhammad Anwar as 453
Salazar, António de Oliveira 49
Salinger, Jerome David 48
Sartre, Jean-Paul 168, 357
Saueressig, Heinz 236, 330, 349,
    427, 468
Schabert, Hans Peter 193
Schädlich, Hans Joachim 522
Schafroth, Heinz W. 439 f., 442
Scheel, Mildred 45
Scheel, Walter 45, 85, 140, 295
Schellemann, Carlo 150
Schelling, Friedrich Wilhelm
    Joseph 365
Schiller, Friedrich 193, 395, 509
Schleyer, Hanns Martin 45, 168,
    427, 429 f., 439 f., 472

Schleyer, Waltrude 433
Schlöndorff, Volker 32
Schmidt, Arno 134
Schmidt, Aurel 491
Schmidt-Henkel, Gerhard 523
Schmied, Max 19
Schmitt, Christian 374, 378
Schneider, Romy 26, 455
Schoeller, Winfried F. 214
Schöllkopf, Günter 238, 294, 469,
    507
Scholem, Gershom 274 f.
Schonauer, Franz 225
Schubert, Franz 114, 531
Schukow, Georgij K. 159
Schütte, Wolfram 199, 248, 255
Schwanzer, Karl 124
Sedlmayr, Walter 366
Selge, Edgar 26 f.
Sethe, Paul 166
Seuse, Heinrich 465, 507
Shakespeare, William 78, 83 f., 91
Siedler, Wolf Jobst 238
Simmel, Johannes Mario 145
Solschenizyn, Alexander 9, 12 ff.,
    330, 369
Spinoza, Baruch 151
Springer, Axel Cäsar 13, 117, 165,
    167 f., 175, 458, 481
Stalin, Josef 419
Steffen, Elisabeth 214
Sternberger, Dolf 402, 508
Stolberg, Ludwig zu 478
Storz, Ingrid 476, 484 f.
Strauß, Franz Josef 433, 437, 489 f.,
    500

Strehler, Giorgio 147
Struck, Karin 75
Suhrkamp, Peter 119, 157, 247
Sund, Horst 449
Swedenborg, Emanuel 424
Szondi, Peter 9
Szymanowska, Maria 83

Taylor, Elizabeth 26
Thälmann, Ernst 331
Theodorakis, Mikis 174, 182
Thieringer, Thomas 32 f., 86, 243,
 251, 368
Thomas, Richard Hinton 78 f., 80,
 83, 88
Timm, Uwe 235
Timon von Athen 144
Tolstoi, Lew Nikolajewitsch 406
Trakl, Georg 521
Troll, Thaddäus 368
Truman, Harry S. 159
Tucholsky, Kurt 440

Uhland, Ludwig 509
Ulrich, Franz Heinrich 186
Unseld, Hilde 147, 215, 217, 280,
 284, 355, 412, 419, 479, 507 f.,
 516
Unseld, Siegfried 10, 109 f., 147,
 151, 169, 189, 201, 208, 213, 215,
 217 ff., 221, 257 f., 265, 280, 284,
 288, 294, 296–300, 302, 304, 326,
 333, 339, 343, 347, 355, 362,
 366 f., 412, 417, 419, 422, 429, 432,
 448, 454, 479, 480, 497, 499 f.,
 507 f., 516, 522, 529 f., 532

Vegesack, Thomas von 200
Vercingetorix 520, 526
Vilar, Esther 497
Vogel, Peter 434, 516

Wagner, Richard 62
Waine, Anthony 9, 517
Wallmann, Jürgen P. 234 f.
Walraff, Günther 37, 170, 482
Walser, Alissa (Tochter) 113 f., 138,
 146, 181, 183 ff., 198, 253 f., 257,
 265, 295, 301 f., 306, 309,
 312–315, 318, 323, 325, 364, 408,
 416, 419, 454, 508, 514
Walser, Franziska (Tochter) 73 f.,
 81, 113, 146 f., 161, 174 f., 182 f.,
 186, 188, 201, 249, 251 f., 254,
 258 ff., 276, 310, 313, 324, 357,
 364, 369, 395, 403, 454, 508,
 532
Walser, Anselm Karl (Bruder) 198
Walser, Augusta (Mutter) 114 f.,
 198, 238, 265 f.
Walser, Johanna (Tochter) 112 ff.,
 123 f., 126–129, 143 ff., 239, 254,
 257, 295, 305, 316, 358, 393, 413,
 454, 508
Walser, Käthe (Ehefrau) 41, 46, 52,
 74, 114, 144, 168, 174 f., 179, 186 f.,
 190 f., 198, 200 f., 212 f., 224, 229,
 236, 241, 249, 251, 259, 265, 302,
 307, 311 f., 316 f., 322, 325, 343,
 357, 391, 424, 429 f., 447–450,
 463, 476, 490, 511
Walser, Martin (Vater) 115, 118,
 480

590

Walser, Robert 468, 470, 479
Walser, Theresia (Tochter) 48, 63,
  130, 146, 175, 181, 183 ff., 187, 254,
  257, 259, 263, 265, 306, 309 ff.,
  315, 232, 333, 345, 352, 364, 409,
  421, 428, 449 f., 454 f., 461
Walsh, Maurice 97
Walter, Otto F. 442
Wasjanski, Andreas Christoph 331
Weber, Betty Nancy 333, 338
Weber, Guntram 338
Wehner, Herbert 24
Weiss, Peter 13, 297–302, 339, 355
Wellershoff, Dieter 78 f.
Wellmer, Albrecht 453
Werfel, Franz 483

Werner, Wolfgang 368, 424
Werth, Wolfgang 278
Wette, B. 102
Wicki, Bernhard 74
Wiesel, Elie 321
Wittlinger, Karl 505
Wohmann, Gabriele 161
Wollschläger, Hans 258

Zahl, Peter-Paul 449, 513
Zeeh, Burgel 272, 280
Zimmer, Dieter E. 233
Zingg, Martin 491
Zinn, Ernst 402
Zweig, Arnold 405
Zwerenz, Gerhard 233

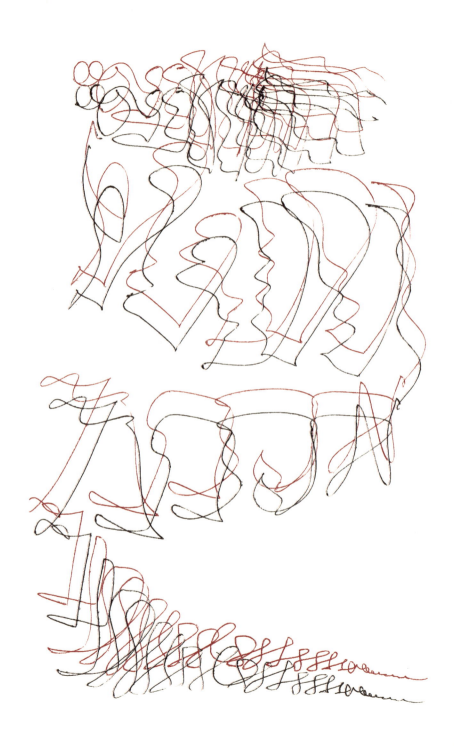